LB 55
2002

LE
GRAND PROPHÈTE

ET

LE GRAND ROI...

DE LA RÉPUBLIQUE FRANÇAISE

appelés, par toute la suite de l'Écriture sainte et la Tradition universelle du Genre
Humain, à réaliser le Droit Divin des Peuples; à mesurer la dignité d'un homme
quelconque, comme celle du Sauveur, à sa pauvreté laborieuse et aimante;
et l'Éternelle magnificence de Dieu, à celle de sa Miséricorde éternelle;
à renouveler enfin la Face de la terre, dégradée par les Faux Prophètes
et les Tyrans conjurés; et à préparer le Règne Glorieux du Fils
de Dieu, plus méconnu et plus crucifié de nos jours par ses
Prêtres, qu'il ne fut jadis par ses ennemis.

Annuntiate hoc in universâ terrâ. Exulta,
Sion, quia MAGNUS in Medio tuî. ISAÏ. XII.

Et Ipse ostendet vobis *Cœnaculum Magnum
Stratum*; et ibi *Parate*. Luc. XXII, 12.

« La Providence divine nous Sauvera par
des Moyens que *nous ne connaissons pas*, mais
que nous devons adorer. » *Paroles solennelles*
de Pie IX, en son *Exil de Gaëte*.

PARIS,

GARNIER FRÈRES, PALAIS-NATIONAL.

ROME,

PIERRE MERLE, PLACE COLONNE.

ANNÉE JUBILAIRE 1851.

1851

LE DERNIER AVÉNEMENT

DU

FILS DE L'HOMME

ET SON RÈGNE GLORIEUX

OU

le Nouveau Ciel et la Terre Nouvelle, le Jugement qui les précède, et leur Imminence, contre la Grande Apostasie, démontrés aux plus incrédules, comme le Soleil à Midi.

> « Le *Jour du Seigneur* (c'est-à-dire, son *Règne de Mille ans*) viendra précisément, comme un *Eclair*, lorsqu'on le craindra *le moins* (ce qui est de nos jours, ou jamais) » 2 Pierre, III, 8-13. — Luc, XVII, 26-30.

Beau et compacte volume sous presse, offrant la matière de dix.

PARIS. — IMPRIMERIE DE J.-B. GROS, RUE DU FOIN-ST-JACQUES, 18,
HÔTEL DE LA REINE BLANCHE.

AVERTISSEMENTS

AUX SEPT ROYAUX LECTEURS

dont nous sommes le plus sur (hormis le Ier), et que nous aspirons le plus,
les uns à diviniser, les autres à abaisser, à cette fin de nous
sauver tous ensemble.

I.

A LA PLUS GRANDE GLOIRE

de la plus puissante Voix Divine et de la plus Angélique Vie
méconnues

qui aient encore paru sur la terre,

depuis celles

de saint Jean le Précurseur et de saint Jean l'Évangéliste;

le véritable Clairon de Dieu, et nommé par lui :

STHRATHANAËL :

peut-être même... ÉLIE ou HÉNOCH

(il s'élève, et il élève, lui aussi, AU CIEL,

et il en descend, avec une parole de FEU),

qui sait? MICHAËL lui-même, personnifié :

QUIS UT DEUS ?

le seul Homme de tout l'Univers

susceptible d'être admiré, en un moment, de tout l'Univers,

si le simple Pie IX,

si UN seul des 80 Evêques de France,

daignait le voir et l'étudier 3 jours,

et disait encore seulement UN mot.

Lui offrir, comme offrir à Dieu, c'est lui rendre : car comment concevoir soi-même,
comme base du Salut Public universel, une véritable Démonstration prophétique ; la BONNE NOUVELLE par excellence ; et peut-être
l'ÉVANGILE ÉTERNEL, prédit ?

II.

A PIE IX,

souverainement gracié par Dieu, et même par le monde,
de la Puissance de Dieu et de celle du monde,
pour sauver le monde :
toujours, par la sujétion et la pauvreté, et enfin par le martyre ;
et qui, après avoir porté la défection de l'Église
jusqu'à se sauver du martyre,
et à régner par les armées étrangères,
au prix de la haine de toutes les nations,
la porte, en l'année Jubilaire 1851,
jusqu'à nier, ou laisser nier, les plus divines grâces,
promises et envoyées de nos jours par le Saint Esprit ;
et même jusqu'à ne voir en Lui, Grand-Prêtre,
la plus grande cause
et le plus grand Bouc Émissaire des Péchés du monde
et de ses 666 Évêques ayant charges d'âmes,
(*Numerus Hominis*. Apoc. XIII, 18.),
qu'un innocent (*)... *comme un autre !*
à proclamer qu' il est seul *capable* de sauver
le Monde qu'il déclare perdu,...
à un *petit nombre d'Élus près ;*
et à *Damner Éternellement !...* ses sauveurs peut-être !

III.

AU DUC DE BORDEAUX

et à la duchesse d'Angoulême,
appelés encore
à la Gloire, éminemment royale,
de Proclamer le Roi de France immortel ;
ou à la honte de leur règne personnel d'un moment.

IV.

AUX DUCS DE NEMOURS, JOINVILLE ET d'AUMALE
frères désormais ennemis ;

(*) V. la *Note* à la fin des *Avertissements*.

le 1ᵉʳ, comme représentant présomptif,
le 2ᵉ ou le 3ᵉ, comme seul représentant présentable
de l'orphelin, vraiment maudit, du *Pavé de Paris*,
le contraire-né de celui du Temple,
et même de celui de l'*Opéra*
(il y a entre eux l'éternel Cri du Sang);
et le plus impossible d'ailleurs de tous les souverains :
parce qu'il serait une Régence hypocrite,
efféminée, Allemande, Anglaise, et longue,
et qu'il faut à la France un Règne franc, mâle, Français,
et tout de suite.

V.

AU BARON DE RICHEMONT,
lui aussi l'Orphelin-Peuple du Temple,
digne de devenir
le Frère adoptif de l'Orphelin-Roi.

VI.

A LOUIS BONAPARTE,
qui commença par de ridicules révoltes,
et qui n'a, pour en prévenir de sérieuses,
que le *Nom* du plus grand sacrificateur
des Peuples aujourd'hui triomphants,
encore plus que des Rois... abattus ;
lesquels, tous ensemble, ne se sont unis à vouloir du *Nom*,
que pour en finir de l'*Homme*.

VII.

AU DUC DE NORMANDIE,
Fils unique de Louis XVI,
plus Vivant que jamais
(aux yeux de tout autre tribunal que celui de ses parties adverses),
au besoin, dans ses Fils superbes :
Charles-Édouard de Bourbon ;

Charles-Louis ; Edmond ; Adelbert ;
Ange-Emmanuel ;
et dans ses trois Filles Angéliques :
Amélie de Bourbon ;
Marie-Antoinette ; Marie-Thérèse :
tous portraits frappants des Bourbons ;
et les Rois et les Reines par excellence du Peuple,
l'étant du labeur et de la souffrance.

VIII.

Et principalement
au *Peuple-Roi*.... de France à jamais,
appelé par le Suffrage Universel
à proclamer, directement ou indirectement,
le seul Roi possible
de la meilleure des Républiques.

C'est de la véritable Famille de France, c'est de la France, vraiment prédestinée entre les Nations, que l'Esprit-Saint a dit : « Encore un peu de temps, et j'ébranlerai les Peuples ; et Viendra enfin le Désiré des Nations ; et je comblerai sa *Maison* (il s'agit donc d'un Roi) de Gloire : Adhuc unum modicum.... et Movebo *Omnes* Gentes : et *Veniet Desideratus* cunctis Gentibus : et implebo *Domum istam* Gloriâ. AGG. II, 7, 8.

C'est de la Grande Famille, et de la Grande Nation, aussi bien, que Charles-Louis a écrit de Londres, le 21 septembre 1836 : « Si le lecteur se surprenait quelque murmure contre la Providence qui laisse gémir dans une longue oppression une victime innocente, qu'il se rappelle la terrible menace de l'Écriture : « Je rechercherai l'iniquité des pères jusque dans leur 4e génération. » Vainement Louis XIV couvre-t-il du manteau royal le scandale de ses adultères ? A côté de cette lignée honteuse, disparaîtra dans sa vieillesse sa descendance légitime ; et de peur qu'on ne s'y méprenne, c'est dans la Ligne d'Hérédité que trois générations sont dans un instant foudroyées. Épargné comme par oubli, Louis XV, loin de profiter d'une leçon si sévère, enchérit, s'il se peut, sur l'immoralité de son bisaïeul ; son fils meurt sans parvenir au trône, que son petit-fils n'occupe que pour passer à l'échafaud ; le fils aîné de ce dernier l'attendait déjà dans le tombeau ! Épargné ainsi que Louis XV, Charles-Louis, Dauphin de France, n'habite plus que les cachots. Si la Providence semble le laisser respirer un instant, c'est pour que, se donnant une Famille, il offre de nouvelles victimes à une justice inexorable ; c'est pour satisfaire à la dernière rigueur, par les supplices de la faim, la vengeance du Seigneur dans la quatrième génération.

« Victime dès le berceau, ce fut longtemps pour lui un mystère impénétrable. Sa raison se révoltait contre un malheur non mérité.

« Aujourd'hui qu'il le comprend, ce n'est que par une soumission humble et solennelle qu'il peut fléchir cette divine justice.

« Maintenant donc, ô Rois, instruisez-vous ! Peuples, apprenez quels sont les châtiments du Tout-Puissant ! »

L'Auteur de la *Législation générale de la Providence*,
de *la Feuille éternelle*, et de *la Grande Apostasie
dans le Lieu Saint* :

BREF CONTRE BREF.
(Justification des Avertissements à Pie IX.)

La première des énormités du Pape se trouve proclamée, précisément dans la circonstance la plus solennelle de la présente Année Jubilaire, en présence de tout le Clergé de Rome, assemblé en plein *Saint-Pierre*, pour recevoir et donner ensuite, à tout le peuple de Rome, son instruction fondamentale du Temps Pascal : « Il est parmi eux des *sourds*, parce qu'ils ne veulent pas entendre ; des *murmurateurs*, auxquels il faut faire entendre la parole haute et sévère de l'autorité, *voce altâ*. Dites leur que *ce sont nos péchés* à tous, les leurs *de même* que les vôtres, mes chers fils, *de même* que les miens, qui attirent tant de châtiments sur le monde ; *réformons-nous* (*réformez-vous* donc le premier, et *adorez* tout ce que vous avez *brisé !*), et l'*harmonie* dans la société résultera de l'ordre que nous aurons rétabli au dedans de nous-mêmes. Je prie Dieu le Père de vous donner cette foi vive et vivifiante, Dieu le Fils, le Verbe éternel, de répandre dans vos cœurs un rayon de sa divine lumière, Dieu le Saint-Esprit (prenez-y garde, *Vicaire du Fils*, l'*Œuvre* de Tilly ne dit pas du Saint-Esprit autre chose !) d'allumer en vous le feu de la charité céleste. »

Toutes les autres énormités ensemble se trouvent dans le *Bref* latin de Pie IX à l'évêque de Nancy, de la même Année Jubilaire 1851, et traduit ainsi en français par le Fulminateur de la Meurthe :

« Vénérable *frère*, salut et bénédiction apostolique. Les graves et nombreuses *occupations* (le *Vicaire de Jésus-Christ* a, en effet, bien d'autres soucis que celui qui n'est rien moins que son *Frère* en apostolat, et qui lui dénonce le plus grand Schisme, et le plus menaçant (*) qui se puisse imaginer ; et bien

───────

(*) « Nous sommes pénétrés du *plus profond* chagrin, dit même le Saint-Père, lorsque nous voyons de *si graves dommages* causés par la secte à notre sainte Religion, et au Peuple Chrétien. »

Si ces *paroles* ne sont pas données pour dissimuler *la pensée*, le pape a dû faire une grande pénitence pour avoir mis *quatre mots* à envoyer un remède immense, à un mal immense.

Et franchement, les *Sept Collines*, en expédiant... le *Bref* en question, ont fait sept fois mieux que la *Montagne* : une *Souris* !

d'autres personnes à se préoccuper, quatre mois durant, qu'un Prophète qui ébranle plus qu'on ne croit la France ; quand ce ne serait que le juif *Rothschild*, de sa *banque*, véritable *banqueroute*, *romaine*...) de notre suprême pontificat, par lesquelles nous sommes continuellement absorbé et comme accablé, nous *ont empêché de répondre sur-le-champ* à votre *lettre du 4 novembre dernier*, comme nous l'aurions *vivement* désiré. C'est avec raison que vous déplorez surtout que, à tant d'autres associations criminelles, dans lesquelles les *fabricateurs de mensonges* et les fauteurs de dogmes pervers unissent leurs efforts, en ces temps de dures et *cruelles* (quelles plus *cruelles*, en effet, que la *damnation* que vous, l'homme clément du Dieu clément par excellence, prononcez en ce jour contre les plus vertueux, et, j'ose le dire, les plus éclairés de toute la France, sans excepter ceux que vos prédécesseurs ont le plus glorifiés!) épreuves, pour faire à l'Eglise catholique *la guerre la plus acharnée*, et pour la renverser de fond en comble (c'est donc infiniment sérieux, et vous êtes quatre mois à faire seulement un semblant de réponse!), si jamais il était *possible* (il est *une fin*, même à la *terre* et au *ciel* anciens, puisqu'il y en aura de Nouveaux), se soit joint une secte *damnable*, *inventée* (les Pharisiens le disaient déjà des *premiers* Chrétiens), il y a onze ans, par *un laïc nommé* Pierre-Michel (Pie IX ne serait-il pas, lui aussi, le *nommé* Mastaï ? et le *nommé* saint Pierre, et les plus grands Saints peut-être, ne furent-ils donc point *laïcs*, et même mariés?).

« Cette *hideuse* secte, *réprouvée* aussitôt par notre vénérable Frère, Louis François (Mgr Robin) de Bayeux, Grégoire XVI l'a déjà condamnée dans *sa lettre* (on avertit au plus, on ne *condamne*, on ne *damne* surtout jamais par *lettre*, mais bien par jugement, et parties et témoins entendus) au même prélat, du 8 novembre 1843. En effet, les partisans de cette *abominable* association ne craignent pas, avec une *hypocrite ostentation de vertu* (l'hypocrisie, étant le péché le plus *invisible*, Dieu seul est le juge de l'hypocrisie), de rêver une *OEuvre prétendue de la Miséricorde*, et un *Nouvel* apostolat (il ne faudrait que ce *Bref* pour faire sentir l'agonie du *vieil* apostolat) composé de laïcs, d'assurer que l'Eglise est *plongée* maintenant *dans les ténèbres* et dans une *corruption complète* (l'Ecriture sainte tout entière, Nouveau et ancien Testament, ne prédit que ces *ténèbres*, cette *corruption* même pour la fin de l'Eglise!) ; d'annoncer dans l'Eglise de Jésus-Christ un troisième règne, qu'ils osent appeler le *règne du Saint-Esprit* (misérable rédacteur subalterne du chef, vous en avez menti!), et avec une audace non moins sacrilège que téméraire s'arrogeant *une mission divine*, ils répandent effrontément dans *le peuple* de *monstrueuses* opinions, d'absurdes rêveries qu'*ils prétendent* (sauriez-vous par hasard, Robin de Bayeux, ou Menjaud de Nancy, qui avez refusé net d'aller *voir*, *toucher*, *entendre*, les Merveilles et le Clairon de Dieu,.... sauriez-vous mieux que tous ceux qui *voient*, *touchent*, *entendent*, et admirent tous les jours depuis *onze années* comme vous dites?) dans leur langage follement mensonger, leur avoir été révélées divinement et confirmées par des *visions* et des *prodiges*.

« Attaquant par ces artifices et ces manœuvres vraiment *infernales* la vraie doctrine de l'Eglise de Jésus-Christ, et pleins de mépris pour *cette chaire* (oui, en tant qu'on la fait *mensonge*, comme ici dans le *Bref*) de Pierre et pour son autorité, ils mettent tout en œuvre, afin de détacher les fidèles de la vérité de la foi catholique et de les PRÉCIPITER DANS LE PERIL DE LA DAMNATION ETERNELLE. (Nous avons répondu d'avance, et *ex cathedrâ*, sur ce point immense dans le premier livre de cet ouvrage.)

« Donné à Rome, à Saint-Pierre, le 10 *Février*... (le mois fatal des Romains), 1851, la cinquième année de *notre pontificat* (le *dernier*, et par conséquent le pire des pontificats, lorsqu'il n'est pas le meilleur). *Pius* PP. IX. »

En somme, ce n'est guère Pie IX personnellement qui a voulu juger et damner les personnes et les magnificences de Tilly, qu'il ne connaît pas le moins du monde ; — ce n'est pas davantage tel ou tel secrétaire inconnu des *Lettres latines* ; — c'est encore moins l'évêque Menjaud, ou le secrétaire *Delalle* de la Meurthe, qui ont prétendu *damner*, s'étant récusés en recourant à Rome...

Il y a donc, ici, et clairement, un autre écrivain qu'eux tous, c'est l'Esprit-Saint ; une autre Volonté que la leur à tous, celle de Dieu ; et cet Esprit et cette Volonté, dans leur plus grande puissance, dans leur plus profonde Infaillibilité : celles qui consistent à justifier, à glorifier leurs amis par leurs ennemis, et leurs *Œuvres* par celles mêmes du *Monde*, ou du *Démon:* Dominus ex *Sion* Dominare *in Medio inimicorum.* Ps. CIX.

C'était la loi universelle de l'Ancien Testament, c'est le cri encore plus universel du Nouveau. Le premier et le dernier des prophètes de la Synagogue, qui représentent tous les autres, Isaïe et Malachie; les plus autorisés des Apôtres, saint Pierre, saint Paul, et saint Jean; les plus, des anciens pères, saint Jérôme et saint Grégoire-le-Grand ; et les plus, des nouveaux, saint Bernard et saint Pierre Damien, semblent n'avoir écrit que pour dire, et notre livre de la *Grande Apostasie* que pour élever à l'état d'éclat, cette vérité, que c'est l'*Eglise*, appelée à prévenir ce que Dieu appelle *le Monde*, qui a fait le monde ; que l'*Eglise* est devenue *le Monde* (le Grand Turc lui-même est papiste à présent comme le roi de Naples; Louis Bonaparte, comme Henri V ; et MM. Guizot et Thiers, comme Montalembert et Falloux);... pire que *le Monde*; plus faillible mille fois que *le Monde*. Et que ses fautes, pires que des *crimes* proprement dits, furent toujours en raison directe de sa prétention à l'*Infaillibilité :* la *chose* et le *nom* les plus contraires et les plus étrangers à l'Evangile.

Le *Bref* en question n'en est que le plus énergique témoignage, précisément parce qu'il est le dernier. Jamais *Bref*, en effet, ne renferma en moins de mots, plus de verbiage, moins de charité évangélique, plus de témérités, plus d'injures, plus d'outrages, plus de mensonges, plus de calomnies, visibles: c'est-à-dire les plus grandes preuves possibles de la faillibilité, et du péché, mais aussi du Suicide de son écrivain. Selon cette prophétie de Jésus lui-même sur la Montagne : « Défiez-vous des Faux prophètes déguisés en brebis ! c'est à leurs *œuvres* que vous les connaîtrez. » MATTH., VII, 15, 16; XII, 34, etc., etc.

L'*Œuvre de la Miséricorde*, par sa Théologie, seule immense et simple à la fois, seule éclatante, seule satisfaisante, de la Divinité, de l'Angélité et de l'Humanité; par son illumination, par son accomplissement de toute l'Écriture ; par son amour sans exemple de toutes les Communions et de toutes les dissidences, par sa Dilection même de ses persécuteurs; par sa Foi et son attachement à l'Eglise, d'autant plus grand qu'elle est abandonnée des autres, et même d'elle; par son Petit nombre, qui grandit tous les jours, avec les dédains des gens du monde et le *fiel* des faux *dévots;* par la suite incessante des prophéties et des miracles qui la sanctionnent : elle est, disons-nous, l'Arche même du Christianisme tout entier ; et l'Arche prédite, de siècle en siècle, depuis bientôt 6000 ans, pour sauver l'Eglise, dans l'Eglise, et par l'Eglise.

Quant à l'objection d'*imposture* possible de l'*Œuvre* (qui ne saurait être faite que par un *imposteur* réel, puisqu'il n'a pas *vu*), ce serait la preuve la plus immense de l'*Œuvre*. En excluant les nouveaux miracles de Dieu, comme J. J. Rousseau dit des anciens, redisons le éternellement, on les ramène; et l'INVENTEUR des Merveilles de Tilly en serait mille fois plus grand que le héros.

En somme, vous êtes 66,000 prêtres, grands ou petits, en France ; 666 Evêques dans la Chrétienté ; 666,000 Prêtres environ dans le monde, *chargés* et par conséquent *responsables*, selon vous, et selon Dieu, de toutes les âmes du monde.

Or, en ce qui vous touche personnellement, de vous à vous, dans le Sanctuaire même, en France (et par conséquent ailleurs, et partout, et surtout à Rome), et *tous* représentés précisément par le plus autorisé des quatre-vingts pontifes (celui de Chartres), et par le plus élevé des métropolitains (celui de Paris), vous êtes arrivés à ne plus vous entendre, à vous diviser entre vous, plus que ne sont divisés de vous les plus grands schismatiques; à vous battre à coups de Mandements, pires que les coups de canon ; et à descendre, l'un jusqu'à dire à l'autre : «Votre Profession de foi est la *Plaie* actuelle de l'église » ; et l'autre, jusqu'à dénoncer son dénonciateur Mitré et *Vénérable* (et avec lui quarante au moins des quatre-vingts évêques qui prennent parti pour lui), à le dénoncer, en qualité de *rebelle*, de *vieillard radoteur*, et même *scandaleux*, au Futur Concile, comme il n'eût pas osé faire d'un nouveau Calvin !

Oubliant qu'il est écrit, de tous les Royaumes, et surtout du plus grand, que sa *division* sera sa *désolation*, et son abomination : *Omne* Regnum *divisum* contrâ se, *desolabitur*. MATTH. XII, 25.

Et, en ce qui touche les autres, vous n'êtes arrivés, après plus de dix-huit cent années de toutes les sortes de monopoles d'enseignement (l'Esprit-Saint l'avait prédit, et le plus digne des quatre-vingts évêques de France, celui de

Luçon, vient de le prouver par le plus magnifique, le plus terrible, mais aussi le plus inconséquent des Mandements), vous n'êtes arrivés qu'à faire «un Genre humain SANS FOI AUCUNE, et par conséquent SANS SALUT »!!!

Ce qui ne suppose guère les vôtres!

Et, ce qui seul vous abaisse au quadruple état de Faillibilité, de Forfaiture, d'Apostasie et d'Abdication immenses. Mais ce qui seul aussi peut-être élève à l'état de légitimité toutes les sortes d'usurpateurs; de fidélité, tous les hérétiques; et de martyre tous les brûlés des inquisitions.

Celui dont vous êtes le *Vicaire sur la Terre*, vous dira donc, en son Jour, qui n'est pas loin, ces paroles, dont celles de l'*Empereur* passé (qui s'est cru aussi le monarque universel) au *Directoire* en déroute, ne furent que la contrefaçon :
« Qu'avez-vous fait de ce Christianisme que mes Apôtres, mes Martyrs, et Moi,
« nous vous avions fait, que nous vous avions laissé si fort, si brillant, si ai-
« mant, et si aimé sur la terre? Qu'avez-vous fait de cette *Foi* que nous vous
« avions laissée en *montagnes*, et dont il ne vous fallait que des *grains de*
« *sable* pour soulever, soutenir et perfectionner le monde. etc., etc. »

Les Missionnaires de la Foi et du Salut dont elle est la source, et qui en est la récompense apparemment, durent être, et ils furent en effet toujours, chez vous, mais *autres* que vous, et *vos adversaires* même : l'Esprit-Saint l'a dit, et encore mieux par le dernier et le plus grand évangéliste, saint Jean, dans ces paroles si formelles et si connues : *Ex Nobis* prodierunt. I *Epist.* II, 19.

Peu nombreux, et comme invisibles, parmi vous, ils expliquent parfaitement, ce qui serait inexplicable avec les *mille*, les *cent mille*, le *Million* quasi que vous êtes, ils expliquent, disons-nous, *le Petit nombre des Élus* que vous enseignez.

Par ce dernier trait, jugez de la *Grande Apostasie*, *dans le Lieu Saint*, prédite en saint Matthieu, et en Daniel!... Lacordaire n'a su nier cette grande vérité, qu'il est si facile d'*expliquer*, et la nier... au nez des prélats qui l'affirment, et en pleine *Notre-Dame*, et le jour même de la *Passion*, et comme en crucifiant Jésus de rechef (ce qui est encore plus scandaleux et même impie de la part des Prélats que de celle du prédicant), n'a su la nier qu'en affirmant, non pas la Miséricorde infinie de Dieu, mais bien les Mérites infinis..... du Monde!

Se trouvant, à la fin, en plus petit nombre encore, dans le clergé, étonnés, et comme indignés, de leur isolement, ils se trouvèrent, plus naturellement et plus sensiblement, vos adversaires.

Mais, s'ils avaient eu le droit, et le devoir, de vous avertir et de vous reprendre, vous ne l'aviez pas, vous, vis-à-vis d'eux.

Pris en flagrant délit, et convaincus par vos propres enseignements, aussi bien que par les Paroles et les Prophéties formelles du Sauveur, d'IMPUISSANCE CONVERTISSANTE, vous étiez les derniers recevables à en accuser les derniers venus : car I° ils sont encore innocents, apparemment, de la corruption générale; II° ils sont vos parties adverses, et vous ne sauriez les juger; III° ils sont même vos derniers défenseurs vrais!

Le mal que vous avez fait est si grand, si profond, si mortel,..... à moins de miracles, que nul mal, aux temps avancés que nous sommes, ne saurait y ajouter.

Empêcher, sous prétexte d'hérésie, d'essayer seulement le salut du monde, par des moyens opposés aux vôtres, qui ont causé la corruption du monde; c'est vouloir continuer la corruption du monde; c'est sacrifier le Monde et Dieu à soi; c'est encourir à la fois l'horreur des hommes, et l'horreur de Dieu.

Fulminer, jusqu'à l'Enfer Éternel, contre le Prophète inouï, et les convaincus et les Fidèles, si nombreux déjà, de l'Œuvre et des merveilles salutaires de la Miséricorde, c'est mériter l'enfer éternel; si l'enfer éternel pouvait être mérité jamais.

Et si, à l'Œuvre que vous damnez, il était donné de vous sauver vous-mêmes, en aussi peu d'années que vous avez mis de siècles à perdre le monde, et à vous perdre avec lui!!!!

C'est précisément ce que nous allons, grâce à Dieu, et par Dieu lui-même, démontrer dans cet ouvrage.

TABLE ANALYSÉE

du *Grand Prophète* et du *Grand Roi*.

AVERTISSEMENTS aux sept Lecteurs dont on est le plus sûr.

LIVRE Ier. LES PRINCIPES OU LES SEPT PLUS GRANDES LOIS DE DIEU DANS LES DERNIERS TEMPS. : — les plus Grands Miracles ; — les plus Grandes Prophéties ; — et, par conséquent, le nombre, de plus en plus grand, des Faux (ou Anti-) Prophètes ; et le nombre relatif, de plus en plus petit, des Prophètes Vrais ; — le plus Grand Prophète Vrai, et le plus Grand Faux par excellence ; leur théorie et leur histoire générales, concurrentes, terribles ; — la plus grande Effusion et les plus grandes Merveilles du Saint-Esprit, considérées comme la plus grande source, et la plus grande Miséricorde de Dieu, considérée comme la plus grande preuve de ses plus grandes Prophéties et de ses Miracles les plus éclatants (Démonstration inouïe, et réservée pour l'âge où nous sommes, de la Clémence divine, mille fois plus grande encore dans l'éternité qu'elle n'aura été dans le temps : *Vires acquirit eundo* (*). — La grande *distinction* et la grande *union*, au lieu du *duel*, des deux Pouvoirs Gouvernementaux et Réparateurs du monde, dans tous les siècles. — Justification dernière et nouvelle des sept Lois divines du livre Ier.

LIVRE II. LE GRAND PROPHÈTE DU GRAND ROI : — son annonce dans toute la Suite de l'Ecriture et des Ages du monde ; — l'Histoire particulière, infinie déjà (à laquelle rien ne saurait être comparé dans l'Ecriture sainte et dans les Annales des nations) du Prophète Eucharistique ; — sa naissance, sa pauvreté, ses labeurs, ses condamnations, ses souffrances, ses résignations, ses offrandes à Dieu accumulées ; sa simplicité, et sa grandeur ; — son génie, même humain, supérieur et proportionné à tous les génies ; ses vertus angéliques ; — ses Prières ordinaires et extraordinaires, semblables et supérieures aux plus belles Prières connues ; — son orthodoxie parfaite, sur tous les points fondamentaux de l'Eglise : depuis la Trinité divine, et sa première et plus magnique action, l'Immaculée Conception de Marie, jusqu'à son 1er mobile, le Pouvoir salutaire et la terrible Responsabilité de la Papauté paternelle ; depuis le Sacrifice de la Messe, les sept Sacrements, et la Communion, jusqu'au Culte touchant des Sacrés-Cœurs ; depuis le respect de la propriété, jusqu'à la dilection des plus mauvais. — Démonstration de l'Œuvre divine par la nature de ses Miracles et de ses Prophéties, de plus en plus étonnants. — Sa Démonstration surtout par le *Petit nombre* de ses Fidèles, dans tous les ordres de personnes, et dans tous lieux de la Chrétienté (théorie, histoire et bénédiction de tous les *Petits nombres*). — Sa Démonstration inouïe enfin par le malheur, souvent instantané, de *tous* ses grands adversaires, dans l'Eglise, dans le Monde, et dans le Journalisme.

LIVRE III. LE GRAND MONARQUE DU GRAND PROPHÈTE : — La tradition générale et incessante d'un Grand Roi, appelé, concurremment

---

(*) Cette partie fondamentale du livre, perfectionnée, a été publiée à part, dès les premiers jours de Carême, sous le titre de *Mandement du Ciel* « en présence des Mandements de la terre. » Le Père Lacordaire, qui, ne pouvant frapper juste, descend à frapper fort, n'avait garde de ne pas s'approprier notre plus grande pensée, mais en la dégradant : ce qu'il n'avait pas fait une autre fois en prêchant, presque mot à mot, la *Démonstration eucharistique*.

avec un Grand Prophète ou un Grand Pontife, à réformer les Nations.
— Son annonce, souvent développée, et parfois avec les noms propres, principalement par Isaïe, le premier des Prophètes, et par saint Jean, le dernier. — Théorie nouvelle, et décisive, des *Sept* Rois, qui en forment *Huit,* aux chapitres XVII-XIX de l'Apocalypse. — *Rétablissement* des Annonces royales : de saint Augustin ; de saint Césaire, archevêque d'Arles ; du vénérable Bède ; du *Liber Mirabilis ;* de Pierre Jean d'Olive, le plus grand homme peut-être de tout le moyen âge, dont on a fait plusieurs Prophètes, sous les noms d'*Olivarius,* etc., et même d'*Orval,* etc.; du Bénédictin de Saint-Germain-des-Prés. — L'annonce, plus étonnante encore, publiée pour la première fois, de saint François de Paule. — L'annonce de saint Antonin ; — celle de Pierre Turrel, de Dijon, qui ne sera jamais assez admirée ; — de Michel de Notre-Dame, et de Chavigny. — Les annonces du Grand Monarque en Allemagne et en Angleterre, etc. — Les dernières Prophéties de Martin de Gallardon (écrites de la main de l'ancien Evêque de Nancy) ; — celles de la Sœur de la Nativité ; de la Trappistine des Gardes, etc.; de Madame Tissot, d'Orange ; de la famille Larochejacquelin, etc. — La Question personnelle du Grand Monarque (histoire générale, encore inconnue, des Maisons de Bourbon, d'Orléans et de Bonaparte). — Démonstration, on peut le dire, de la sortie du Dauphin du Temple ; de sa conservation au milieu de tous les périls ; de sa vie toute et toujours royale, bien qu'ignorée du peuple ; de sa reconnaissance par les plus grands, les plus royaux et les plus nombreux Témoins qu'il soit possible d'imaginer ; de ses rapports incessants avec les Cours de Louis XVIII et de Charles X, etc.; de ses contrastes avec les faux dauphins.—Ses *Lettres* politiques ou privées, pleines de sagesse et de Prophéties réalisées. Ses publications religieuses inouïes. Ses vertus admirables. Sa mort, ou sa disparition sublime.

LIVRE IV. LA FRANCE, PATRIE PRÉDESTINÉE DES DEUX GRANDS APPELÉS à la sauver, et les autres Nations par elle.

ERRATUM.

1re ligne de la note (*), lisez : le P. *Pétau.*

LE GRAND PROPHÈTE
ET
LE GRAND ROI.

PREMIÈRE PARTIE.

LES SEPT PLUS GRANDES LOIS DE DIEU DANS LES DERNIERS TEMPS : LES PLUS GRANDS MIRACLES ; LA PLUS GRANDE PROPHÉTIE ; LA PLUS GRANDE MISÉRICORDE ; LA PLUS GRANDE EFFUSION DU SAINT-ESPRIT ; L'UNITÉ ET LA DUALITÉ DES INSTRUMENTS ; ET LA MINORITÉ DES FIDÈLES.

I. Les plus grands Miracles.

Ut cognoscant te, sicut et nos cognovimus, INNOVA SIGNA (*), et immuta mirabilia; EXCITA FUROREM.   Eccli. XXXVI.

Ce n'est qu'en n'y pensant pas qu'on peut le méconnaître, les *Miracles* sont le fait le plus fréquent et le plus éclatant de la nature. Le plus petit art, le plus simple métier, comme la science la plus élevée, l'astronomie et les mathématiques transcendantes, a plus encore de miracles que de mystères. Et nous ne voudrions, pour le démontrer, que la fréquence, l'habitude, l'incessance du mot et des synonymes de *Miracles*, dans les langues du peuple comme dans celles des savants.

Je conçois les miracles, ainsi que les mystères, à la fois comme effets naturels de l'existence de Dieu et de sa puissance, comme preuves de sa sagesse, comme témoignages de sa justice et de sa bonté. Le Dieu qui, après avoir créé le monde, ne ferait que le conserver dans son *statu quo*, serait ou paraîtrait un Dieu fainéant, un Dieu impuissant, un Dieu mort. C'est-à-dire un Dieu qui ne serait pas. Il serait moins que l'homme que nous voyons, ou que nous sommes, à présent surtout que nous croyons les hommes, ou que nous nous croyons nous-mêmes si savants et si miraculeux.

(*) V. la *Législation générale de la Providence*.

Ce qu'il y a dans les sciences ne serait pas dans la religion. L'homme le plus apathique *sort* quelquefois *de lui*-même, et Dieu n'en sortirait pas!... Arago et jusqu'à Bixio, Géants, Titans au petit pied, tenteraient de s'élever personnellement dans les nues ; et Pierre-Michel ne pourrait pas s'élever en esprit dans le Ciel ! et l'Archange Michel lui-même ne pourrait pas descendre en esprit, et se faire Homme sur un petit Lieu de la Terre !

La prétention (ce ne saurait être une philosophie) d'un Dieu se reposant, qui en serait encore au septième jour du monde, à présent que le monde approche de son septième millénaire, ne saurait être qu'un Athéisme, et le plus plat des Athéismes, le déguisé.

Feu Maur Capellari, fils d'un chapelier de Bellune, fait roi de Rome ; vivant Robin, fils d'un ouvrier de Dieppe, aujourd'hui *Monseigneur* et *Prince* par la grâce de feu Louis-Philippe, diraient volontiers de l'Eglise, et même de Dieu : *La cause est entendue.* C'est une *grande Apostasie*, c'est une *abomination*, c'est un déicide, pire mille fois que celui de Judas et de Caïphe, car il a, ce qui manquait à l'autre, près de mille ans de preuves contre lui !

Je conçois que le créateur des lois ordinaires du monde, le soit aussi de lois extraordinaires (*). Je ne conçois pas même les premières lois sans les secondes : par la raison, toute simple, que les hommes pour lesquels elles sont faites, et sans lesquels on ne les conçoit pas du tout, étant créés libres, ont eux-mêmes des facultés différentes, c'est-à-dire ordinaires et extraordinaires. Si la loi extraordinaire, ou le miracle, n'était pas une vérité, l'épithète d'*extraordinaire*, ou le nom de *miracle*, eux-mêmes, n'existeraient pas ; et ils figurent, en première ligne, dans toutes les langues. Il y a des noms, parce qu'il y a des êtres étonnants ; et il y en a d'étonnants, parce qu'il y en a qui n'étonnent point ; comme il n'y a des choses mystérieuses que parce qu'il y en a d'évidentes.

Je conçois un mystère de Dieu pour la raison de l'homme, par cela seul que je conçois, que je vois la différence qu'il y a entre Dieu et l'homme eux-mêmes.

Je conçois les miracles, encore mieux que les mystères, comme les signes, comme les preuves les plus naturelles et les plus nécessaires de la Bonté, et même de la justice du Créateur envers les Créatures.

Je les conçois pour les Bons. Le plus fidèle a besoin de miracles comme de mystères, et par la même raison, sa raison : Il lui faut, pour guider son homme, et même pour exister elle-même, admettre, respecter, aimer, adorer quelquefois, plus d'une chose et plus d'un homme. Or, elle ne respecte,

---

(*) Je conçois, si l'on veut, le désordre, la monstruosité, à côté du cours ordinaire des choses, comme certaines dissonances dans la musique pour rendre l'harmonie plus belle.

elle n'aime, elle n'adore surtout que ce qu'elle ne voit qu'à demi : les êtres et les choses mystérieuses. Elle ne respecte, elle n'adore que ce qu'elle *admire* : c'est-à-dire, les choses ou les êtres *miraculeux*. Ou plutôt l'Etre par excellence, que les êtres miraculeux supposent.

Je conçois encore mieux les miracles pour les plus méchants Hommes que l'orgueil a faits myopes : car Dieu est encore plus miséricordieux qu'il n'est juste ; et on dirait qu'il tient plus à la créature qui lui échappe qu'à celle dont il est sûr.

Dieu enfin se manifeste aux humbles par le cours miraculeux ; aux philosophes, par la suspension miraculeuse de la nature : le miracle existe des deux côtés.

Mais (et c'est ici qu'il ne faut pas s'y méprendre) les miracles dont l'homme a besoin ne sont pas ceux que Dieu opère à sa demande (*). La créature qui ne croit pas au Créateur, par cela même qu'elle existe, sur le sentiment de sa dépendance perpétuelle, et à la vue de la loi commune du monde dont elle fait partie, ne croira jamais mieux à la vue d'une contre-loi. Il ne serait pas juste que l'homme trouvât un titre à un privilége dans un défi porté à Dieu.

Et, dans le fait, les miracles proprement dits n'ont guère servi qu'à ceux qui ne les demandèrent, ou qui ne les virent pas (**) L'incrédule Judée a merveilleusement crucifié le Sauveur, à la vue, au toucher, au bruit des miracles sans fin qu'il opéra. Et l'univers catholique, et même le protestant, l'adorent, jusqu'au martyre inclusivement, depuis 1900 ans, au seul souvenir de ces miracles, au souvenir surtout du sang-froid déicide des hommes qui en furent témoins.

Et ceci est le dernier, le plus grand, le plus étonnant, le plus consolant et le plus terrible des miracles qui se soient vus et qui se verront sous le soleil depuis la création jusqu'à la fin du monde. Il faut le dire, les Juifs, Judas lui-même, qui eussent prévu, qui eussent vu ce miracle unique et perpétuel de près de 2000 ans, eussent cru mille fois en Jésus-Christ ; et nos philosophes du jour, qui ont encore des yeux pour ne pas voir, ne seraient pas seulement déicides, en temps et lieux, ils seraient surabondamment meurtriers des disciples du Sauveur qui se refuseraient de le crucifier avec eux !

Il y a pourtant des hommes mille fois plus coupables, plus meurtriers, plus déicides que les philosophes : ce sont les prêtres, les évêques, les papes, plus ou moins *temporels*, plus ou moins *rois*, à la faveur du Christ et des Apôtres qui furent sujets exclusivement.

Et les plus grandes autorités coïncident, à cet égard, avec les raisons les plus grandes. Un des plus savants et tradition-

---

(*) Lorsque les Pharisiens demandèrent à l'Homme-Dieu un *signe dans le ciel*, voyez la réponse que l'Homme-Dieu leur fit, en saint Matthieu, XVI.

(**) Ils disaient : *N'est-ce pas ce Jésus dont nous avons connu le père et la mère?* JEAN, VI, 42.

nels Pères de l'Eglise, Théodoret, résume en ces termes leur opinion commune : « Pour rendre, dit-il, plus efficace l'exemple des saints, Dieu joint aux vertus, dont il les remplit, les miracles qu'il fait par eux ou en leur faveur, afin que le bruit de ces prodiges réveille l'attention des hommes, et les dispose, par la curiosité et l'admiration, à recevoir avec fruit les instructions salutaires qu'il veut leur donner par la bouche de ses saints et par l'exemple de leur vie. »

Saint Augustin, en particulier, émerveillé des miracles de son siècle, faisait un commandement de les constater par écrit, de les répandre, de les populariser, de les transmettre à la postérité ; et il l'accomplissait jusque dans le plus beau de tous ses ouvrages, la *Cité de Dieu : De quibus Libelli dati sunt qui recitarentur in populis. Id namque fieri voluimus, cum videremus antiquis similia divinarum signa virtutum etiam nostris temporibus frequentari, et ea non debere multorum notitiæ deperire.*

Pascal, qui a été assez bien inspiré pour parler des prophéties et des miracles plus que de toute autre chose de la religion, semble n'avoir écrit ses *Pensées* que pour glorifier l'Œuvre de la Miséricorde : « On doit conclure de là, qu'il est impossible qu'un homme cachant sa mauvaise doctrine, et n'en faisant paraître qu'une bonne, et se disant conforme à Dieu et à l'Eglise, fasse des miracles pour couler insensiblement une doctrine fausse et subtile : cela ne se peut. Et encore moins que Dieu, qui connaît les cœurs, fasse des miracles en faveur d'une personne de cette sorte.

« 14. Les miracles ont servi à la fondation, et serviront à la continuation de l'Eglise jusqu'à l'Antechrist, jusqu'à la fin. C'est pourquoi Dieu, afin de conserver cette preuve à son Eglise, ou il a confondu les faux miracles, ou il les a prédits. Et par l'un et l'autre il s'est élevé au-dessus de ce qui est surnaturel à notre égard, et nous y a élevés nous-mêmes.

« Il en arrivera de même à l'avenir : ou Dieu ne permettra pas de faux miracles, ou il en procurera de plus grands. Car *les miracles ont une telle force*, qu'il a fallu que Dieu ait averti qu'on n'y pensât point quand ils seraient contre lui, tout clair qu'il soit qu'il y a un Dieu ; sans quoi ils eussent été capables de troubler.

« Et ainsi tant s'en faut que ces passages du 13ᵉ chapitre du Deutéronome, qui portent qu'il ne faut point croire ni écouter ceux qui feront des miracles, et qui détourneront du service de Dieu ; et celui de saint Marc : *Il s'élèvera de faux Christs et de faux Prophètes qui feront des prodiges et des choses étonnantes, jusqu'à séduire, s'il était possible, les élus même*, et quelques autres semblables, fassent contre l'autorité des miracles, que rien n'en marque davantage la force.

« 15. Ce qui fait qu'on ne croit pas les vrais miracles, c'est le défaut de charité : *Vous ne croyez pas*, dit Jésus-Christ parlant aux Juifs, *parce que vous n'êtes pas de mes brebis.*

« 18. Il y a si peu de personnes à qui Dieu se fasse paraître par ces coups extraordinaires, qu'on doit bien profiter de ces occasions ; puisqu'il ne sort du secret de la nature qui le couvre que pour exciter notre foi à le servir avec d'autant plus d'ardeur que nous le connaissons avec plus de certitude.
« Si Dieu se découvrait continuellement aux hommes, il n'y aurait point de mérite à le croire ; et s'il ne se découvrait jamais, il y aurait peu de foi. Mais il se cache ordinairement, et se découvre rarement à ceux qu'il veut engager dans son service. Cet étrange secret dans lequel Dieu s'est retiré, impénétrable à la vue des hommes, est une grande leçon pour nous porter à la solitude, loin de la vue des hommes...
« Et enfin, quand il a voulu accomplir la promesse qu'il fit à ses apôtres, de demeurer avec les hommes jusqu'à son dernier avénement, il a choisi d'y demeurer dans le plus étrange et le plus obscur secret de tous, savoir, sous les espèces de l'Eucharistie. C'est ce sacrement que saint Jean appelle dans l'Apocalypse *une manne cachée*, et je crois qu'Isaïe le voyait en cet état, lorsqu'il dit en esprit de prophétie : *Véritablement tu es un Dieu caché*. C'est là le dernier secret où il peut être. Le voile de la nature qui couvre Dieu a été pénétré par plusieurs infidèles, qui, comme dit saint Paul, ont reconnu un Dieu invisible par la nature visible. Beaucoup de chrétiens hérétiques l'ont connu à travers son humanité, et adorent Jésus-Christ Dieu et homme. Mais pour nous, nous devons nous estimer heureux de ce que Dieu nous éclaire jusqu'à le reconnaître sous les espèces du pain et du vin. »

Le plus théologien de Port-Royal, Duguet, parle comme son plus géomètre.

« C'est ainsi que plusieurs qui se croient remplis de zèle, condamnent souvent les dons de Dieu, et qu'ils attribuent à indiscrétion, à imprudence, à vanité, et à des motifs aussi peu légitimes, des actions dont l'esprit de Dieu est le principe. Il leur suffit, pour les condamner, qu'elles ne soient pas de leur goût, ou qu'ils ne les aient pas conseillées. Ils mesurent tous les autres sur leurs propres préjugés. Ils réduisent les vertus à celles dont ils ont fait choix, et tout ce qui est au delà des bornes étroites de leurs lumières, ou de leur caractère personnel, leur paraît une singularité vicieuse, une ignorance des règles, une saillie de piété digne de censure. Ils ne savent pas que leur esprit, qui est très-limité, ne peut être le juge de ce que l'esprit de Dieu, qui est infini, est capable d'inspirer à ses serviteurs. (*Explication* de la Passion.)

L'Archevêque de Sens, lui-même, qui poursuivait à outrance les miracles du xviiie siècle les mieux démontrés, et qui l'étaient mille fois moins que ceux du xixe, Monseigneur Languet affirme, jusque dans l'*Instruction* par laquelle il tâche autant qu'il lui est possible de rabaisser l'autorité des miracles, que « Le don des prodiges n'a pas été restreint aux
« temps apostoliques ; que le Fils de Dieu les a promis à son

« église *indéfiniment*, qu'il n'en a prescrit aucun terme, et
« qu'il les a attachés à la foi ;... et que, de même que la foi
« durera dans tous les siècles, de même cette foi ferme, cette
« foi qui obtient les miracles subsistera dans tous les temps.
« En effet, tous les siècles ont eu leurs Miracles, et c'est man-
« quer de confiance à la parole de Dieu et de foi à ses pro-
« messes, que de rejeter tous les miracles, que de dire qu'il
« ne s'en fait plus, et de ne vouloir point examiner les preuves
« qui les établissent... »

Mais l'éloquent Massillon, non moins suspect, est encore plus explicite : « Souffrez, » dit-il à l'immense auditoire de son plus magnifique *panégyrique*, celui de *saint François de Paule*, le plus grand peut-être des thaumaturges et des prophètes après saint Paul ,...., « souffrez, messieurs, que j'appelle ici en passant ces hommes de difficile créance, qui, selon le langage d'un apôtre, « *blasphèment tout ce qu'ils igno-*
« *rent*, » et qui, donnant à la puissance de Dieu les mêmes bornes que Dieu a données à leur connaissance, se plaisent à rejeter les miracles les mieux établis, ou par un faux honneur de ne vouloir être ni trompeurs ni trompés, ou par une résolution vague de ne croire que ce qu'ils ont vu de leurs propres yeux.

« J'avoue qu'il y a une simplicité superstitieuse qui croit tout, qui assure tout, qui se plaît à donner au mensonge la forme de la vérité, quand elle peut le couvrir de quelque prétexte de religion, et une crédulité populaire qui établit de faux miracles, comme la vaine subtilité des savants et la sagesse aveugle des libertins refusent d'en reconnaître de véritables ; mais je sais aussi que Dieu a ses serviteurs choisis à qui il communique plus abondamment sa sagesse et sa puissance ; *que le bras du Seigneur n'est pas accourci;* qu'en tout temps il aura soin de son Église, et que le besoin des miracles étant souvent le même, il n'est pas incroyable qu'il en fasse en ces derniers temps, comme il en faisait aux premiers siècles. Sa vérité, qui a dit : « que ceux qui *croiraient*
« *en lui feraient de plus grands prodiges que lui*, » dure en-
« core; *et, tant* qu'il y aura des saints dans l'Église, on y verra des miracles qui surpasseront la portée des esprits faibles, et qui confirmeront dans les purs sentiments de la religion ceux qui auront le cœur soumis à l'Évangile.

« Ce fut dans cet esprit que François de Paule entra dans les cours des rois pour y annoncer la vérité, que la flatterie de leurs sujets et leurs propres passions leur cachent ordinairement. N'osa-t-il pas *remontrer au roi de Naples les misères des peuples* qui gémissaient sous le poids des tributs excessifs qu'il leur imposait? Ne lui dit-il pas avec un zèle discret, mais généreux, qu'il *n'était riche que du bien d'autrui*, qu'il ne devait pas se regarder comme le maître de ses trésors pour en disposer à sa volonté, mais comme le dispensateur pour les employer au salut public : qu'il était établi ministre de Dieu pour rendre ses peuples heureux, non pas pour en faire des misérables, en consommant en luxe et en débauches les subsides tirés du travail et de la substance des pauvres ? *Ne fit-il pas distiller du sang d'une pièce de monnaie qu'il rompit en sa présence*, pour le convaincre par le miracle s'il ne pouvait le convertir par les remontrances, pour lui inspirer la compassion par cette preuve sensible de la misère et de la calamité publique, et pour lui faire connaître sa violence et son inhumanité, en lui montrant sur cet insensible métal une image touchante de la plaie qu'il faisait dans le cœur des peuples? Mais quelle fut sa fermeté, lorsqu'après avoir essayé d'apprendre à vivre à un roi de Naples, il vint enseigner à un roi de France à bien mourir!

« Vous savez, messieurs, que c'est de Louis XI que je parle. Ce prince, impénétrable dans ses desseins, implacable dans ses colères, toujours soupçonneux et toujours suspect, accoutumé à tendre des piéges, et à craindre pour lui les piéges qu'il avait tendus, odieux aux autres et à lui-même, traînait dans une triste retraite les misérables restes d'une vie qu'il avait passée à troubler les autres et à s'inquiéter lui-même. Dieu, qui punit souvent les pécheurs par leurs propres péchés, le livra à ses chagrins et à ses soupçons.

« Plût au ciel que, dans cet aveuglement déplorable où nous vivons aujourd'hui, chacun de nous eût son prophète qui l'avertît des nécessités de son âme, qui dît à celui-ci : *Restitue ce bien mal acquis*, et répare tes injustices ; à celui-là : *Descends de cette place que tu occupes indignement*, et ne demeure pas dans un ministère où tu t'es ingéré sans vocation, et dont tu n'es pas capable ! »

Bossuet, lui-même, qu'on soupçonnera encore moins de foi aveugle, traitant *ex cathedrâ* (dans ses *Etats d'Oraison*), le grand sujet des communications divines modernes, a dit :
« Le monde ne goûte point ces choses, et *souvent il en fait le sujet de ses railleries*. On y traite les contemplatifs de cerveaux faibles et blessés ; les ravissements, les *extases*, et les saintes délicatesses de l'amour divin, *de songes et de creuses visions*. L'homme animal, comme dit saint Paul, qui ne peut et ne veut entendre les merveilles de Dieu, s'en scandalise ; ces admirables opérations du Saint-Esprit dans les âmes, ces heureuses communications, et cette douce familiarité de la sagesse éternelle qui fait ses délices de converser avec les hommes, sont un secret inconnu dont on veut raisonner à sa fantaisie. Parmi tant de pensées qui se forment à ce sujet dans les esprits, comment empêcherai-je la profanation du mystère de la piété, que le monde ne veut pas goûter? Dieu le sait, et il sait encore l'usage que je sais faire des contradictions qu'on trouve sur son chemin dans une matière où tout le monde se croit maître. Mais qu'importent les oppositions à qui cherche la vérité ? Dieu connaît ceux à qui il veut

parler ; il sait les trouver ; il sait, malgré tous les obstacles, faire dans leurs cœurs, par nos faibles discours, les impressions qu'il a résolues. »

Et c'est une autre loi de Dieu, qu'en fait de miracles, c'est-à-dire de miséricorde envers les hommes, il est à la fois de plus en plus grand, et de plus en plus spirituel.

Saint François de Sales est ici merveilleux, dans son beau *Traité de l'Amour de Dieu*, et à propos d'un gentilhomme qui mourut d'amour sur la montagne des Oliviers : « Histoire, dit-il, laquelle, pour être extrêmement admirable, n'en est que plus croyable aux amants sacrés. *La charité croit* très-volontiers *toutes choses*, c'est-à-dire, elle ne pense pas aisément qu'on mente ; et s'il n'y a des marques apparentes de fausseté en ce qu'on lui représente, elle ne fait pas difficulté de les croire ; mais surtout, quand ce sont choses qui exaltent et magnifient l'amour de Dieu envers les hommes, ou l'amour des hommes envers Dieu, d'autant que la charité, qui est reine souveraine des vertus, se plaît, à la façon des princes, dans les choses qui servent à la gloire de son empire et domination. En matière de religion, les âmes bien faites ont plus de suavité à croire les choses dans lesquelles il y a plus de difficulté et d'admiration. Après la très-véritable histoire du cœur fendu de sainte Claire de Montfalcon, que tout le monde peut voir encore maintenant, et celle des stigmates de saint François, qui est très-assurée, mon âme ne trouve rien de difficile à croire parmi les effets du divin amour. »

Une plus grande autorité encore peut être rappelée sur cette grande vérité.

On lit dans la Vie de sainte Gertrude qu'un jour étant favorisée d'une apparition de saint Jean l'Évangéliste (*), elle lui demanda pourquoi, ayant reposé sur le sein de Jésus-Christ durant la Cène, il n'avait rien écrit pour notre instruction des mouvements de son cœur ; et que ce saint lui répondit : « J'étais chargé d'écrire pour l'Église encore nais-
« sante la parole du Verbe incréé de Dieu le Père ; mais la
« suavité des mouvements de ce cœur, Dieu s'est réservé de
« la faire connaître *dans les derniers temps*, dans la vieillesse
« du monde, afin de rallumer la charité qui sera notable-
« ment refroidie. »

Miracles surtout afin de procurer la foi et la charité personnelles dans la société. Dieu soulève en effet les miracles, etc., infiniment moins pour être vus que pour être crus, lorsqu'ils nous sont attestés par nos semblables. Et saint Paul consacre la plus belle de ses Épîtres, celle aux Corinthiens sur la charité, laquelle doit être crédule, et TOUT croire : *Omnia credere*.

(*) Le plus grand génie de l'Allemagne et même de son siècle, Leibnitz, s'est élevé jusqu'à prévoir et justifier, un siècle d'avance, toute l'Œuvre de la Miséricorde, dans ces paroles textuelles de sa Théodicée : « Il y a *beaucoup* de mi-
« racles que Dieu procure par le ministère de substances invisibles, telles que
« les Anges. »

Dieu n'a commandé la *Foi* à Lui-même que comme raison de la Foi à ses semblables.

Considération immense, dont voici surabondamment un simple, mais décisif aperçu dans un petit livre intitulé : *Dissertation sur la Foi due au Témoignage*, dédiée et présentée au Roi, le 29 juillet 1737, par un célèbre Conseiller au Parlement de Paris : « Dieu ayant créé les hommes pour le Connaître, pour l'aimer, et pour vivre en société entre eux, il était nécessaire qu'il leur donnât une loi, dont l'exécution leur facilitât les moyens d'arriver à la connaissance, leur remît sous les yeux ses bienfaits et formât des *liens qui les attachassent les uns aux autres*. Or cette loi est le commandement qu'il leur a fait de croire les faits qui leur seraient attestés par ceux qui les auraient vus.

« C'est la soumission à cette loi, qui leur met dans le cœur les dispositions nécessaires pour parvenir à se connaître. La foi vient de ce qu'on a ouï : *Fides ex auditu*, dit saint Paul ; mais tous n'obéissent pas à l'Evangile ; ce qui a fait dire à Isaïe : Seigneur, qui a cru ce qu'il nous a ouï prêcher ? *Sed non omnes obediunt Evangelio ; Isaïas enim dicit : Domine, quis credidit auditui nostro ?* dit encore ce grand Apôtre. ROM. x, 16.

« Aussi Dieu ordonne-t-il expressément, en plusieurs endroits des livres saints, d'ajouter foi au témoignage de deux ou trois personnes qui certifient avoir vu. Tout fait attesté par deux ou trois témoins doit être regardé comme constant : *In ore duorum vel trium testium stabit omne verbum*, dit encore saint Paul, 2 *Corinth.* VIII, 17. Il est écrit dans la loi, dit Jésus-Christ lui-même, que le témoignage de deux personnes doit être jugé véritable : *In lege vestrâ scriptum est quia duorum hominum testimonium verum est*. S. Jean, VIII, 17. Enfin Dieu ordonne dans le Deutéronome de punir de mort celui qui sera convaincu d'un crime par le témoignage de deux ou trois témoins : *In ore duorum vel trium peribit qui interficietur*.

« L'Ecriture sainte nous fournit aussi plusieurs exemples qui prouvent que la désobéissance à cette loi, c'est-à-dire le refus de s'en rapporter à la déclaration des témoins oculaires, lorsqu'on n'a point de raison légitime de les suspecter, a été regardé de Dieu même comme un *crime qui avait sa source dans la dureté du cœur*. La première fois que Jésus-Christ parut à ses apôtres après sa résurrection, il leur reprocha leur incrédulité et la dureté de leur cœur, de ce qu'ils n'avaient pas cru ceux qui l'avaient vu ressuscité : *Exprobravit incredulitatem eorum et duritiam cordis, quia iis qui viderant eum resurrexisse non crediderunt*. MARC, XVI, 14. Ce vif reproche fut fondé sur ce qu'ils n'avaient pas ajouté foi aux étonnants récits que leur avaient faits sainte Madeleine et les deux disciples d'Emmaüs, suivant que le Saint-Esprit nous l'a appris lui-même : *Quia iis qui viderant non crediderant ;*

et il déclare en même temps que la dureté de leur cœur fut la cause de cette défiance : *Exprobravit incredulitatem eorum et duritiam cordis.*

« En effet, la loi qui nous oblige à ajouter foi au témoignage, est une loi à laquelle nous obéissons toujours sans peine, lorsque nous n'en sommes point détournés *par quelque passion*, parce que c'est une loi que Dieu lui-même a gravée dans le cœur des hommes, et qu'ils éprouvent presque dans tous les moments de leur vie la nécessité qu'ils ont de s'y soumettre.

« Toutes les vérités de fait ne sont connues que par le rapport des sens, par le témoignage des hommes, ou par la révélation divine. Il n'y a qu'un petit nombre de vérités de ce genre dont nous soyons certains par la révélation. Qui ne voudrait au surplus croire que ce qu'il aurait vu, serait le plus ignorant de tous les hommes : il se réduirait presque par là à la condition des bêtes, qui ne sont remuées que par ce qui frappe les sens; et le doute qu'il affecterait sur toutes choses le ferait passer à juste titre pour un insensé qu'il faudrait séparer de la société.

« La confiance qu'on a naturellement dans le témoignage des autres n'est donc pas l'effet d'une erreur fondée sur de faux préjugés; elle ne doit pas même sa naissance aux leçons des hommes; elle n'est le fruit ni de l'éducation, ni de la coutume. C'est un principe inné que Dieu lui-même a mis dans les hommes ; c'est l'effet naturel de notre raison, effet qui est en nous aussi essentiellement que la raison même. Aussi est-ce une loi unanimement reconnue et universellement observée par toutes les nations, loi absolument nécessaire pour l'exécution de toutes les autres lois, sans laquelle les hommes n'auraient jamais pu établir ensemble de société, et sans laquelle ils ne pourraient l'entretenir. Enfin c'est l'obéissance à cette loi qui a fait passer la lumière jusque dans les ténèbres du paganisme, et qui les a enfin dissipées, puisque c'est en partie par le témoignage des hommes que Dieu a établi la religion par toute la terre.

« Lorsque les miracles ne furent plus si communs après le premier Établissement de l'Évangile, les Apologistes de notre religion n'eurent plus proprement d'autres armes pour convaincre les idolâtres, que les preuves qu'ils leur rapportaient des miracles qui avaient été opérés par Jésus-Christ et par ses disciples. Les miracles étaient le moyen le plus fort, le plus persuasif, le plus acceptable, et presque le seul dont ils pouvaient se servir pour prouver la divinité de notre religion à des gens qui ne connaissaient point l'autorité des Écritures. Cependant, les miracles ne pouvaient avoir à leur égard d'autres preuves, que la force des témoignages, par lesquels ils étaient attestés. Aussi est-il décidé par la vérité éternelle qu'on est obligé de croire les miracles, non-seulement lorsqu'on les a vus, mais aussi lorsqu'ils sont attestés par des personnes d'une foi non suspecte qui certifient les avoir vus. Notre divin Maître, qui déclare en un endroit de l'Evangile (JEAN XV, 24), que s'il n'avait pas fait de miracles, les Juifs ne seraient pas coupables, leur reproche dans un autre (JEAN IV, 48) qu'ils ne croient point à moins qu'ils ne voient *eux-mêmes* des miracles : *Nisi signa et prodigia videritis, non creditis.*

« Jésus-Christ ne se plaint pas, dit M. Nicole dans les réflexions qu'il fait sur ces divines paroles, que les gens aient besoin de miracles pour croire, mais de ce qu'ils ont besoin de les voir, et que l'assurance qu'ils en peuvent avoir, par le témoignage des autres, ne leur suffit pas. »

Et J.-J. Rousseau lui-même a dit, dans ses *Lettres* (caricature du Sermon) *de la Montagne* : « Dieu peut-il encore des miracles? ce serait faire trop d'honneur à celui qui résoudrait cette question négativement que de le punir; il suffirait de l'enfermer. »

...... Nous ne voudrions enfin, pour démontrer la nécessité d'un nouvel ordre de miracles et d'hommes miraculeux, que l'impuissance et le passage inaperçu de l'ancien. Les guérisons de l'abbé Prince de Hohenlohe sont mortes longtemps avant lui. L'apparition à Alphonse de Ratisbonne, déjà oubliée dans le monde, s'est résumée, et comme claquemurée dans l'Ordre déconsidéré des Jésuites. Celle aux deux Bergers de La Salette n'a guère fait qu'intéresser les enfants dans les Bibliothèques paroissiales. Les stigmates les plus saignants sont confondus communément avec certaines affections corporelles. La *Médaille miraculeuse* elle-même n'est pas sortie du cercle étroit des fidèles.

On sort glacé ou réjoui des églises, des sermons, des confessions, et jusque de la table sainte.

Tout le haut clergé de Paris, reconnaissant la généralité du mal, est allé jusqu'à en montrer la profondeur, en s'aveuglant sur *sa cause unique* et éclatante, dans ces paroles finales du grand concile de Paris : « *Jamais* la religion n'a été plus inconnue. »

La prophétie nouvelle, dont on a encore plus besoin que du nouveau miracle, quasi niée dans l'enseignement des séminaires, et surtout dans la chaire, est descendue à l'*Almanach-Prophétique-Plon*.

Il était temps, et grand temps, d'une œuvre prophétique et d'une œuvre miraculeuse concurrentes, complétement divines, qui élevassent enfin l'esprit prophétique à la hauteur de l'Apocalypse, et le cœur aimant à la grandeur de la Miséricorde.

II. Les plus grandes Prophéties.

Mais si je conçois les miracles en général, pour tous les hommes et pour tous les temps, je conçois encore mieux tels ou tels miracles particuliers, c'est-à-dire les miracles les plus éclatants et les plus salutaires. Et les miracles pour les derniers hommes, et les derniers temps : car ce sont les plus incrédules et les plus loin du salut.

Or les miracles les plus grands ne sont guère ceux de guérisons des maladies corporelles les plus incurables, et même de résurrections corporelles. La preuve en est que celle du Sauveur lui-même n'a pas empêché des milliers et des millions de Juifs contemporains de la Judée de demeurer Juifs, et de se faire martyrs de leur incrédulité, aussi bien, et même encore mieux, que les chrétiens de leur foi. Les grands et concluants miracles, après tout, sont les prophéties : car les miracles proprement dits ne s'adressent qu'aux *sens*, et aux sens d'un petit nombre, plus ou moins récusables et mortels, auxquels on peut dire : *Vous êtes orfèvres!* et les seconds parlent à l'esprit, qui seul, en définitive, parle à tout le reste, à tout temps, et à tout le monde.

Et voilà pourquoi il est dit et prédit, que tout est prédit : et les hommes, et les choses ; et surtout les grands Prophètes et les grands Rois. « Dieu, dit Amos, ne fait jamais rien, qu'il n'ait révélé son secret aux Prophètes ses serviteurs. Le Lion rugit, qui ne tremble ? Dieu parle, qui n'est Prophète ? *Quia non facit Dominus Deus Verbum, nisi revelaverit secretum suum ad servos suos prophetas. Leo rugit, quis non timebit ? Deus locutus est, quis non prophetabit ?* III, 17, 8. Et l'Esprit-Saint qui avait dit cela pour annoncer le Christianisme principalement, le dit encore mieux, et par la bouche du Christ lui-même, pour les développements et le triomphe du christianisme. Et précisément contre les Faux prophètes, puissants au point de séduire jusqu'aux élus : « Vous le voyez : je vous ai prédit TOUT : *Vos ergo videte : ecce prædixi vobis omnia.* MARC, XIII, 23. Et le premier des apôtres, saint Pierre, dans le premier de ses sermons, aussi formel et plus spécial, reconnaît que : « *Tous* les Prophètes, depuis Samuel, ont annoncé le Grand Prophète des derniers jours : *Prophetam suscitabit vobis Dominus vester de fratribus vestris, tanquam me...* et OMNES *Prophetæ a Samuel et deinceps, qui locuti sunt, annuntiaverunt dies istos.* ACT. III. 21, 24.

Le plus énorme miracle, la résurrection d'un mort, fût-il un Dieu, meurt en quelque sorte avec lui-même. La plus petite Prophétie, je ne dirai pas de Daniel, mais du simple voyant abbé de Beauregard, et même de Nostradamus, grandit avec le temps, et surtout avec les derniers temps, selon ces paroles de Jérémie : *In novissimo dierum intelligetis ea.* XXX, 24 ; et celle-ci, que le Seigneur lui-même dit à un autre Prophète : « Daniel, ne dites pas tout, afin qu'on ne voie pas tout tout de suite, mais seulement chaque chose en son temps, et selon les progrès de la science en général : *Tu Daniel, claude sermones, et signa librum usque ad tempus statutum :*

plurimi pertransibunt, et multiplex erit scientia. XII, 4. C'est ainsi que les *Semaines* de Daniel ne furent visibles qu'environ 400 ans après leur publication. Le Christ, que le Prophète historique annonçait venu, tout Prophète autrement universel qu'il était, subordonna encore mieux aux temps la révélation des plus grandes choses; et il prend même le soin d'expliquer le *temps* par les *mœurs* dans ces mémorables paroles : « J'ai encore beaucoup de choses à vous dire, mais vous ne pouvez les porter présentement: *Adhuc multa habeo vobis dicere : sed non potestis portare modo,* JEAN, XIV. 12.— Développant encore mieux sa pensée, le Sauveur ajoute : « Lorsque viendra le Règne du Saint-Esprit, il vous enseignera *toute* vérité, et il vous annoncera *toutes* les choses à venir : *Cum autem venerit ille Spiritus veritatis, docebit vos OMNEM veritatem, et quæ ventura sunt annuntiabit vobis,* 13.

Les temps et les mœurs, plus propres aux plus grandes vérités, ne tardèrent point à arriver ; et la première année du second siècle ou du second âge de l'Ere nouvelle, Jésus, remonté au Ciel plus prophète encore que Jésus vivant et Jésus ressuscité, révéla à son disciple bien-aimé la Prophétie à la fois la plus mystérieuse et la plus éclatante, la plus courte et la plus universelle, la plus consolante et la plus terrible de toutes les prophéties connues. C'est dans *l'Apocalypse* qu'on lit cette proposition si mémorable, et si concluante, que la plus grande preuve du Christ et du Christianisme, c'est l'Esprit Prophétique : *Testimonium Jesu est Spiritus Prophetiæ.* XIX, 10.

Et voilà pourquoi les Prophètes furent, à toutes les époques, bien plus illustres que les saints ; — pourquoi ils furent même la plupart miraculeux par surcroît ; — pourquoi aussi il y a encore plus de faux Prophètes (c'est-à-dire d'incrédules aux prophéties d'Elie et de Daniel, d'Isaïe et d'Ezéchiel, du saint Malachie de la synagogue et du saint Malachie de l'Eglise, de saint Jean et de Pierre Michel), que de Prophètes vrais ; — pourquoi enfin la plupart des prophètes fidèles furent persécutés, et même martyrs ; et la plupart des Prophètes incrédules, triomphants.

Tous ces principes et tous ces faits donnés, quand on entend parler d'une prophétie ou d'un miracle, c'est-à-dire de preuves nouvelles de la générosité de Dieu, on devrait trembler qu'ils ne fussent pas vrais. Et les Prêtres en général, depuis près de dix ans, et aujourd'hui surtout que les merveilles éclatent et qu'elles abondent, tremblent qu'elles le soient!

... Ces messieurs ne vont-ils pas jusqu'à dire, et prétendre même en principe, et, qui sait? en dogme, que le temps des *Prophètes* depuis saint Jean l'Evangéliste est passé à jamais ! Mais s'il n'y avait plus de Prophètes proprement dits, il y aurait, du moins, les Prophéties. Et, grâce à la bonté de Dieu, ces Prophéties, dont la moitié la plus incroyable est si ponctuellement vérifiée par la première Venue du Fils de Dieu, ne seraient-elles pas mille fois plus sacrées et plus infaillibles que ne seraient des Prophéties nouvelles? Éclairées, illuminées par deux mille ans bientôt, et même par quatre mille ans de date et d'histoire, elles ont produit cet effet immense que leur seule étude, que disons-nous? leur lecture seule suffit, à qui le veut, pour se rendre Prophète soi-même. Quoi donc? et parce que tout le monde est appelé à être Prophète, et qu'il y en a un grand nombre qui l'est, il n'y aurait plus de Prophètes?

Les Anti-Prophètes diraient volontiers du Sanctuaire ce qu'on ne dit plus même de l'Académie :

Nul n'aura de l'Esprit Saint *que nous et nos amis.*

Les faux prophètes ont horreur du Vrai... C'est la plus grande preuve, et la plus grande gloire (et elles sont aussi prédites), du Vrai !

Cependant, nous allons continuer d'en porter les développements à leur comble.

III. Le plus grand nombre de Prophètes.

Te Prophetarum laudabilis Numerus.
Te Deum (de saint Ambroise.)

Par là même que les prophéties devaient être de plus en plus grandes, les Prophètes devaient être de plus en plus nombreux ; plus nombreux mille fois que les Thaumaturges. Ils devaient comme pulluler à la fin ; et *tous* les chrétiens étaient appelés à être Prophètes, pouvaient et devaient l'être.

Lorsque, c'est un fait, et comme un dogme, dans l'histoire de la Synagogue, que la rareté et l'unité des vrais Prophètes.... (à peine y en eut-il *un* par Roi de Juda ou d'Israël) ... « Dans les tout derniers temps, dit le Seigneur, je répandrai mon Esprit sur toute chair ; vos fils et vos filles prophétiseront, vos jeunes gens auront des visions, vos vieillards des songes, et je comblerai de mon Esprit mes Serviteurs et mes Servantes : *Et erit in novissimis diebus. Et Juvenes* (on dirait *Eugène) vestri visiones videbunt* etc. — Et celles-ci de saint Paul : « Désirez les dons spirituels, et surtout de prophétiser, car la Prophétie édifie, instruit et console : *Æmulamini spiritalia, magis autem ut prophetetis. Nam qui prophetat, loquitur ad œdificationem, et exhortationem, et consolationem.* 2 Corinth. XIV, 1, 3.

Une autre autorité, ici, est plus grande encore, c'est celle de Jésus-Christ lui-même, dans sa dernière et plus grande Révélation à saint Jean, dont nous avons rappelé tout à l'heure une moitié. Elle est aux chapitres mêmes du Grand Prophète et du Grand Roi, et des Leurs : « Je ne suis pas plus grand que vous et vos frères ; et nous avons *tous* également le Témoignage de Jésus, c'est-à-dire l'Esprit prophétique : *Conservus tuus sum, et fratrum tuorum habentium Testimonium Jesu. Testimonium enim Jesu est Spiritus Prophetiæ*. XIX, 10. Ce que l'Ange dit encore mieux dans la conclusion même de l'Apocalypse, en ajoutant à *fratrum tuorum, Prophetarum!* XXII, 9.

Voilà le fait du commandement direct et de l'universalité de la prophétie. Le fait de son commandement et de son universalité implicite se trouve d'ailleurs sous toutes les formes et dans toutes les paroles de l'Evangile. Et que disent autre chose celles-ci du Seigneur : « Soyez parfaits comme je suis parfait ; — Saints, comme je suis saint » etc. MATTH. V. 48 ; 1 PIERRE, I, 16 ; etc.

Or je suis le Dieu des sciences : *Deus scientiarum!* 1 ROIS, II, 3 ; — le Dieu de prescience. I PIERRE, I. 2"; — le Dieu qui voit les dernières extrémités du temps, comme ses premiers commencements ; le Dieu des prophéties et des Prophètes. APOC. XXII, 6.

Quoi ! le plus ordinaire don des plus ordinaires gens du monde, c'est la *Prévoyance*, et la *Voyance* ne serait pas le don ordinaire des Hommes de Dieu !

En principe, en dogme, comme en somme, Dieu, essentiellement Prophète, a rendu Prophètes essentiellement, Prophètes-nés, *tous* les Hommes, par cela seul qu'il les a faits tous à son image : les anciens, plus près et plus dignes de lui, Prophètes plutôt par sa justice ; les modernes, plutôt par sa générosité ; les uns et les autres ne paraissant rares, ou n'en paraissant aucun, que parce qu'ils étaient nombreux et universels.

Dans cet ordre de choses, on ne remarqua jamais, comme on ne remarque plus, que les plus grands Prophètes.

Lorsque la prophétie et les Prophètes, grands ou petits, ont paru manquer,... ils étaient à leur apogée, c'est-à-dire à leur première vérification. Ce sont les *Temps* qu'on apelle *Prophétiques*. Il en est deux mémorables dans l'ancienne loi : celui des Juges, et celui des Machabées. Il n'en est qu'un, et pour cause, sous la loi nouvelle : le premier Millénaire du monde. Il aboutissait à la dernière ruine de Jérusalem. Le second Millénaire, où nous sommes, a dû redevenir ou paraître, et il est revenu ou il a paru prophétie personnelle, vivante, actuelle.

Le temps des Juges, ce fut l'accomplissement des Prophéties testamentaires de Moïse et de Josué ; — le temps des Machabées, jusqu'à saint Jean-Baptiste et Jésus : le triomphe d'Isaïe et de Zacharie. — Le premier Millénaire du Christianisme, ce fut le triomphe du Sermon du Sauveur (MATTH. XXIV) sur la ruine du Temple et de la Cité déicides ; et de la 1re partie de l'*Apocalypse* de saint Jean. Le second, qui finira par le Règne des Mille ans, sera, l'éternel triomphe de l'Apocalypse entière de saint Jean, de Daniel, de l'abbé Joachim, de saint Malachie de Clairvaux, et surtout de Pierre-Michel et d'Elie.

Quoi ! Isaïe et Daniel ont été vus accomplis à la lettre, à l'usage, à la consolation ou à l'effroi de l'ancien et petit peuple de Dieu ; et saint Jean, dans les plus beaux livres de l'Apocalypse de Jésus-Christ, et Pierre-Michel dans les plus beaux de la Septaine et du *Livre d'or*, l'objet prophétisé de tous les objets, se trouveraient seuls en défaut !

Et, dans le fait aussi, après l'an *mille* ou l'an de *milieu*, et du *moyen* âge, les Prophètes sont devenus, et ils sont surtout aujourd'hui plus nombreux et plus recherchés (*) que jamais. Faux, lorsqu'ils ne sont pas vrais. Seulement, les vrais, parce qu'ils sont vrais, humbles, craintifs, demeurent le plus souvent inconnus dans les maisons religieuses, et même dans les familles, et semblent en petit nombre. Les autres, au contraire, précisément parce qu'ils sont faux, passent encore moins pour Prophètes, et semblent en plus *petit nombre* encore.

C'est toutefois, et évidemment, le grand ! Car il doit y en avoir un grand nombre comme en toute personnification, ou chose mauvaise ; et il y en a, et il en est prédit, un grand nombre. C'était le mot de l'Ancien Testament (V. Zacharie, XIII, 2 ; Luc, VI, 26, etc.) C'est surtout le mot, dit et répété à l'infini par l'Evangile et les Epîtres des Apôtres : MULTI *Pseudo-prophetæ.* Matth. XXIV, 11 ; Joan. IV, 1. (Et encore Marc. XXII ; 2 Pierre; II, etc.)... Le seul roi Achab en avait 400 autour de lui (3 Rois, XXII, 6.)

Le grand nombre de faux Prophètes ne saurait se chercher et se trouver que dans une classe religieuse, spirituelle, lettrée, considérable, importante, et, on peut le dire, toute-puissante. Ce n'est guère la classe savante proprement dite ou universitaire ; elle a tout au plus la prétention de ne pas s'occuper de religion. C'est encore moins la classe philosophique ; elle n'a qu'un petit nombre d'adeptes, et son premier dogme, c'est de rire des Prophètes.

Les Faux Prophètes, en général, sont dans le clergé (**). Le faux Prophète en particulier, c'est, dans chaque lieu, *M. le Curé.* Le clergé forme le plus grand nombre de fonctionnaires qu'il y ait dans un pays catholique. C'est même

---

(*) Ezéchiel, le prophète des derniers temps, prédit, en toutes lettres, la manie prophétique que nous avons vue dans Louis-Philippe, et jusque dans Bonaparte :

Et conturbatio super conturbationem veniet; et auditus super auditum : *Et quærebant visionem de Propheta. Rex lugebit,* etc. VII, 26, 27.

(**) Appréciez une erreur, une hérésie, une hypocrisie, par sa première conséquence ! Si ce n'étaient point les *abbés*, en général, qui fussent les nombreux *faux prophètes* annoncés, ce seraient les compilateurs ou plutôt les inventeurs et lecteurs nombreux de l'almanach soi-disant *prophétique !*

le seul grand nombre. Il y en a dix fois plus que de *percepteurs!*

Et qui pourrait être, et qui est Prophète en effet, que le Prêtre,... curé ou évêque, desservant ou pape? Ils sont Prophètes, ou rien.

Nous l'avons vu, saint Paul, dans son admirable Epître aux Corinth., XIV, veut qu'à cette fin de convertir au Christianisme, de maintenir et de faire croître le Christianisme, dans les individus et dans les peuples, TOUS les prêtres, et, grâce à eux, TOUS les fidèles, soient Prophètes véritables.

Mais les malheureux prêtres sont condamnés à ne se nier Prophètes qu'en se supposant et s'affirmant tels. Et ne serait-ce pas en effet se prétendre *Prophètes* que de s'arroger, à soi seuls, l'interprétation de tous les *Prophètes* anciens? que de s'arroger le jugement de tous les modernes? et même que de condamner en général les *Prophètes* nouveaux, et surtout les plus grands?

Ces messieurs vont jusqu'à nier, nous ne dirons pas la destination, mais l'application à l'Eglise, des anciens Prophètes de la synagogue!..

L'*Apocalypse* surtout, la source et la logique de toute prophétie ancienne ou nouvelle, leur fait peur! Et comme nous l'avons dit ailleurs, ils l'ajourneraient volontiers aux *Calendes grecques*, ou à l'éternité!

Comment leur serait-il donné de croire aux *prophéties* anciennes et modernes? Ils nieraient volontiers, s'ils osaient, jusqu'à l'*Histoire Ecclésiastique* de leurs hérésies, de leurs schismes, de leurs corruptions, de leurs apostasies héréditaires! (V. la *Grande Apostasie dans le lieu saint*.)

Mais tout cela est encore susceptible de développements et de preuves :

Les contre-Prophètes sont et s'avouent Prophètes... Cela est clair, car ils *annoncent* les faits opposés à ceux annoncés par leurs adversaires. Et, tandis qu'autrefois les princes des prêtres, les docteurs de la loi et les scribes prophétisaient *ex cathedrá*, et à l'envi, et à satiété, la *paix*, la prospérité temporelle, et surtout le Messie-Roi, les quatre grands Prophètes du Seigneur, et les douze autres, aussi grands (voyez seulement les titres et les sommaires de tous) ne cessaient d'annoncer les crimes *dans le désert*; la guerre et tous les fléaux; et principalement le Messie-sujet et mis à mort; et finalement la ruine et les cendres de Jérusalem, la dispersion et la persécution des Juifs sur toute la terre.

Les derniers temps ressemblent aux premiers; ceux-ci même n'ont existé que pour annoncer et préparer les autres. Comme les *vrais* Prophètes de l'Ancien Testament avaient la mission d'annoncer aux *faux*, le *Fils de Dieu* né pauvre et sujet jusqu'à la mort, les *vrais* Prophètes du Testament Nouveau ont la charge d'annoncer, aux Prophètes faux, qui le nie, le *Saint-Esprit* triomphant, pour faire triompher, avec lui, à la fois et le Père et le Fils, et la Mère des Anges et les Anges.

Les nombreux faux Prophètes religieux portent jusque dans la plus simple politique leur aveuglement; et ils n'ont pas même la prévoyance des partis et le pressentiment des gens du monde..... Ils sont, depuis un siècle surtout, toujours *en arrière*, non pas *d'une année*, mais de mille années; non pas *d'une idée*, mais de mille idées; non pas *d'une armée*, mais d'un peuple, et de toute la Chrétienté! Trompant les peuples et se trompant eux-mêmes en tout, comme leur dit Jérémie, XXIII, 13; *Prophetabant in Baal, et decipiebant populum meum*; et ne voyant rien, comme Ezéchiel leur dit : *Væ Prophetis insipientibus, qui sequuntur spiritum suum, et nihil vident.* XIII, 12.

Le petit nombre d'entre les simples abbés ou religieux (on cite à peine ici un pape, un cardinal ou un évêque) qui ont eu quelques lueurs d'avenir, n'ont pas même su en tirer des conséquences sérieuses à leur profit, et à celui d'un petit nombre. Ils ne virent la révolution de 89 que lorsqu'elle était venue; et ils prirent la farce et comme l'innocence de 93, la *déesse Raison*, pour la Grande Apostasie ! On peut nommer ici les Jésuites, etc., Neuville, Lanfant, et même Beauregard. Après s'être quelque peu élevés dans la chaire, ils en descendaient en effet, et recommençaient dans le monde leur indifférence...

En résumé, plus simple encore, sur les *faux prophètes*, il y a, ou il peut y avoir un grand nombre de prophètes; mais il n'y en a, de fait, dans un siècle, qu'*un petit nombre*, et un seul Grand. Tous ceux qui ne les croient pas, tous ceux surtout qui les méprisent et même qui les persécutent (ils sont 66,000 environ en France), ne sont pas des prophètes quelconques, mais bien des *Anti*-Prophètes : comme on dit des *Anti-Papes* et des *Antechrists*.

C'est tout le sens, et le sens seulement, du *Multi Pseudoprophetæ* de l'Ecriture.

Ne sont pas moins logiques, visibles, prédits, que leur grand nombre : et les *Noms* propres et le *Costume* des faux Prophètes : Disperdam *Nomina idolorum*, *et Pseudoprophetas auferam de terrâ*. ZACH. XIII, 2. — *Nec operiantur pallio saccino, ut mentiantur.* 4 ; — et leur union entre eux, leur solidarité (ils disent comme les Démons, leurs Maîtres : *Sumus Legio.* MARC. V; 9); et leur action toujours en nombre dans le sentiment de leur faiblesse individuelle (les loups vont par bandes, lorsque le chien de garde est toujours seul); et leur alliance explicite ou implicite avec les rois, les grands et les riches ; et leur reconnaissance publique; et leurs traitements; et leurs libertés cléricales ; et leur monopole d'enseignement et d'action ; et leurs casuels, et leurs casuismes ; et leurs sermons à l'eau rose, sur, pour et contre tout et tous :

tous moyens exclusifs et infaillibles d'exploiter la foi publique, d'être *séduits*, soi, et de *séduire* les autres, et, comme il est prédit, jusqu'aux élus; et qui manquent absolument aux rares Prophètes vrais, et par conséquent isolés, craints, rebutés, à l'œil et au bras des inquisitions et de la police?

Le quatrième et le plus grand des grands Prophètes, car il est celui de la terre nouvelle et du règne nouveau, Ezéchiel, a dit tout cela (*) dans ses chapitres XIII et XXII plus particulièrement : « Fils de l'homme, dis-lui (à la Rome du temps) : Vous êtes le siége de la conjuration des Prophètes, et du Lion rouge ou rugissant, qui dévorent les âmes en même temps que les biens : *Conjuratio prophetarum in medio ejus, sicut Leo rugiens, animas devoraverunt, opes et pretium acceperunt.* 25.—Et qu'on ne prétende pas qu'il ne s'agit pas des Prêtres ! L'Esprit-Saint les nomme immédiatement : *Sacerdotes ejus polluerunt sanctuaria mea.* 26. Leurs Princes sont au milieu d'eux comme des loups dévorants et perdant les âmes : *Principes ejus in medio illius, quasi Lupi rapientes, et ad perdendas animas.* 27. Les Prophètes ne voient plus que des chimères et ne devinent plus que les mensonges, disant : Voici ce que dit le Seigneur, lorsque le Seigneur ne dit pas : *Prophetæ videntes vana, et divinantes eis mendacium dicentes : Hæc dicit Dominus Deus, cum Dominus non sit locutus.* 28. (L'Esprit-Saint, au chap. XIII d'Ezéchiel, fait parler Dieu lui-même : *Et dicitis, ait Dominus, cum Ego non sim locutus.*) Et j'ai cherché parmi eux *un seul homme* à opposer à ma colère contre la terre, et cet homme unique, je ne l'ai pas trouvé : *Et quæsivi de eis virum, qui staret oppositus contra me pro terrá, et non inveni.* 30.

Et, pour tout dire en quelques mots, et précisément réunis *ex cathedrá*, dans la dernière *Épître*, le Testament écrit de sa prison de Rome, du premier Apôtre et du premier sujet de Jésus-Christ, saint Pierre, la *sortie* (l'Apostasie) des faux Prophètes, du *sein* même de l'Eglise; leur *autorité*, leur *légalité*, leur *mandat*, leur hérésie, leur *secte* par excellence : toutes choses qui ne sauraient s'appliquer aux *Philosophes* faux Prophètes : I° Et il y aura PARMI VOUS : *Et in vobis erunt*, II, 1 ; II° des Docteurs, des *Maîtres* (c'est-à-dire *Autorisés*). en mensonge : *Magistri Mendaces* ; III° Et *un grand nombre* les suit : *Et Multi sequentur.* 2. IV° Et ils trafiquent de vous : *De vobis negotiabuntur.* 3. V° Et ils sont comparables aux *Anges* tombés, et seront punis comme eux 4, 11. VI° Et la connaissance des voies de Dieu leur avait été donnée par un Mandat, et même par un Mandat saint : *Quod illis traditum est SANCTO MANDATO.* 21.

Et ces faux Prophètes, *sortis de l'Eglise*, et même de la primitive Eglise, la meilleure (comme il est dit des *Antechrists :*

(*) Et Jérémie, dans les chap. XIV, XXIII, etc : *Ecce ego ad Prophetas somniantes mendacium, ait Dominus.*

Antichristi (*) *Multi EX NOBIS.* 1 Joan. II, 18, 19) saint Pierre les met en opposition avec les vrais et *saints* Prophètes dans le chapitre *précédent : Spiritu Sancto inspirati locuti sunt SANCTI Dei Homines.* 21 ; et en opposition encore dans le chapitre suivant, spécialement prophétique des Nouveaux Cieux et de la Terre Nouvelle durant *Mille années : Ut memores sitis eorum quæ prædixi verborum a SANCTIS prophetis.* 2.

Leur puissance, leur omnipotence quasi, à imposer aux peuples, et même aux grands et aux rois? Ce que Zacharie avait encore prédit dans son fameux et immortel chap. 13 : « Et la terre entière sera divisée en trois partis dont deux seront perdus, et le troisième seul sauvé, et encore, à force d'expiation : *Et erant in omni terrâ, dicit Dominus : Duæ partes in eâ dispergentur et deficient, et tertia pars relinquetur in eâ. Et probabo eos sicut probatur aurum.* 8, 9.

Et, en effet, à force de *laisser-aller* pour les autres et de complicité pour eux-mêmes, ils sont venus à bout de séduire les *très-grands nombres* des riches et des mondains catholiques qui vont à leur *confesse*. Et ils sont à la veille de *séduire* les autres *grands nombres* : et les riches protestants d'Angleterre (**) ; et les riches Voltairiens de France ; et jusqu'aux Grands Seigneurs de Constantinople, lesquels vont faire aujourd'hui la cour à leurs compères les Cardinaux de Rome.

Grâce à la rareté, à l'isolement, à la pauvreté, à la prédication de la pauvreté, à la malédiction, à la calomnie de ses adversaires titrés, riches et nombreux, l'Œuvre de la Miséricorde est tellement peu *séduisante* pour *le plus grand* nombre, qu'elle retient à peine *le plus petit!!!*

IV. Le Grand Prophète vrai, et par conséquent le Grand faux.

Ces deux secondes grandes Lois de Dieu sont des conséquences et des instruments des deux premières. Elles sont même des Lois de l'homme, dans la république, comme dans les monarchies, où rien de grand surtout ne saurait se faire et se concevoir seulement sans deux grandes *unités*

(*) Un seul homme, au monde, a dans ses noms celui de *Christ;* un seul Ordre, celui de *Jésus* dans les siens.

(**) Et pourtant, Lambruschini, sous le nom de Pie IX, vient d'écrire, le 24 septembre 1850, *en perpétuelle mémoire*, à toute l'Angleterre : « Le pouvoir « de gouverner l'Église universelle confié par J.-C. au Pontife romain dans « la personne du *Prince* des Apôtres, a *maintenu* durant *tous* les siècles dans « le siège apostolique cette *admirable* sollicitude avec laquelle il veille au bien « de la religion catholique dans toute la terre, et pourvoit à son progrès. Ainsi « *s'accomplit... le salut* de l'Église jusqu'à la consommation des temps... C'est » pourquoi, réfléchissant au *nombre* considérable de catholiques qui *va toujours* « *croissant,* etc. » !!!

appelant deux grandes minorités, l'une de Personnes, et
l'autre de Moyens : la première, toute spirituelle, pour parler aux Esprits; la seconde, toute active, pour parler aux
yeux.

Les premières et les plus grandes *Unités* essentiellement et
toujours bonnes; les secondes, essentiellement et toujours
mauvaises. — Dans la Prophétie vraie ce n'est rien moins,
tout d'abord, que saint Jean-Baptiste et le Sauveur luimême; puis, saint Pierre et saint Paul. Dans le Gouvernement vrai, Constantin et sainte Hélène; et puis Clovis et
sainte Clotilde.

Les *secondes* Unités, essentiellement et toujours mauvaises, se forment à l'imitation des *premières* et, comme seuls
moyens de les combattre et de les détruire. On l'a démontré
dans le livre de *la Grande Apostasie*, elles ne sauraient se
chercher et se trouver que *dans* des personnes *identiques*.
En sorte qu'il est rigoureusement vrai de dire que des prêtres, pontifes ou curés, furent les premiers et les plus grands
ennemis des prêtres; et des rois, les plus grands ennemis
des rois.

Mais quel est, toujours à l'effet des deux grandes unités
réformatrices, le plus grand homme, ou plutôt le plus grand
Saint, au point de vue de Dieu? En général, ce n'est jamais
le plus grand Titulaire ou Officiel : car c'est lui, en général,
qui a causé le mal, et qui le cause dans le moment; et qu'à
moins d'une conversion, le plus grand miracle du monde, il
le continue et l'aggrave, par cela même qu'il l'a commencé.

Ce n'est jamais à un Souverain-Pontife, jamais à un Roi,
le plus fidèle, le plus vertueux même en apparence, qu'il est
donné d'être l'unité réformatrice; jamais même à quelqu'un
de leurs races ou de leurs Créatures : car il a été, plus ou
moins, leur complice.

C'est à l'Homme qui leur est le plus contraire. C'est-à-dire
à un simple *sujet;* au dernier de tous les laïques et de tous
les sujets, à un enfant, à un pauvre, à un bâtard, à un *mauvais sujet* en apparence, à un même en réalité, mais susceptible de conversion et de pénitence; à un Homme, souvent à
une Femme inconnue et qui s'ignore encore plus; à un
Homme qui n'a que sa parole et sa sainteté; à un Prophète
enfin, le contraire d'un Pontife. Témoin, tour à tour, où
ensemble : Noé, Abraham, Melchisedech; Moïse et Josué;
Gédéon, Jephté, Samson; Samuel et David; Elie et Elisée;
Tobie et même Job; saint Jean Baptiste et saint Pierre; et
surtout saint Joseph et saint Jean l'Evangéliste.

Noé, que l'Esprit-Saint appelle un Homme *juste* et *parfait,
charpentier* avant le déluge, et *laboureur* après. Genes. VI, 14;
IX, 20.

Abraham vivant si pauvre, qu'il cherchait où reposer sa
tête; et qu'après ses victoires, il put à peine acheter un
champ pour enterrer Sara à Canaan !

Melchisedech apparaît comme sans père et mère, et seul; et il n'avait guère que du pain et du vin à offrir aux rois, tout prêtre et roi qu'il était.—Moïse enfant mis à mort, exposé dans un panier de joncs, et enfin berger.—Josué (en hébreu : *Jehosva*); et même *Jésus* (fils de Navé), fils de Nun, qui seul commanda au soleil, appelé serviteur, ministre, ou minime de tous. DEUTER. I, 38. (Caleb, plus ignoré encore, paraît encore supérieur à lui. 36), et NOMBR. XIII, 7 — L'Esprit-Saint qui appelle Gédéon, le plus Fort des Hommes : *Virorum Fortissime*, lui fait répondre : « Ma famille est la plus basse de Manassé, et je suis le plus petit de la maison de mon père : *Familia mea infima est in Manasse ; et ego minimus in Domo Patris*. — Jephté, qui devait glorifier le peuple et le Dieu d'Israël, à tout prix ; égal, supérieur même à Abraham; et dont la fille unique fut, s'il est possible, plus grande encore que lui, était un bâtard chassé de sa famille par ses indignes frères prétendus légitimes. — Samson enfin, de la tribu de Dan, auquel les Philistins crevèrent les yeux ; pécheur pénitent comme David.

Quelquefois, c'est le plus jeune enfant, et en exil, comme Tobie, qui constitue les deux plus grands pouvoirs ensemble ; ainsi qu'avant Moïse, et dès les premiers temps après le déluge, ce fut le bonhomme Job !

Les Femmes elles-mêmes, et les plus simples, se trouvent des Gédéon et des Jephté, lorsque les hommes font défaut. Témoin entre autres Débora, Prophétesse et Juge; — Ruth, la Moabite, digne de devenir l'aïeule de David et d'Isaïe ; — Judith.., veuve et pénitente ; — Esther, captive en Perse ; et à la fin, et pour couronner toutes les autres, Anne et Marie!

La plus grande Autorité, même prophétique, elle-même, est disposée à l'orgueil et même à l'incrédulité, à ce point que Moïse ne fut pas trouvé digne d'entrer dans la terre promise; et que David, adultère-homicide, etc., et même pénitent, ne le fut pas trouvé de bâtir le Temple.

Ce sont les petits, et les plus petits, que Dieu se plaît à faire Prophètes : selon cette parole incessante dans l'Écriture, et formulée par le Grand Prophète Zacharie : *Et convertam manum meam ad* PARVULOS. XIII.

Après cela, Dieu, qui commence par susciter les Prophètes contre les Prêtres, suscite les Pontifes avant les Rois, et pour consacrer ou constater les Rois ; comme il appelle plus tard les Rois pour protéger les Pontifes. Melchisedech, le premier Prêtre connu, a servi le premier Roi. Joseph, premier ministre d'Egypte, c'est-à-dire, Roi d'Egypte durant près d'un siècle, a conservé les premiers Pontifes patriarchaux. Moïse, plutôt Roi de Dieu, a fait Aaron, le premier Pontife de la loi. Dans cet ordre, Héli, grand Prêtre plutôt que Grand Juge, et Prophète pas du tout, ou faux, a fait Saül Roi ; puis Samuel, plutôt Prophète encore que Juge, a fait David ; et

Sadoc, comme Héli, Pontife seulement, et plutôt faux Prophète que vrai, a fait le malheureux Salomon !

On trouve le type et l'histoire du Grand Prophète des derniers temps dès le Deutéronome, XVIII, 15-22; et l'Esprit-Saint les a répétés dans les *Actes*, pour en recevoir un jour une dernière et plus grande application. Nous en verrons la preuve ailleurs, mieux encore à sa place qu'ici... Quant au premier accomplissement du Grand Prophète, on le voit au premier livre des Rois, dans la magnifique histoire de Samuel, plus remarquable, s'il est possible, que celle de Moïse lui-même : consacré au Seigneur dès avant sa naissance, par une mère désolée : *Mulier infelix nimis... ex multitudine doloris et mœroris.* I Rois, I, 15, 16 ; et qui *servit* toujours. II, 11.
—L'Esprit-Saint en met la théorie dans le Cantique de sa mère, Anne, le germe de ceux des Mères de saint Jean-Baptiste et de Jésus. Il s'agissait de remédier au plus grand mal par le plus grand bien ; et de remplacer un ancien Grand-Prêtre ou Prophète devenu faible ou faux, par un nouveau vrai ; et deux juges corrompus et corrupteurs, à sa faveur, par un Roi selon le cœur de Dieu. II, 17, 24.

« L'arc des forts a été brisé, et les faibles ont été remplis de force... C'est le Seigneur qui abaisse et qui élève. Il tire le pauvre de la poussière et l'indigent du fumier pour les faire asseoir entre les Rois, et poser le Globe entier sur eux : *Domini sunt cardines terræ, et posuit super eos Orbem.* 2, 7, 8. Alors les adversaires de Dieu seront dans l'effroi : il tonnera furieux dans les cieux ; il jugera la Terre, il donnera l'Empire à un Roi de sa façon ; il rendra sublime le Règne de son Christ : *Judicabit fines terræ, et dabit imperium Regi suo, et sublimabit cornu Christi sui.* 10. « Vous, vieux Grand-Prêtre (*Heli senex valdè*), qui honorez plus vos fils que moi (*magis honorasti filios tuos quàm me.* 29), vous serez frappé de cécité (*deficiant oculi tui.* 33). « Et je me susciterai un Prêtre fidèle, et il marchera devant mon Christ : *Et suscitabo mihi Sacerdotem fidelem ; et ambulabit coràm Christo meo cunctis diebus.* I Rois, II, 35. Et il était reconnu dans tout Israël, depuis Dan jusqu'à Bersabée, que le fidèle Samuel était le Prophète du Seigneur : *Et cognovit universus Israël... quod fidelis Samuel Propheta esset Domini.* III, 20. Et c'était à Silo que Dieu lui apparaissait : *Revelatus fuerat Dominus Samueli in Silo.* 21.

Et le Seigneur lui dit : « Je ferai par vous *un Verbe* dans Israël, tel que ceux qui le verront seront frappés d'un profond étonnement : *Ecce Ego facio Verbum in Israël : quod quicumque audierit, tinnient aures ejus.* 11.

Voilà le Grand Prophète, voici le Grand Roi. Samuel n'eut pas plutôt vu Saül, que le Seigneur lui dit : le voilà : *Ecce Vir.* Et le Roi futur de lui répondre : « Ne suis-je pas de la tribu de Benjamin, la plus petite d'Israël ? et ma famille n'est-elle pas la moindre de toute cette tribu ? *Numquid non*

Filius Jemini ego sum, de minimâ Israël, *et cognatio mea novissima inter omnes?* IX, 17, 21. — Et Samuel, de sacrer le Roi en lui disant : *Vous libérerez le peuple opprimé : Et liberabis populum de manibus inimicorum ejus.* X, 1. « L'Esprit du Seigneur se saisira de vous, et vous prophétiserez : *Et insiliet in te spiritus Domini, et prophetabis.* 5, 10, etc... Et Saül, humble, de se cacher pour n'être pas fait Roi : *Ecce absconditus est Domi.* 22. Et on l'amena, et il était plus haut que tout le peuple de toute la tête : *Et altior fuit universo populo ab humero.* 13. Et tout le peuple cria le premier Vive le Roi connu : *Vivat Rex.* 24. — Et le Prophète d'écrire et de mettre en un livre la Loi du Règne : *Legem Regni et scripsit in Libro.* 25. — Et les fils de Belial seuls de dire : Comment cet homme-là pourrait-il nous sauver? *Num salvare nos poterit iste ?* 27. — Et le Grand Prophète de prévoir et de dire au peuple : « Si vous ne changez pas, vous et votre Roi pareillement, vous périrez : *Vos et Rex vester pariter peribitis.* XIII, 25. — Et, à la fin, de susciter, de chercher, de sacrer un autre Roi, plus grand : « Isaï, le plus pauvre vieillard, du plus pauvre village (*Bethléem*), appelé par le Prophète, fit venir ses sept fils, et le Prophète lui dit : Dieu n'en a choisi aucun de ceux-ci. Sont-ce là tous vos enfants?. — Il en reste un petit qui garde les brebis. — Envoyez-le quérir, car nous ne nous mettrons point à table sans lui : *Adhuc reliquus est parvulus, et pascit oves,* etc. » Et on l'amena. Il était roux et beau. Le Seigneur dit au Prophète : « Sacrez-le tout de suite, car c'est lui : *Erat rufus, et pulcher aspectu; et ait Dominus : Surge, unge eum, ipse est enim.* 11, 12.

Après le grand Prophète Samuel, vient, le plus grand Prophète encore, Elie (de Thesba en Galaad). Il florissait (et pour cause) l'an 1000 avant Jésus-Christ. De son Histoire, la plus magnifique, après celle du Fils de Dieu en personne, nous ne dirons que les premiers mots, des 3ᵉ et 4ᵉ livres des Rois : « Et fut fait (comme il est dit de la lumière) pour Elie le Verbe du Seigneur : *Et factum est Verbum Domini ad eum dicens :* Allez à l'Orient vous cacher au torrent de Carith; et là vous boirez de l'eau du torrent. » Et fut fait pour Elie un autre Verbe : « Allez à Sarephta, où vous trouverez une veuve ramassant des branches de bois, et qui vous donnera un verre d'eau et une bouchée de pain : *paululùm aquæ et buccellam panis.* 3 Rois XVII... Elie, qui eut tant d'Empire sur la terre, dans les Etats comme dans les familles, élevait la pauvreté jusqu'à l'état qu'on pouvait appeler sauvage. L'Ecriture a soin de nous apprendre qu'il était couvert de poil, et ceint sur les reins d'une ceinture de cuir : *Vir pilosus, et zonâ pelliceâ accinctus renibus.* 4 Rois, I, 8 ; qu'il choisit pour consacrer de son manteau et continuer sa vie prodigieuse à reprendre et sacrer les Rois, précisément un jeune laboureur, tenant lui-même sa charrue de bœufs : *Reperit Eliseum arantem* ; et qui devait tout quitter, ne demandant que d'aller embrasser son père et sa mère pour servir seulement l'Homme par excellence de Dieu : *Qui statim relictis bobus cucurrit post Eliam, et ait: Osculer, oro, patrem meum, et matrem meam, et sic sequar te.* 3 Rois XIX, 19-21, — et échappé au martyre (4 Rois, VI, 31) par une volonté spéciale de Dieu, comme Élie par une ascension.

Les Prophètes suivants ne furent pas moins à l'image de leurs devanciers : Osée, qui prophétisa sous six rois et durant 100 années; Amos, berger et martyr ; les quatre grands Prophètes Isaïe, Jérémie, Ezéchiel, Daniel (dans la fosse aux lions), martyrs tous les quatre !

Autre grand Prophète, sous le règne horrible d'Achab et de Jézabel, qui en entretenaient 400 faux ; et lorsqu'il s'agissait de faire la guerre au roi de Syrie, pour lui prendre la ville de *Ramoth*, en *Galaad*. Or Achab dit à Josaphat : Il y a ici un Homme à part, qui peut nous dire aussi la volonté du Seigneur : mais je le hais, parce qu'il ne m'annonce jamais du bien, mais du mal, Michée enfin, fils de Jemla · *Remansit vir unus, per quem possumus interrogare Dominum. Sed ego odi eum, quia non prophetat mihi bonum, sed malum, Micheas, filius Jemla.* 3 REG. XXII, 8-18. Et Michée dit en effet aux deux rois : J'ai vu le Seigneur dans le Ciel, sur un trône, etc.... Et il a dit du mal de vous : *Vidi Dominum sedentem super solium suum... Et Dominus locutus est contra te malum.* 19-23. Et alors vint un courtisan qui donna un soufflet au prophète Michée : *Sedecias filius Chanaana, et percussit Michœam in maxillam.* 24. Et Achab dit : Prenez Michée, conduisez-le au préfet, pour le mettre au pain et à l'eau : *Tollite Michœam, et mancat apud Amon principem civitatis. Et dicite eis: Hœc dicit rex : Mittite virum istum in carcerem, et sustentate eum pane tribulationis et aquâ angustiœ, donec revertar.* 26, 27. Mais le prophète Michée aussi de s'écrier : « Si le roi revient, le Seigneur ne m'a point parlé : *Si reversus fueris, non est locutus in me Dominus.* 28. Et le soir même, le sang du roi avait coulé : *Et mortuus est vesperè; fluebat autem sanguis.* 35.

Lorsque arriva le Fils de Dieu, sous la forme de l'homme, et de l'homme le plus sujet et le plus pauvre, la loi de l'humilité, de la sainteté du Grand prophète, fut bien autrement étroite et visible. Il la réalisa magnifiquement dans ses douze et tant prophétiques premiers Apôtres. Et le premier de ceux-ci n'ouvrit la bouche la première fois *ex cathedrâ* que pour en annoncer, non pas *douze*, sortis des douze; mais UN SEUL sorti des plus simples fidèles (*), selon ces paroles des *Actes*, III, 22, qu'on ne saurait jamais méditer trop : *Prophetam suscitabit vobis Dominus Deus de Fratribus vestris.*

(*) Au moyen âge, Dieu suscitait et illuminait les grands; et il le disait à sainte Brigitte, au liv. 2 de ses *Révélations :* « Bien des personnes s'étonnent, continua le Sauveur, que je vous aie choisie pour m'entretenir avec vous de préférence à tant d'autres dont la vie est plus sainte, et qui sont consacrés

Et saint Pierre ne donne plus aux Prophètes, même ordinaires, que le nom de *Saints*:...: *Sancti Prophetæ*. 2 PETR. III, 2.

Le grand Prophète, si visiblement annoncé (*), doit se trouver, et se trouve en effet, plus ou moins caractérisé, selon les mœurs, dans tous les âges, selon l'Apocalypse; et même dans tous les siècles selon l'Histoire des Nations. Et l'Apocalypse, qui ne semble que l'histoire entière de l'Eglise, écrite d'avance, est encore mieux l'histoire rigoureuse du Prophète en question.

Elle le montre principalement aux derniers temps, lorsque le mal est plus grand.

Elle le nomme le *Saint* du Seigneur ; elle le met même au-dessus des saints : *Tuæ Prophetæ et Sancti*. XI, 18; XVIII, 20, etc.

Elle lui fait donner, par Dieu lui-même, le nom plus grand encore de *Témoin* du Seigneur : *Testis meus*. XI, 2-6.

Elle identifie même, à la lettre, les grands Prophètes avec les Anges, et surtout avec celui qui descend du Ciel ayant à la main un petit livre ouvert... X, 1-4 ; avec celui qui vole à travers le Ciel tenant l'*Evangile Eternel*. XIV, 6 :... et même avec le plus puissant encore, chargé d'annoncer à la Grande Prostituée des Rois sa dernière ruine. XVIII, 1,

depuis longtemps à mon service; mais il m'a plu d'en agir ainsi, non parce que vous êtes plus digne de cette faveur, mais parce que telle est la volonté de votre Dieu, qui donne la *sagesse aux insensés et la justification aux pécheurs*. Les paroles que je vous adresse étancheront la soif de ceux qui sont altérés, réchaufferont ceux qui ont froid, rendront la paix à ceux qui sont troublés, et la santé aux malades. »

Même dans la nature, les êtres sont forts en raison de leur exiguité, de leur invisibilité. Les plus invisibles gaz seuls peuvent soulever les montagnes et affronter les mers. Euler, en particulier, et Condorcet après lui, attribuent les plus grandes forces connues à l'éther invisible aux lunettes les plus subtiles ; et surtout à l'aimant, plus spirituel encore. C'était à la vue des infiniment petits que Pline lui-même remarquait que la nature n'était jamais si entière que dans les plus petites choses, et que sa majesté était d'autant plus grande qu'elle était plus resserrée : *Natura nunquàm magis quàm in minimis tota. In arctum coarctata naturæ majestas, nullâ sui parte mirabilior*. L'homme de Dieu parle ici bien autrement encore que celui de la nature : « Dieu, dit saint Paul *aux Corinthiens*, se sert de préférence de ce qu'il y a de plus bas et de plus méprisé, et même des choses qui ne sont point, pour détruire celles qui sont : *Elegit Deus, et ea quæ non sunt, ut ea quæ sunt destrueret*. I, 28.

(*) Le Grand Prophète est encore annoncé sous l'emblème d'un Grand Aigle, IX, 13 ; XII, 14.

Le Sage appelle les Prophètes en général, les *Amis de Dieu : Amicos Dei et Prophetas*. VII, 27.

Tous les autres prophètes, sans excepter les plus illustres ou les plus dignes de l'être, sont des prophètes ordinaires. En voici l'histoire depuis la mort de leur Maître à tous.—C'est au Iᵉʳ siècle cet *Antipas*, que l'Esprit-Saint nomme le *Témoin fidèle* par excellence de Dieu (nous croyons que c'est saint Papias, ou le Pasteur angélique Hermas) ; — au IIᵉ, saint Irénée et saint Hippolyte, les deux premiers grands interprètes de l'*Apocalypse*, que Théodoret nomme « les deux grandes sources de l'Eglise » ;—au IIIᵉ, saint Victorin, l'Encyclopédiste des sciences et

Et, saints dans leur vie, les Prophètes furent presque tous à la mort Martyrs (V. MATTH. XXIII, 29-37; ACT. VII, 52; ROM. XI; 3 THESSAL. II, 15; APOC. XVII, 6; XVIII, 24.)

Et, par une dernière loi, conséquence dernière de toutes les autres, Dieu a toujours proportionné la facilité du succès de ses unités opératrices, à la corruption et aux malheurs des temps. Dans les premiers ou dans les moyens âges, il ne fallait rien, pour entretenir les peuples, que le génie, et les travaux, et l'autorité immenses des plus grands hommes de l'Univers. Selon nous, saint Martin, au IV⁰ siècle; saint Grégoire-le-Grand, au VI⁰; saint Bernard, saint François d'Assise ou Jean de Parme, Général des Franciscains, au moyen-âge; le martyr Savonarole, saint François-de-Paule, saint Charles Borromée, et Charpy-de Sainte-Croix, ex-conseiller d'Etat de Louis XIII, dans les derniers temps. A présent, il suffirait d'un mot du premier pape, et même du premier roi venu, pour le susciter; et il suffit, en attendant, du premier ouvrier venu pour l'accomplir.

Car, à l'effet des grandes prophéties qu'il faut de nos jours, il est moins difficile que jamais d'être Prophète : il suffit de croire à un seul Prophète, même ancien, avéré de Dieu.

Pierre-Michel, lui, n'a eu besoin que de prier. Mais il

---

des temps; — au IV⁰, saint Jean le Solitaire (prophète des rois oublié); — au V⁰, saint Jérôme et saint Catalde; — au VI⁰, saint Grégoire; — au VII⁰, saint André, archevêque de Crète; — au VIII⁰, saint Jean de Damas; — au IX⁰, Raban-Maur (encore inconnu); — au X⁰, saint Pierre Damien; — au XI⁰, Nicolas Pérégrin (berger divin, inconnu); — au XII⁰, saint Malachie, archevêque d'Armagh, et saint Bernard (accessoirement sainte Elisabeth de Schonangle et sainte Hildegarde); — au XIII⁰, l'abbé Joachim, qui avait pour disciples saint Cyrille; saint François d'Assise; l'illustre général des Franciscains, Jean de Parme; et Pierre-Jean d'Olive, dont Fleury a commencé l'histoire toute prophétique (accessoirement sainte Gertrude et sainte Mechtilde, sœurs); — au XIV⁰, Thélesphore de Cusance (accessoirement sainte Brigitte et sainte Catherine de Sienne); — au XV⁰, Gerson, de France; Jacques de Paradis, d'Angleterre et de Pologne; saint Antonin, de Florence; Jérôme Savonarole, de Ferrare; et surtout saint François de Paule d'Italie et de France (accessoirement Jeanne d'Arc, et les deux saintes Catherine de Bologne et de Gênes); — au XVI⁰, Michel Servet et Barthélemi des Martyrs (accessoirement sainte Thérèse et Madeleine de Pazzi); — au XVII⁰, l'abbé de Saint-Cyran (Duverger de Hauranne), maître de tout Port-Royal, et le dominicain Campanella; Holzhauser et Charpy de Sainte-Croix; le père Eudes et Vieyra; Michel Molinos (mort dans les prisons de Rome) et Grignon de Montfort (accessoirement Marguerite du Saint-Sacrement de France et Marie d'Agreda d'Espagne; Marguerite Marie et Mechtilde du Saint-Sacrement; et même Antoinette Bourignon et madame Guyon); — au commencement du XVIII⁰ siècle, Pierre Poiret (autre ridiculisé, parce qu'il est sublime) et François de Paris (moqué par les Jésuites sous le nom de *Diacre*, et aussi grand peut-être que François de Paule); et à la fin, les Pères Brydaine et Nectoux, Elisée et Beauregard, Lacunza et le père Lambert, Source-Sol et Dom Mongès; et même les Dauphins et Louis XVI (accessoirement la Sœur de la Nativité et madame André; et même la sœur Holda et Catherine Théos, admirées de l'illustre *Philosophe inconnu*); — de nos jours, enfin, Buffalo et Stambi, les *derniers Romains* ; la Sœur Emmerich et madame Bouche, qui frappèrent si fort les deux Empereurs du temps : Alexandre et Bonaparte!... et cette Thérèse de Sion... supérieure à toutes les autres.

n'est pas une de ses innombrables prophéties qui ne soit, quelquefois à la lettre, dans un des quatre grands et même en un des douze petits Prophètes, qu'il ne lut, qu'il n'ouvrit peut-être jamais ! En conséquence de ces paroles de Jérémie, XXIII, 20 : *In novissimis diebus intelligetis Consilium Domini.*

Les faux Prophètes, en général, sont, en tout, le contraire des vrais : flatteurs des rois et des peuples ; et flatteurs pour être enrichis, et, s'il se peut, perfides, grands et Rois à leur tour. Les pires rois d'Israël, comme Achab et Jézabel, en entretenaient accidentellement par centaines, comme de nos jours les Sultans des femmes...

Depuis le Christianisme, l'erreur devenant plus grande, à cause de la plus grande vérité, les faux Prophètes ont dû se trouver, de prime abord, en assez grand nombre dans la société comme dans les cours : les plus faux, nés grands, nobles ou riches, pour devenir plus grands ou plus riches encore.

Nous ne voudrions qu'un Prêtre-Roi, seulement détrôné comme Pie VII, ou *Comte* comme Mastaï, pour rendre impossible, nous ne dirons pas l'esprit prophétique ou miraculeux comme Samuel et Élie, saint Pierre et saint Jean, nés et vivant dans la pauvreté la plus profonde ; mais seulement la prévoyance politique intéressée d'un journaliste comme Thiers ou d'un avocat comme Dupin.

La théorie et l'histoire du grand Faux Prophète, comme partie adverse, et ennemi né du vrai, ne sont pas moins frappantes que celles de celui-ci.

Elles sont aussi supposées toujours, et prédites incessamment, encore mieux, s'il est possible, que les autres, dans tout le cours de l'Ecriture sainte.

Le Faux Prophète est un dogme dans l'Eglise, autant que la Bête, et même que l'Antéchrist, si ce n'est pas le même. Le seul dogme, la seule existence du Démon, sont supérieurs à ceux-là. Et pour s'en convaincre il suffit d'un texte de leur traité, l'Apocalypse. Là, ils sont, et itérativement, toujours nommés ensemble, pris ensemble, unis ensemble. Ils sont les pères et mères de tous les Esprits faux du monde : *Et Vidi de ore Draconis, et de ore Bestiæ, et de ore Pseudoprophetæ Spiritus Tres immundos!* XVI, 13. — Et la Bête fut prise, et avec elle le Faux Prophète, qui a fait comme des miracles en sa présence, par lesquels il a séduit ceux qui avaient le *caractère* de la Bête : *Et apprehensa est Bestia, et cum ea Pseudopropheta, qui fecit signa coram ipso, quibus seduxit eos*, etc. XIX, 20.— Et le Diable qui les séduisait, fut envoyé là où la Bête et le faux Prophète étaient tourmentés : *Et Diabolus, qui seducebat eos,, missus est... ubi et Bestia et Pseudo propheta cruciabuntur.* etc. XX, 9, 16.

Ainsi, voilà bien, et manifeste, une immense, une monstrueuse trinité de méchants, et écrite dans le dernier, et par conséquent le plus important livre de Dieu. Et il est dit et prédit encore que le ciel et la terre passeraient plutôt qu'un seul iôta de toute l'Ecriture.

Il faut trouver le sens et l'application de cette trinité.

Et d'abord, et évidemment, ce ne sont nullement trois personnifications, mais bien trois spiritualités : le *Diable*, la *Bête*, le *Faux Prophète*.

Le *Diable* est assez connu.

La *Bête?* l'Esprit-Saint a dit formellement que c'est un ensemble de *Rois : Et Reges septem*. XVII, 9.

Le *Faux Prophète* (le seul nom de *Prophète* et la seule épithète de *Faux* suffisent à le prouver) ne saurait être qu'un ensemble, ou une figure de Prêtres.

Et pourquoi ? parce qu'après le Démon, il ne saurait y avoir, au monde, rien de grand et de puissant qu'un Prêtre faux. Le plus grand des philosophes, sans lui, ne pourrait rien ; et Voltaire lui-même, et surtout, ne se concevrait pas un moment sans des Prêtres, et même sans un Prêtre de ce caractère. Un Philosophe quelconque n'a jamais la prétention d'être *Prophète*, il se rit de tous les Prophètes ! — Un autre trait de l'Apocalypse suffirait encore à faire voir un Prêtre dans le Faux Prophète : c'est sa qualité de Thaumaturge : *Pseudopropheta fecit Signa*. XIX, 20.

Dans les temps les plus anciens, si le faux Prophète existait, il n'était rien, ou c'était l'homme même, le compère ou plutôt l'Esprit et du Démon et de la Bête. Il participait donc de leur nature, de leur force matérielle, de leur puissance, de leurs richesses, de leur universalité de mal et de corruption. Et cette puissance, et ces richesses, et cette universalité, le faux Prophète les possédait en quelque sorte aussi bien que le Diable et la Bête.

Dans les temps nouveaux, et dans les derniers surtout, c'est bien autre chose. Comme jamais le Démon et le Monde n'eurent plus d'empire et d'incrédulité (Luc, XVIII, 8), jamais non plus le Faux Prophète n'en eut davantage. Et voilà pourquoi l'Esprit-Saint ne révèle cet Homme de péché, avec son nom et ses attributs de *Faux Prophète* par excellence, que dans les derniers âges et dans les derniers chapitres de l'Apocalypse.

Et aussi est-il le seul qui s'appelle, et se croie, *grand* : Grand *Prêtre* ; Grand *Pontife*, etc.

Mais si telle est l'énormité de la puissance du Faux Prophète, il ne saurait jamais être un Homme spirituel isolé, (*) quelque puissant qu'on le suppose, et qu'on l'ait jamais

---

(*) Tous les autres faux prêtres ou faux prophètes fameux, même de l'Eglise, ne furent que secondaires : Balaam, dans l'ancienne loi ; et, sous la nouvelle, au I*er* siècle, *Simon le Magicien*, dont saint Pierre a maudit l'argent. Act. VIII ; *Bar-Jésu*, que saint Paul aveugla de son regard. XIII ; au second âge (il a 200 ans, le 3*-*300, etc.), Cérinthe et Montan ; au 3*e* âge, le prêtre Arius, figuré par Balaam et les Nicolaïtes. Apoc. II, 14 ; au 4*e*, l'évêque Photius ; au 5*e*, les prêtres Viclef et

vu : car, vécût-il un siècle comme Apollonius de Tyane, il n'a qu'un temps ; et eût-il l'empire d'Alexandre le Grand, ou de Nicolas, il ne possède que la plus petite partie du monde ; et il n'a pas même la plus petite action autour de lui, sur le plus grand nombre de ses prétendus sujets. Grégoire VII lui-même, ou Pierre de Lune *personnellement*, n'eurent pas plus, eurent moins peut-être d'influence vraie qu'un curé de campagne.

Et puis Grégoire VII meurt, et il faut que le Faux Prophète soit immortel ! Et puis il peut se convertir, et le Faux Prophète doit demeurer faux !

Ce serait encore moins un Pape comme Alexandre Borgia : il *ferait* plutôt *mal* que du mal...

Afin d'être tout-puissant et immortel, le Faux Prophète de la Bête, doit donc être, non pas une personne, une intelligence donnée, mais une fonction ; non pas un criminel, mais un crime ; non un grand apostat, mais une grande apostasie ; non même une apostasie, mais une fidélité personnelle impuissante et morte dans son isolement et son inconséquence.

Et cette *Fonction* existe en effet ; et elle est visible, car elle est seule ; et il n'y a pas à s'y tromper. Et le grand Faux Prophète, en ce sens, représente tous les petits ; et il résume en lui, plutôt qu'il n'inspire, toutes leurs fausses prophéties ! Et il s'arroge le droit et le devoir de juger, et, comme de juste, de condamner, comme faux Prophètes, la plupart des vrais.

Il le faut bien, ce sont ses adversaires !

Il n'a pas nom de *Prophète*, cela se conçoit, car il ferait rire ou rougir le public et lui-même.

Et ses *noms*, et ses *titres*, et ses *prétentions*, sont les plus *faux* connus et possibles. En fait, ou plutôt il se fait seul (puisqu'il peut refuser) *Grand-Prêtre*, *Grand-Pontife?* et il laisse le monde *petit ;* — *Pape*, c'est-à-dire deux fois *Père?* et il laisse le monde entier comme orphelin ; — *Pasteur*, c'est-à-dire chargé de nourrir l'esprit, le cœur et l'âme du monde ? et il laisse tout cela mourir de faim ; — Successeur de saint Pierre, qui a vécu pauvre et sujet de tout le monde ? et il vit riche et Roi ; — et même Roi des rois (il canonise tous les jours, ayant canonisé une fois, Grégoire VII) ; — Successeur de saint Pierre, que saint Paul commence par reprendre de *péché* tout d'abord. GALAT. II? et il se prétend en tout (hormis à sauver !) *Infaillible ;* — *Vicaire de Jésus-Christ?* et il se fait le Vicaire, quand il n'est pas le tyran, des rois ! — *Dieu* lui-même.....: *Ita ut in Templo Dei Sedeat, ostendens Se tamquam sit Deus.* 2 THESS. II, 4. Ou

---

Jean Hus ; au 6ᵉ, le Cardinal anti-pape au titre de Grégoire XIII, Pierre de Lune, et le Religieux Augustin Martin Luther ; les Cardinaux de Richelieu et Mazarin, de Retz et Fleury ; les Évêques de Pompignan et Gobel ; les Prêtres Cerutti et Maury ; les abbés Ventura et Lamennais.

plutôt, le contraire même de Dieu, puisqu'il prétend, et tous les siens à sa suite, résumer en lui tout l'esprit de la terre et même du Ciel, en supposant que *toutes les prophéties* ont cessé, et que le monde est accompli comme le Ciel? ce qui n'est pas autre chose, en dernière analyse, qu'un athéisme et un satanisme déguisés; et, par surcroît, le plus profond mépris qui se puisse imaginer de la société et de l'humanité tout entière, qui se trouve séparée, retranchée de la Divinité!

Ceux-là, en effet, qui nient l'Esprit prophétique en général, et surtout le prophétique d'un ordre nouveau, que la société entière la plus corrompue en ce moment désire et recherche, foulent aux pieds la société ; et ils semblent vouloir que le monde, qui n'a jamais été plus spirituel qu'aujourd'hui pour le bien comme pour le mal, soit devenu plus bête que jamais.

La plus *Bête* des deux n'est pas celle qu'on pense...

Apprenez-le, aveugles et vieux que vous êtes!

Il *nous faut du nouveau*, n'en fût-il plus au monde.

Faux, jusqu'à la plus grande calomnie personnelle qui se puisse concevoir : car, pour sauver leur siége de l'application du *Faux*-Prophète, ils ont entendu, ou laissé entendre par les leurs que le Faux-Prophète était tantôt *Apollonius de Tyane*; tantôt, *Julien l'Apostat*; tantôt, *Mahomet*; tantôt, *Henri VIII*; tantôt même, *Voltaire*, qui furent à peine des faux Prophètes secondaires.

Faux, jusqu'à l'hétérodoxie et l'impiété : car ils ont condamné et damné tel ou tel homme donné, qui, pour avoir été plus criminel, peut n'avoir été que plus vertueux dans sa conversion.

Saint Michel n'a pas même osé prendre sur lui de damner le Démon!

Serait plus malheureux et plus grand Faux Prophète encore, le Pape-Roi vivant qui serait réduit à laisser penser que le faux Prophète est... Pierre Michel.

Il y a mille caractères au grand Faux Prophète attaché à la Bête ou à la glèbe de l'Apocalypse :... *pas un* n'est dans Pierre Michel; et il a, nous le verrons, les mille du vrai. Et il est traité, haï, persécuté, comme s'il était le faux, et c'est sa plus grande démonstration.

Faux, jusqu'à SÉDUIRE les Elus de Dieu eux-mêmes, s'il était possible : *Exurgent Pseudochristi et Pseudoprophetæ, et dabunt signa et portenta ad seducendos, si fieri potet, etiam Electos.* MARC. XIII, 22.... (et *passim*, MATTH. XXIV, 5-11 ; et surtout APOC. 2 THESSAL. II, 10, 1 TIMOTH. IV, 1. 2 ; 2 TIMOTH. III. 2 PIERRE, III, 3 ; JUDE, 18 ; 2 JEAN, 7. Et surtout APOC. XII, 9 : XIII, 14 : XIX. 20 ; XX, 3, 7, 9.)

Faux dans son action générale, dans tous les siècles, et de plus en plus, à ce point qu'il n'y a déjà *plus de Foi sur la terre !*

Faux donc en tout, et de toutes les façons, *Faux* par excellence . Car le *Faux*, le plus *faux* ne saurait être que l'Appelé à être le plus Vrai, le Grâcié pour être le plus vrai, et qui, néanmoins, s'est fait de lui-même le plus faux et le plus fourbe au fond, et le plus vrai et le seul vrai en apparence !

C'est-à-dire le plus Grand Hypocrite possible...

Le *Faux Prophète* (il est remarquable que les Papes rois n'ont jamais pu donner au plus grand schismatique l'épithète de *Faux Prophète*) de la *Bête* et du *Diable*, plus horrible peut-être que la *Bête* elle-même, et qui sait? que le Diable : puisqu'entre les trois elle est seule un *Homme*, et par conséquent libre, lorsque les deux autres paraissent, l'un un *Animal* seulement, l'autre un Esprit *forcé* au mal par sa nature. Et voilà pourquoi peut-être l'Esprit-Saint a dit que le *Faux Prophète* de la Bête précédait en enfer le démon lui-même : *Et Diabolus missus est in stagnum, ubi et Bestia et Pseudopropheta cruciabuntur*. XX, 9, 10.

Le plus *Faux* de tous les hommes; et cependant, à son seul titre de Successeur de saint Pierre, et même de Jésus-Christ, mille fois plus puissant à remuer le monde, que le plus simple fidèle à former son frère ; appelé, ou personne, à la *perfection*, à la *sainteté*, et par conséquent à l'esprit prophétique et à la capacité thaumaturgique... Et, au lieu de cela , le plus indifférent, quand ce n'est pas l'adversaire des Prophètes et des Thaumaturges !

Cela seulement donné, nous ne voudrions qu'un texte de l'Écriture entre mille, entre cent mille, pour voir, dans le Pape-Roi exclusivement, le grand Faux Prophète; et pour justifier sa condamnation terrible. C'est celui-ci du chap. XIII de Zacharie, contre les *faux Prophètes* en général : « Epée, lève-toi sur *Mon* prétendu *Pasteur*, sur l'homme qui veut s'identifier avec Moi; *Framea suscitare super Pastorem meum, et super virum cohœrentem mihi*, etc. » Et celui dont Isaïe, XXIX, 20, a dit : Il est fini le plus fameux imposteur de la terre : *Consummatus est Illusor.*

Et nous ne voudrions non plus qu'un texte, entre mille, de l'Evangile, pour condamner les grands et les petits faux prophètes ensemble (ce sont les paroles du Sauveur lui-même sur la Montagne.) : « Gardez-vous des Faux Prophètes qui viennent à vous en robes d'agneaux, et qui sont au fond des loups dévorants : *Attendite a Falsis prophetis, qui veniunt ad vos in vestimentis ovium, intrinsecùs autem sunt lupi rapaces.* Matth. VII, 15. Vous les connaîtrez à leurs œuvres : *Ex fructibus cognoscetis eos...* Or leurs œuvres, ou celles de personne, c'est qu'*il n'y a plus de foi sur la terre !*

(*) Le simple Faux Prophète de la vieille Loi était puni de mort. (Deutér. XVIII, 20.)

V. La plus grande effusion et le plus grand Règne du Saint-Esprit.

Je conçois Dieu *divisé*, par cela même que je le vois Bon, Bienfaisant, Créateur, *Père* enfin, et Mon Père comme celui de tous : .... car, s'il demeurait *un*, *seul*, c'est-à-dire, on peut le dire, mort, nous ne serions pas tous là, ses créatures, ses enfants, pour le *voir*, ou, si l'on veut, pour en avoir *l'idée*.

Et je le conçois *Trois*, par cela même que je le vois plus d'*un*, ou Mon *Père*, et *Notre Père* : car, si je vois quelque chose en moi, son enfant, ou de personne, moi fait, par conséquent, à son image, c'est que je ne suis ni un, ni deux, mais Trois : I° *Esprit*, voyant ; II° *Ame*, aimant ou haïssant ; III° *Cœur* corporel, voulant et opérant l'amour ou la haine : c'est-à-dire, en définitive, ou rien : *Père*, *Fils* (ou Verbe) et *Esprit* (*).

Je conçois en effet Dieu *Esprit*, plus encore que Dieu Homme et *Chair* : toute chose revenant naturellement à sa nature originaire.

Je conçois, avec la Trinité, et pour elle, un Être de sa nature, susceptible de me donner une raison, proportionnée à mes sens, de la Génèse divine et humaine ; et qui soit, *in petto*, dès le principe, et en réalité, dans la suite des temps, Femme par excellence, Fille du Père, Mère du Fils, et Epouse du Saint-Esprit, Marie enfin.

Je conçois le Dieu ternaire, ou la Trinité proprement dite, faisant ou suscitant des grandes trinités à son image : et, avant toutes les autres, celle de *Joseph-Marie-Jean* (**), le premier correspondant au Père, la seconde au Fils, le troisième au Saint-Esprit ; — puis, la trinité des trois principaux Archanges : *Michel-Gabriel-Raphaël*, le premier correspondant au Père, le second au Fils, le troisième au Saint-Esprit.

(*Tous* les éléments, *tous* les êtres physiques de la nature, faits à l'image (***) et à l'usage de Dieu et de l'homme ternaires, sont *ternaires* par surcroît.)

(*) Les plus célèbres philosophes l'ont dit, Platon surtout ; et, à la fin, et à la veille de la première Pentecôte, Sénèque traite, comme *ex cathedrâ*, (et dans une *Epître*, la 41°, à la façon de saint Paul), de la nature, de l'empire et de la gloire future du Saint-Esprit.

(**) Saint Jean l'Evangéliste, plus grand, s'il est possible, que saint Jean-Baptiste le bien-aimé et le bien-aimant du Sauveur, est à la fois l'Apôtre de la charité et l'Evangéliste du Saint-Esprit ; et dans l'Apocalypse, le Prophète du Règne du Saint-Esprit.

(***) Le Diable lui-même, caricature de Dieu, est ternaire, et procède par des ternaires : Et vidi de ore Dragonis, et de ore Bestiæ, et de ore Pseudo-prophetæ Spiritus tres immundos. Apoc., XV, 13.

A la triple fin de Dieu et de l'homme, je conçois trois Vertus théologales par excellence : I° la Foi, correspondante à l'*esprit* ou à la *force* de Dieu et de l'homme; II° l'*Espérance*, correspondante à leurs *âmes*; III° la *Charité*, correspondante à leurs *cœurs*.

Et, par là même encore que Dieu et l'homme sont *divisés*, je les conçois *progressifs, (Multifariam, multisque modis* Deus loquens. HEBR. I, 1), allant en apparence du petit au grand : de l'enfance, à l'âge mûr; du physique, au moral; de la justice, à la Miséricorde; de la mort, à la Vie; et du temps à l'Eternité; — de la *division* en trois, à *l'Union* en un.

Je conçois Dieu le *Père*, plutôt Créateur de la Terre et de l'homme physique; Dieu le *Fils*, ou le Verbe, plutôt créateur de l'homme spirituel (la *réparation* est supérieure à la création *); Dieu le *Saint-Esprit*, plutôt créateur des cœurs et Miséricordieux comme à tout prix.

Le premier, figuré par l'*Esprit* (ou le *Magnétisme*), plutôt créateur; — le second, figuré par l'*Eau*, plutôt réparateur; — le troisième, figuré par le *Sang*, plutôt triomphant (les chimistes sont d'accord avec saint Jean.)

Et pour ces trois grands objets, ces trois grands accomplissements de la Création, je conçois, et je vois en effet, dans la Sagesse et dans l'Histoire générale, trois grands *Temps*, égaux, correspondants, et suffisants : 2000 ans, pour le Règne plutôt du Père; 2000, pour le Règne plutôt du Fils; 2000, pour le Règne plutôt du Saint-Esprit.

Je conçois même, et aussi bien, un demi de ces Temps, ou 1000 années, pour l'Aurore, et comme l'*Etude* (c'est le mot de saint Irénée) du Règne au Ciel de toute la Trinité, et de toute l'Humanité ensemble, durant toute l'Eternité!

Cela donné encore, je conçois et je m'explique tout ce qui, sans cela, ne serait pour moi que des mystères et des raisons d'incrédulité : — Et l'*Esprit* de la Genèse opérant sur les eaux : *Spiritus Dei ferebatur super aquas*. I, 2. — Et la *Colombe*, bien aimante et bien aimée du Sauveur (JEAN. I, 32.) qui a horreur de l'eau, dans l'Arche : *Quæ cum non invenisset ubi requiesceret pes; reversa est in Arcam*. GEN. VIII, 9. — Et les *langues de feu* du Cénacle : *Linguæ tanquam ignis*. ACT. II. — Et la supériorité de l'Esprit-Saint sur le Fils de Dieu, proclamée par le Fils de Dieu lui-même, dans ces paroles mémorables du Sermon après la Cène : « Je prierai mon Père, et il vous enverra un Consolateur, qui sera, celui-là, éternellement avec vous, et qui demeurera même en vous : *Et in vobis erit*. JEAN, XIV, 16, 17; TIMOTH. I. Comme en son temple : *Templum Dei estis*. 2 CORINTH. III, 16; Eucharistie, Hostie par excellence : *Portate Deum in Corpore vestro*. VI, 19, 20. — Et

---

(*) Deus, qui... mirabiliter condidisti, *et mirabilius reformasti*. (Paroles de l'*Offertoire*.)

le Saint-Esprit, source de *toute* connaissance : Ille vos docebit *omnia*. JEAN, XIV, 26; seul maître de *toute* vérité : Docebit vos *omnem* veritatem. XVI, 13. — Et le *Saint-Esprit*, qui prie plus particulièrement en nous, et pour nous, dit saint Paul : *Ipse Spiritus postulat pro nobis, gemitibus inenarrabilibus*, ROM. VIII, 26. — Et le Saint-Esprit, seule source de tout don parfait (*), et même de toute vérité, et de toute possibilité bienfaisante, selon l'admirable 1re Epître du même saint Paul *aux Corinthiens* tout entière, dont les derniers chapitres, l'objet de tous les précédents, ne sont pas autre chose qu'un magnifique traité du Saint-Esprit, considéré comme le seul principe du Christianisme et de la Charité : « Personne, dit-il, ne saurait dire seulement *le Nom* de Dieu sans le Saint-Esprit : *Dominus Jesus, nisi in Spiritu Sancto*. XII, 3. Et le principal des sept dons du Saint-Esprit, et le seul en définitive, c'est la Charité : « Car les prophéties elles-mêmes et la science entière cesseront un jour; la Charité, jamais : *CHARITAS NUMQUAM*. 8. Et le Saint-Esprit, seul principe de la *liberté* des enfants de Dieu : *Ubi Spiritus Domini, ibi Libertas*. 2 CoRINTH. III, 17. — En sorte que saint Grégoire le Grand (*) qui avait dit si magnifiquement dans sa parole célèbre : « Le Saint-Esprit est donné sur la terre afin qu'on aime le Prochain, et il est donné au Ciel afin qu'on aime Dieu, » n'avait pas dit encore assez magnifiquement.

Et le troisième des témoins au Ciel, le *Saint-Esprit*, et le troisième des témoins sur la terre, le *Sang*, me font concevoir les Merveilles *Eucharistiques* de l'Œuvre de la Miséricorde : *Et Spiritus Sanctus; et Sanguis*. JEAN, Ire *Epit*. V.). — Et cet *Esprit* perpétuel, qui parle à chacun des Ages de l'Eglise dans l'Apocalypse, et toujours dans les mêmes termes : *Qui habet aurem, audiat quid Spiritus dicat*

(*) Il est remarquable que le plus ancien, et l'un des plus beaux traités des *Sept Dons du Saint-Esprit* est de l'empereur Charlemagne, auquel on attribue même le *Veni Creator*.
La logique du Saint-Esprit, exprimant ses *dons* par la bouche de son plus grand prophète, Isaïe, est élevée jusqu'à la clarté que nous appelons mathématique. Toutes les facultés humaines se réduisent à sept, toutes dérivant visiblement l'une de l'autre ; et il se trouve précisément que tels sont, *à priori*, les *Sept Dons du Saint-Esprit*, dont le *monde* (comme le *démon*, sa racine), se rit, au risque de l'*inexpiabilité* de son *blasphème* dans ce monde et dans l'autre : — La *crainte de Dieu* produit, en effet, la *piété* ; — la piété, l'*intellect* ; — l'intellect, le *conseil* ; — le conseil, la *science* ; — la science, la *sagesse* ; — la sagesse, la *force* ; d'où suit la vertu, la Sainteté proprement dites !!!

(**) Tertullien lui-même, si hardi, n'a pas craint de dire, et de développer, cette proposition, que le gouvernement de l'Esprit-Saint consiste : 1° à révéler l'Ecriture dans toute sa profondeur; II° à réformer l'intelligence humaine ; III° et surtout à réformer le clergé : *Hæc et administratio Spiritus sancti* : scripturæ revelantur ; intellectus reformatur ; disciplina dirigetur.
Non moins inspiré, saint Grégoire le Grand ne reconnaissait la présence de l'Esprit-Saint dans un Voyant qu'à deux caractères : la Vérité et l'Humilité : *Mens quæ divino Spiritu impletur, habet evidentissima signa sua, veritatem et humilitatem*.

ecclesiis. II, 6, 11, 17, 29 : III, 6, 13, 22- — Et le Feu même appelé à faire à la fin ce que l'eau a fait au commencement. 2 Pierre. III, 10. Apoc. XVIII, 8.

Et toutes les paroles de l'Eglise, prises de l'Ecriture, dans l'office de la Pentecôte :

> Veni, CREATOR spiritus
> . . . .
> Imple *supernâ gratiâ*
> Quæ tu CREASTI pectora.
> . . . .
> Fons vivus, *ignis,* CARITAS.
> *Infunde Amorem cordibus.*
> . . . .
> *Hostem repellas longius.*
> . . . .
> *Per te* sciamus da Patrem
> Noscamus atque Filium.

Et surtout cet *Introït* de la Messe : *Spiritus Domini replevit Orbem Terrarum.* — Et cette *Prose: Veni, Pater pauperum, veni, Lumen cordium; Consolator optime,* etc.; *Da perenne Gaudium;* — Et ce Graduel de Rome : *Emitte Spiritum tuum, et CRÉABUNTUR, et RENOVABIS FACIEM TERRÆ.*

Et, parce que le Saint-Esprit est, à la lettre comme à l'esprit, la plus grande, la plus magnifique, la plus miséricordieuse et la dernière manifestation de Dieu, je conçois à la fois : I° Que la plus grande peine soit réservée aux plus grands péchés commis contre Lui : la *Fausse Prophétie*, l'*Imposture*, l'*Homicide* et la *Vengeance*.... par Cupidité. Matth. XII. 31, 32 ; Act. V. 1-5 : car il est dit de l'argent, ce qui ne l'est d'aucun autre objet de vice et de malédiction, qu'il n'entrera jamais dans le Ciel sans un Miracle du Père. Matth. XIX. 23-26 ; II° Que les plus grandes récompenses (*Mille ans* de gloire et de Paradis terrestre. Apoc. XX, 4-7), sont pour les plus grandes vertus que le Saint-Esprit représente, et dont il donne les grâces : la *Prophétie*, le *Miracle*, le *Martyre*, l'*Amour des Ennemis :*... DÉSINTÉRESSÉS ; III° Et que ce soit enfin le dernier privilège du Saint-Esprit, d'élever l'Homme à son Apogée,... disons le mot (saint Paul le dit aux *Romains*, VIII) à son Apothéose : Hi sunt *Filii Dei*.

Après tant de magnificences, je n'en sache aucune qu'on puisse comparer à la péroraison du plus beau livre peut-être de tous les Pères de l'Eglise, celui de saint Irénée : car il est le plus court, le plus ancien, le plus miséricordieux, et le plus prophétique du nouvel Avénement, et du seul Empire vrai de Jésus-Christ sur la terre : « Tels sont l'ordre et les divers degrés du salut, au sentiment des Anciens Pères, qui ont été les disciples des Apôtres ; on arrivera au Fils par la grâce de l'Esprit-Saint ; et on montera ensuite vers le Père par la grâce du Fils : parce que le Fils fera aussi hommage au Père de son œuvre, qui est LE SALUT DE L'HOMME. »

Saint Irénée réservait à l'illustre Montfort, de dire plus explicitement, et avec des preuves nouvelles, résultant d'une expérience et d'une tradition, non-interrompue, de TOUS les grands saints et de TOUS les grands hommes sans exception dans le cours de 1500 années (nous le démontrerons bientôt dans l'*Apocalypse dans son éclat*), ce qu'il ne disait, lui, que par une étude encore vierge de l'Évangile et de l'Apocalypse :...... « Souvenez-vous, Seigneur Jésus, souvenez-vous de donner à votre Mère une *nouvelle* Compagnie, POUR RENOUVELER, PAR ELLE, TOUTES LES CHOSES, et pour *finir* par Marie les années de la Grâce, comme vous les avez commencées par elle :..... Il est vrai, grand Dieu, que le monde mettra, comme *vous l'avez prédit*, de grandes embûches au talon de cette Femme mystérieuse, c'est-à-dire à la petite compagnie des enfants qui *viendront sur la Fin du monde*. Mais ces persécutions ne serviront qu'à faire éclater davantage la puissance de votre Grâce..... Le Règne spécial de Dieu le Père a duré jusqu'au déluge, et a terminé par un déluge d'eau ; le Règne de Jésus-Christ a été terminé par un déluge de sang ; mais VOTRE REGNE, ESPRIT DU PERE ET DU FILS, continue à présent, et sera TERMINÉ PAR UN DELUGE DE FEU, de Justice et d'Amour. Quand sera-ce que viendra ce déluge de feu du pur amour que vous devez allumer *sur toute la terre* d'une manière si douce et si véhémente, que toutes les nations, les Turcs, les Idolâtres, les Juifs surtout en brûleront ? »

V. La plus grande Miséricorde considérée comme la plus grande preuve de la plus grande Prophétie.

> Jesus *Sempiternum* habet sacerdotium. Undè et salvare *in Perpetuum* potest... HEBR. VII, 24, 25.

On ne pèche plus, et de plus en plus, aux plus hauts lieux, et par conséquent dans les moyens et dans les bas, que par le plus grand péché possible, la hauteur, et, si nous pouvons le dire, l'enflure satanique du cœur : c'est-à-dire, le ressentiment, l'inexorabilité, l'implacabilité de l'orgueil ; la haine de nos ennemis ; le désir et le fait de la vengeance ; leur immortalité enfin.

Jamais ne fut plus vrai que de nos jours le Vers célèbre, devenu l'axiôme par excellence :

> Tant de fiel entre-t-il dans l'âme des dévots !

La Prélature, et par conséquent le clergé en général, plus relâché, plus *Moliniste* que jamais envers ses amis et ses *âmes damnées,* est devenu le tyran *in petto,* quand il ne peut l'être en action, des adversaires de son indifférence et de sa mondanité.

Ils prêchent plus que jamais, et quasi exclusivement, et ils démontrent moins que jamais, comme Dogmes fondamentaux de la Religion, précisément ceux de leur *infaillibilité*, (toujours *en défaut* de sauver), et même de leur divinité personnelles, qui sont destructifs de la Religion.

Ne vont-ils pas jusqu'à laisser entendre, n'osant dire, perpétuellement, comme Dogmes, sous le nom de *Justice* de Dieu, l'inexorabilité, et même l'éternité, et l'inévitabilité, et l'infaillibilité de la vengeance...... de Dieu?

Jamais, non jamais, le besoin n'a été plus grand et plus universel, que celui de la théorie et de la pratique, de la démonstration et de l'*OEuvre de la Miséricorde*. Et saint Jude, le frère de Jésus, semble n'avoir écrit son *Epître catholique* qu'afin de dire:... « Voici le Seigneur qui arrive avec ses Saints, c'est-à-dire, après tout, ceux qui auront attendu sa Miséricorde : *Ecce venit Dominus in Sanctis Millibus suis...... vosmet ipsos expectantes Misericordiam.*

La *Miséricorde?* C'est le seul nom (*) qui renferme tous les noms; le seul devoir qui renferme tous les devoirs; la seule vertu qui appelle et renferme toutes les vertus de l'homme sur la Terre.

Le seul attribut de Dieu qui suppose tous ses autres attributs, et jusqu'à celui de son existence. S'il n'y avait qu'un *criterium* de la vérité d'une Religion, ce serait celui du plus grand amour des hommes : car, ainsi que l'Apôtre bienaimé et bien aimant l'a dit : « Celui qui n'aime pas son prochain qu'il voit, ne saurait aimer Dieu qu'il ne voit pas. » — Et il est écrit par l'Esprit-Saint dans l'Ecclésiastique que : « NUL ne sait s'il est plus digne d'amour que de haine. » A ces

---

(*) *Miséricorde :* I° de *Miser* et *Miseri*, les pauvres, les malheureux; II° et de *Cor, cordis :* les meilleurs hommes et la meilleure chose de la terre. D'où la langue la plus franche du monde a fait la plus magnifique épithète possible : *Miséricor-dieux!* Par l'*Humilité du cœur,* les hommes, qui ne sont, en effet, que des Anges, deviennent des *Dieux.*

Le nom de *Miséri-corde* allait, d'ailleurs, assez bien à l'œuvre dont le grand culte est celui des *Sacrés Cœurs* de Jésus et de Marie, et les phénomènes quotidiens des *Cœurs* divins.

Nous ne voudrions, pour marquer la supériorité du seul nom de la *Miséricorde* (l'Ecriture dit encore *miserator* aussi bien que *misericors*) sur tous les noms, que sa multiplicité et son infinité dans la Bible. David, qui représente à la fois tous les prophètes et tous les rois, semble avoir voulu en faire l'objet, et même le refrain de ses 150 chants. » (*V.* seulement le Psaume 135.)

(Sans compter les nombreux synonymes ou équivalents : *Grâce, rédemption, bonté, clémence, mansuétude, bénignité, douceur, charité, dilection,* etc. Et les noms pris par Dieu, de *Père* et de *Mère.*)

Le chef-d'œuvre spirituel de Bergier n'est point son *Apologie de la Religion,* infiniment trop longue, mais bien son Tableau, infiniment trop court, *de la Miséricorde divine,* tirée de l'*Écriture sainte.* in-8°.

deux lois, les plus sûres et les plus salutaires qui se puissent concevoir, quels seraient les Hérétiques, ou de ceux qui damnent, nous ne dirons pas un, mais bien la majorité de leurs semblables; ou de ceux qui n'osent pas les juger seulement, et même qui, ayant à juger, ne condamneraient qu'eux-mêmes?...

S'il n'y avait surtout qu'un *criterium*, une Démonstration de l'existence de Dieu, ce serait celle de sa bonté.

La seule objection possible du *laisser-aller* du péché... est encore plus hypocrite que bête :......

Le *Purgatoire* (et sa certitude est dans les âmes, comme dans l'Ecriture), dont les *peines* (*) immenses en durée *réelle*, et même relative, peuvent surpasser à l'infini les douleurs connues sur la terre et durant la vie, suffit mille fois à montrer, et à faire redouter utilement la Justice, et même la sévérité de Dieu.

La plus grande cause originaire peut-être des préjugés et des haines contre la Religion romaine, des Hérésies (**) et des Schismes qui la minent incessamment depuis dix-huit cents années, et la plus grande peut-être des antipathies des prétendus fidèles contre les infidèles prétendus, c'est le *Dogme* de la *damnation* du plus grand nombre. L'homme le meilleur du petit nombre est porté à la longue à se croire d'une nature supérieure à part; et il s'accoutume au dédain, et même au dégoût et à l'horreur de la plupart de ses semblables, meilleurs que lui peut-être, plus susceptibles de salut que

---

(*) Le plus méchant homme, plus près qu'on ne pense du meilleur, ne serait-il point assez châtié, après sa pénitence dans un Purgatoire immense, sans pour cela être éternel, par le seul et éternel souvenir de ses crimes avant leur expiation? Et sa vie la plus belle, pleine de remords, et des terreurs qu'il a de l'avenir, d'autant plus grandes, peut-être, qu'il n'a pas l'air d'y penser, ne serait-elle pas, au fond, un enfer déjà?... Il n'y a pas, en tout cas, un grand criminel, pas un impie, qui, à son lit de mort, ne donnât mille vies pour en ravoir à passer une autre...

Plus même le purgatoire serait long, et s'approcherait de l'éternité, et plus il crierait vengeance au Dieu des miséricordes : Tout *Supplice Supplie*, verbes sublimes d'un sublime Verbe...

La seule objection qui nous ait jamais semblé spécieuse, en faveur de la perpétuité de la peine : que, sans la circonstance indépendante de la volonté du pécheur, la mort, il eût péché toujours, n'est, bien considérée, qu'un sophisme : car d'abord, ce ne serait là qu'une conjecture, et Dieu seul peut savoir ici la vérité; et puis, sous l'empire d'un Créateur juste et généreux d'une créature faite, à son image, juste et généreuse, la présomption doit toujours être, et continue toujours, de la *possibilité*, et même de la facilité d'une pénitence.

(**) Il est remarquable que la 1re grande Hérésie, la source plus ou moins secrète de toutes les autres, l'*Arianisme*, date de la 1re déviation de l'abnégation et de la douceur apostoliques; et que les dernières coïncident avec l'ambition, le relâchement pour soi, et les rigueurs contre les autres. Nous ne voudrions que les noms généraux donnés aux grands excommuniés pour les expliquer, sans les excuser absolument : *Réformateurs*, et même *Réformés*; *Protestants*; *Philosophes*, et même *Révolutionnaires*... — et les noms pris par les grands excommuniants, pour flétrir les excommuniés : *Princes*, et même *Souverains*, de l'Eglise; — *Inquisiteurs*, etc.

lui, et par lui ; et qu'il tremble d'approcher seulement, et dont il répondra.

De la doctrine de l'Enfer, après la mort, à celle de l'Enfer avant, il n'y avait qu'un pas !... La peine de mort en un coup dans les Palais de Justice, et à petit feu dans les prisons, et même dans les mines et les carrières ; et surtout la mise à mort en masse sur les champs de bataille, et le jugement et l'exécution glacés, après coup, du *Château-Saint-Ange* (l'Eglise de *Saint-Michel*, le céleste champion de toute l'Eglise), sont des conséquences rigoureuses du Dogme infernal.

Et les deux dogmes de l'énormité des peines, et de leur éternité à la fois, ne seraient ils pas exclusifs et subversifs de la majesté infinie, et même de la puissance de Dieu, en même temps que de sa bonté, et peut-être de sa justice ? Ils pourraient l'être, en dernière analyse, de son existence !..

Quoi ! lorsqu'il me suffit, à moi, fait à l'image de Dieu, le plus enrichi que je me suppose de tous les dons de Dieu et de tous ceux du diable, le plus dur et le plus philosophe que je sois, de ne pouvoir en jouir, du moment que je vois, ou seulement que je suppose, les plus petites douleurs, les plus minces misères devant ou à côté de moi : comment concevrais-je Dieu, infiniment voyant et pénétrant tout, en tout temps, et d'un coup d'œil perpétuel ; infiniment bon, infiniment susceptible, et infiniment puissant, comment le concevrais-je en regard, seulement une seconde, d'un océan de souffrances et de souffrants ? Et l'on voudrait que je l'y conçusse, et que je l'y crusse, une Eternité !!!

Mais il y a, au fond de la doctrine des enfers, quelque chose de bien autrement horrible, et de bien autrement visible, et incontestable : c'est que Dieu, qui doit avoir raison en définitive (*) contre le Démon, aurait eu tort, s'il restait, je ne dirai pas après un milliard d'années, mais après un million, je ne dirai pas un million d'Anges ou d'hommes souffrants, mais un seul !

Et, cependant, dans l'effroyable système, de la grande apostasie aussi, ce ne serait pas *une âme* seulement qui serait *damnée*, et horriblement souffrante, ce serait le plus grand nombre, la plus immense majorité des âmes (**)

(*) Ce que dit, en toutes lettres, ou rien, saint Jacques, dans son *Epître catholique : Superexaltat misericordia judicium.* II, 13. — Ce que la *Sagesse* elle-même de l'ancienne loi avait déjà dit : *NIHIL odisti eorum quœ fecisti.* XI, 25. — Et, ailleurs, cette parole citée par l'abbé Combalot : *Misericordia Domini super omnia opera ejus...*

(**) L'Esprit-Saint, et les Pères de l'Eglise en conséquence, qui ont paru dire, *le petit nombre des élus*, n'ont dit nulle part, ce qui était assez conséquent pourtant : *le grand nombre des damnés... éternels.*

L'Esprit-Saint n'a même jamais parlé formellement, et sans distinction, d'un *petit nombre d'élus.* Cette locution, qui ne se trouve pas une fois dans tout l'Ancien-Testament, n'est qu'*une* dans tout le Nouveau : en saint Matthieu, dans la

de tous les mondes, et de tous les siècles, qui seraient damnées et souffrantes!

Ce qui est plus horrible, plus repoussant, plus gros d'hérésie et de schisme, de malédictions et de cruautés sociales, plus impie et plus athée que le dogme de l'enfer au feu éternel lui-même.

Dieu, dans le système, ne serait pas seulement au-dessous du Démon, il serait encore au-dessous de l'homme : car il est aussi facile à Dieu, apparemment, de pardonner que difficile à l'homme ; et on ne nie pas que le plus grand et le plus sur-humain Commandement qu'il ait fait à l'homme borné et faible, et la condition de la plus grande sainteté, de la plus grande divinité de l'homme, le plus grand commandement qu'il se soit fait à lui-même, lorsqu'il est descendu et qu'il a vécu en homme sur la terre, c'est celui de *Pardonner* à ses semblables (fussent-ils ses bourreaux jusqu'à septante fois sept fois), de leur pardonner jusqu'à septante fois, c'est-à-dire toute sa vie, fût-elle de mille ans comme celle de Mathusalem, et de bientôt six mille ans comme celle d'Hénoch !

Le Père, déniant à la fois son Fils, son Saint-Esprit, et sa Mère, serait jusqu'à trois fois Judas et déicide ; condamnant à mort ses milliards de créatures Angéliques et humaines, il serait des milliards de fois homicide : en sorte que le genre humain se retrouverait dans un état pire qu'il ne fut jamais au règne de *Saturne*, vrai *Satan* qui dévorait ses propres enfants !

Il a créé le monde pour sa gloire et son immense Paradis ; et il l'eût laissé (la grande majorité du moins) se faire, et il l'eût pris au mot, et accepté se faisant à jamais, sans pouvoir à aucun prix se repentir et se *défaire* jamais, un Enfer et même des Enfers immenses!

Dieu vivant et vivifiant infiniment, de plus en plus, et à toujours (Dieu me pardonne, et il me pardonnera...) eût mieux fait de dormir.

Chaos pour chaos, moi Enfant de Dieu comme un autre, je préférerais infiniment l'originaire au final.

parabole du Père de famille qui donne autant aux derniers venus à sa vigne qu'aux premiers ; et dans la parabole du festin des Noces, où le roi ne fit jeter aux *ténèbres extérieurs*, qu'*un seul* intrus. Ce qui est bien loin d'une immense majorité criminelle : *Multi sunt vocati, pauci verò electi*. XX, 16 ; XXII, 14, — lesquelles paroles aussi n'ont jamais été reproduites, même implicitement par aucun autre Evangéliste, ni surtout par saint Paul, saint Pierre et saint Jean. —Enfin, à la question du *petit nombre* des Elus, Jésus refuse net de répondre. Luc XIII, 24.

Et puis, au fond, que serait ici le petit nombre des *Elus*, si ce n'étaient les *Elus* du 1er ordre ? Car il est écrit, non pas une fois, mais mille, qu'il y a des *demeures* diverses *infinies dans la Maison de* notre *Père* qui est aux cieux. Selon ce sens, les douze Apôtres furent *douze Elus* d'un ordre particulier : *Et elegit duodecim ex ipsis*. Luc VI, 13. Et le Fils de Dieu lui-même est, en un sens, le premier *Elu* du Père : *Hic ut Christus Dei Electus*. XXIII, 35.

En sorte qu'au fond, et en définitive, la doctrine de l'immensité des souffrances et de l'éternité de l'Enfer ne saurait être autre chose qu'une exécrable calomnie de Dieu, qu'un athéisme déguisé, le pire des athéismes, et même le seul athéisme possible : celui qui s'élève jusqu'à la mise de son héros et de son Titan suprême à la place même de Dieu ; et que prédit du haut des cieux le Christ, le Miséricordieux par excellence, à saint Jean, le plus grand Apôtre de la Miséricorde : *Altitudines Satanæ.* Apoc. III, 24.

La seule utilité du dogme, ou plutôt de l'enseignement de l'*Enfer... infernal* en effet, c'est le châtiment préalable et *perpétuel* de la majorité de ses croyans : cette sorte d'utilité est celle du mal et du démon lui-même, que, par une évolution Divine, Dieu fait toujours tourner à bien, et surtout à miséricorde !

L'éternité des peines effroyables n'est enfin qu'une *possibilité*, toujours subordonnée à *la liberté* du souffrant, et surtout à la volonté de Dieu.

Si je pouvais, un moment, concevoir l'*Enfer* en question, ce serait exclusivement, d'abord, pour ses docteurs, vraiment hypocrites, qui ne croient ou voient les damnés que dans les hommes qui n'ont pas cru ou vu Dieu en eux ; — puis, pour ses anciens Inquisiteurs... brûleurs, et ses Torquemada en robes rouges ; — et pour les nouveaux Inquisiteurs *in petto*, à qui la volonté ne manque pas, si les mœurs manquent pour l'être ; — et pour les Rois fauteurs des effusions de sang sur les champs de bataille (en ôtant la vie dans leur jeunesse à tant de milliers de soldats *in-volontaires*, ils leur ôtent tout l'âge mûr et toute la vieillesse pour se sauver, ne fût-ce que du terrible purgatoire) ; — et enfin pour les propriétaires des mines homicides... Et les Pères les plus illustres et les plus saints de l'Eglise n'ont-ils pas dit, en toutes lettres, que « *l'Enfer est pavé de Prêtres ?* »

Les plus coupables de ces hommes-là, prédits par saint-Paul, *aux Hébreux*, VI, 6, on peut le dire, *Crucifient de nouveau* le Fils de Dieu dans tous leurs semblables qu'ils ont condamnés ou qu'ils condamneraient encore à être brûlés vifs...

Tous les hommes ensemble, les plus grands comme les plus petits, me diraient le contraire que je ne les croirais point. — Toute l'Ecriture-Sainte elle-même ? pas davantage : car ce sont, après tout, des hommes qui l'ont écrite. — Ce qu'on appelle, à juste titre, l'Eglise, tous les Papes, tous les Évêques et tous les Conciles ? encore moins : car leur plus grande prétention historique, ou même imaginable, n'est sur un point quelconque, sur le point le plus évident à la raison, que l'infaillibilité du jour, jamais celle du lendemain ; et que, ce que le clergé a décidé aujourd'hui, il peut demain, plus instruit ou plus saint, cesser de le croire : ce qui s'est vu mille fois; et principalement lorsque l'Eglise elle-même, et tout entière, change, comme il est arrivé à la première Venue du Fils de Dieu.

(Et nous verrons que, loin d'avoir jamais songé à appliquer ici son infaillibité, l'Eglise, comme l'Ecriture, ici, n'a pas même prétendu jamais.)

Pour me le faire croire, il ne faudrait rien moins que Dieu lui-même, et en personne, me le disant, à moi, et à tous mes semblables, par autant de miracles qu'il y a d'hommes. C'est-à-dire qu'en dernière analyse il faudrait que Dieu refît l'intelligence humaine; qu'il se refît lui-même; qu'il se dédît au moins, car il a dit : « Que la foi soit raisonnable. »

Dieu lui-même aurait dit, et pour cause, à tel ou tel homme, et même à moi : « J'ai voulu l'enfer immense, effroyable, et éternel, tel que le prêchent les inquisiteurs, pour ce qu'ils appellent *un* seul péché mortel, » que je ne croirais jamais qu'il ne pût pas dire différemment et le contraire, et pour autre et meilleure cause.

Dieu, apparemment, et à mille fois plus forte raison que l'Eglise, ne saurait jamais se lier les mains à toujours.

Et l'exemple du salut de Ninive, tour à tour condamnée et sauvée, est ici sans replique.

Quand Dieu dit, comme en Osée : « Je ne pardonnerai plus jamais à Mon Peuple, » c'est toujours parce qu'il a dit ailleurs mille fois : si Mon Peuple ne fait pas pénitence : *Non addam ultrà misericordiam domui Israël.* I. 6.

Quand Dieu dit encore, comme en Salomon : « Plus d'espérance pour l'impie après sa mort : *Mortuo homine impio, nulla erit ultrà spes.* Prov. XI, 7, c'est comme si Dieu disait à l'impie : « Revenez à moi, au moins dans votre lit de mort;» et il suppose, par ce qu'il a dit ailleurs encore : « Si l'impie meurt impénitent, il lui faudra faire, après sa mort, une expiation mille fois plus grande qu'avant. »

Mais il est temps de le dire, *jamais*, non, *jamais* (*) l'Esprit-Saint de Dieu n'a dit, même implicitement : « Les peines de l'enfer sont effroyables ; et elles sont éternelles; et il n'est *jamais* plus possible à Dieu qu'aux damnés de les modifier et de les faire finir. Il a seulement dit, ou plutôt laissé entendre, et rarement, et accidentellement, et en très-peu de mots, sans jamais en définir aucun : ni le *péché*, ni le *pécheur ;* ni le *temps*, ni l'*éternité ;* ni la *peine*, ni ses con-

---

(*) Par une triple merveille, qui n'est certainement pas sans une providence et une miséricorde divines : I° chacun des noms de la vengeance : *Vindicta, vindicatio, ultio,* ne se trouve qu'*une* fois dans les évangélistes ! II° le nom de *furor,* le nom même de *terribilis,* n'y est pas davantage ! III° le simple nom de *colère,* appliqué à Dieu, n'est qu'*une fois* dans chacun des quatre évangélistes.

Et encore est-il remarquable que la plupart de ces noms ou de ces épithètes de malheur ne sont appliqués (et jamais par Dieu lui-même, mais seulement par ses prophètes) qu'aux athées. (Jean. III, 36); et surtout aux prêtres coupables ; — celle de *furor* surtout ne l'est que dans l'Apocalypse, contre le *Faux prophète* de la bête !

Dieu ne permet et n'ordonne même d'*effrayer,* et encore sans affectation, que par des lettres : *Ut autem non existimer tanquàm terrere vos per epistolas.* 2. Corinth. X, 9.

ditions; ni le *ver*, ni le *feu ;* sans jamais enfin décider *in terminis* la question : sans doute, apparemment, le *cas réservé* de Dieu.

Il a dit, en effet, mille fois : 1° que NUL homme ne sait la nature intime du péché et de la vertu d'un autre ; 2° Que nul ne sait la nature intime de son propre péché ou de sa propre vertu à lui-même. Matth. XXV, 37, 44 ; XXVI, 22 ; etc. Corinth. III, 18, etc.

Et voilà pourquoi il nous a si fort interdit, nous ne dirons pas la condamnation, mais le jugement, et jusqu'à la simple médisance de nos semblables les plus coupables et les plus odieux en apparence.

Quant aux peines après la mort, l'Esprit-Saint, conséquent, n'en a guère parlé davantage.

Le nom de l'*Enfer* (*) (*sceol*, sceau, en hébreu) n'est qu'une fois dans tous les Evangiles, en Saint-Matthieu, XVI, 18, où il est dit seulement que « *ses portes* ne prévaudront point.»

Il n'est qu'une fois non plus dans les *Actes* (II, 23).

Et il n'est *défini* non plus nulle part : son nom latin, synonyme de *lieu inférieur*, est loin de l'effroi de son nom français. L'Ecriture l'emploie encore mieux dans le sens de *tombeau* que dans celui de *gehenne* (d'où nous avons fait *Géne....*). Job, le premier des théologiens (il est contemporain de Moïse), dit : « L'enfer est ma maison : *Infernus domus mea est.* »

Jacob, désolé à la mort de Joseph, s'écrie : « Je descendrai vers mon fils, et je le pleurerai en enfer : *Descendam ad filium meum, lugens in infernum.* »

Le Roi-Prophète, et l'une des figures les plus magnifiques, et l'un des Pères de seconde majesté du Fils de Dieu lui-même, David, est, à ce grand égard, plus explicite encore. Il semble, à la lettre, être descendu forcément ou volontairement aux enfers, comme pour y prier le Sauveur de l'en tirer, et dans la prescience qu'il en serait par lui tiré lui-même, dans son chant immortel du *De profundis clamavi ad te, Domine.... Quia apud Dominum Misericordia !*

Et le grand fait évangélique de la descente aux Enfers de Jésus-Christ lui-même est venu infirmer et rendre à jamais exécrable le Dogme prétendu divin de l'Enfer vraiment satanique, sorti tout armé, comme Minerve du cerveau de Jupiter, de la tête de la Grande Apostasie.

Or voici l'Histoire, vraiment décisive, de la descente du Sauveur aux enfers, dans les *Actes*, selon la traduction irrécusable de Sacy : « Dieu a ressuscité Jésus de Nazareth, en arrêtant les *douleurs* de l'Enfer, étant impossible qu'il y fût

---

(*) Le mot de *Tartare*, si fameux dans le paganisme, ne se trouve qu'une fois dans l'Ecriture, dans la seconde *Epître* de saint Pierre, qui l'applique aux Anges sataniques. Et l'Esprit-Saint suppose visiblement qu'il doit y avoir un jugement final après la peine du Tartare : *In Tartarum tradidit cruciandos, IN JUDICIUM RESERVARI.* II, 4.

retenu : *Quem Deus suscitavit, solutis doloribus inferni, juxtà quod impossibile erat teneri illum ab eo.* II, 24.

Si Dieu lui-même, personnellement, est descendu aux Enfers (et il y est descendu (*), puisqu'il l'a dit), ce ne pouvait être que pour les amoindrir s'ils étaient énormes; pour les temporiser, s'ils étaient éternels ; et pour montrer qu'on pouvait par lui en sortir : comme il n'est entré dans le tombeau, que pour faire voir qu'on ressusciterait, grâce à lui, à sa suite.

Les quelques spécifications de peines marquées dans l'Ecriture ne font qu'éclairer et confirmer tout cela : — C'est d'abord les *ténèbres* dites *extérieures : Tenebras exteriores* MATTH. XXII, 13, peine assez naturelle de *l'erreur*. — C'est ensuite *les Pleurs* : où le Sauveur a dit sur la montagne, qu'il y avait des charmes : *Ibi erit fletus*. — C'est enfin les grincements des dents : autre peine naturelle connue dans la vie la plus commune, et que les législateurs les moins *draconiens* ont si fréquemment surpassée ! *Et stridor dentium.*

Quant au *feu*, dont les hommes (sans excepter les *Saints !*) ont prévenu et même châtié leurs semblables (sans excepter les *Saints* encore !) ne sut-on pas toujours, en médecine, qu'il prévient ou arrête les maladies ; en physique, qu'il épure et constitue l'or ? Et ne sait-on pas de nos jours, dans les académies des sciences, qu'il brûle d'autant moins qu'il semble brûler davantage?...

Et l'homme, en général, n'est-il point appelé par Dieu, et l'Esprit de Dieu, et Dieu lui-même ne se nomme-t-il pas : des feux dévorants?... *Et lingua ignis est.* JAC. III, 6,—*Dispertitæ linguæ, tanquàm ignis.* ACT. II, 3 ; — *Deus noster ignis consumens.* HEBR. XII, 29. — Et saint Pierre enfin ne dit-il point, dans son Testament, que la Foi, plus précieuse que l'or, ne saurait être comme lui éprouvée que par le feu : *Multo pretiosior auro quod per ignem probatur.* 1 PETR. I, 7?

L'Eternité des peines, elle, est encore moins définie. Elle n'est que rarement exprimée, et jamais comme certitude, ou comme inévitabilité; mais comme *possibilité* seulement. Ainsi, l'on trouve en Isaïe, et précisément, et pour cause, en son dernier chapitre, et dernier mot : « Le *ver* des *pécheurs* ne *mourra* point, et leur feu ne s'éteindra » : Mais si le *pécheur*, éprouvé par une longue et terrible souffrance, a cessé d'être pécheur?... Si, sans cela, Dieu veut lui pardonner gratuitement?... Ainsi, en SAINT MATTH. XXV, 41, 46, le Seigneur lui-même dit aux *inclus :* « *Allez* (il n'est pas dit : *Demeurez* éternellement) *Discedite, maledicti* (**) *in ignem æternum.*

(*) En un sens Dieu est même dans l'enfer aussi bien que dans le ciel : *Si ascendero in cœlum, tu illic est, ; si descendero in infernum, ades.* Ps. 138, 8.

(**) Les noms mêmes et les épithètes donnés, dans l'usage théologique, aux hommes des peines éternelles, sont encore exclusifs de ces peines.— C'est d'a-

Voilà des preuves négatives de la suprême justice de Dieu. En voici d'affirmatives de sa Miséricorde suprême :

Je ne voudrais, entre mille paroles formelles de l'Ecriture et de l'Esprit-Saint, à cet égard, pour sauver Dieu de son jugement et de sa mise à mort par les athées, que celles-ci du Sauveur lui-même au plus grand des pécheurs, celui contre le Saint-Esprit : « Son crime ne lui sera pardonné ni dans ce siècle, ni dans le siècle futur : *Non remittetur ei, neque in hoc seculo, neque in futuro.* MATTH. XII, 32 »; — que ces autres : « Il y a plus de Bonheur au Ciel pour *une* âme retrouvée, que pour quatre-vingt-dix-neuf qui ne se sont pas perdues. Ainsi, votre Père qui est dans les Cieux, NE VEUT PAS qu'*un* seul de ces petits périsse : Sic non est voluntas ante patrem vestrum, qui in cœlis est, *ut pereat* UNUS *de pusillis istis.* XVIII, 13, 14 » — Et que celles-ci, du premier et du plus grand théologien de l'Eglise, saint Paul *aux Corinthiens* (les plus corrompus et les plus corrupteurs de tous les païens) : « J'aurais *toute* la prophétie, je connaîtrais *tous* les mystères; j'aurais seul *toute* la foi, jusqu'à transporter les montagnes; je distribuerais *tous* mes biens aux pauvres; je livrerais mon corps à *tous* les feux, si je n'ai point la Charité, RIEN ne me sera utile. Or, la Charité est PATIENTE; elle SOUFFRE TOUT (sans excepter l'enfer); elle voit TOUT; elle *espère* TOUT (*omnia sperat*); elle ne finira JAMAIS (et celle de Dieu apparemment, avant, pendant et après celle des hommes) : *Charitas* NUMQUAM *excidit.* XIII, 1-13.

Et, par conséquent, l'*Espérance* (même, et surtout peut-être, du dernier damné) passera un jour ou un autre, un millier de siècles, ou un autre millier ; et toutes les créations purifiées se retrouveront plus vierges encore qu'à leurs créations simultanées ou successives,... par les plus grands mérites et les plus grandes grâces du Fils et de la Mère éternels de Dieu, selon ces autres éternelles paroles de saint Paul *aux Hébreux* éternels : « Jésus (à la différence des autres Sauveurs) demeurant ETERNELLEMENT (*), et possédant un sacerdoce ETERNELLEMENT, peut sauver ÉTERNELLEMENT, étant toujours là pour prier son Père pour nous : *Unde et salvare* IN PERPETUUM *potest accedentes per semetipsum ad Deum,* SEMPER *vivens ad interpellandum pro nobis.* VII, 25.

Mais l'ancienne loi elle-même, si dure et si menaçante, et pour cause, dit implicitement (*), et même formellement,

bord: *Malè dicti* (il n'est qu'une fois dans l'Ecriture), le contraire de *bénis*, et si mal traduit en français par *maudits !* — C'est ensuite : *réprouvés ;* et précisément ce mot (qui ne signifie d'ailleurs qu'*à éprouver* de nouveau), n'est pas mentionné dans la Bible ; il est d'invention scolastique.

(*) Toute l'Ecriture est pleine de locutions comme les suivantes : *Locutus est Dominus... Et faciens Misericordiam IN MILLIA.* Exod. XX, 6. — *Confitemini Domino quoniam in ÆTERNUM misericordia ejus.* 2 PARAL. V, 13 ; VII,

les mêmes choses, et pour cause encore, dans le premier livre des 40 *Rois* (criminels) avec des paroles comme celles-ci : « Le Seigneur donne la mort et la vie; il conduit aux enfers, mais aussi il en ramène : *Deducit ad inferos, et Reducit.* II, 6. — Et encore en Amos, IX, 2 : *Si descenderit usque ad infernum, indè Manus Mea educet eos.*

En somme, des hommes, et des hommes se disant et se croyant de *Dieu*, ont fait un Dieu inexplicable pour.... ses enfants....

De la plus petite Miséricorde divine à la plus grande, il n'y a qu'un pas. Et il y a mille milliards d'or à parier contre un denier de cuivre, que le salut final des plus inouïs coupables, des plus usurpateurs de la Divinité (Satan lui-même, et surtout, n'est que le plus loin des athées) pour être le plus loin dans les plaines souffrantes de l'Eternité, n'est que le salut le plus assuré :

Car le Premier de tous les Anges tombés, ayant été celui que Dieu avait le plus aimé, doit être, en définitive, celui auquel Dieu doit le plus tenir.

La plus grande, la plus normale, la plus anormale personnification du Démon (JEAN VII, 7, (*), Judas Iscariote (c'est l'Esprit-Saint qui parle)... conduit *par la Pénitence*, rendit les trente pièces d'argent, et dit : *J'ai péché*, en livrant le Juste : *Pœnitentiâ ductus retulit triginta argenteos, dicens: Peccavi tradens Sanguinem Justum.* MATTH. XXVII, 3, 4.

Plût à Dieu que tous les prétendus fidèles de notre *petit nombre des Elus* fussent de pareils Judas.

Et si cette Foi finale de Judas, qui nous semble fausse à force d'être exagérée, n'était qu'une Foi *infinie*, encore plus

---

6; XX, 21; 1 Esdras, III, 11; Psal. LXXXVIII, 2, 3; CII, 17; CXXXV, 1; CXXXVII, 8; Eccli. XL, 17; Isaï. LIV, 8; Jérém. XXXIII, 11; Daniel. III, 89, 90; 1 Mach. IV, 24. — « La colère du Seigneur se change en Miséricorde : *Ira Domini in Misericordiam conversa est.* » 2 Mach. VIII, 5.

(*) Jésus-Christ dit de Judas, qu'il vaudrait mieux pour lui n'être pas né. Il ne l'a pas dit des autres réprouvés; et saint Augustin remarque sur ces paroles qu'il faut les entendre *d'un petit nombre* de damnés dont la perversité égale celle du déicide apôtre. »

Cette proposition de la *Connaissance de Jésus-Christ* de l'abbé Combalot, en est au fond une *méconnaissance*. Pardonnable au second âge du Christianisme, celui des savants (on ne les trouverait pas au premier, celui des Saints), elle cesse de l'être après 2,000 ans bientôt de preuves et d'épreuves.

Les paroles en question du Sauveur, si naturelles à dire, si aimantes même du disciple infidèle *avant* son infidélité, ne l'eussent pas été *après*. Elles eussent été encore moins naturelles, encore moins aimantes après la *pénitence* de Judas.

Mais après la Passion du Sauveur, d'où toutes les Compassions devaient découler, ces paroles eussent paru, eussent été, disons-le, une contradiction, en même temps qu'une iniquité... divines, qui révolteraient au XIXe siècle le *Docteur* bien-aimé et bien aimant *de la Grâce* du IVe.

Et nous ne voudrions même, après tout, et au fond, que le *désir* instantané de Jésus sur Judas pour nous montrer sa dilection, et peut-être sa prédilection pour lui : car quelle distance infinie n'y a-t-il pas entre l'*Enfer éternel* de Judas et sa simple *inexistence* !

décisive du Christianisme que la foi matérielle de Thomas, et la foi timide de Pierre ! ! !

Et ceci, plus immense, plus concluant, plus irrécusable encore (et le dernier mot peut-être de Dieu dans les Livres Evangéliques), qu'il a mis aussi dans la bouche de saint Jude, le frère de Jésus-Christ selon la chair,... saint Michel, le premier des Archanges, lui-même, le vainqueur né du Démon, disputant avec le Démon, n'osa pas décider du sort définitif du Démon. — Parole suprême, que le premier et le plus grand des Apôtres, saint Pierre, était encore chargé d'éclairer, et même de généraliser, et précisément dans sa dernière *Epître* contre les plus grands coupables après les Anges rebelles (les Faux prophètes des derniers temps) : « Si Dieu n'a point épargné les Anges qui ont péché, mais les a précipités dans l'abîme, où les ténèbres sont leurs chaînes, pour être tourmentés et tenus *en réserve jusqu'au Jugement* : In judicium reservavit. 2 PETR. II, 4.

... Il y a donc un *Jugement* réservé ! ! !

C'est sûrement en conséquence de tant de Logique et de tant de Théologie, I° que les Pères de l'Eglise, et les plus près des Apôtres, n'ont pas craint de dire que « les Apôtres, comme Jésus-Christ lui-même, étaient allés prêcher l'Evangile jusque dans les Enfers (le grand saint Hippolyte les appelle simplement : « le seul *lieu* de la création *sans ornement* (inornatus) et où ne brille point le Soleil). » II° que le nom de l'*Enfer* n'est qu'une fois dans tout l'Office de la Messe; et qu'il n'est pas même dans son *Credo* solennel, bien qu'il soit dans le petit *Credo* des prières particulières! Le *Memento* pour les Morts, décisif, au fond, sur ce point, n'a garde de faire exception à la Miséricorde divine, dans ces paroles mémorables : *Ipsis et omnibus in Christo quiescentibus locum refrigerii, lucis et pacis ut indulgeas deprecamur*). III° et que le Concile de Trente lui-même ne fait pas difficulté de dire dans son Catéchisme, sur le mot du *Credo* : « Descendu aux enfers » : Par ce mot d'enfer, il faut entendre les *lieux cachés* où sont retenues les âmes qui n'ont point encore obtenu la béatitude éternelle. C'est ainsi que saint Paul dit, qu'au nom de Jésus tout genou fléchit dans le Ciel, sur la terre et dans les Enfers. » Ces lieux néanmoins ne sont *pas tous semblables :* il y en a un qui est une très obscure et infecte prison, où les âmes des damnés sont continuellement tourmentées avec les Démons par un feu qui ne peut s'éteindre; ce lieu se nomme la *gêne*, *l'abîme*, et proprement l'Enfer. Il y en a un autre qui renferme le feu du purgatoire, etc. Le troisième est celui où les âmes des saints étaient reçues avant l'avènement de Jésus-Christ, qui les a délivrées par sa descente aux enfers ;... sa présence répandit une lumière très-brillante dans ce lieu. »

Le plus élevé, le plus profond, le plus large de tous les Pères grecs et latins, le *Docteur* par excellence *de la Grâce*.., saint Augustin enfin (*), se garde bien aussi de prendre à la lettre les quelques *mots* de l'Ecriture sur l'enfer éternel ; et il se place dans le *grand nombre* des docteurs qui croient à la commisération divine finale. Il dit, et dans un de ses ouvrages les plus rationnels (... l'ENCHIRIDION, ch. 29) : *Frustra nonnulli, imo quam* PLURIMI, *æternam damnatorum pœnam et cruciatus sine intermissione perpetuos humano miserantur affectu, atque ità futurum esse non credunt; non quidem Scripturis adversando divinis, sed pro suo motu dura quæque molliendo, et in leniorem flectendo sententiam, quæ putant in eis terribilius esse dicta quam verius.*

Lorsqu'expliquant les paroles du Prophète : « Dieu sera-« t-il éternellement en colère ? Pourra-t-il contenir, pendant « son ire, les flots de sa miséricorde? » Le plus grand théologien du moyen âge, l'Ange de l'Eglise encore mieux que l'*Ange de l'école,* saint Thomas d'Aquin, *In Magist.* sentent, dit que « le supplice des réprouvés ne sera pas détruit *totalement,* et que, pendant la durée du supplice, la Miséricorde s'exercera en *diminuant* le supplice (*Non tota pœna tollatur, sed ipsâ pœnâ durante, misericordiâ operabitur eam diminuendo*) ; il a dit encore, il a proclamé, à sa façon, la première et la dernière vérité de la création, la Miséricorde éternelle.... Sans cela, Saint Thomas d'Aquin n'eût pas *diminué le supplice,* il aurait, à la lettre, *diminué....* Dieu.

Les plus habiles théologiens modernes et les plus irrécusables (un grand nombre, et les plus savants, dit Lessius, *multi viri doctissimi*), sans excepter les plus ultra-montains, ont senti et n'ont pas craint d'exprimer hautement leur opinion sur le plus grand point et le fondement même du Christianisme et de l'Eglise. — En première ligne figurent ici le grand maître des théologiens de France et d'Angleterre en son siècle, Alexandre de Halès ; — le saint Cardinal Bonaventure ; — le cardinal Sadolet, l'ami et le théologien de Léon X, sur l'*Epître* de saint Paul *aux Romains* ; — le Cardinal Contarin, dans un traité spécial *de la Prédestination* ; — Osorius, le plus célèbre théologien du Portugal, dans son traité *de Justitiâ Cœlesti* ; — Jean Major, le plus célèbre d'Angleterre ; — Abelly, l'un des plus célèbres de France ; — saint François de Sales, le plus *célèbre* de la Chrétienté, en son

---

(*) Le plus savant Jésuite et l'un des plus célèbres qui, pour sa part, va infiniment plus loin en foi de Clémence divine (il croit au salut final de Satan...), cite presque tous les Pères comme partageant où supposant l'opinion de la *Mitigation ;* et, plus particulièrement saint Justin et saint Irénée, dans les siècles vraiment apostoliques ; et depuis : saint Grégoire de Nysse et Saint Grégoire de Nazianze ; saint Jérôme et saint Ambroise.

L'éminent Supérieur de Saint-Sulpice, Emery, ajoute saint Chrysostôme, saint Jean Damascène ; Pierre Lombard, le *Maître des Sentences* de tout le moyen âge ; et jusqu'au Pape Innocent. III dans une Lettre à l'archevêque de Lyon.

Le premier et le plus grand poëte chrétien, gouverneur romain de Saragosse par surcroît, Prudence (il se nommait *Clémens*), plus poëte que théologien, dans son Hymne de *Pasque,* se contente de suspendre l'Enfer ce Grand Jour là....

livre qu'il aimait le plus : le *Traité de l'Amour de Dieu* ; — et jusqu'aux plus autorisés des Jésuites : Lessius ; Corneille de la Pierre ; Maldonat ; Gabriel Vasquez ; Gonzalès, qui fut général de l'ordre, et le savant Petau, dans son beau *Traité des Anges*.

Mais celui des théologiens modernes qui a porté le plus loin de l'étude la logique et l'autorité de la justice divine, et qui a été assez heureux pour remettre ce grand sujet à l'ordre du jour de la Chrétienté, est assurément le Cardinal Célestin Sfondrati. Neveu de plusieurs cardinaux et d'un Pape, il fut le maître du plus aimé des souverains-pontifes, Innocent XI. Il publia, à Rome même, et à la fin du XVIIe siècle précisément, à la vue, à la prévision des défections que la seule incertitude sur la théorie de l'Eternité allait causer à la foi romaine, une Solution (*Nodus prædestinationis dissolutus*) irrésistible, que les dénonciations téméraires, contradictoires et stériles de Bossuet et du cardinal de Noailles (les deux âmes damnées de Louis XIV) au Pape Innocent XII, n'ont fait que démontrer mieux et glorifier dans la Chrétienté entière. Le beau et immortel livre du Cardinal Célestin Sfondrati, réimprimé immédiatement en France, en Allemagne et jusqu'en Angleterre, est d'autant plus important qu'on peut le considérer comme le testament de l'éminent Cardinal, mort au Vatican à la fleur de l'âge. Il en a dicté d'une voix défaillante, mais avec une foi et des lumières immenses, la Dédicace suivante : « *Sacrosanctæ et individuæ Trinitati votum morientis auctoris. Ut cognoscant te Deum, et quem misisti Jesum Christum ; in quo omnia, ex quo omnia, et per quem omnia.* COELESTINUS SFONDRATI. »

Ce divin ouvrage a suscité à distance, d'abord les *Mandements* en faveur de la même et sublime doctrine, du plus célèbre et du plus autorisé des derniers Evêques de France, Mgr de Pressy (*) ; et puis, la si remarquable *Dissertation* sur la mitigation des peines des damnés, du plus savant et du plus Théologien de Saint-Sulpice, l'abbé Emery.

En sorte que l'Eloquent Combalot n'a dit que pour l'effacer, sans le savoir, ou en le sachant, cette parole de son essai sur la *Connaissance de Jésus-Christ* : « Origène, ému d'une *injuste* pitié pour les réprouvés, a soutenu qu'après d'innombrables siècles de supplices, ils verraient enfin s'ouvrir le séjour à la gloire éternelle ; mais *l'Eglise* a foudroyé cette erreur. »

Quels *Hommes* donc n'ont pas craint de dire, et surtout de soutenir *ex professo*, et même *ex cathedrâ*, la doctrine de l'*Enfer* éternel, pour un seul péché *mortel* (autre locution involontaire consolante !) ? ce ne sont guère les plus grands

---

(*) « Il est bien probable, dit le dernier Evêque de Boulogne, que le *feu* de l'Enfer et le *ver* des réprouvés ne sont que métaphoriques. » (Voyez le savant, mais inconséquent livre de l'abbé Carle, intitulé, encore plus contradictoirement : le *Dogme Catholique de l'Enfer*.)

hommes, mais les plus petits, ou les plus orgueilleux (comme le cardinal Bellarmin); et encore, ils l'ont plutôt laissé entendre que dite; plutôt craint, que crue;..... plutôt crue, enfin, de foi aveugle, sous prétexte de ramener ou d'entretenir dans la religion par l'effroi (*), que de foi raisonnable ou raisonnée. Nous savons un grand nombre d'hommes ou de femmes de génie (Catherine de Sienne, par exemple) qui ont composé des opuscules sur le *Purgatoire*. Nous ne sachons pas un Père de l'Eglise, pas un Docteur, pas un Prédicateur, pas un savant du premier ordre (**), pas un Saint surtout, qui ait osé traiter à fond, ou seulement à part, de *l'Enfer éternel*. Et la plupart aussi des Théologiens, des Conciles œcuméniques, et celui de Trente en particulier, qui supposent ou démontrent la *Vie éternelle* en général, ont éludé la *mort* et surtout *l'enfer* sans fin.

Dirent ou supposèrent l'éternité de la justice, c'est-à-dire, au fond, la vengeance divine, les seuls hommes qui ne sont plus des hommes; et ceux-là mêmes, auxquels Dieu avait donné, dans sa générosité immense, la mission de prêcher et de procurer la plus grande miséricorde !... Et plus souvent peut-être, des hommes qui se trouvaient avoir à redouter pour eux-mêmes la plus grande sévérité, et même la colère la plus grande de Dieu !... Le temps des plus durs Théologiens coïncide juste, et sur les mêmes têtes, avec celui des souverains les plus absolus: le Pape Benoît III et Charlemagne; le despote Grégoire VII et Guillaume le Conquérant; le perfide Boniface VIII, ou l'infâme Clément V (que le Dante, son contemporain, a mis aussi dans son *Enfer*), et les Charles des *Vêpres Siciliennes*, ou les Michel de Constantinople; Alexandre Borgia et Isabelle d'Espagne; Léon X et Henri VIII, Pie V même, mort l'an de la Saint-Barthélemi, et Charles-Quint; Grégoire XVI et le Roi du sujet (le comte de Maistre) qui a fait l'apothéose du Bourreau... Tous pères et compères

---

(*) La bonne foi, les illusions, le *jésuitisme* (si ce ne sont des choses autrement pires) des théologiens de l'enfer ne sauraient jamais les excuser. On ne traite pas l'homme, et surtout la société, lorsqu'ils sont avancés surtout, comme on fait un enfant, avec l'*Ogre* des fées, ou le *Croquemitaine* des bonnes... A ce train d'enseignement, au lieu d'avoir rendu le diable horrible, on ne l'a fait que ridicule.

(**) Le seul théologien que nous voyions avoir publié un traité *ex professo* de l'enfer, c'est un nommé Jerémie Drexelius, jésuite, qui nous apprend qu'il l'a prêché devant l'empereur Maximilien et Elisabeth, et qui le dédie à l'*illustrissime et révérendissime Seigneur et Seigneur* (sic) Carafa, légat *à latere* en Allemagne, avec cette finale: « *Monachii, die S. Michaëlis Archangeli*, anno 1630. *Illustrissimæ et reverendissimæ Celsitudinis tuæ, servus in Christo submississimus, Hieremias Drexellius*. Ce qu'il y a d'étrange et de quasi-monstrueux dans ce livre, c'est le nom de *Tartare* substitué partout à celui d'*Enfer*; et toujours avec l'épithète d'*éternel*; et le nom de *Tormentum*, éternellement substitué à celui de *Peine*... Mais du sublime en terreur au ridicule en erreur, il n'y a qu'un pas. Après le mot *fin* du volume, on lit: Mais où es-tu, ô fin du supplice éternel *Finis scripti; sed ubi es, ô finis supplicii æterni?*

des Inquisiteurs de la foi, leurs âmes damnées, la plupart vêtus de la pourpre, dont les cardinaux *Torquemada* sont archétypes...

> Qui, goûtant dans le crime une tranquille paix,
> Ont su se faire un front qui ne *rougit* jamais.

Ce sont les *Rouges* redoutables ; et ceux auxquels nous donnons cette épithète sanglante, prédestinés à être leurs vengeurs, ne furent guère jamais que leurs victimes !
Quoi qu'il en soit, ou plutôt en conséquence, grâce aux progrès les plus involus de l'Esprit-Saint, et même de l'Esprit profane, la doctrine d'un Enfer implacable et inexplicable est tellement scabreuse et même odieuse à ses dupes et jusqu'à ses bourreaux, qu'on pourrait défier un Évêque de France ou d'Italie de publier un *Mandement*, et même au Pape de publier une *Encyclique* en faveur de l'*Enfer* en question...; car cela suffirait à faire *courir sus* l'auteur. Un Concile surtout ne pourrait traiter de l'Enfer éternel en action (non hypothétique). Or, une doctrine qui se renie, qui rougit d'elle-même, est jugée, et même damnée.

La *crainte* de Dieu n'est que le commencement de la sagesse ; son espérance, en est la moitié ; sa foi et sa confiance assurée en lui, en sont la fin et la couronne.

Je sais un mot de saint Augustin, qui démontre tout cela mieux qu'une bibliothèque : « Avez-vous peur de Dieu ? jetez-vous dans ses bras !... »

Je sais un fait mille fois plus beau qu'un mot, pour faire croire à la bonté divine. Il est exprimé en ces quatre vrais verbes de saint Bernard, dans son plus magnifique Sermon, celui de l'Assomption de la sainte Vierge : JUDICIS MATER, ET MATER MISERICORDIÆ.

Donc, il ne faudrait que le nom de l'*OEuvre de la Miséricorde*, et nous avons une Terre et un Ciel pour la démontrer.

VII. La plus grande Dualité des Pouvoirs vrais ou faux.

Dès le commencement du Monde, cette grande Loi est visible ; et ce sont DEUX Grands hommes, vrais ou faux, et qui s'appellent, s'enchaînent, se suivent, triomphent et meurent ensemble, pour sauver où pour perdre le monde :
Saint Jean les appelle les DEUX TÉMOINS DU SEIGNEUR ; et il en fait l'Histoire dans le chapitre XI de l'*Apocalypse*.

.....Depuis *Melchisedech* et *Abraham* ; *Jacob* en la Terre Sainte, et *Joseph* en Egypte ; *Moïse* et *Aaron* ; *Josué* et *Caleb* ; *Sadoc* et *David* ; *Daniel* et *Nabuchodonosor* ; *Cyrus* et *Zorobabel* ; *Esdras* et *Artaxercès* ; *Assuérus* et *Mardochée* ; le Grand-

Prêtre *Jaddus* et *Alexandre le Grand*; *Eléazar* et *Ptolémée Philadelphe*, auteurs de la première et magnifique Version de l'Ecriture-Sainte;... les *Machabées* et les *César Auguste*; saint *Pierre* et saint *Paul*...: jusqu'au Pape *Sylvestre* et *Constantin le Grand*; le Pape *Adrien* et *Charlemagne*, etc.; le Pape français, *Clément IV* et *saint Louis*; *Pie VI* et *Louis XVI*. — et surtout peut-être *saint Paul* et *saint Antoine*, les premiers et les plus grands martyrs à petit feu; *saint Martin* de France et *saint Siméon* Stylite; et accessoirement *saint Malachie* d'Armagh, et *saint Bernard* de Clairvaux; *saint François d'Assise* et *saint François de Paule*.

Quelquefois les deux pouvoirs se divisent ou se répètent en *Josué* et *Caleb*; *Zorobabel*, prince du sang, et le Grand-Prêtre *Jésus*; *Esther* et *Mardochée*; *Esdras* et *Néhémias*, etc.

Le plus mémorable Duumvirat faux, c'est celui du Prophète d'Israël *Balaam*, faussé par le faux Roi des Moabites *Balac*.

Mais, dira-t-on, pourquoi les sept Lois divines? C'est comme si l'on disait: *Pourquoi* les sept Volontés de Dieu?... Nous l'avons déjà dit, nous le dirons encore, *parce que* l'homme du monde, et les peuples entiers eux-mêmes, ne procèdent pas autrement que Dieu...

On peut encore répondre plus péremptoirement, peut-être, à la question: *pourquoi Pierre Michel* plutôt qu'un autre? par cette autre question: *pourquoi un autre*, plutôt que Pierre Michel?... Si ç'avait été un autre, on aurait dit: pourquoi pas Pierre Michel lui-même?

A la question *pourquoi Tilly?* par cette autre question: *pourquoi un autre lieu?*

Pourquoi pas *Béthléem?*... précisément parce que Dieu, varié à l'infini, ne se répète jamais.

Pourquoi pas *Rome?* parce que *Rome* étant, en tant que *Reine*, la grande coupable, la grande *Prostituée des Nations*, ne pouvait en être la grande innocente.

En somme, on ne saurait faire à Pierre Michel une objection qu'on ne puisse faire à Elie, à Isaïe, à Daniel; pas une à *Tilly*, qu'aussi bien à *Nazareth* et à *Béthléem*.

Pourquoi *Tilly?* pourquoi *Pierre Michel?*... Pourquoi le *Moulin?* Pourquoi surtout *Eugène Vintras?* Pourquoi l'*Enfant Naturel* et même *délaissé* de Bayeux?... par forme de miracle enfin, et pour étonner.

Pourquoi enfin ceci, pourquoi cela? L'Esprit-Saint a pris soin de répondre à ce pourquoi par un admirable et immortel argument *ad hominem*, dans ces paroles de saint Paul aux Romains: « O Homme, qui es-tu pour objecter à Dieu? Le vase de terre (et infiniment moins) dit-il au Potier (infiniment plus ici que l'Homme): pourquoi m'avez-vous fait ainsi? » *Homo, tu quis es, qui respondeas Deo? Numquid dicit figmentum ei qui se finxit: Quid me fecisti sic?* IX, 20.

SECONDE PARTIE.

LE GRAND PROPHÈTE DU GRAND ROI.

I. — Son Annonce dans toute la suite de l'Écriture et des Ages.

Le premier cachet d'un Homme et d'une OEuvre immenses, et surtout apparemment d'un Prophète du premier ordre, est, avant et après tout, son annonce par l'Ecriture, qui n'est au fond guère autre chose qu'une incessante Prophétie. Son annonce en types ou figures ; et souvent son annonce nominative. Et le Sauveur lui-même n'a cessé de proclamer cette prophétie incessante. Et une fois surtout, précisément à propos de l'annonce de la ruine d'un petit Temple, qui n'était lui-même que la figure d'un Grand : « Paraîtront un *grand nombre* (*Multi* venient *in nomine meo*,... et *Multos* seducent. Marc. XIII, 6. Je vous ait prédit *toutes* les choses : Vos ergo videte : Ecce *prædixi* vobis *omnia*. 23.

Or, l'*OEuvre de la Miséricorde*, prophétisée par toute l'Ecriture Sainte (la *Démonstration* en est toute prête), l'est de la façon la plus merveilleuse, et à toutes les pages, dans Isaïe, mais plus particulièrement peut-être dans ses chapitres 28 et 29, où l'Esprit-Saint met en regard les anciens *Prophètes* devenus *faux*, et les nouveaux seuls Vrais : « Malheur à la Couronne d'orgueil, aux mondains qui habitent *en Haut* de la Vallée grasse ! Leur Couronne sera foulée aux pieds : *Væ Coronæ superbiæ, ebriis Ephraïm*, qui erant *in vertice Vallis pinguissimæ*. 1.

En ce jour-là, le Seigneur sera une couronne de gloire, et un esprit de Justice pour celui qui sera assis sur le trône de la Justice : *Dominus Corona gloriæ, et Spiritus Judicii sedenti super judicium*. 5-7.

Le Prêtre et le Prophète sont sans connaissance ; ils ne connaissent plus de Voyant : Sacerdos et Propheta nescierunt, *nescierunt Videntem*. 7. — A qui le Seigneur donnera-t-il l'intelligence de sa parole? aux enfants qu'on ne fait que sevrer, qu'on vient d'arracher à la mamelle : Quem docebit scientiam? *Ablactatos a lacte, avulsos ab uberibus*. 9. Attendez, attendez encore un peu, car le Seigneur va parler d'une façon nouvelle : *Expecta*, reexpecta... *Et lingua altera* loquetur ad populum istum. 10, 11. — Et, cette façon nouvelle, la voici : C'est pourquoi, dit le Seigneur, je vais mettre pour fondement à Sion une pierre éprouvée, angulaire, précieuse, ferme : *Ecce ego mittam in fundamentum Sion Lapidem, Lapidem probatum, angularem, pretiosum.* 16. — « Malheur à Ariel, à Ariel... » Le Seigneur va répandre sur vous un esprit de sommeil, il vous fermera les yeux, il couvrira vos prophètes et vos princes qui ont des visions, et toutes les visions des Vrais Prophètes (traduction de Sacy) vous seront un livre scellé : *Væ Ariel, Ariel civitas...* Miscuit vobis Dominus *spiritum soporis, claudet oculos vestros. Prophetas et principes vestros, qui vident visiones, operiet. Et erit vobis visio omnium sicut verba libri signati,* XXIX, 10-11. — Je ferai encore une merveille dans ce peuple, *un miracle étrange*, qui surprendra tout le monde ; car la sagesse des sages périra : *Ecce ego addam ut admirationem faciam populo huic Miraculo grandi* et stupendo. 14. — Et quel miracle ? Ne verra-t-on pas dans très-peu de temps la montagne du Liban devenir une plaine, et la plaine devenir une forêt ? Et c'est alors que les aveugles verront : *Nonne et in brevi convertetur Libanus in charmel, et charmel in saltum reputabitur. Et audient in die illa surdi Verba Libri.* 17, 18. Et que les pauvres trouveront dans le Saint d'Israël un ravissement de joie : parce que *Celui* (qui pourrait être cet Homme, et ce *Trompeur unique*, que l'homme qui se croit et qui est le seul *unique* ?) qui les opprimait a été détruit, et que le *Moqueur* n'est plus, ni ceux qui faisaient pécher les hommes par leurs paroles : Et Pauperes in Sancto Israël exultabunt : Quoniam *consummatus est illusor*, et succisi sunt qui *peccare faciebant* homines in verbo. 19-21.

Et ailleurs encore Isaïe : « Le voilà, mon Serviteur, mon Elu par excellence. » Je lui ai donné mon Esprit, etc. : *Ecce Servus meus, Electus meus : Dedi Spiritum Meum super eum.* XLII. 1. — J'annoncerai par lui les choses nouvelles, qui arriveront comme sont arrivées toutes les anciennes prédites : *Quæ prima fuerunt, ecce venerunt : Nova quoque Ego annuntio.* 9. — Et c'est surtout au Prêtre que seront envoyés les derniers Prophètes, car qui est aveugle, si ce n'est lui ? — *Quis cœcus, nisi Servus Domini?* 19.

Jérémie, à son tour, fait, quelquefois en un mot, l'annonce du Grand et dernier Prophète : « Elle sera renversée comme Sodome et Gomorrhe... » Quel sera le Pasteur à qui il sera donné d'arrêter ma colère ? *Quis est iste Pastor, qui* resistat vultui meo? XLIX, 18, 19.

Ezéchiel, le Prophète spécial de la Terre Nouvelle, est allé jusqu'à peindre, et même à se complaire à peindre le Lieu des merveilles nouvelles : et toutes ses beautés, toutes ses singularités, et surtout ses eaux coulant sous le Cénacle privilégié du Ciel sur la terre : Et ecce *aquæ egrediebantur* super limen domus. — Et le Torrent périlleux de la rivière en ce lieu même : *Et mensus est millia, Torrentem, quem non potui pertransire.* XLVII. 5. — Et les Saules et les arbres qui bordent le torrent : *Ligna multa* nimis ex utraque parte. 7. — Et les conversions et les merveilles de salut dont la *Seulle* est et sera la source unique dans tout le monde : Et omnis anima vivens ; quæ serpit, quocumque venerit torrens *vivet : et pisces multi sanabuntur.* 9. — Et les pêcheurs d'hommes d'un ordre nouveau : Et stabunt super illas *Piscatores, ab Engaddi* (de la source du *Vin* divin de la Judée (*)) *usque ad Engallim* (à la source de l'eau de la Gaule) *Sagenarum erit.* 10. — Et le Pain et le Vin eucharistiques dont Tilly est la Table et le Cénacle unique : — *Aquæ ejus de Sanctuario egredientur :* Et erunt *fructus ejus in Cibum, et folia ejus ad medicinam.* 12. — Et la fraternité et la dilection sans exemple dont Tilly est, on peut le dire, l'Eden : *Possidebitis eam singuli æque ut Frater suus.* 14.

Daniel, qu'on a nommé le Prophète Historique, tant il est exact, et qui a annoncé *Cyrus*, le premier grand Roi, des siècles avant Cyrus, annonce encore mieux, et avec son nom, le dernier Grand Prophète, et précisément aux derniers chapitres de ses prophéties : « Et voilà que MICHEL, un des miens, vient à mon secours. Je suis venu pour vous apprendre les choses qui doivent venir dans les tout derniers jours du monde : *Et ecce Michael venit in adjutorium meum.... Veni ut docerem te quæ Ventura sunt* (on dirait que le nom même de famille de Pierre Michel soit *prophétique* (**) *populo tuo in Novissimis diebus.* X, 13, 14.

Et plus bas, plus merveilleusement encore : In tempore illo *consurget Michael princeps magnus.* Il réveillera la terre endormie : *Et multi evigilabunt.* XII, 2. Et qu'on ne dise point qu'il s'agit du jugement dernier, car le Prophète du Prophète ajoute aussitôt : « C'est alors que la Science prophétique fleurira plus qu'on n'a vu jamais : *Docti fulgebunt; et multiplex scientia.* Et ceux qui auront instruit les autres luiront comme des Etoiles au Ciel : Qui ad justitiam *erudiunt multos, quasi stellæ in perpetuas.* 3. Et moi, Daniel, je vis *deux Hommes* debout aux deux bords du fleuve : *Quasi duo stabant.* 5. Un grand nombre seront élus ; les impies n'auront pas l'intelligence, mais les autres comprendront.... le temps de l'*Abomination* et de sa *Désolation : Eligentur multi. Neque intelligent omnes impii, porrò docti intelligent,* etc. XII. 10.

.... Le seul des seize Prophètes dont saint Jérôme a dit : « *Michée,* issu du bourg de Morasthi, Cohéritier du Christ, prédit la désolation de Jérusalem, sous la figure de la fille d'un voleur, et dit qu'elle sera assiégée de toutes parts pour avoir donné un soufflet au Juge d'Israël. »... Cet unique Michée a dit des paroles comme celles-ci : « Celui qui leur doit ouvrir le chemin marchera devant eux ; leur Roi passera devant leurs yeux, et le Seigneur sera à leur tête : « *Et*

(*) V. le *Cantique des Cantiques...* du *Règne des Mille ans.* I, 13.
(**) Isaïe l'avait déjà dit 3 fois en 2 versets successifs. XLI, 22, 23.

transibit Rex eorum coram eis, et Dominus in capite. II, 13. — « Voici ce que dit le Seigneur contre les prophètes qui séduisent mon peuple.: Vous n'aurez pour révélation que des ténèbres. Le jour sera pour vous une nuit profonde. Mais moi j'ai été rempli de l'Esprit du Seigneur, pour annoncer à Jacob son crime, etc..... Leurs Rois rendent des arrêts pour des présents; leurs prêtres et leurs prophètes enseignent pour de l'argent; et après cela ils se reposent sur le Seigneur, en disant : Le Seigneur n'est-il pas au milieu de Nous? Nous serons à couvert de tous les maux. — C'est pour cela que Jérusalem sera réduite en un monceau de pierres : *Sacerdotes ejus in mercede docebant*, et *Prophetæ ejus in pecunia divinabant*: et *super Dominum requiescebant*, dicentes : *Numquid non Dominus, in medio nostrum*, etc. III, 5-12.

Et *Zacharie*, dont le nom est si cher à la Miséricorde, Zacharie, où *tout* se trouve, dit Bossuet,... est encore ici plus grand que Michée. « Je reviendrai avec la *Miséricorde : revertar ad Jerusalem in Misericordiis.* I, 12; 16. » En ce jour-là, il y aura une Fontaine ouverte à la maison de David; et j'en finirai des faux Prophètes : *In die illa erit Fons patens domui David, et pseudo prophetas auferam de terra.* XIII, 1, 2; de ceux qui se servent du nom du Seigneur pour débiter leurs mensonges : *Non vives, quia mendacium locutus es in nomine Domini.* 3. Ils seront confondus par leurs propres prophéties. Ils ne se couvriront plus de sacs (traduct. de Sacy) pour donner de l'autorité (il s'agit donc des nombreux prophètes à costume officiel, que n'ont guère les autres rares et qui se cachent!) à leurs mensonges : *Confundentur Prophetæ, unusquisque ex visione sua cùm prophetaverit : nec operientur pallio saccino, ut mentiantur.* 4. Et ils se renieront : *Sed dicet non sum Propheta.* 5. — « Epée, réveille-toi contre MON PASTEUR unique (voilà, mieux encore, tous les faux prophètes réduits à un), contre l'homme qui se tient toujours attaché à moi (appliquez cela à un Prophète *intrus* et mis au ban par un concile!), frappez *le Pasteur*, et les brebis seront dispersées; et j'étendrai ma main sur les petits : *Framea, suscitare super Pastorem Meum, et super virum Cohærentem mihi, dicit Dominus: Percute Pastorem, et dispergentur oves : et convertam manum Meam ad Parvulos.* 7. Et le Seigneur paraîtra ensuite : *Et egredietur Dominus.* XIV, 3. Et vous fuirez à *la Vallée* d'entre mes montagnes, parce qu'elle sera proche : *Et fugietis ad Vallem montium.* 5. En ce jour-là, il n'y aura plus de lumière, mais du froid (tiédeur) : *non lux, sed frigus.* Il y aura un jour connu du Seigneur, qui ne sera ni jour ni nuit, et sur le soir de ce jour la Lumière apparaîtra : *Et erit dies una, quæ nota est Domino, non Dies neque nox : et in tempore vesperi erit Lux.* 6, 7. Et il sortira des eaux vives de Jérusalem, dont une moitié ira à la mer nouvelle : *Exibunt aquæ vivæ de Jerusalem; et medium eorum ad mare novissimum.* 8. Et toute la terre y viendra jusqu'au désert, et jusqu'à la porte des Angles : Et revertetur *omnis terra usque ad desertum ;... et usque ad portam Angulorum.* 10. Et en ce jour-là, il n'y aura plus de marchand dans la Maison du Seigneur : *Et non erit mercator* ultra in domo Domini in die illa. 21.

L'écrivain sacré qui avait, ce semble, le plus qualité pour voir de loin le Grand Prophète et le Grand Roi, le *Prophète-Roi*, David, exprime l'Œuvre prophétique et eucharistique tout entière dans deux de ses chants en particulier, le 44ᵉ et le 70ᵉ. — Le prophète et sa divine éloquence découlant tout entière du Sacré Cœur : *Eructavit Cor meum verbum bonum.* — L'abondance et jusqu'à la rapidité de sa plume : *Lingua mea calamus scribœ, velociter scribentis.* — Sa physionomie si heureuse entre les enfants des hommes : *Speciosus forma prœ filiis hominum*, etc. — Sa douceur : *Mansuetudinem.* — Les merveilles odoriférantes opérées en sa présence ? *Mirrha, et gutta, et casia a vestimentis,* etc. — La présence, on dirait *réelle*, de la sainte Vierge : *Astitit Regina,* etc. — Le culte de son Cœur : *Omnis gloria ejus Filiæ Regis ab intus.* — L'orphelin et le Roi du *Temple* : *Adducentur in Templum Regis,* etc. etc.

« Seigneur, vous m'avez prédestiné dès le sein de ma mère : *de ventre matris meæ tu es protector meus.* LXX, 6. Mes chants ont été pour vous toujours : j'ai paru un prodige à un grand nombre, et je n'avais pas d'autre force que la vôtre : *In te cantatio mea semper : tanquam prodigium factus sum multis, et tu adjutor fortis.* Ma bouche annonce votre justice et votre salut tout le jour. Parce que je n'ai fait nulles études humaines, j'aurai votre puissance, Seigneur : *Os meum annuntiabit Justitiam tuam ; tota die Salutare tuum. Quoniam non cognovi litteraturam, introibo in potentias Domini.* 15. Ne m'abandonnez pas, jusqu'à ce que j'aie annoncé votre bras à toute la génération qui doit venir : *Donec annuntiem brachium tuum generationi omni, quæ ventura est.* 18. Vous qui avez fait tant de miracles, ô mon Dieu, qui est semblable à vous ? *Quæ fecisti Magnalia : Deus, quis similis tibi ?*

Voilà pour le Grand Prophète, voici pour le Grand Roi, Fils du Roi, dans le psaume suivant : *In Salomonem. Deus, justitiam tuam Filio Regis...* Il régnera d'une mer à l'autre, (de l'Océan aux Méditerranées) : *Et dominabitur a mari usque ad mare ;* et du fleuve de la Vallée à l'extrémité du globe : *a flumine usque ad terminos orbis terrarum.* 8. Il se complaira à libérer le Pauvre du potentat : *Liberabit Pauperem a potente.* 12, etc., etc. Et c'est à ce magnifique psaume 71 que finissent les paroles de David fils de Jessé. 20.

Mais c'était surtout au Nouveau-Testament, à la première Bonne Nouvelle par excellence, qu'il était donné d'annoncer la seconde. Et, parce que le Grand Prophète devait être comme le sauveur de seconde majesté de l'Église, et l'instrument de la transformation et de la restauration du monde, c'est le premier Témoin et le premier Prophète du Seigneur, saint Pierre, qui eut la mission divine de prophétiser le grand et dernier Prophète. Et il l'eut précisément la veille de son emprisonnement!

Au fond, tous les termes de la prophétie du Prophète sont ici concluants. C'est une prédication entière que saint Pierre y consacre. Il n'avait pas d'autre objet visible, et ce fut aussi sa conclusion formelle et éclatante. « Les temps viendront du bonheur que le Seigneur doit donner par sa présence lorsqu'il aura envoyé J. C. Celui-ci restera dans le Ciel jusqu'aux temps du rétablissement de toutes choses que Dieu a prédites par tous ses Prophètes depuis le commencement du monde. » Moïse a dit en effet : « Le Seigneur vous suscitera *un* Prophète choisi d'entre vos Frères, comme moi; écoutez-le en TOUT ce qu'il vous dira, car toute âme qui n'y croira ne fera plus partie du Peuple de Dieu : *In tempora restitutionis omnium*, quæ locutus est Deus per os Sanctorum suorum a seculo prophetarum. Moïses quidem dixit : *Prophetam* suscitabit Dominus vester *de Fratribus vestris, TANQUAM ME; ipse audietis juxta omnia quæcumque locutus fuerit vobis*, etc. Act. III, 20-23. »

Ainsi, selon le plus grand témoignage (*) qui se puisse, ici, imaginer, Dieu, dès la première Loi, et par la bouche de son plus grand Prophète, et, on peut le dire, de son premier de cet ordre, a voulu annoncer le dernier... Le fait est immense, et il est formel. Il faut donc voir, et peser à la fois, le lieu, les circonstances et les paroles de la prophétie du Grand Prophète par le Grand Prophète. C'est dans le livre même de la Loi par excellence, le Deutéronome; et précisément, lorsqu'il s'agissait des Faux Prophètes des nations et de l'élection d'un Grand Roi à la veille de l'entrée dans la première *Terre Nouvelle*, la terre promise. Le Grand Roi, lui aussi, sera choisi par Dieu lui-même dans son Peuple, et il ne sera

---

(*) Par une insistance particulière de l'Esprit-Saint, la Prophétie de Moïse et de saint Pierre est encore reproduite par le plus grand homme peut-être de toute la primitive Eglise, le premier Martyr, et Prophète par surcroît : saint Etienne. Lui aussi, fut accusé de *parler sans cesse contre le Lieu saint*, et d'annoncer que *Jésus de Nazareth le détruirait*. Act. VI, 13, 14 ; et il fut jugé et condamné par un concile, qui l'appela et l'entendit, du moins : *Et adduxerunt in Concilium*. 12. Ce qui lui suscita la gloire d'être regardé par les Pères du concile, et de leur paraître un Ange : *Et intuentes eum omnes* qui sedebant in concilio, viderunt faciem ejus *tanquam faciem Angeli*. 15.

« C'est ce Moïse qui a dit aux enfants d'Israël : Je vous susciterai un Prophète d'entre vos frères, etc.. C'est lui aussi qui fut dans l'Eglise de la *Solitude*, avec l'*Ange* du Mont Sinaï : *Hic ut qui fuit in Ecclesiâ in Solitudine cum Angelo*, etc. 37, 38... »

« Têtes dures, incirconcis de cœur et d'oreilles, vous résistez toujours au Saint-Esprit... *Vos semper Spiritui Sancto resistitis*. 51... Quel Prophète vos pères et vous n'ont point persécuté ? Ils ont tué ceux qui leur prédisaient l'avénement du Juste : *Quem Prophetarum non sunt persecuti Patres vestri ? Et occiderunt eos qui prænunciabant de adventu Justi*. 52. »

Saint Paul annonce apparemment le Grand Prophète du Grand Règne *aux Romains*, dans ces paroles éclatantes : Non sunt condignæ passionis hujus temporis *ad Futuram Gloriam quæ REVELABITUR in nobis; nam Expectatio creaturæ Revelationem Filiorum Dei expectat*. VIII, 18, 19.

point maître, mais Frère de ses sujets ; afin qu'il ait un long règne sur la terre : ... *Regem constitues, quem Deus tuus elegerit de numero Fratrum tuorum.* 15. *Nec elevatur cor ejus in superbiam super fratres suos, UT LONGO TEMPORE regnet ipse, et Filii ejus.* 20.

Après cela, « les Prêtres n'auront point de part dans la terre, car le Seigneur est lui-même leur Héritage » XVIII, 1, 2. Gardez-vous des prophètes et des augures des nations que vous allez remplacer. 10, 12. « Le Seigneur vous suscitera un Prophète comme moi, et d'entre vos Frères ; c'est lui que vous écouterez : *Prophetam de Fratribus tuis, sicut me*, suscitabit Dominus : *Ipsum audies*. « Le Seigneur me dit : Je leur susciterai, du milieu de leurs Frères, un Prophète semblable à vous ; je lui mettrai mes paroles dans la bouche : *Prophetam suscitabo eis de medio Fratrum suorum SIMILEM tui et ponam verba mea in ore ejus.* 18. Si quelqu'un ne veut pas entendre les paroles de ce Prophète, ce sera moi-même qui en ferai la vengeance : *Qui verba ejus quæ loquetur in nomine meo, audire noluerit, Ego ultor existam.* 19. Mais le faux Prophète qui s'arrogera de dire en mon nom ce que je ne lui aurai point commandé, sera mis à mort : *Prophetam autem qui arrogantiâ depravatus voluerit loqui in nomine meo, etc. ; interficietur.* 20.

Ainsi voilà prédit *un* Homme, *un* Prophète hors de toute ligne, un second Moïse : c'est-à-dire un Homme à la fois Prophète et Roi, Pontife même, et supérieur à Aaron ; et prédit dans l'ancienne loi comme dans la nouvelle, et au Livre dont il est dit que le Ciel et la terre passeraient plutôt qu'un *iota*..... Mais où trouver, depuis 1850 années, un Prophète qui en approche seulement de mille lieues, que PIERRE et MICHEL à la fois ?

Plus explicite, parce qu'il allait parler et prophétiser pour la dernière fois dans le Nouveau-Testament proprement dit, saint Jean, le bien-aimé de l'Esprit saint comme du Sauveur, qui annonce visiblement le grand Prophète dans l'*image* du Grand Modèle (*similis* Filio Hominis) du chap. 1ᵉʳ, 13-19, annonce encore mieux le Grand Prophète et le Grand Roi ensemble dans le chapitre XI : « Je donnerai à *mes deux Témoins* de prophétiser pendant mille deux cent soixante jours : *Et dabo duobus Testibus meis, et prophetabunt*, etc. 3. Ce sont les deux Oliviers et les deux Chandeliers par excellence : *Hi sunt duæ Olivæ, et duo Candelabra.* 4. Ils auront le pouvoir de changer l'eau en Sang : *Potestatem habent convertendi aquas in Sanguinem.* 6. Lorsque leur temoignage sera fini, la Bête les persécutera dans *la grande ville* (il ne s'agit guère ici de *Jérusalem* et du *Calvaire, à priori !*) où *leur Roi aura été crucifié* (c'est ici, le soleil à midi) : *Civitatis magnæ ubi et Dominus eorum crucifixus est.* 8. La suite de la prophétie est à la veille d'être vérifiée par la suite des faits...

Saint Jean n'annonce pas moins formellement le Grand

Prophète (des *Anges* et de l'*Angélité* (*) et le Grand Roi ensemble, dans le chapitre XIX de sa révélation : le premier précisément sous la figure et le nom d'un *Ange;* et avec le soin préalable de dire que les Paroles de Dieu ici étaient bien vraies : *Hœc verba Dei vera sunt.* 9. Et je suis tombé aux pieds de l'Ange, pour l'adorer ; et il me dit : Gardez-vous en bien, car je suis serviteur comme vous, et comme vos frères qui ont le témoignage de Jésus lui-même : c'est-à-dire, l'esprit de Prophétie : *Et cecidi ante pedes ut adorarem eum : Vide ne feceris : Conservus tuus sum, et fratrum tuorum* habentium testimonium Jesu. Testimonium enim Jesu est *Spiritus Prophetim.* 10. Et c'est alors (10-21) que saint Jean dit le *Chevalier Blanc,* que nous verrons ailleurs.

Mais qui le croirait? il existe une Prophétie sacrée à part, à la fois illustre et comme inconnue, sans autorité et immense d'autorité. Nous voulons parler du quatrième livre d'Esdras, que l'Eglise qui n'est jamais faible qu'avec force, et qui, en ne mettant pas ce livre à sa place ordinaire dans l'Ancien Testament, le destinait à la place hors de ligne, et peut-être à la plus belle dans ses Vulgates Latines : celle après l'Apocalypse. *Et erunt novissimi primi!*

Le nom d'Esdras est, en Hébreu, synonyme à la fois *d'Adjuteur,* et comme de coadjuteur et assistant de Dieu ; de *Vestibule,* et comme d'introducteur dans les Prophéties.

L'Esprit-Saint, et l'Eglise avec lui, nous apprennent qu'Esdras était un des plus grands hommes de Dieu des anciens jours : à la fois Pontife, Prophète et Roi ; chef, conducteur, restaurateur et réformateur du Peuple de Dieu. Egal, supérieur à Salomon, et même à David, il releva le Temple qu'ils avaient su élever à peine. Supérieur, en quelque sorte, à Moïse, qui ne fut pas jugé digne d'entrer lui-même dans la terre promise ; égal à Josué, qui y entra et y fit entrer ; et Prophète par surcroît.

Esdras eut la gloire de faire faire au mauvais Roi Artaxercès tout ce que Daniel suscita au Grand Cyrus. VII. 15.

Quoi qu'il en soit, il prophétisa, en effet, *après* les *derniers* Prophètes, qu'on peut considérer comme les plus grands. Et l'Esprit-Saint déclare qu'il lui révèlera le *Règne* qu'il a tenu caché à Daniel lui-même : *Regnum quod visum est in visione Danieli fratri tuo. Sed non est illi interpretatum.* XII. 12. Frappé sans doute de ce trait, saint Ambroise ne fait pas difficulté de dire que saint Paul lui-même est le disciple d'Esdras : *Paulus Esdrœ, non Platonis dicta, est secutus.*

Le quatrième et dernier livre d'Esdras n'est rien moins

(*) Il était déjà remarquable qu'entre le chap. XI des *deux* grands Témoins du Seigneur, et le chap. XIII du *nom* de bête, se trouve, dans le chap. XII, la personne et le nom typiques de *Michel* et de ses anges, combattants contre le dragon et les siens : *Michaël et Angeli ejus prœliabantur cum dracone,* etc. 7. La scène du ciel, à la suite de la chute des Anges sur la terre, se reproduit sur la terre : *Et misit eas in terram,* etc. 4.

que l'Apocalypse presque tout entier avant l'Apocalypse, pour éclaircir l'Apocalypse.

Et d'abord Esdras avait pris soin de nous apprendre, en son troisième livre, que les grands Rois ne sont jamais sans des Prophètes qui les annoncent : *Darius Rex præcepit inquiri in bibliothecis, et inventus est.* VI. 13; et qu'il était, lui Esdras, fils de Josedec : frère peut-être de Jésus, l'auteur de *l'Ecclésiastique*, si supérieur à *l'Ecclésiaste* (voyez 1 Esdras, III. 2, etc.; Eccli. XLIX. 14; Aggée II. 3.); petit fils d'un Helcias, celui peut-être qui fut le père d'Eliacim, le Grand Prophète ou le Grand Roi des derniers temps, dont Isaïe a fait l'annonce.

Quoi qu'il en soit, l'Esprit-Saint dit d'Esdras qu'il faisait son étude chérie et heureuse de l'Ecriture Sainte : *Scriba et ingeniosus in Lege, quæ data est docere et facere.* VIII. 1-3 ; et que, pour les ramener à Jérusalem, il avait rassemblé les Enfants de Dieu à la rivière appelée *Thia*. 43.

« Je vous le dis, Nations, comprenez bien : Attendez votre Pasteur, qui vous donnera un repos d'éternité : car il est prêt, celui qui doit venir à la fin du siècle : *Vobis dico, gentes, et intelligitis, expectate Pastorem vestrum, requiem æternitatis dabit vobis* : *Quoniam in proximo est ille qui in fine sæculi adveniet.* II, 34. Préparez-vous aux prémices du Règne : *Parati estote ad præmia Regni.* 35. Fuyez l'ombre de ce siècle : *Fugite umbram sæculi hujus.* 36. Appelez l'Empire du Seigneur : *Roga Imperium Domini.* 41. Moi, Esdras, j'ai vu sur la montagne de Sion une foule immense; et, au milieu d'elle, un jeune homme d'une stature élevée, plus éminent que tous, et qui posait des couronnes sur chaque tête (le Fils de Dieu n'a encore posé, comme il n'a reçu, que sur la terre, que des couronnes d'épines): *Ego Esdras vidi in Sion turbam magnam ; et in medio juvenis statura celsus, eminentior omnibus illis, et singulis capitibus imponebat coronas.* 43. Et je demandai à l'Ange quel était ce jeune homme ? et il me répondit : C'est le Fils de Dieu : *Ille juvenis quis est? Ipse est Filius Dei.* 46, 7.

« Et de toute la terre du globe, tu t'es choisi un tombeau ; et de toutes les fleurs du globe, tu t'es choisi un Lys : *Et ex omni terra orbis, elegisti tibi Foveam unam ; et ex omnibus floribus, elegisti tibi* LILIUM UNUM. V, 24.

« Voici venir les temps où je visiterai les habitants de la terre : *Ecce dies veniunt, ut Visitem habitantes in terrá.* VI, 18. — « Les livres seront ouverts : *Libri aperientur.* 20. Et l'on verra mon Sauveur, et la fin de votre siècle : *Et videbit Salutare meum, et finem sæculi vestri.* 25. Et la Foi refleurira, et la corruption sera vaincue, et l'on verra enfin la Vérité qui aura été sans fruit durant tant d'années : *Et florebit fides, et vincetur corruptela, et ostendetur* VERITAS QUÆ SINE FRUCTU FUIT DIEBUS TANTIS. 28.

Voici venir le temps où il apparaîtra à la fois une Epouse, et une Terre nouvelle qui est à présent cachée : *Ecce tempus veniet, et apparebit Sponsa, et apparescens ostendetur quæ nunc subducitur Terra.* VII, 26. « Alors sera révélé mon fils Jésus, avec les siens, qui seront comblés de joie durant quarante ans..... *Revelabitur filius meus Jesus cum his qui cum eo sunt, et jucundabuntur in annis quadragentis.* Et alors mon fils mourra Christ : *Et morietur filius meus Christus.* 29. Et le siècle reviendra à son ancienne mort ; et il sera jugé : *Et convertetur sæculum in antiquum silentium. Et revelabitur Altissimus super sedem judicii.* 30-33. Et alors la vérité deviendra stable, et la Foi reparaîtra : *Veritas stabit, et Fides convalescet.* 34. Et ce sera le commencement du temps d'une future immortalité, où l'incrédulité cessera : *Et initium temporis futuræ immortalitatis : Abscissa est incredulitas,* etc. 43, 44. Ce sera *la vie* où Moïse dit qu'on *vit : Elige tibi vitam, ut vivas.* 59 ; et le Règne enfin de la Miséricorde : *Vocatus est altissimus Misericors.* 62 ; où le Seigneur multipliera les Miséricordes à la fois pour les vivants, pour les morts, et pour les hommes futurs : *Quoniam multiplicat magis misericordias his qui præsentes sunt, et qui præterierunt, et qui futuri sunt.* 66. Les siècles passés auront été pour le *grand nombre*, les futurs pour *un petit : Hoc sæculum fecit propter multos, futurum propter paucos.* VIII, 1. Ce sera le Paradis où règnera la bonté et la sagesse : *Apertus est Paradisus, præparatum est futurum tempus, perfecta est bonitas et perfecta sapientia.* 52... Toutes choses que je n'ai révélées qu'à toi et *à un petit nombre* comme toi : *Quæ non omnibus demonstravi, nisi tibi, et tibi similibus paucis.* 62.

« Alors vous verrez à la fois un immense mouvement des lieux de la terre, et une immense révolution des peuples : *Videbitur in sæculo motio locorum, et populorum turbatio.* IX, 3. Ainsi que les commencements des temps du Très-Haut, furent pleins de prodiges et de vertus, les consommations de ces temps en seront pleins aussi : *Sic et altissimi tempora initia habent manifesta in prodigiis et virtutibus, et consummationes in actu et in signis.* 6. — Le sauvé verra mon Sauveur dans *Ma Terre : Et videbit salutare meum in terra mea.* 8.

« Une femme dit : J'ai été stérile, moi, ta servante, ayant un époux, et priant jour et nuit depuis 30 années ; et enfin il arriva que Dieu me donna un fils ; et j'ai été dans la joie, et mon époux avec moi, et tous mes sujets (ce qui prouve une Reine) ; et nous avons rendu honneur au Très-*Fort*. Et je l'ai nourri avec beaucoup de peine. Et lorsqu'a été venu le temps de le marier, j'ai fait ses noces. Et lorsqu'il entrait dans sa chambre nuptiale, il mourut. Et *j'ai fui* dans la solitude en proie à la douleur, etc. Et enfin j'ai été consolée, et mon fils m'a été rendu, etc. » : C'est la figure de ce qu'on verra dans les tout derniers siècles : *Faciet Altissimus his qui habitant super terram a novissimis diebus.* X, 1-60.

« Et j'ai vu un *Aigle* s'élever de la mer, ayant douze ailes et *trois têtes*. Et il planait sur *toute* la terre ; et de ses plumes naissaient des *plumes contraires*. Et il régna sur *toute* la terre ; et *tout* lui était soumis sous le Ciel. Et il dit que mes têtes soient conservées pour la fin des temps. Deux étaient d'accord; la troisième domina et épouvanta la terre tout entière. Alors je vis comme un Lion sortant de la forêt en rugissant, et disant à l'aigle : N'est-ce pas toi qui as triomphé des quatre animaux que j'avais fait régner dans mon siècle, et afin de précipiter la fin de leurs règnes ; et qui as vaincu *toutes les bêtes,* et qui de ta puissance as tenu tout le siècle dans l'effroi, et tout le globe en travail de corruption; et qui as trompé si longtemps le monde entier? Tu as troublé les humbles et aimé les menteurs. Tes outrages sont montés jusqu'au Très-Haut, et ton orgueil jusqu'au Fort. Et le Très-Haut a regardé les siècles orgueilleux, et les voilà finis. C'est pourquoi tu n'apparaîtras plus, Aigle, ni tes ailes horribles, ni tes plumes cruelles, ni tes têtes méchantes, ni tes serres voraces, ni tout ton corps vain. Afin que la terre soit enfin soulagée, et délivrée de ta violence, et qu'elle espère en la Miséricorde de celui qui l'a créée : *Et omne corpus tuum vanum; uti refrigeretur omnis terra, et speret Misericordiam ejus qui fecit eam.* XI. 1-46.

« Le Lion que vous avez vu sortir de la forêt pour parler à l'Aigle, c'est la Voix que le Très-Haut a conservée pour en finir d'eux et de leurs impiétés : *Hic est Ventus quam servavit altissimus in finem ad eos et impietates ipsorum.* XII, 32. Vous seul avez été trouvé digne de savoir les secrets du Très-Haut. Ecrivez-les dans un livre, et que ce livre reste caché au plus grand nombre (1) : *Scribe omnia ipsa in Libro, et pone ea in loco abscondito.* 36, 37.

« Et je vis sortir de la mer un Homme avec mille du Ciel : *Et ecce convalescebat ille Homo cum millibus Cœli.* XIII, 3. Et il se tailla une montagne pour s'y reposer : *Et ecce sibimetipsi sculpserat montem magnum,* etc. 6. C'est celui que le Très-Haut garde depuis tant de temps, pour un jour libérer sa création nouvelle : *IPSE EST QUEM CONSERVAT ALTISSIMUS MULTIS TEMPORIBUS, qui per semetipsum liberet creaturam suam.* 26. Et alors sera révélé mon Fils ; et il siégera sur le sommet de Sion : *Et tunc revelabitur Filius meus, quem vidisti, ut virum ascendentem... Ipse Stabit super cacumen Sion.* 35. Ecrivez ces prophéties, et ne craignez pas les incrédules : *Loquere in aures plebis mei sermones Propheticæ. Et fac ut in Charta scribantur. Nec turbent te incredulitates dicentium.* XV, 1-3. La justice accusera enfin l'iniquité en face lorsque sera venu Celui qui doit réprimer l'Auteur de tout péché sur la terre : *Et accusat eam in facie, cum venerit qui defendat exquirentem omne peccatum super terram.* 51. »

Depuis les temps apostoliques, et surtout dans le moyen âge, l'annonce d'un Grand Prophète et d'un Grand Pape n'a fait que se répandre, et se développer, on peut le dire.

Dans l'impossibilité de montrer à cet égard toute la tradi-

(*) C'est peut-être aussi à cette fin de la prophétie d'Esdras, qu'elle n'est pas officiellement dans la *Vulgate.*

tion (*), nous n'en rapporterons que les témoignages qui nous tomberont sous la main, ou qui ont laissé des traces dans la mémoire.

(*) En général, on peut le dire, tous les grands Docteurs de l'Eglise, tous les grands Interprètes des Prophètes, tous ceux surtout de l'Apocalypse, tous les Apôtres d'un *Règne* du fils de Dieu (il n'y a encore aujourd'hui qu'un crucifiement); tous les grands hommes, doués de l'Esprit prophétique que nous avons nommés ailleurs, ont caractérisé le grand Prophète et les fidèles de l'Ordre précurseur de ce Règne.

L'abbé Joachim, qui se serait rendu immortel par sa seule prédiction formelle des deux grands ordres *politiques* (ou *secondaires*), les Jésuites et les Dominicains, « annonce positivement *un ordre nouveau*, singulier, *ordre parfait*, dont tous les autres ordres n'auraient été que l'annonce et la figure, et qui parvient au grand jour du règne de Dieu. Les Jésuites n'ont pas adopté la vie cénobitique ou d'ermite. Ils ont pu combattre les précurseurs de l'Antéchrist, mais il n'y a pas parmi eux la mission d'Elie. L'esprit d'Elie, c'est l'esprit prophétique pour annoncer la venue prochaine de J.-C. Jean Baptiste fut désigné sous le nom d'Elie; Elie peut paraître en un autre; il doit paraître, disons-le clairement, il a déjà paru, pour le règne imminent du Saint-Esprit. Elie ne paraîtra en personne que pour annoncer le jugement final et universel et la gloire éternelle. Nous ne craignons pas d'affirmer que telle est la pensée tout entière touchant le grand et admirable Ordre angélique réservé à la fin des temps. On le voit parce que Joachim dit encore en sa cause, sur le ch. 4 du Proph. Jérémie : « La fille de Sion, dit-il, c'est l'Eglise romaine. Il est nécessaire qu'au temps de son enfantement, qui s'approche, elle enfante dans la douleur et l'angoisse un Fils, qui sera tout à la fois spirituel et *vocal*, ou puissant en parole : spirituel quant à la vie, vocal quant à sa doctrine ; en sorte que comme un autre Christ il sorte premier-né du sein de l'Eglise, sa mère, et donne la paix et le breuvage de la vie éternelle. » Ce premier-né c'est un fils unique. L'Eglise n'aura jamais eu un ordre aussi parfait, et il n'en surgira point d'autres (V. l'*Histoire de l'abbé Joachim*, par l'abbé Héry.)

... Le Livre vraiment Admirable, le *Liber Mirabilis* enfin, éminemment français, imprimé à Paris, rue Saint-Jacques, *au Roi David*, en 1520, et partout, et jusqu'à Rome, en 3ᵉ édition, en 1524, etc,. ce livre, plus admirable encore que son titre ne dit, et qu'on alla, en queue, admirer dans Paris, à la Biblioth. royale, à toutes les grandes époques de l'histoire, et surtout en 89, en 93, en 1800, en 1806, en 1814, en 1830, en 1848, et en cette année 1850, avait certainement la mission providentielle de constater la plus grande des prophéties... En voici des pages, on peut le dire, illuminantes :

« On verra facilement, en parcourant ces prophéties et révélations, qu'*un Grand Pontife*, d'une éclatante sainteté, doit bientôt paraître au religieux royaume de France ; établir, sous les auspices du Seigneur, la paix entre tous les chrétiens, réformer les habitudes des hommes (et surtout de ceux voués aux choses saintes), réparer ainsi l'injure du temps, peut-être porter cette même réforme avec ardeur dans la Palestine et dans la Grèce. Telle sera la mission de ce pontife. Il éclairera, des lumières de la vérité, les Turcs et beaucoup d'autres nations : en un mot, tous les peuples qui abhorrent le christianisme. A lui obéiront tous les rois, savoir : le roi de Jérusalem, le roi d'Angleterre, le roi de Sicile, etc., le roi des Indous, le roi des Perses, le roi des Mèdes, le roi des Parthes, le roi des Turcs, et sur les bords africains, le roi d'Ethiopie, le roi de Lybie, le roi d'Egypte.

«Au-dessus de tous les rois de la terre, brillera le Roi des Gaules, de tous les princes le plus religieux, comblé des bénédictions non-seulement humaines, mais divines, ce qu'il est facile de prouver par plusieurs raisons. — La première : Parce qu'un Ange, descendu d'en haut, a apporté et donné au bienheureux Remi la fiole, pleine d'un baume divin (qu'on appelle la sainte Ampoule), dont est, d'ordinaire, oint le roi des Gaules. — La seconde : Parce que par l'intermédiaire d'un messager céleste, le maître de l'Olympe a daigné changer les insignes du roi des Gaules en insignes bien supérieurs : les fleurs

Et d'abord celui du plus aimable, du plus ingénieux, du plus ravissant, du plus magique, du plus angélique, de tous les écrivains sacrés. Le plus digne peut-être d'être connu, et

du lys. — La troisième : Parce qu'il a été donné à ce roi par le meilleur et le plus puissant des rois, de faire des miracles. — La quatrième : A cause de la divine réception de cet étendard que l'on appelle l'oriflamme, ou le drapeau sacré. — La cinquième : Parce que plusieurs rois des Francs ont laissé, au lit de mort, des signes édifiants de leur béatitude, qui les ont fait canoniser. — La sixième : Parce que les rois des Français ont plus d'une fois, sans ostentation, rétabli sur leur siège sacré des souverains pontifes qui en avaient été expulsés. — La septième : Parce que le Roi des rois, à la vue d'un roi des Français, pressé de toutes parts par ses ennemis, accablé par le nombre et n'ayant pour ainsi dire plus de ressource humaine, a daigné lui envoyer des secours puissants, ce que tout le monde a pu voir l'an du Seigneur 1425, alors que les Anglais furent battus par une Jeune Fille de vingt ans, conduisant les Français à la victoire. »

. . . .

« L'Eglise romaine et le clergé, ainsi qu'il a été annoncé, doivent être en proie à des tribulations de plus d'un genre jusqu'à l'époque de Frédéric. Ces temps orageux dureront jusqu'à l'année de notre Seigneur 1520 (*), dans laquelle paraîtront un *nouveau pape* et un nouvel empereur. Suivant tous les prophètes, ce nouveau pape sera plein de sainteté et très-agréable à Dieu, et fera pendant sa vie et à sa mort des miracles. Beaucoup de prophètes font l'éloge de ce souverain pontife. Merlin, dans sa Révélation sur les souverains pontifes, dit : Je me suis réjoui de ce qui m'a été dit ; après des souffrances encore éloignées des chrétiens, et après une trop grande effusion de sang innocent, la prospérité du Seigneur descendra sur la nation désolée ; un pasteur remarquable s'asseyera sur le trône pontifical, *sous la sauvegarde des Anges* (*custoditur ab Angelis*). Pur et plein d'aménité, il résiliera toutes choses, rachètera, par ses vertus aimables, l'Etat de l'Eglise, les pouvoirs temporels dispersés. Il révérera les étoiles, et craindra le soleil, parce que sa conscience sera dans la main du Seigneur. Il l'emportera sur toute autre puissance, et *reconquerra le royaume de Jérusalem*. Un seul Pasteur conduira à la fois les églises orientales et occidentales. Telle sera la vertu du bienfaisant Pasteur, que les sommets des monts se courberont en sa présence. Ce saint homme *brisera l'orgueil des Religieux*, qui tous rentreront dans l'état de la primitive Eglise ; c'est-à-dire qu'il n'y aura plus qu'un seul Pasteur, une seule Loi, un seul maître, modeste, humble, craignant Dieu. »

Joachim, dans son livre *Des souverains pontifes*, dit de celui, qu'il appelle le *Pasteur angélique :* Les cieux racontent la gloire de Dieu, et les fidèles sont dans la joie et le bonheur, parce que le Seigneur a daigné leur faire grâce, et qu'il invitera ses élus au banquet de l'Agneau, où des chants mélodieux et d'harmonieux concerts des psalmistes se feront entendre. Telle sera la puissance de sa bonté, qu'elle mettra une digue à la fureur et à l'impétuosité des flots menaçants. Les monts courberont leurs faîtes devant lui, la mer se desséchera (la *vapeur* fait cela), les autels seront dressés, les églises ouvertes. Alors un *Monarque gracieux, de la postérité de Pépin*, viendra en pélerinage voir l'éclat du glorieux pasteur, dont le nom commencera par une R. *Un trône temporel venant à vaquer*, le Pasteur y colloquera ce Roi, qu'il appellera à son secours. Merlin l'avait dit : Vous saurez qu'il aura *deux têtes :* une d'Orient, l'autre d'Occident. Ce Pasteur brisera les arcs et dispersera les balistes ; il fera la joie des élus du Seigneur. Pasteur angélique, il promènera le bâton de l'apôtre par tous les pays. Grâce au soin et à la sollicitude du digne Pasteur, il se fera entre les églises latine et grecque une réunion indissoluble ; et, dans le principe, pour amener ces heureux résultats, recourant à des secours puissants et temporels, le saint Pontife invoquera l'aide du Monarque généreux de la France ;

(*) On a prouvé que ces dates, plus prophétiques qu'on ne pense, de l'ère des martyrs, coïncident presque juste avec le siècle où nous sommes.

le moins connu de tous. Saint Hermas. Il est, historiquement, le premier de tous les Pères de l'Église, le contemporain et l'ami de saint Jean l'évangéliste. Saint Paul lui-même le *Sa-*
avant qu'il puisse être affermi et solidement assis sur le saint siége, il y aura des *guerres innombrables*, des luttes pendant lesquelles le trône sacré sera ébranlé. Mais, à la faveur de la clémence divine, tout répondra au vœu des fidèles, de telle sorte qu'ils pourront célébrer par leurs chants la gloire du Seigneur. On peut appeler le saint homme *Réformateur* aussi bien que Pasteur. Grâce à lui, les Orientaux ne seront jamais en discorde avec les Occidentaux. La ville de *Babylone sera alors la tête et le frein du monde.* Rome, réduite presqu'à *rien temporellement*, conservera toujours sa *supériorité dans les choses spirituelles*, et demeurera en paix. Dans ces heureux jours de tranquillité, le Pasteur angélique pourra adresser au Ciel des prières de douceur. La nation dispersée goûtera elle-même la tranquillité....

« Dandalus dit dans le livre des *Révélations touchant les souverains Pontifes* : « Voici le conseil suprême, la consolation de Saturne ; celui-ci est véritablement appelé le précurseur du soleil et le messager de la prière précieuse, et l'on dira de lui : Béni soit le nom du Seigneur, qui t'a placé sur son saint siége. Ce Pasteur frappera les métaux d'or, et étendra la République. »

« Raban, dans la *Révélation divine* sur le Pasteur angélique et les souverains pontifes : « Il sera révélé un Oint du Seigneur dont le nom commence par la lettre E. Viens à moi, laisse le monde, et tu vivras de la manière la plus simple, tu vivras dans les peines. Et quand l'Etoile apparaîtra, descends vers les régions inférieures de la terre. Cet ELU DE DIEU, MISERABLE ET NU, SERA JETÉ DANS LA PRISON LA PLUS ÉTROITE PAR LES CONSEILS D'UN MAUVAIS PASTEUR. Mais celui qui est enchaîné devant le juge inique lui annonce qu'après cette incarcération, le monde sera bouleversé et détruit : Il semble cependant qu'aveuglés par une ivresse coupable, les hommes *se refusent à voir celui qui est devant leurs yeux*, et oublient celui dont tout leur annonce la présence. Une voix criera avec force : « Allez à l'Occident en toute hâte, et vous trouverez mon ami plein de douceur et de pénétration, qui Règnera sur les sept collines. »

« Cette vieille prophétie se trouve dans le très-brillant royaume de France, à Paris, dans la bibliothèque du divin Victor, dans la case étiquetée AAA. »

Autre prophétie plus péremptoire et plus célèbre encore : « D'après moi, Jean de Vatiguerro, de l'année du Seigneur 1490 à l'année du même Seigneur 1525 (1790-1825), il arrivera ici-bas beaucoup de maux, si grands et si divers que, depuis le commencement du monde, il n'y aura jamais eu de bouleversement pareil, ni des malheurs si nombreux, si étonnants, si dignes d'admiration. En effet, dans l'année du Seigneur 1502, commenceront toutes les douleurs, parce que en cette année la mortalité, et la peste ravageront et affligeront tout l'univers d'une manière étonnante. Aussi presque la moitié des hommes mourra, et cela, dans l'espace de soixante-cinq mois, pendant lesquels la peste durera et au delà, quoique pendant sa durée elle parcourra tantôt un pays, tantôt un autre.

» De plus, l'an du Seigneur 1503, de grands maux se prépareront dans l'avenir : à cette époque se trameront des séditions, des *conspirations* horribles qui, dans ces années, ne produiront pas toutes leur effet, car quelques-unes ne devront éclater que plus tard.

» En outre, vers l'an du Seigneur 1504 ou au delà, le prince le plus grand et le plus auguste *Roi de tout l'Occident sera mis en fuite*, et éconduit dans un combat étonnant, et presque *toute sa noble armée sera tuée*, d'une manière surprenante ; il y aura surtout une défaite honteuse, une ruine lamentable et un massacre de beaucoup de grands et puissants seigneurs. C'est pourquoi le commerce sera anéanti ; bien plus, avant que la paix soit rétablie entre les Français, le premier événement, tel qu'il a été dit, ou encore pire, arrivera honteusement et étonnamment par plusieurs fois. Dans une de ces épreuves le TRÈS NOBLE PRINCE SERA MIS EN CAPTIVITÉ par ses ennemis à la suite d'un *événement lamentable*, et il s'affligera douloureusement à cause des siens.

« L'Aigle volera par le monde, et se soumettra plusieurs nations, vers l'an du Seigneur 1507 ou au delà ; il sera couronné *de trois diadèmes* en signe de

lue dans son *Epître aux Romains*. Et l'Église primitive lui donna le magnifique nom de *Pasteur*, parce qu'il fut, plus excellemment que tous les premiers Chrétiens, le bien-aimé du Dieu des *Anges Gardiens*, qui lui apparaissait en berger, et sous le nom de *Pasteur*.

Voici la péroraison (par où l'on pourra deviner l'exorde) de la plus belle des *Pastorales* connues et même possibles.

On peut la considérer comme une grande et charmante victoire et de valeur; ensuite il rentrera dans son nid, d'où il ne sortira plus que pour s'élever glorieusement vers le ciel. *Ses* PETITS SE FERONT MUTUELLEMENT LA GUERRE (*pulli sui prœliabuntur, et prœdâ suâ alter alterum spoliabit*), et s'arracheront l'un à l'autre leur proie; alors, dans l'Occident redoublement de maux et de douleurs, et l'an du Seigneur 1510 ou au delà, éclatera une horrible sédition A CAUSE DU ROI DES FRANÇAIS PRISONNIER. Presque la majeure partie de l'Occident sera détruite par les ennemis; c'est pourquoi on ressentira en plusieurs lieux des tremblements de terre extraordinaires et violents, et la gloire des Français se convertira en opprobre et en confusion; car LE LYS SERA PRIVÉ ET DÉPOUILLÉ DE SA NOBLE COURONNE, ET ON LA DONNERA A UN AUTRE AUQUEL ELLE N'APPARTIENT PAS, ET IL SERA HUMILIÉ JUSQU'A CONFUSION, et plusieurs diront : la paix, la paix, la paix, et il n'y aura *point de paix*, et alors paraîtront à découvert des séditions judiciaires, des conspirations, des confédérations inouïes des cités plébéiennes, et il y aura dans le monde une si grande désunion, que personne ne saurait en aucune manière s'en faire une idée.

« Et *avant* que le monde arrive à l'année du Seigneur 1516, le royaume des Français sera envahi de toute part, saccagé, et laissé presque détruit et anéanti, parce que les administrateurs de ce royaume seront si aveuglés qu'ils ne pourront trouver un défenseur, et la main et la colère du Seigneur s'appesantiront furieusement sur les Français et tous les grands et les puissants de tout son royaume. Les cités les plus fortes et les puissantes seront prises, et l'on se livrera des batailles. Il apparaîtra *dans les corps célestes* des signes nombreux et frappants qui annonceront les événements prédits et beaucoup d'autres qui doivent les suivre; et comme par la volonté divine, l'état du monde sera bientôt changé, par elle aussi les serviteurs remplis de ruse, d'orgueil et de fureur, se révolteront contre leurs maîtres; et presque tous les nobles, sans exception, seront mis à mort, cruellement chassés et dépouillés de leurs dignités et de leurs pouvoirs, *parce que le peuple se fera un roi*; et l'on ne pourra rien obtenir du peuple; au contraire, il y aura une surprenante et cruelle défaite et tuerie de rois, de ducs et de barons; et toute la terre sera saccagée... .

« *Avant* que le monde arrive à l'année du Seigneur 1525, l'Église universelle et le monde entier gémiront sur la prise, la spoliation et la dévastation de la plus illustre et de *la plus fameuse cité*, capitale et maîtresse de tout le royaume des Français. Toute l'Église, dans tout l'Univers, sera persécutée d'une manière lamentable et douloureuse; elle sera dépouillée et privée de *tous ses biens temporels*, et il n'y aura si grand personnage dans toute l'Église qui ne se trouve heureux d'avoir la vie sauve. Car toutes les églises seront souillées et profanées, et *tout culte public cessera*, à cause de la crainte et de l'emportement de la rage la plus furieuse. Les religieuses, quittant leurs monastères, fuiront çà et là flétries et outragées. Les pasteurs de l'Église et les grands, chassés et dépouillés de leurs dignités et de leurs prélatures, seront cruellement maltraités; les brebis et les sujets prendront la fuite, et resteront dispersés sans pasteur et sans chef. Le chef suprême de l'Église *changera de résidence*, et ce sera un bonheur pour lui, ainsi que pour ses frères qui seront avec lui, s'ils peuvent trouver un lieu de refuge où chacun puisse, avec les siens, manger seulement le pain de la douleur dans cette vallée de larmes. Car toute la malice des hommes se tournera contre l'Église universelle, et par le fait elle sera *sans défenseur* pendant vingt-cinq mois et plus, parce que, pendant ledit espace

prophétie de toute l'*OEuvre de la Miséricorde*, et même de *Tilly-les-Seulles* tout entier.

(La traduction est abrégée par M. de Genoude.)

« Le Pasteur montra à Hermas un *Saule* qui couvrait de ses rameaux les plaines et les montagnes, et à l'ombre duquel venaient s'asseoir *tous ceux qui étaient appelés au nom du Seigneur;* un Ange d'une grande beauté se trouvait près de

de temps, il n'y aura ni pape ni empereur à Rome, ni régent en France...

« Les autels de la sainte Église seront détruits, les pavés des temples profanés, les monastères souillés et spoliés, parce que la main et la colère de Dieu exerceront leur vengeance contre le monde à cause de la multitude et de la continuité des péchés. Tous les éléments seront altérés, parce qu'il est nécessaire que *tout l'état du sièlce soit changé;* en effet, la terre, saisie de crainte, éprouvera en plusieurs lieux des secousses effrayantes, et engloutira les vivants; nombre de villes, de forteresses et de châteaux forts s'écrouleront et seront renversés à cause du tremblement de terre. Les productions de la terre diminueront, et tantôt les plantes manqueront d'humidité, et tantôt les semences pourriront dans les champs, et les germes qui s'élèveront ne donneront pas de fruits. La mer mugira et s'élèvera contre le monde, et elle engloutira plusieurs navires et leurs équipages. *L'air sera infecté* et corrompu à cause de la malice et de l'iniquité des hommes. Le cours naturel de l'air sera presque totalement changé et perverti à cause des maladies pestilentielles. Les hommes, aussi bien que les animaux, seront frappés de diverses infirmités et de mort subite : il y aura une peste inénarrable; il y aura une étonnante et cruelle famine, qui sera si grande et telle par tout l'Univers, et surtout dans les régions de l'Occident, que depuis le commencement du monde, jamais on n'a entendu parler d'une semblable. La pompe des nobles disparaîtra, les sciences mêmes et les arts périront, et pendant un court espace de temps, l'ordre entier du clergé restera dans l'humiliation. La Lorraine sera dépouillée et plongée dans le deuil, et la Champagne implorera en vain le secours de ses voisins. Mais vers l'an du Seigneur 1515, un peu avant ou après, ces provinces seront secourues par *un Jeune captif, qui recouvrera la couronne du lys* et étendra sa domination sur tout l'Univers. Une fois bien établi, il détruira les fils de Brutus et leur île, en sorte qu'il n'en sera plus question, et qu'ils demeureront à jamais anéantis. Voilà ce qui concerne les tribulations qui doivent avoir lieu avant le rétablissement de la chrétienté.

« Mais après que l'Univers entier aura été en proie à des tribulations et à des misères si grandes et si nombreuses, pour que les créatures de Dieu ne restent pas entièrement sans espérance, il sera élu par la volonté de Dieu un Pape parmi ceux qui auront échappé aux persécutions de l'Eglise, et ce sera un homme très-saint et doué de toute perfection, et il sera *couronné par les saints anges* et placé sur le saint siége par ses frères qui avec lui auront survécu aux persécutions de l'Eglise et à l'exil.

« Ce pape réformera tout l'Univers par sa sainteté, et ramènera à l'ancienne manière de vivre, conformément aux disciples du Christ, tous les ecclésiastiques, et tous le respecteront à cause de ses éminentes vertus; il prêchera nu-pieds et *ne craindra pas* la puissance des princes (Pie IX n'en est guère là). Aussi il en ramènera plusieurs au saint siége en les tirant de leurs erreurs et de leur vie criminelle. Il convertira presque tous les infidèles, mais principalement les Juifs.

« Ce pape aura *avec lui un empereur*, homme très-vertueux, qui sera *des restes du sang très-saint des rois des Français* (habebit secum Imperatorem Virum sanctissimum, qui erit de reliquiis sanctissimi Francorum regum sanguinis). Ce prince lui sera en aide et lui obéira en tout pour réformer l'Univers, et sous ce Pape et cet Empereur l'*Univers sera réformé*, parce que la colère de Dieu s'apaisera. Ainsi il n'y aura plus qu'une loi, une foi, un baptême, une manière de vivre. Tous les hommes auront les mêmes sentiments et s'aimeront les uns et les autres, et la paix durera pendant de longues années (*durabitque pax per multos annos*). »

ce *Saule*, coupant avec une grande faux ses branches qu'il distribuait à la multitude. Chacun reçut un petit rameau, d'une coudée de long à peine; et cependant *l'arbre était toujours entier* et tel qu'Hermas l'avait vu d'abord; ce qui le remplissait d'étonnement et d'admiration. L'Ange, ayant posé sa grande faux, appela par ordre tous ceux auxquels il avait donné des branches, et leur ordonnant de les lui montrer, il les examinait attentivement; les unes étaient desséchées, pourries et comme rongées des vers; d'autres desséchées seulement, et d'autres desséchées à moitié; d'autres à demi desséchées et fendues en tous sens; d'autres une moitié desséchée, l'autre moitié toute verte; d'autres desséchées aux deux tiers, le troisième encore vert; d'autres vertes aux deux tiers, le troisième déjà sec; d'autres toutes vertes, mais fendues en tous sens et le bout déjà sec; d'autres au contraire toutes sèches, mais le bout encore vert. Et l'Ange fit ranger en troupes séparées ceux dont les branches étaient dans ces différents états : d'autres avaient leurs rameaux tels qu'ils les avaient reçus, tout verts, et l'ange en ressentit une grande joie, car *c'était le plus grand nombre;* les rameaux de plusieurs non-seulement verts et remplis de bourgeons, mais encore de fleurs et de fruits, et le bonheur était peint sur leurs visages : L'ANGE DU SAULE et le PASTEUR en étaient transportés d'allégresse, et le pasteur fit apporter des couronnes de palmier et les leur donna, et il les fit entrer dans la tour. Il fit aussi entrer dans la tour ceux dont les branches avaient des bourgeons, après leur avoir donné à chacun un sceau et une robe blanche; et il fit encore entrer dans la tour, revêtus d'une robe blanche, ceux qui avaient conservé les rameaux tels qu'ils les avaient reçus. Cela fait, il dit au Pasteur : « Je m'en vais : pour toi, prends sous ta garde ceux qui n'ont pu entrer dans la tour, examine leurs rameaux encore une fois et envoie chacun dans le lieu qu'il mérite; si quelqu'un se trompait, je l'éprouverais sur l'autel. Lorsqu'il fut parti, le Pasteur dit à Hermas : « Plantons toutes ces branches, elles reverdiront peut-être, le *saule* est si vivace ! » Et il les planta, et il les arrosa de telle sorte que l'eau les couvrait. Au bout de quelques jours, il revint avec Hermas dans ce même lieu, et lui ayant fait mettre un linge blanc autour du corps : « Appelle, lui dit-il, ceux dont les branches ont été plantées; que chacun arrache la sienne et me l'apporte ! » Ils vinrent dans le même ordre que la première fois, ceux dont les branches avaient été trouvées sèches et pourries les premiers, et ainsi de suite; et le Pasteur faisait séparer des autres ceux dont les branches étaient devenues meilleures : les unes avaient reverdi, les autres n'avaient plus de fente, d'autres avaient des bourgeons et même des fruits; et le Pasteur était dans la joie, et il disait à Hermas : « Je te l'avais bien dit, le *saule* est vivace. »

« CE SAULE EST LA LOI DE DIEU DONNÉE A TOUTE LA

TERRE, et à l'ombre de laquelle se repose la multitude des croyants, gouvernés par MICHEL, *qui connaît et qui éprouve ceux qui l'accomplissent;* les martyrs reçoivent des couronnes et entrent dans la cité céleste; ceux qui ont confessé la foi, mais qui ne sont pas morts pour elle, y entrent aussi avec un sceau et une robe blanche, et *la foule des justes* qui ont observé les commandements de Dieu y entrent encore comme eux vêtus de blanc. Quant à ceux qui ont péché, Dieu ne les rejette pas aussitôt, il les arrose des eaux de la pénitence, et malheur à ceux qui n'en profitent pas! Mais bien heureuses les âmes qui reverdissent dans les eaux salutaires, et s'y couvrent de bourgeons et de fruits!

. . . .

« L'Ange de la pénitence voyant qu'Hermas avait écrit ses préceptes et ses similitudes, lui dit : « Je te montrerai maintenant ce que t'a fait voir l'ange qui t'est apparu sous la forme de l'Église, et qui est le Fils de Dieu. *Il n'a pas voulu se révéler à toi dans toute sa gloire,* tu n'étais pas assez fort pour en supporter l'éclat; c'est lui qui m'envoya dans ta maison. » A ces mots, *il enleva Hermas en Arcadie sur une hauteur,* et de là il lui montra une grande plaine entourée de *douze montagnes* de diverses formes, au milieu de laquelle s'élevait une PIERRE énorme, beaucoup plus haute que toutes ces montagnes, et assez forte pour porter l'univers. Cette pierre semblait fort vieille, mais elle avait *une porte toute neuve* qui venait d'être sculptée et qui, au grand étonnement d'Hermas qu'elle éblouissait, rayonnait comme le soleil; *autour de cette pierre étaient douze vierges, quatre surtout étaient belles* et se tenaient aux quatre angles de la porte; les autres étaient très-belles aussi. Bientôt arrivèrent *six hommes d'une haute taille* et dont la vue inspirait le respect; et ces six hommes en commandaient une multitude d'autres, tous grands et forts, et ils leur ordonnaient de bâtir une tour sur cette porte, et toute cette multitude se mit à bâtir, et ils tirèrent d'une eau profonde qui était là dix pierres carrées et polies que les douze vierges prirent l'une après l'autre, et elles les faisaient passer par la porte pour bâtir, et les disposaient de manière que les plus fortes étaient aux quatre angles, les autres par côté. Ces dix pierres remplirent toute la tour de la porte, qui fut ainsi le fondement de tout l'édifice...... Enfin le Pasteur revint, et expliqua à Hermas tout ce qu'il avait vu. Le fils de Dieu est la pierre antique qui existe avant toute créature, sur laquelle repose l'univers; il est la porte du *royaume des cieux, qui s'ouvrira à la fin des temps, et par laquelle tout élu doit passer pour entrer dans la cité sainte.....* MALHEUREUX SURTOUT LE PASTEUR DONT LE TROUPEAU S'ÉGARE! Qu'il ne dise pas : « Mon troupeau se révolte et m'entraîne; » jamais troupeau n'a gouverné son berger. Cependant faites pénitence, et vous pourrez être employés à la construction de la tour ; je pourrai vous purifier et vous tailler moi-même....

« Hermas avait écrit ces similitudes ; l'ange qui l'avait confié au Pasteur vint dans sa maison, monta sur son lit, et le Pasteur s'assit à sa droite : « Hermas, lui dit-il, je t'ai confié à cet *ange, qui a sur tout l'univers le pouvoir de la pénitence ;* si tu veux être heureux, mets en pratique ses commandements, prêche-les aux autres ; afin qu'ils se repentent et se convertissent ; ceux qui les observent seront sauvés, les autres mourront. Mais parce que tu ne pourrais absolument rien sans les douze vierges, je les enverrai dans ta maison et je leur ordonnerai d'y rester. »

Entre les derniers prophètes du Prophète (*), plus ou moins inspirés par la logique ou le Saint-Esprit lui-même, figure, en première ligne, Jérôme de Ferrare, le grand maître de toute l'Italie, et plus particulièrement de ces Princes de la Mirandole qui étonnèrent tout leur siècle, et moururent à la fleur de l'âge, laissant, entre autres ouvrages du premier ordre, un admirable *Traité du Royaume de Jésus-Christ.* Jérôme de Ferrare fut personnellement le plus grand des Dominicains ; et il en est aujourd'hui encore le plus illustre sous le nom immortel de Savonarole. Les plus grandes glorifications qu'on en ait publiées (il eut des *Historiens* à toutes les époques et dans toutes les nations) sont encore au-dessous de sa valeur réelle. Il fut à la fois le plus grand prédicateur, le plus grand prophète, le plus couru, le plus autorisé, le plus aimé ou le plus haï de son vivant. Le plus orgueilleux en apparence et le plus humble peut-être en réalité, de tout son siècle corrompu. Il l'avait comme pris à partie, dans la personne horrible, si fameuse, et si odieuse, sous le nom de Borgia, et même sous le titre d'Alexandre VI. Et il eut la gloire d'en être le Martyr à la fleur de l'âge (**), comme saint Jean-

---

(*) Un Français, très-extraordinaire, et digne d'être plus connu (il était aimé et recherché d'Henri IV), Jean de Chavigny, dans la première Face de son *Janus français*, voit le grand *Louis* Libérateur et fugitif :

> *Extremi* retinet qui *nomina* penè *Prophetæ*,
> *Luciferæ* multùm nitetur amore Dianæ.
> *Lodoïcusque* furens *huc atque vagabitur illuc,*
> Pollicitus gravibus *populum relevare tributis.*

Le Voyant voit très-bien dans le *dernier prophète*, le prophète *Michée ;* et jusqu'au petit chancelier de France d'alors, *Michel* de l'Hospital ; puis il ajoute immédiatement le quatrain suivant, explicatif des rapports entre Pierre Michel et Louis-Philippe :

> Du *Grand Prophète*, les lettres seront prises,
> Entre les mains du *Tyran* adviendront.
> *Frauder son Roi* seront ses entreprises :
> Mais ses *cupidités* bientôt le perdront.

(**) Les plus simples des prophéties de Jérôme de Ferrare sont celles de la Réforme, dont le héros Luther avait 14 ans ; de la prise de Rome par Charles-Quint, qui naquit en France une année après l'exécution de Savonarole, à Florence, la dernière année du XVᵉ siècle, et tous les malheurs d'Alexandre VI...

Baptiste l'avait été d'Hérode (dans sa prison). Il avait offert de justifier sa doctrine par l'épreuve du feu....

Entre autres nombreux ouvrages et *Sermons* de ce grand homme, en italien et en latin, la plupart traduits en français et dans toutes les langues, le dernier est prophétiquement intitulé *Eruditorium Confessorum*. Nous en connaissons, nous en avons plusieurs fois lu, et de plus en plus admiré un autre, intitulé : *Abrégé des Révélations de l'inutile Serviteur de Jésus-Christ*. On ne saurait rien comparer à ce *Libellum* sublime, que le *Pasteur* d'Hermas. Au risque, et sûr d'être ri, nous appellerons celui-ci *le Chef-d'œuvre de l'Esprit Angélique*, et l'autre LE CHEF-D'ŒUVRE DE TOUT L'ESPRIT HUMAIN.

Nous n'en citerons ici que quelques pages, historiques 300 ans d'avance, et de l'*Œuvre de la Miséricorde*, et du Grand Prophète, et du Grand Roi de France, et du nom de *Louis*, que cette Œuvre révèle :

« Je vis donc, l'année 1492, dans la nuit qui précéda mon dernier sermon de l'Avent, une main dans le ciel, qui tenait une épée sur laquelle se lisait cette inscription : Le glaive du Seigneur passera sur la terre....

« Tout l'univers sembla se développer devant moi : je vis descendre du ciel sur la terre une foule d'anges revêtus d'aubes et d'étoles blanches, et portant des croix rouges à la main. Parcourant toute la terre, ces légions angéliques distribuaient à chaque individu un habillement blanc avec une croix : quelques-uns, agréant ce qu'on leur offrait, revêtaient le costume. D'autres le rejetaient, mais sans empêcher les hommes de bonne volonté de le recevoir. Au lieu que quelques-uns, le rejetant avec mépris, cherchaient, par force, à détourner leurs frères de l'accepter. Ces derniers étaient des tièdes, et des âmes gonflées de science humaine, qui repoussaient l'offrande, et s'efforçaient de dissuader les autres de la prendre.

« Après quoi, la main qui tenait le glaive le tourna vers la terre. Et bientôt d'épais nuages obscurcirent le ciel. La grêle et le tonnerre, des glaives, des flèches, des flammes parurent en même temps sur l'horizon; tandis que sur la terre, la guerre, la peste, la famine et d'innombrables tribulations surgirent à la fois. Je regardais cependant les anges poursuivant leur marche au milieu des peuples, et versant à ceux qui prenaient la croix des flots du vin le plus limpide. Après avoir vidé les coupes, ceux-ci disaient : Que tes paroles nous sont douces, Seigneur! puis les anges allaient porter aux autres la lie qui était restée au fond des coupes....

« Soudain, la vision s'évanouit, et j'entendis ces mots retentir à mon oreille : Mon fils, si les pécheurs avaient des yeux, ils verraient que cette peste terrible et ce glaive acéré (l'esprit parlait alors de ce qui venait d'apparaître) n'est autre chose que le régime des mauvais pasteurs et de la philosophie humaine; voilà les gens qui n'entrent pas dans le royaume des cieux, et qui ne permettent pas aux autres d'y avoir accès. Pour l'Eglise, cette lutte spirituelle est mille fois plus grave et plus redoutable que toute autre tribulation matérielle....

« Dieu m'inspirant encore, j'ai prédit que les Alpes seraient un jour franchies par un nouveau Cyrus, dont Isaïe avait dit : Le Seigneur dit à mon Christ Cyrus : J'ai pris sa droite, et j'ai fait courber, devant sa face, et peuples et rois ; toutes les portes, toutes les issues lui ont été ouvertes. Je marcherai avec lui et j'humilierai les superbes de la terre ; je briserai les portes d'airain et les chariots de fer ; je te donnerai des trésors cachés ; je t'initierai aux secrets des secrets, afin que tu saches que moi, le Seigneur, je te nomme mon Elu....

« Toutefois, reprit le Tentateur (dans le colloque incessamment magnifique du Prophète avec le Démon), le nombre de ceux qui croient à tes paroles, est bien modique en comparaison de la foule de ceux qui s'en rient.

« Cet argument, lui répondis-je, est assez frivole ; nous voyons tous les jours que chez les hommes, c'est le petit nombre qui a souvent raison, et que sur la foule on trouve bien peu de gens sensés. Le nombre des sots est infini, est-il écrit. De même qu'il en est peu qui vivent honorablement, en comparaison du grand nombre qui vivent mal. Beaucoup d'appelés, mais peu d'élus, dit encore l'Ecriture. Dans les deux Testaments, nous lisons aussi que c'était le petit nombre qui suivait les prophètes et les apôtres du Christ, en comparaison de ceux qui les persécutaient. D'ailleurs il s'agit de bien distinguer entre ceux qui entendent parler le prophète lui-même, et ceux qui ne connaissent ses paroles que par tradition et par le rapport qu'on leur en a fait. Si vous parlez de nos auditeurs, le nombre de ceux qui croient est immense comparativement au nombre de nos croyants : il y a plus, c'est qu'il n'est presque pas un de mes auditeurs qui ne croie. Parlez-vous au contraire des autres, des étrangers qui ne m'ont pas entendu prêcher ? j'avoue que parmi ceux-là, il y en a plus qui ne croient pas. Autre chose, en effet, est d'entendre un homme qui parle de conviction, de suivre l'ordre de son discours, sa concordance avec l'Ecriture, le ton inspiré avec lequel il s'exprime ; autre chose est d'entendre répéter des paroles par un homme froid, qui récite sans sentir, redit sans chaleur, et débite des phrases incohérentes, où sa languissante monotonie ne sait pas mettre la moindre chaleur, le moindre degré de conviction. Aussi saint Jérôme dit avec raison : Le discours de vive voix a je ne sais quelle énergie secrète, et le son de la parole qui, de la bouche de l'orateur, passe immédiatement à l'oreille de son auditeur vibre avec plus de force. C'est pourquoi il est écrit : Je vous donnerai une bouche et une science à laquelle ne pourront résister tous vos adversaires réunis.

« On lit aussi que lorsqu'une légion de savants et de prudhommes élevèrent à la fois la voix contre saint Etienne, premier martyr, et le défièrent au combat oratoire, ils ne purent résister à l'esprit qui le faisait parler. Il n'est donc pas étonnant que ceux qui n'ont pas entendu un orateur soient incrédules, puisque la doctrine du Christ, elle-même, depuis l'origine du monde jusqu'à nos jours, n'a cessé d'être en butte à la contradiction. Aussi est-il facile aux détracteurs, en tronquant certains passages, de séduire les simples, surtout s'ils n'ont pas entendu l'orateur lui-même.... »

La péroraison de la Révélation de Jérome de Ferrare, semble l'objet providentiel : c'est la gloire d'un...Louis de France :

« Dans le cours de mes autres prédications, j'ai souvent déclaré comment le roi de France a été choisi de Dieu pour être l'instrument de la justice divine, et j'ai ajouté que, quand même l'univers entier se liguerait contre lui, il n'en triompherait pas moins....

« Ministre de la justice divine, s'il s'humilie, s'il reconnaît sa mission, il ne sera pas vaincu par les épreuves qu'il subira : au contraire, il en sortira et plus fort et plus grand, et *au moment où les hommes le croiront mort,* il se relèvera. Mais si, refusant de comprendre sa mission et d'obéir aux inspirations célestes, il s'écartait de la route qui lui aura été tracée par le Seigneur, alors, de même que Saül réprouvé en Israël fut remplacé par David, de même il lui serait, dans sa mission, substitué un autre monarque. Car les grâces et les dons promis au roi de France ne sont que conditionnels..... Pour que chacun puisse aisément saisir la distinction entre une prophétie absolue et une prédiction conditionnelle, il faut dire que Dieu connaît l'avenir de deux manières : I° Dieu connaît tout, et l'avenir lui est présent de toute éternité; II° il est des causes qui peuvent être suivies d'effets différents, de même que l'ordre des causes peut changer et se varier à l'infini. Les révélations de la première classe sont absolues, invariables; celles de la seconde classe sont conditionnelles. Ce sont des promesses d'effets subordonnés à des causes changeantes. Ainsi Jonas a dit : Encore quarante jours, et Ninive sera détruite. Ces paroles étaient vraies; *elles signifiaient qu'encore quarante jours de perversité, et Ninive, à cause de ses péchés, serait détruite.* De même Isaïe disait à Ezéchias, roi de Jérusalem : Dispose-toi dans ta maison à mourir; ce qui signifiait que la fragilité humaine et son corps débile le condamnaient naturellement au trépas. Le prophète doit donc, avec une obéissance passive, se prêter à toutes les volontés de Dieu qui l'inspire, et ne révéler que ce qui lui a été dit : autrement il pécherait, comme Jonas qui fut puni pour sa désobéissance.

« Je dis donc positivement que si le Roi de France observe mes paroles, il possédera *le plus Grand Royaume ;* qu'au contraire, s'il est indocile à ma voix, il courra de grands dangers, et à moins que les justes ne l'assistent de leurs prières, *il sera réprouvé de Dieu* comme je l'ai prédit : *Ab ipso Deo, sicut prædiximus, reprobatus erit.*

« Je sais que biens des gens, esclaves de leurs sens, se riront de mes révélations, qu'ils traiteront de visions et de fictions poétiques, plutôt que de prophéties. Qu'ils lisent cependant les prophètes, surtout Ezéchiel, Daniel et Zacharie, et ils trouveront à peu près les mêmes choses révélées par l'Esprit-Saint sous des voiles mystérieux, que les docteurs devaient ensuite chercher à soulever. Que ces hommes sachent que tout ce qu'ont vu les prophètes n'a pas été consigné par écrit. Quant à moi, autant pour la consolation des élus que pour la réfutation des calomnies de mes ennemis, j'ai voulu déposer ici cette vision, que j'avais d'abord résolu de taire : mais la nécessité m'a forcé de la publier. Tout ce que j'ai écrit est vrai, et pas un iôta ne manquera de se réaliser. *Deo gratias.* »

De nos jours même, la *Femme* la plus vraiment *Forte* et la plus illustre (Chateaubriand lui-même l'admirait), la Sœur de la Nativité, de Fougères, s'est élevée, ici, jusqu'au troisième Ciel : « Je vois dans la Divinité une grande puissance conduite par le Saint-Esprit, et qui, par un second bouleversement, rétablira le bon ordre. Je vois en Dieu une assemblée nombreuse des ministres de l'Eglise, qui, comme une armée rangée en bataille, soutiendra les droits de l'Eglise et de son chef, rétablira son ancienne discipline ; en particulier, je vois DEUX MINISTRES DU SEIGNEUR qui se signaleront dans ce glorieux combat *par la vertu du Saint-Esprit*, qui enflammera d'un zèle ardent tous les cœurs de cette illustre assemblée. Les anciens usages seront remis en vigueur ; et la Religion deviendra *plus florissante que jamais*...

« Dieu suscitera DE NOUVEAUX PROPHETES, qu'il enverra pour consoler son Eglise, en lui annonçant les faveurs qu'il lui réserve. Les vrais fidèles auront de *fréquentes apparitions de leurs bons Anges* et autres puissances spirituelles destinées à les protéger, particulièrement l'Archange saint Michel, le plus ardent défenseur de l'Eglise militante, et qui sera toujours avec elle pour la conduire jusqu'à la fin. IL LUI APPARAITRA MEME VISIBLEMENT EN DIFFERENTES RENCONTRES. »

II. — Quelques pages de l'Histoire, infinie déjà, du Prophète Eucharistique.

Plus quàm Propheta... Elias Venturus.
MATTH. XI, 7, 14.

Pierre-Michel habite, et n'a presque jamais quitté, et par des causes bien indépendantes de sa volonté, le plus petit des hameaux de la plus incrédule peut-être de toutes les provinces (la Normandie de Caen), et du plus faible des diocèses de France (Dieu choisit les plus bas lieux, comme il élit les plus humbles âmes : ceux de *Galilée* et de *Nazareth*).

Élevé dans un village plus petit encore, il ne resta un moment à la ville que pour s'y voir malheureux et victime.

Quoi qu'il en soit, le Prédestiné, plus que simple et pauvre, était orphelin de son père dès avant sa naissance et il avait selon le monde à rougir de sa mère (*Marie Anne*) (*) : ce qui devait après tout le rendre encore plus intéressant à Dieu, étant odieux aux hommes.

Et le plus grand peut-être des hommes du peuple de Dieu, le choisi, l'Elu pour le délivrer, son Sauveur de seconde majesté, Jephté enfin, n'était-il pas le fils d'une concubine, chassé comme tel de la maison paternelle, et devenu par leur faute chef de voleurs? Juges XI.

Et, pour confondre les *épouses*, et même les *vierges* apparentes, sous l'ancienne Loi, « la seule courtisane Rahab, et ceux qui se trouvaient dans sa maison, n'eurent-ils pas la vie sauve dans l'embrasement de Jéricho? » Josué, VI ; — et, sous la Loi nouvelle (**), la pécheresse par excellence ne fut-elle pas précisément la sœur de Lazare (que Jésus aima plus qu'il n'aima saint Jean lui-même), la Madeleine, mieux encore Marie-Madeleine ; celle enfin qui aima le plus Jésus, et qui a tous les honneurs de la Passion (Marie en a la gloire, et les Prêtres qui voulaient lapider la femme adultère, la honte) ; et cela parce qu'elle avait le plus aimé : *Quia Dilexit Multum*, dit le Saint-Esprit, qui seul *sonde les reins!* (Voyez-en la sublime histoire en saint Luc, VII).

Fait plus immense encore : l'Elu de Dieu pour élever l'ancien Temple, Salomon, était.... l'adultèrin de David !!!

(*) La profession elle-même de cette *Madeleine* (morte jeune, la veille de *Saint-Michel* 1817) n'était pas sans prédestination. C'était la plus vile selon le monde, et la première peut-être devant Dieu : celle qui purifie les plus impurs vêtements de l'humanité.

(**) Et, sans parler de tant de grands hommes du second ordre, et même du premier, comme Dunois, enfant naturel du duc d'Orléans, le bras droit de Jeanne d'Arc, surnommé le *Sauveur de la Patrie;* ou Vendôme, enfant naturel d'Henri IV, dit le *Sauveur de l'Espagne :*... le plus grand des Rois de France, Clovis, n'était-il point un bâtard, et même adultérin ?... Sans sortir de la Normandie, l'un des plus grands Evêques de Rouen, saint Remy, n'était-il point bâtard de Charles-Martel, et frère du Roi Pépin et de saint Carloman ?—et, depuis, n'était-il pas *enfant naturel* aussi, le plus grand peut-être des rois d'Angleterre après saint Edouard, qui l'a élu pour son successeur, Guillaume-le-Conquérant, compatriote de Pierre Michel ?

L'Evêque actuel d'Orléans, l'un de ses plus ardents adversaires, est bâtard, même adultérin,... et d'un devenu Evêque et Cardinal !

Autres lieux, *autres temps*, mêmes *mœurs* de la Providence !... Il s'est trouvé au XVI° siècle, et dès sa jeunesse, un héros entre les héros, vainqueur tour à tour des Maures en Espagne, des Turcs à Lépante et des prétendus *Alliés* dans les Pays-Bas, sauveur enfin, on peut le dire, de la chrétienté, et mort sur le champ de bataille à Namur, à l'âge de 33 ans, comme Jésus-Christ, Don Juan d'Autriche enfin ; et précisément il était le bâtard de Charles-Quint, qui fit le siège et le sac de Rome, et le frère naturel de ce Philippe II, qui fut le bourreau de son propre fils légitime, etc., etc!

Jusqu'au jour de son élection divine, le jeune orphelin de la plus humble, c'est-à-dire de la première condition d'un village, fut connu sous le nom d'*Eugène Vintras* (*).

Non abandonné par sa mère, elle-même abandonnée, il fut comme avec elle à l'hôpital à 7 ans, à l'âge de raison, et comme pour souffrir et offrir sa souffrance et mériter sa gloire future.

A sa sortie de la maison des pauvres, sa vie continua d'être, et fut de plus en plus toute de prédestination. Marié comme le fut saint Pierre, travailleur et laborieux comme lui, vivant au jour le jour comme lui, faible comme lui, méprisé dans son pays comme lui (**); accusé, arrêté, jugé, condamné, emprisonné comme lui, et mieux que lui (car il demeura, c'est-à-dire qu'il *mourut à petit feu,* dans une prison de Bretagne pendant cinq longues années). — Et condamné pour un fait d'*escroquerie*, aussi déshonorant dans le monde que celui de saint Pierre (la foi, la fidélité aveugles à Dieu), était honorable. — Toutes choses précisément prédites : Alii ludibria et verbera experti, insuper et *vincula et carceres... Egentes, angustiati, afflicti : quibus dignus non erat mundus.* Hébr. XI.

Mais aussi bien, et encore mieux, le sujet *Prisonnier* (comme le Roi au *Temple*) plus résigné, plus tranquille, plus heureux, plus privilégié, plus *Visité*, plus Prophète, plus Miraculeux, plus édifiant, plus aimé, plus recherché, plus attendu; et le lieu même de ses premières visites, plus visité, moins seul, plus consacré que jamais.

Et, en conséquence, apparemment, le premier des prisonniers mis en liberté par la Révolution de 1848, qu'il annonçait de toutes les façons depuis 1840; et sur un ordre spécial signé et donné par le premier et le seul Juif qui ait jamais été *Garde des sceaux* quelque part, depuis la justice judaïque du Calvaire ; et dont le Prophète est venu Rappeler la Nation !

Connu désormais dans ses prénoms naturels heureux de *Pierre* et de *Michel*, les deux plus beaux noms, l'un de la terre (***), l'autre du Ciel (****) ; hors le monde, par

---

(*) *Vin-tras,* où l'on croit voir le *Vin,* et même le *vin* couler : *transiens* ; — *Vintras,* anagramme à la fois de *Vrai,* de *Saint,* et même de *Seigneur,* par excellence ; et *les Vintras-siens* (le nom donné par les *Calniques de Caen* aux *Abelliens* de Tilly), anagramme presque rigoureuse de : *les Vrais Saints.*

Si vous ajoutez à *Tilly* sa qualification *sur Seulles,* vous avez juste : *les Illustres Elus.*

(**) *Nonne hic est fabri filius,? Nonne mater ejus Maria?* Matth. XIII, 55..
« Je vous le dis en vérité, dit le Sauveur aux princes des prêtres, les publicains et les pécheresses vous précéderont dans le Royaume : *Publicani et Meretrices præcedent vos in Regnum Dei.* XXI, 31.

(***) Le nom de *Pierre?* comme afin que les *pierres parlent plus que jamais : Lapides clamabunt.* (Habac. II, 2 ; Luc, XIX, 40.)

(****, Il est infiniment remarquable que la plupart des hommes miraculeux des derniers siècles aient reçu au *Baptême,* c'est-à-dire le plus involontairement du monde, le nom que nous appellerions volontiers *Michel-Ange* et *Raphaë-*

le nom inouï et ineffable de : STHRATHANAEL (*). C'est-à-dire, selon les racines les plus éclatantes des langues hébraïques et orientales (ce que Pierre-Michel, à ne le considérer, à ne l'entendre parler ou écrire qu'au point de vue ordinaire de la théologie et du talent purement humains, est éminemment et au plus haut degré) : *Clairon Puissant de Dieu.*

L'homme en question, si extraordinaire, si prodigieux, si miraculeux, l'Homme-Miracle, on peut le dire, est un ensemble de miracles en effet. De quelque point de vue, de quelque côté qu'on le considère personnellement, il étonne quand il ne ravit point. Aux yeux de toutes les personnes qui l'ont connu ou suivi depuis l'enfance, c'est-à-dire depuis l'âge de 15 ans jusqu'à celui de 30, qu'il a vu Dieu pour la première fois, et même jusqu'à cette grande année 1850, où il le voit incessamment, Pierre-Michel n'a comme pas changé. Sa taille est petite, son corps moyen, son allure légère, sa mise simple, sa physionomie caractérisée, gracieuse, et, comme on dit, *revenante* à tous (**) : au dernier comme au premier venu, au paysan comme au citadin, à l'homme instruit comme à l'ignorant, à l'homme du plus grand monde comme à celui du plus bas.

L'homme intérieur est encore plus digne d'attention. Il fut toujours, et il est, encore aujourd'hui, l'homme illettré par excellence. Le peu qu'il a su dans sa jeunesse de parole, de lecture et d'écriture (tout le monde vous le dira dans le pays), il ne l'a pas même appris à l'école... Depuis, et jusqu'à cette année 1850, nul ne lui vit jamais de *livres* quelconques à lui. Et, comme ses anciens jours étaient tous remplis par le travail le plus matériel, ses jours nouveaux sont absorbés par mille travaux absolument étrangers à des études quelconques nouvelles.

Il ne parle, il n'écrit, il ne lit jamais que par hasard, avec le monde le plus divers, et comme pour être agréable à ce monde.

---

lique : *Michel* de *Notre-Dame*; le *Maréchal de Salon* (né François Michel. Voyez ses rapports avec Louis XIV, dans les *Mémoires* de Saint-Simon); et, de nos jours, le paysan d'Allemagne, Voyant du prince de Hohenlohe : Martin-Michel; Pierre Michel, l'orphelin du peuple; et Dieu-donné Michel, l'orphelin des rois.

L'origine et la racine Michaëliques ne sont pas moins merveilleuses dans la première et plus riche langue de la terre : c'est *Micha*, le *Pauvre* ; et *Michas* : la *Pauvreté*.

Le troisième prénom du Prophète est éminemment *français*, comme les deux autres sont angélique ou romain : *Eugène*... le bras droit précisément du premier et du plus illustre des apôtres et martyrs des Gaules : saint Denis, premier Évêque de Paris, et Martyr lui-même à Deuil en Parisis...

(*) La base de ce nom écrit est elle-même parlante : c'est une Longue Croix courbée, portant, à son tour, sur trois caractères hébreux, significatifs de : *Crucifié au Saint-Esprit.*

(**) Une femme d'infiniment plus d'esprit naturel que de foi aveugle a dit, après avoir vu et entendu le Prophète une première fois : « Qu'il est beau ! tout autre que lui serait laid à sa place. »

Sa plus simple parole, sur la plus simple chose, est courte et pittoresque. Son écriture est autre : affectueuse dans la famille et en amitié ; élevée, et tout de suite élevée, et infinie, céleste ; et comme intarissable, et démonstrative, du moment qu'il est mis sur la voie de la métaphysique céleste.

Le son de sa voix lui-même, et la forme minutée, rapide et lisible de son écriture, même les plus ordinaires, ont un cachet de spiritualisme qui devient éclatant tout d'abord, du moment que l'homme s'est fait ou va se faire surhumain, Prophète et Ange.

Pierre-Michel, vu ou entendu en général, est, comme intelligence humaine, plein et resplendissant de tous les dons, et, dans toute la force du mot, encyclopédique. Dans sa jeunesse laborieuse, et dans son industrieuse pauvreté, il s'est vu, et il n'a pas craint de se voir, dans six ou sept professions successives, comme les meilleurs du monde, et les élus futurs, la dupe de sa bonne foi et de tout le monde, voyant Dieu pour l'indemniser en définitive. Cela seul, si on y pensait bien, expliquerait, et ferait admirer les quelques petites Justices criantes des juges ou des conseillers *normands* qui ont donné tort au jeune homme divin.

Il possède, à des degrés saisissants, toutes les sortes d'intelligence ; mais celles de la famille plus que celles de la société, celle de la campagne plus celle de la cité. Il fait admirablement bien les plus petites choses usuelles nécessaires, utiles à la vie commune ; et il réalise à la lettre le mot célèbre du bon sens antique : *Faire bien ce qu'on fait actuellement.* Ce qu'on a lieu de présumer des occupations de saint Joseph à Nazareth, il l'accomplit. Et le même homme qui est appelé à tonner dans les nues le Vendredi Saint de cette année, et à ravir dans le Ciel l'esprit de son auditoire le jour de la Trinité par exemple, s'était, la veille, montré tour à tour simple balayeur en petite blouse des pauvres chambres de Tilly, et ingénieux et magnifique artiste à tresser des couronnes de fleurs et à improviser des autels pour la procession du Saint-Sacrement. Aujourd'hui serviteur de la messe, enfant de chœur inimitable, chantre et poète de cantiques, comme l'était le séraphique saint François d'Assise ; demain, s'il le fallait, saint Bernard sublime, promoteur d'une croisade véritable ; Pontife Souverain modèle dans la vieille *Saint-Pierre* de Rome ; et même enfant privilégié du Roi des Rois au Temple nouveau de Jérusalem !

Nous avons admiré tour à tour son aisance dans le premier salon de la capitale, et l'aisance des autres avec lui dans les plus pauvres asiles.

Considéré, étudié surtout comme orateur spirituel et théologien, la voix ne lui manqua *jamais* plus que la mémoire la plus heureuse et l'exactitude la plus orthodoxe. Tantôt devinant la langue de l'Académie, et tantôt créant celle du peuple, comme n'eussent pas fait le Dante et Shakespeare. Ses pléonasmes eux-mêmes ne sont jamais que des variétés et des plénitudes. Et jamais dans ses longueurs les plus démesurées, il n'a trouvé un auditeur quelconque impatient.

Lorsque l'homme est à l'état de Prophète (et il y est dans toutes les grandes circonstances, à toutes les grandes Solennités du Christianisme et de l'Eglise), c'est bien autre chose ! Jamais, depuis la création peut-être, parole humaine, dans un auditoire petit ou dans un immense auditoire, n'a été en même temps, ou tour à tour, plus naturelle, plus consonnante, et plus sonnante, plus à l'ordre du jour et de l'heure des yeux qui voient, des oreilles qui entendent, de l'âme qui a besoin, du cœur qui désire, et de l'esprit qui comprend.
— Du sublime au ridicule il n'y a qu'un pas. La femme la plus spirituelle, et même la plus éloquente et la plus célèbre de ce siècle, Mme de Staël, après s'être efforcée, par des citations, de donner une idée de la force de l'éloquence de Mirabeau à la Constituante, ajoutait, comme on sait : ... « que serait-ce si vous aviez vu le monstre? » Nous qui avons entendu Pierre-Michel, tour à tour au sein de Paris et dans un village de Normandie, et qui n'avons jamais pu entendre un moment, et surtout une heure, sans rire ou sans gémir, les plus fameux discours des Berryer ou des Lacordaire du jour; après avoir fait admirer à Lamartine et à Lamennais telle page ordinaire de Sthrathanaël, nous dirions : Que serait-ce si vous aviez vu le Dieu : *Quis ut Deus?*... Nous n'avons jamais ouï Pierre-Michel en un des grands jours de la Foi catholique sans nous figurer un Archange en pleines nues, faisant entendre la Voix de Dieu à tout le globe levant les yeux et les mains au Ciel, et sans nous dire, et dire même autour de nous : « Je voudrais que la terre tout entière pût l'entendre. » Les plus courus et les plus coureurs des orateurs des chaires *politiques*, tous les *Lacordaire* du jour qui eussent été là, auraient été les premiers à s'évanouir ou à rougir.

C'est, en somme, le seul homme du monde qui nous aura jamais étonné...

Mais si telles sont les apparences, l'écriture et la parole de Pierre-Michel, quel n'est pas le caractère de sa personne, et quelle pas la dilection de sa vie! L'air si simple que nous lui avons attribué n'est que la réflexion de son affabilité ineffable, de ses dons particuliers d'aimer et d'être aimé de tous ceux qui n'ont pas eu le malheur de dédaigner de le connaître tant soit peu. Ce sont à la fois les deux qualités si recommandées par le Saint-Esprit : la simplicité de la colombe et la finesse du serpent. L'homme en lui se fait, du matin au soir, tout à tout, et principalement tout à tous. Il a sans cesse le cœur *présent* comme l'esprit, soit qu'il écoute, soit qu'il parle, soit qu'il écrive (et il répond souvent à vingt lettres par jour). Enfant avec les enfants, homme avec les hommes, fraternel... avec le pauvre, libre avec le riche, respectueux et soumis avec l'évêque qui l'a condamné d'avance ; et, ce qui est encore plus difficile et plus méritoire, époux avec dignité, et père avec effusion. Réalisant, en définitive, ou personne jamais, la maxime chérie de saint François de Sales : *ne jamais rien demander, ne refuser rien jamais.*

Mais en lui toutes les autres vertus de l'homme divin sont encore surpassées par l'humilité. Ou plutôt elles se réduisent toutes à une humilité profonde et permanente. Lorsque tout ce qui l'entoure depuis des années, d'Ames, d'Esprits, de Dévouements, et même de Noblesses extraordinaires, lorsque, chaque jour, des personnes nouvelles, et même des personnages nouveaux sont, de loin ou de près, par des lettres ou par des visites, à l'état d'admiration ou de vénération vis-à-vis de lui..; lors surtout que dans ses Élévations ou dans ses Instructions les plus ravissantes du jour, il est, pour ses auditeurs, à l'état céleste : — qui le croirait ? et pourtant rien n'est plus vrai ! il est le seul à s'ignorer. . C'est le soir, et quelquefois longtemps après, dans une réunion de récréation, dans le cénacle privé, ou dans une promenade, qu'il est à apprendre telle ou telle de ses magnificences... Et le plus simple de ses auditeurs fait, ici, pour l'Homme de Dieu, *office de Dieu.*

Et tant de qualités diverses, toujours, sans que jamais le plus habile scrutateur l'ait trouvé en défaut de lui plaire, et se soit trouvé en défaut de l'aimer.

On le voit le jour, comme homme, incessamment prévenant, aimant, toujours plus qu'il n'est aimé; comme Prophète, incessamment grave, et comme enivré de l'Esprit-Saint... Qui pourrait savoir (on n'a pu qu'entendre quelquefois, et voir souvent les traces flagrantes de ses labeurs spirituels et corporels), ses veilles, ses prières et ses sacrifices dans les heures que le pire des mondes et l'esprit de ténèbres consacrent à leur pire corruption ?

Dans ses Élévations, souvent de trois et même de quatre heures, ses amis les plus intimes ont quelquefois remarqué après (jamais pendant)... la sueur de sang jointe à celle de l'eau. Et il n'a pas plutôt cessé de parler divinement, qu'en présence du premier venu, le revoilà l'homme, l'ami, le frère charmants.

Et ces qualités grandissent (c'est l'observation universelle) chaque année avec l'éloquence et l'élévation rationnelle de l'homme.

Ne dirait-on pas même que ses organes physiques (*) n'aient pas vieilli le moins du monde, comme pour être tour à tour

---

(*) Nul affaiblissement ne vient jamais troubler les organes, si ordinaires en apparence, de Pierre-Michel. Par un don de petite majesté, dans les Elévations les plus prolongées, on ne l'a *jamais* vu boire de l'eau (comme font tous les orateurs, même de la chaire), ou jeter de la salive.

Et, par une merveille qui paraît tenir du miracle, on l'a vu, cette année 1850, tomber malade à mourir au jugement des médecins divers, la veille de l'*Assomption*, et se retrouver debout et sublime d'éloquence le jour !

aussi bien enfant de chœur à la chapelle de Tilly, et pontife souverain en temps et lieu... Son fils unique est un beau et pieux jeune homme, et souvent on ne les distingue plus : *Intellectum dat Parvulis*. Ps. 118.

Et cela depuis bientôt vingt-cinq années de vie commune, et dix de vie surnaturelle !

Mais depuis autant d'années aussi, les plus anciens amis civils et religieux de Pierre-Michel le disputent en reconnaissance et en amitié pour lui aux plus nouveaux, naturellement si enchantés. Un seul paraît l'avoir oublié, et c'est celui qu'il aime et qu'il recherche le plus.

Pierre-Michel est donc (ou il ne serait rien), spirituellement parlant, sans mérite à ses yeux aucun, tous les grands hommes à la fois, par cela seul qu'il est leur plus humble et le plus fidèle disciple à tous : Élie et Élisée, dans l'antique prescience d'une vie finale ; saint Jean-Baptiste, dans la prescience d'une vie préparatrice ; saint Pierre, dans la Parole, et saint Paul dans l'écriture, convertissantes ; saint Jean l'évangéliste, dans la prophétie générale ; le Pasteur Hermas, dans les révélations angéliques ; saint Thomas d'Aquin, dans la théologie dogmatique ; saint Bernard, dans les avertissements à toute l'Église ; l'abbé Joachim, dans la science du saint Esprit ; saint François d'Assise, dans celle de la pauvreté ; saint François de Paule, dans celle de l'humilité ; et, s'il le fallait, Louis XVI et l'archevêque d'Arles (*) dans celle du Martyre. Et les *Révélations* de Pierre-Michel sont aussi supérieures même à celles de la Sœur Emmerich et de la Sœur de la Nativité, que le troisième ciel, si on peut le dire, l'est au premier.

C'est tout uniment que Pierre-Michel est venu après eux et après elles, et qu'il est le dernier peut-être de tous les Prophètes d'un Dieu qui n'est jamais plus grand et plus généreux que les dernières fois.

Voilà la personne humaine, plutôt ; voici plutôt les paroles, les élévations, les dogmes, et, on peut le dire, les Verbes et le Culte (**) de la Personnification divine.

(*) Ou encore le célèbre Dominicain Richard, Apologiste envoyé à l'échafaud de 1793 pour son superbe *Parallèle des Juifs qui ont crucifié Jésus-Christ avec les Français qui ont tué leur Roi*.

(**) Une dévotion particulière de l'*Œuvre de la Miséricorde*, et révélée comme tout le reste, est ce qu'on appelle la *Croix de Grâce*. Elle est *blanche*, et, pour le dire (dans l'acception la plus élevée, et réhabilitée, du mot), *Pure et Simple*. Comme pour apprendre d'une façon nouvelle, au plus fidèle, qu'il est appelé plus que tous les autres, et plus que jamais, à s'y crucifier enfin lui-même à la place de Jésus, plus que jamais Crucifié seul !...

La plupart, quasi tout le monde, et surtout les *Historiens ecclésiastiques*, ne savent pas que durant les meilleurs de tous les âges du christianisme, ceux des martyrs, des confesseurs, des pères et des docteurs de l'Eglise, nul évêque, nul laïque surtout, n'eût osé demander au sculpteur ou au peintre, ni celui-ci figurer ce que nous appelons *un Crucifix*. Il eût comme eu peur de commettre un sacrilége, et de renouveler le déicide.

Et d'abord une des Prières de l'homme : celle *à Jésus-Christ !*

« Jésus crucifié ! Jésus en croix ! comment se fait-il que je me trouve si souvent en face de vous et que ma perfection n'augmente pas ? Comment se fait-il que vous m'ouvriez-vous même le livre de votre amour, et que je sois encore si ignorant dans le bonheur de vous aimer ? Mon esprit est donc profondément impressionné dans l'indifférence, pour qu'il reste étranger à un tel spectacle ? Mon âme est donc bien dégradée, pour rester impassible devant son rachat et sa victime ? Mon cœur est donc bien corrompu, qu'il ne se sente point touché en présence de tant de douleurs et de tant d'amour ? Mon Dieu, est-ce que je suis déjà dans la tombe ? Car le Roi Prophète a dit : « Les morts ne vous comprennent « point dans leurs tombeaux, c'est pourquoi la louange et la « bénédiction ne montent point du sépulcre vers vous ! »

«Oh ! pourtant, ce n'est point un rêve ni une illusion : c'est bien vous que je vois, vous, Jésus-Christ ! vous le Verbe éternel ! Dieu comme votre Père ! c'est vous, ayant pris mes traits et ma forme, pour expier mes crimes ! C'est vous, le Fils du Très-Haut, descendu de votre gloire essentielle pour revêtir ma propre bassesse et ma honteuse dégradation ! C'est vous, l'adoration, la joie, le ravissement de toute pureté, de toute grandeur, de toute sainteté, de toute perfection, c'est vous que je vois étendu sur cette croix, n'ayant pour tout vêtement que l'anathème que m'ont attiré mon orgueil, ma vanité, mon ingratitude et mon égoïsme ! C'est vous par qui toute magnificence a été créée, vous qui n'avez eu que des pensées d'amour dans tout ce que vous avez créé ; c'est vous que ma perfidie a attaché sur cette croix comme un criminel, comme un infâme sur un gibet ! C'est vous, mon Dieu ! qui vous êtes fait vraiment homme pour que je vous connaisse mieux, pour que j'entende plus distinctement votre voix ; pour que mes yeux, mes mains, mes pieds, vous voient, vous appellent, vous bénissent et vous suivent !... Vos mains sont étendues comme l'éloquence de la miséricorde ; elles sont clouées, pour que j'aie tout le temps de répondre à leur appel. Vos yeux sont fermés, comme pour ne pas voir les jours qui passent devant vous redisant hautement la continuité de mon impénitence. Vos oreilles sont fermées entre moi et votre sévère justice qui a son tribunal dans le ciel : leur étreinte est un ingénieux moyen de votre amour ; c'est pour ne pas entendre les innombrables et trop justes accusations de celui que je sers plus fidèlement que vous. Votre

---

C'est un Français, et un évêque *du Midi* (Arles, dont le dernier archevêque fut le plus remarquable Martyr des Carmes de Paris), qui, vers la fin du premier millénaire, fut l'inventeur et l'adorateur du premier Crucifix.

Il put être et demeurer innocent.

Mais il fut, selon nous, hardi.

Jusque-là, les 33 premiers Papes, Martyrs et Crucifiés, n'avaient mis qu'un *Agneau* sur la Croix.

bouche s'est fermée peut-être en prononçant mon nom. C'est peut-être ce que j'ai fait aujourd'hui, ou ce que j'ai omis de faire, qui a précipité ce dernier sanglot, qui a chassé la vie de votre poitrine en meurtrissant si cruellement vos lèvres, pour les punir d'avoir servi à mon appel et tant de fois à me bénir. Vous pourriez les rouvrir, victime toute-puissante ! mais vous m'aimez trop pour cela : vous attendez que je sois ce que je dois être avant. Ces lèvres, dignes et glorieuses servantes de votre mansuétude, pourraient être employées aujourd'hui à l'énoncé terrible de ma condamnation. Votre tête est penchée, comme si vous vouliez approcher de moi votre bouche adorable, comme si ce devait être vous qui me proposiez le tendre et vivant baiser de la réconciliation ! Vos pieds sont si terriblement déchirés par les clous énormes qui les attachent à ce Calvaire, qu'il est impossible de ne pas voir que vous en avez fait deux fontaines pour y étancher la soif du repentir et pour y nourrir la sincère et véritable contrition.

« Savais-je cela ? mon Dieu ! savais-je cela, ô Jésus crucifié ? Non ! je ne savais rien de tout ce que vous venez de m'apprendre ; je ne savais rien de tout ce qu'en ce moment comprennent mon esprit et mon âme.

» Parlez, parlez encore, sainte et divine victime ! Mes yeux, cherchez, cherchez encore : tout est gloire, tout est fruit, tout est vie, dans cette mort suprême ! tout parle, en fixant le Calvaire ! tout instruit, sur la croix et dans la croix !

« Maintenant, mon Dieu et ma victime ! il faut que tu viennes dans mes bras : c'est cœur à cœur, poitrine à poitrine, que je veux t'adorer, et t'assurer de ta conquête !... Je suis à toi, mais non plus dans la rayonnante espérance du Thabor ; je veux t'appartenir comme ton amour me fait t'appartenir. Brise ma poitrine, Dieu de la croix ! mon cœur y a été trop longtemps sans t'aimer. Arme-toi du trait brûlant et acéré avec lequel tu as ouvert le sein de ton Père ; viens à moi ; brise, déchire ; il faut que mon cœur soit à toi. Laisse-moi approcher de cette plaie sacrée et voluptueuse par laquelle tu as incendié mon âme de la dévorante poésie de ton amour. Que mon cœur vive en toi, et que le tien vienne régner en maître, en roi, dans cette poitrine qui n'est plus qu'à toi.

« Serait-il vrai ? est-ce possible ? quoi, vraiment ! ces battements brûlants et précipités, ces flammes qui déjà s'infiltrent dans mes veines, quoi ! c'est lui ! C'est le Cœur de Jésus !...

« O croix ! ô Jésus ! ô amour ! recevez le témoignage des premiers effets de ma puissance. Que je vous sois une expiation pure et digne, pour tous les crimes commis par moi et par tous les hommes, depuis mon premier jour et le premier jour de tous ; une réparation sainte et aussi glorieuse que l'est votre amour ; une satisfaction aussi immense, aussi étendue que peuvent s'étendre votre courroux et la sévérité de votre justice !... Jésus crucifié ! que votre cœur en moi vous soit ce qu'il a été pour tous à votre Père sur l'arbre de la Croix. Amen. »

Les Dogmes, c'est-à-dire le fonds de l'Œuvre de la *Miséricorde* (la plus grande des choses, et celle qui manque le plus à notre siècle de discordes et de haines) sont aussi les plus faciles à connaître et à justifier. C'est la première théologie, et par conséquent la première et la seule complète philosophie (*) de la création, de l'Angélité et de l'Humanité qu'il y ait encore eue dans le monde ; et aussi la plus nécessaire, car l'ancienne avait fini par tomber dans le néant, au fur et à mesure de l'affaiblissement et de l'indifférence de ses précepteurs.

Elle avait manqué la première origine de l'homme, son *Angélité*; et, par là même, elle avait compromis, tout le reste : et surtout la connaissance des éléments fondamentaux et quaternaires de l'Humanité : I° l'*Esprit* Angélique déchu (**); II° l'*Ame* divine, raisonnable ; III° le *Cœur* Humain, susceptible de bien et de mal ; IV° le *Corps* humain, susceptible de bonnes ou de mauvaises actions. Ce que le Sauveur a dit cent fois lui-même. (V. seulement MATTH. XII, 33.)

Sans la première de ces lois, vous ne ferez jamais entendre, à un enfant comme à un homme, à un ignorant comme à un savant, à un catholique comme à un protestant, la raison de l'*Existence*.

Dites-lui, au contraire, et surtout prouvez lui, le seul beau vers du seul Lamartine :

L'homme est un Dieu tombé qui se souvient des cieux.

Et vous lui aurez *tout dit*.

Et vous lui aurez rendu raison de tout l'Évangile, de toute l'Écriture sainte, qui ne nomme quasi jamais l'homme que l'Ange (V. seulement l'*Apocalypse*. XII, 4, 7 ; XIX, 10 ; et même l'*Enfant* et le *Fils de Dieu;* l'*Héritier du Père*, le *Cohéritier du Fils* ; — et surtout le *Sermon sur la montagne*. V, 9, et le *Pater noster.*

L'Angélité originaire de l'Humanité universelle ; et sa révolte ?... c'est le dogme, du *Péché originel* bien entendu. Ce *Péché* que saint Thomas, l'*Ange* de la science, a qualifié : *moindre que le Véniel !*

Un second dogme, et comme fondamental et final de l'Œuvre de la Miséricorde, est la Miséricorde de Dieu lui-même, infiniment plus grande encore que sa Justice. Et nous ne

---

(*) Toutes choses qui sont excellemment développées et rendues manifestes dans plusieurs publications très-distinctes ; dont *chacune* semble avoir le don de remplacer *toutes* les autres ; et dont la dernière, relue même pour la dixième fois, semble toujours la plus attachante et la plus nouvelle : — la *Septaine ;* — l'*Opuscule ;* — le *Manifeste de l'Œuvre de la Miséricorde, prophétisée en France;* — *les Prisons d'un Prophète* ; — le *Livre d'or* ; — le *Précurseur*, etc., etc.

(**) Il suffirait des versets 4 et 7 du chapitre XII de l'Apocalypse pour le démontrer.

voudrions pour la démontrer, mieux que n'ont fait jamais les plus savants et les plus éminents théologiens du clergé (beaucoup l'éludent, et même le nient) que cette seule parole, d'Eugène Vintras, dans sa Réponse humaine au Supérieur des *Prêtres de la Miséricorde* prétendue : « A vous lire, Monsieur, on serait tenté de croire que ce Dieu si juste aurait fait aux hommes un Commandement qui les ferait plus cléments que Lui-Même. »

Autre grand dogme de l'Œuvre de la Miséricorde : l'Esprit Prophétique et miraculeux, plus grand et plus populaire dans les derniers temps que tous les autres. Et en tant que simple logicien, Pierre-Michel le démontre admirablement, en un mot : « Il suffit à l'Œuvre de la Miséricorde de venir de Dieu
« pour être repoussée. Les Hommes se sont tellement éloignés
« de Lui qu'ils ne peuvent même plus supposer que sa voie
« arrive encore jusqu'à eux. »

De derniers dogmes immenses, ou plutôt d'autres démonstrations immenses de l'*Œuvre de la Miséricorde*, sont la Toute-Puissance de la Papauté et de la Royauté pour le salut public, mais aussi leur responsabilité toute-puissante d'une autre façon ; — les bornes et le terme de leur terrible pouvoir ; — la Toute-Puissance d'une Papauté et d'une Royauté nouvelles, appelées à sauver et à remplacer les vieilles ; et responsables, encore plus peut-être, à leur tour. Toutes grandes et dernières vérités élevées à l'état d'éclat dans le livre de *la Grande Apostasie dans le Lieu saint*.

Depuis plus de dix années que Pierre-Michel s'est rendu manifeste, il n'a pas cessé d'annoncer et les malheurs généraux et les malheurs particuliers de la France (*) et de l'Italie principalement ; le plus souvent avec les noms propres ;... les circonstances les plus frappantes, et jusqu'aux dates précises !

En accomplissement visible de cette Prophétie d'Isaïe : *Audita feci tibi nova ex tunc, et conservata sunt quæ nescis* XLVIII, 6-8.

Et, ce que Pierre Michel a annoncé avant et après tout le reste, c'est l'histoire des combats et des triomphes de l'Œuvre bénie, qui se trouve aussi, littérale et frappante, dans toutes les paroles du Sauveur, de saint Paul, et de saint Jean. Dès l'Ancien Testament, l'Esprit-Saint avait annoncé, et développé *ex professo*, la haine, et jusqu'à la colère que l'esprit profane éprouverait contre l'Esprit plus prophétique que jamais des derniers temps : « *Renouvelez* vos prodiges, Seigneur, dit le Jésus même de *l'Ecclésiastique* (XXXVI, traduit par Sacy); et faites des *Miracles qui n'aient point encore été vus*.

(*) Une des premières journées de *Juin*, Pierre-Michel nous annonça, à trente au moins que nous étions, comme terme de l'effusion du sang, la mort de l'*Image du Grand Modèle*, que nous ne comprîmes tous que trois jours après, par la fin tragique, et si salutaire, en effet, de l'archevêque de Paris.

Glorifiez *votre bras droit*. *Excitez votre fureur*, et répandez votre colère. Pressez le temps et *hâtez la Fin*, afin que les hommes publient vos merveilles. Vérifiez enfin les prédictions antiques ; récompensez ceux qui vous ont attendu longtemps, afin que vos Prophètes soient trouvés fidèles. »

« Malheur à vous, Pharisiens, car vous êtes les enfants de ceux qui ont tué les Prophètes (ce qui prouve qu'ils seront pères, à leur tour, et des prophéticides Judaïques de l'an 40, et des prophéticides Romains de l'an 66 ; et des Inquisiteurs brûlants des hérétiques des dix-sept premiers siècles; et des Inquisiteurs lâches du dix-neuvième). Car voilà que je vous enverrai des Prophètes, des Sages, des Ecrivains, et que, ne pouvant les jeter aux flammes (comme Simon Morin encore en 1663,...) *ad Majorem Dei Gloriam*, vous les flagellerez dans vos Conciles, et les poursuivrez (à la Sainte Table !) de ville en ville : Væ vobis *Pharisæi hypocritæ... quia filii estis eorum qui prophetas occiderunt...* Ideo ecce ego mitto ad vos Prophetas, et sapientes, et scribas,... *et ex illis flagellabitis in synagogis vestris, et persequemini de civitate in civitatem.* MATTH. XXIII, 29-38.

Et saint Paul, lui d'abord persécuteur, ne dit-il pas *aux Romains*, XI, 2, 3 : « Ne savez-vous pas ce qui est rapporté d'Elie dans l'Ecriture, de quelle sorte il demande justice à Dieu : « Seigneur, ils ont tué vos Prophètes ; je suis demeuré tout seul, et ils me cherchent pour m'ôter la vie? » — Et aux Thessaloniciens. II, 15, 16 : « Vous avez souffert les mêmes persécutions de la part de vos concitoyens que les Eglises de Dieu de la part des Juifs, qui ont tué le Seigneur et les Prophètes, et qui sont les ennemis de Dieu et des Hommes : Occiderunt Jesum et Prophetas, *et nos persecuti sunt, et Deo non placent, et omnibus hominibus adversantur.*

Et Jésus-Christ ressuscité, et saint Jean, Apoc. XVIII, 24 : « Et on trouva dans la Grande Babylone nouvelle le sang de *tous* les Prophètes, mis à mort sur toute la surface de la terre !!! »

Une objection que nous avons entendu faire aux Prophéties comme aux miracles de Pierre-Michel, leur satanisme, n'est pas sérieuse : car l'Eglise, comme l'Evangile et le bon sens, a proclamé, ici, la règle. Les choses comme les hommes se connaissent à l'œuvre : *A fructibus eorum cognoscetis eos.* Est-ce qu'ils recueillent sur les épines le *Vin* d'Engaddi?... *Numquid colligunt de spinis uvas?* (Sermon de la Montagne.)

Or, dans l'Œuvre de la *Miséricorde*, tout est *Misericordieux : Ut Misericors fieret.* HEBR. II, 17.

Elle n'est pas suspecte, celle-là, comme toutes les *réformes*, de révolte contre le Pouvoir émané de Dieu : car elle n'a pour objet, et pour effets visibles, que de le faire aimer, et de le démontrer nécessaire dans la plus grande insuffisance de sa personne. Et ses dogmes les plus chers et les plus aimés sont précisément les deux dont, on peut le dire, l'horreur de toutes les hérésies est le caractère; et ceux aussi que Pie IX a le plus à cœur (*) : le Sacré-Cœur de Jésus, et l'*Immaculée Conception* de Marie.

La soumission à l'Église, l'orthodoxie enfin de Pierre-Michel, n'est pas seulement patente et éclatante, elle est sublime. En voici une page entre dix mille :

« Jésus-Christ est muet sur la croix, mais il parle par la
« voix de son Église; c'est elle qui, fière de la divinité du
« Dieu qu'elle a reconnu sous les apparences de la pauvreté
« humaine, crie à tous ses enfants : Courez au Calvaire, là
« je vous ferai connaître l'amour.

« O sainte Église, puis-je être chrétien sans t'aimer comme
« ma mère? Je ne croirais pas en Dieu si je ne croyais pas
« en toi. Quelle auguste fierté quand l'Église droite devant
« tous les siècles nous révèle que Dieu nous aima jusqu'à se
« faire notre frère, et à mourir pour nous! Qui nous a con-
« servé ces paroles : Je ne fais qu'un avec mon Père, ne
« faites qu'un avec moi? C'est en les révélant que l'Église
« nous a conduits, devant son divin Époux mis en croix. Là,
« étudiez l'amour sur la croix, et la croix vous donnera
« l'amour. Ne sachez rien que Jésus-Christ sur la croix, et
« jamais science ne prévaudra contre la vôtre.

« O sainte et divine Église, le seul bonheur est dans ton
« sein. Non, ce n'est pas toi qui fais si souvent couler mes
« larmes : comme ton divin Époux, tu as la science de lire
« dans le cœur de tes enfants. Non, elle ne m'eût pas repoussé

(*) C'est surtout dans ses malheurs, et en exil, et plus particulièrement dans son *Allocution* du jour de la *Purification* à Gaëte, que Pie IX a senti et proclamé qu'il avait tout à craindre de ses alliés, et tout à espérer de l'*Immaculée* et Miséricordieuse Marie... « Elle daignera détourner les fléaux du courroux divin qui *nous affligent à cause de nos péchés*... S'il y a en nous quelque espérance, *s'il y a quelque salut*, c'est d'elle que nous le recevrons, parce que telle est la volonté de celui qui a voulu que nous eussions tout par Marie. »

Et puis, voici un bref du même pape qui renferme une bien autre glorification de l'*Œuvre de la Miséricorde*. Elle est adressée à l'évêque de Rimini : « Rien ne peut certainement être plus doux à notre cœur, plus conforme à nos désirs que de voir croître et se propager partout de plus en plus la dévotion et le culte de la très-sainte Mère de Dieu, l'*immaculée* vierge Marie, notre *très-miséricordieuse mère*. Vous devrez comprendre, vénérable Frère, de quelle consolation a été pour nous votre lettre, par laquelle vous nous apprenez que vous, le clergé de la ville de Rimini, souhaitez avec tant d'ardeur donner à la très-sainte Vierge une marque éclatante de votre éminente piété et gratitude; que vous avez pris la détermination d'orner d'une couronne d'or cette image, qui, sous le titre de *Mère de Miséricorde*, rendue célèbre depuis déjà deux mois dans tout ce pays, *par le prodige du mouvement des yeux*, est, au grand avantage des fidèles, honorée et vénérée avec beaucoup de piété.... A ces causes, nous vous accordons faculté d'offrir *en notre nom*, et *avec notre autorité*, une couronne d'or à cette image de la très-sainte Vierge, honorée sous le titre de *Mère de la Miséricorde*.

« De plus, par notre autorité apostolique, à tous et à chacun des fidèles qui visiteront l'église où est placée l'image sacrée, et la prieront de cœur à nos intentions et à celles de la sainte mère Église, nous accordons, *dans la Miséricorde du Seigneur*, indulgence plénière.

« Donné à Rome, près Saint-Pierre, le 25 juillet 1850, la cinquième année de notre pontificat.   « Pie IX, Pape. »

« d'une main sévère, si elle m'eût entendu lui dire : Mon cœur
« s'est tout-à-coup trouvé épris pour Jésus-Christ à un tel
« point que sa croix, comme un cachet brûlant, s'est im-
« primé sur ma poitrine ! — 29 novembre 1840, à la prière du
« soir.

« M'aurait-elle traité d'imposteur, cette Église, si elle m'eût
« vu comme Dieu me voyait, douze jours et douze nuits
« inondant des larmes de la crainte un crucifix auquel je
« demandais la préservation de toute erreur? M'eût-elle jeté
« dans les mains de ceux qui ne pouvaient me tenir qu'en
« m'accusant de crime?

« O sainte Église ! combien dans ma captivité ne t'ai-je pas
« crié, baigné de pleurs et poussant des sanglots : Ma mère,
« ô ma mère, la mort, mille morts, mais que je ne cesse pas
« un instant d'être votre fils ! O épouse divine, ô voix d'amour
« et de vérité, se pourrait-il que te criant de toutes les forces
« de mon âme, je crains, j'ai peur de la lumière que j'aper-
« çois, si elle n'était pas conforme à celle dont tu m'éclaires,
« que deviendrais-je? Se pourrait-il que, rassuré par une
« volonté de t'appartenir sans réserve, d'être tout à Jésus-
« Christ par toi, mes supplications, mes nuits de prière
« à Marie, et les prières d'âmes pures ne me vinssent pas
« en aide?

« Que devais-je faire que je n'aie pas fait? Je suis tombé
« aux genoux du pasteur du diocèse, j'ai béni sa voix lors-
« qu'en courroux elle m'a lancé les plus injurieuses épi-
« thètes !

« Hélas! tout semble craindre ma justification ! Ce n'est
« point à ma mère la sainte Église romaine que je jette ce
« reproche ; elle ne me traiterait pas d'aveugle volontaire
« quand je lui dirais : J'ai demandé la lumière, et pour toute
« réponse on m'a traité de menteur. Aveugle volontaire,
« quand je vais moi-même me jeter sous les flammes bril-
« lantes du sacerdoce ! quand mes cris, mes pleurs ne
« cessent d'appeler à moi les ministres de l'Évangile! quand
« je suis las de supplier et de faire supplier que l'Église
« vienne à notre secours !...

« Oserait-on m'assimiler à ces monstres dévastateurs des
« champs paisibles de Jésus-Christ? Calvin a-t-il jamais dit
« à l'Église : Ordonnez, épouse de Jésus-Christ, et je vous
« sacrifie mes orgueilleuses lumières?

« Oh ! que la sainte autorité se lève, qu'elle *parle de la voix*
« *d'épouse,* qu'elle pèse, qu'elle examine, qu'elle juge; elle
« n'aura jamais été plus aimée par ceux qui attendent son
« assentiment ou sa condamnation »

Aussi, lorsque les hérétiques disent : « Nous sortons de
« l'Église ; » les derniers Fidèles, au contraire, si on les en
faisait sortir, l'*escaladeraient* volontiers, comme il est dit du
Ciel.

Les miracles de Tilly, eux, sont en harmonie avec le Thaumaturge et le Prophète. *Miracles*, on peut le dire, *de Miracles*. Ils sont tels qu'il ne s'en est jamais vu ; tels, que jamais les douze Apôtres, que jamais le Sauveur lui-même n'en fit, en conséquence, de ses propres et éclatantes paroles, les unes rapportées aussi par son Disciple bien-aimé, dans la Cène : *Qui credit in me, opera quæ ego facio, et ipse faciet, ET MAJORA : Quia ego ad Patrem vado.* JEAN. XIV, 12 : — les autres, dans le premier Sermon de saint Pierre, aux *Actes*, II, 19 : *Et in novissimis diebus*... *Et dabo Prodigia in Cœlo sursùm* (la Croix de Migné), *et signa in terrâ deorsùm, SANGUINEM et VAPOREM fumi* (*) ; — et ces dernières paroles de Jésus ressuscité, dans l'Apocalypse : « Ils auront le Pouvoir, comme de fermer le Ciel, et de changer l'eau EN SANG : *Claudendi Cœlum et aquas convertendi eas IN SANGUINEM. XI. 6.*

Miracles proportionnés, en effet, à nos derniers temps, plus égoïstes que tous les autres ; à nos intelligences et à nos mœurs, plus spirituelles dans le mal comme dans le bien ; plus et moins eucharistiques enfin que jamais.

Miracles de Sacrifice et de Sang... non sanglants, si on peut le dire, justificatifs de ces paroles mémorables du Sauveur : *Volo Misericordiam, et non sacrificium*.

Miracles Eucharistiques enfin (**), pour faire expier et

(*) Ainsi, les HOSTIES sont annoncées, comme nous les voyons, concurrentes avec la Vapeur : *Et signa in terra, Sanguinem et Vaporem*.

Par une coïncidence curieuse, Salomon de Caus, l'inventeur de la vapeur, et Pierre Michel, le Prophète Eucharistique, reçurent tous deux le jour en *Neus-trie (Terre Nouvelle)*.

(**) Les Miracles Eucharistiques de l'*OEuvre de la Miséricorde* étaient annoncés, et préparés, dans toute la suite des siècles... Ils le furent principalement par les Révélations suscitées en France comme eux (les promoteurs du Saint Sacrement, les Sœurs Julienne et Eve, Hugues de Saint-Cher et Urbain IV, Marguerite de Beaune, Marguerite-Marie de Paray-le-Monial, sainte Mecthilde, sont Français tous), de la *Fête du Saint-Sacrement*, et de la fête du *Sacré Cœur*. La première de ces fêtes fut illustrée à jamais par un miracle non sanglant dont toute l'Histoire ecclésiastique fait foi :... le miracle de Bolsène, lequel eut lieu en 1262, sous le règne de saint Louis, qui « s'empressa, étant en Albigeois, d'aller voir la Sainte Hostie, laquelle était visiblement changée au corps de N. S. » (V. le PRÉSIDENT HÉNAULT.) Et il suscita, on peut le dire, saint Thomas d'Aquin, qui était alors simple professeur sur les lieux mêmes, et qui préluda à sa *Somme* immortelle par la composition de l'*Office de la Fête-Dieu*.

Saint Antonin, archevêque de Florence, raconte ainsi ce miracle dans sa Somme Théologique :

« Un prêtre monté à l'autel, dans l'église de Sainte-Christine, pour y célébrer les saints mystères, prononçant ces paroles ineffables, qui changent réellement et véritablement un pain commun au corps adorable de Jésus-Christ, devient chancelant dans sa foi ; il hésite et doute si cette miraculeuse transsubstantiation est possible.

« A l'instant, le *corporal tout ensanglanté du Sang de Jésus-Christ* décide la vérité, et en affermissant sa foi du ministre, donne un nouveau degré de certitude à celle de tous les assistants. En vain le célébrant, tout effrayé du prodige, s'efforce de le dérober aux yeux attentifs de tout le peuple : le miracle se reproduit sur tout ce qui touche la sainte Hostie, et rend ainsi toutes ses précautions inutiles. Un miracle aussi public ne pouvait manquer de se répandre : aussi parvint-il rapidement jusqu'au pape, qui, après s'en être fait constater la vérité par des hommes dignes de foi, en conféra avec ses cardinaux. Il fut or

effacer les indifférences, et même les horreurs anti-Eucharistiques ! et mille fois plus probants du Saint-Sacrement que toutes les pâles *Démonstrations Eucharistiques* des Gerbet, des la Bouillerie, et même la nôtre !

donné, en conséquence, une procession solennelle et magnifique dans Orviette (où le pape résidait) ; et peu de temps après, Urbain IV donna une bulle, par laquelle il déclarait que la fête du Saint-Sacrement se célébrerait à l'avenir le jeudi après l'octave de la Pentecôte, avec toute la pompe et magnificence possible, afin de confondre par cette solennité (dit le pape) la hardiesse téméraire des hérétiques qui ont osé et oseront désormais attaquer ce divin sacrement, et de marquer plus particulièrement sa reconnaissance pour les bienfaits immenses qu'il contient, l'Église ne pouvant le faire, comme elle le souhaiterait, au jour de son institution, occupée qu'elle est alors à la réconciliation des pénitents, à la consécration du saint-chrême et au lavement des pieds.

« Urbain IV, méditant aussi de donner un nouvel office pour la solennité qu'il venait d'établir, manda le célèbre docteur Thomas d'Aquin, qui professait alors à Orviette, et le pressa de se charger de la composition de cet office. Thomas docile met la main à la plume, et le termine en peu de temps, à la grande satisfaction du pape et de toute l'Église, qui l'adopta dès-lors, et le regarde encore comme un des plus savants et des plus beaux, par l'énergie des expressions et la doctrine de tout le mystère eucharistique. Le *Bréviaire de Paris*, imprimé en 1680, l'appelle admirable : *Admirandum officium*. «

« En mémoire du prodige arrivé à Bolsène, on voit sur les portes de l'église, en bas-relief, le prêtre célébrant la sainte messe. Thomas y paraît à côté, composant l'office du Saint-Sacrement auprès du pape et de sa cour. Dans le lointain on aperçoit Jésus-Christ qui, regardant le Docteur angélique, lui semble dire : Vous avez bien écrit de moi, Thomas : Bene scripsisti de me, Thoma.

« On voyait aussi, à Paris, le jour de l'octave de la Fête-Dieu le long du Louvre, dans une des tapisseries de la couronne, le miracle de Bolsène, tel que je viens de le rapporter.

« Le pape Urbain IV, plein de mérites devant Dieu et aux yeux des hommes, mourut la même année. Clément V confirma authentiquement, en 1311, la bulle qu'avait donnée Urbain IV en 1262. Elle fut acceptée des rois de France, d'Angleterre et d'Aragon ; ce qui détermina Jean XXII, successeur de Clément, à la publier de nouveau en 1316. Elle ne fut observée généralement pour toute la France qu'en 1318 ; et depuis, cette grande solennité s'est perpétuée dans toutes les églises du royaume.

« Quant à la procession, qui est une des principales cérémonies de cette fête, et qui la rend plus solennelle que toutes les autres, son établissement est dû au pape Jean XXII. Ce n'est pas que dès le XIe siècle on ne fît la procession du Saint-Sacrement ; mais ce n'était que le dimanche des Rameaux, pour honorer l'entrée triomphante de Jésus-Christ dans la ville de Jérusalem, et l'on portait alors le saint Sacrement renfermé dans la boîte ou espèce de sépulcre. Cette procession s'observe encore à Rouen, et s'appelle la Procession du Corps saint....

« Le dernier concile général (de Trente), session 13, art. 5, l'autorisa de tout son pouvoir, et il a fait tous ses efforts pour la venger des insultes de l'hérésie ; il nomme cette procession le beau triomphe de Jésus-Christ, triomphe propre à ranimer la dévotion des vrais fidèles, et à couvrir de confusion ceux qui oseraient l'attaquer dans son sacrement d'amour. Gloire soit rendue aujourd'hui, et à jamais, au saint-sacrement de l'autel ! « s'écriait le savant auteur de cette page, l'abbé d'Auribeau.

(V. seulement les *Histoires choisies des miracles de la Sainte-Eucharistie*, faisant suite au *Monologe Eucharistique*. Paris, 1727 : — l'*Histoire des Hosties miraculeuses* de l'abbé Griffet ; — les *Hosties miraculeuses de Bruxelles*, par Loer, chartreux de Cologne, 1532 ; — l'*Histoire des Miracles du Saint-Sacrement*, etc., par le P. de Cafmeyer ; Bruxelles, 1720, in-fol., fig. ; — les *Remarques historiques* données à l'occasion de la sainte Hostie miraculeuse, conservée pendant plus de 400 ans en l'église de Saint-Jean en Grève, à Paris, par Th. de

Mais d'abord, Miracles d'Hosties profanées,... sortant, et à la lettre, *se sauvant* du lieu maudit au lieu Sauveur :

Les Hosties, d'abord profanées dans le Midi de la France, (le trône du *Démon*, dit le Roi-Prophète) (*), ont comme volé dans le nord, avec des ailes bien autrement angéliques que la vapeur atmosphérique, qui n'en est que *la donnée*.

Depuis, elles n'ont plus guère apparu que blanches et pures pour se couvrir de Cœurs tous artistement dessinés, mais, en des temps divers, plus ou moins enflammés, plus ou moins colorés ou vermeils de sang, plus ou moins nombreux, plus ou moins *emblématisés*. Plus ou moins instantanés, souvent en un clin d'œil et à vue d'œil, selon les mérites et la foi des fidèles. — Le plus grand nombre, par de plus grandes bontés divines, à leur demande *intérieure* formelle et s'opérant loin de Tilly et sur soi-même, ou en son portefeuille. (Cela nous est arrivé, à nous, entre mille autres, Dieu le sait ; et nous irions, grâce à lui, au feu pour le soutenir.)

En somme, il paraît, il est démontré que, par un immense et dernier enseignement du Christianisme et de la Miséricorde, le Christ ne veut rien moins que réunir et absorber, de toute la terre, tout le Sang répandu par lui et par les siens

---

Saint-René ; — la *Sauvegarde du Ciel pour la ville de Dijon*, ou Remarques historiques et chrestiennes sur la saincte et miraculeuse hostie, par Phil. Boulier ; — le *Dilectus candido-rubicundus*, sive SS. Hostia sanguinea carnis specie miraculosa, Augustæ Vindelicorum, in S. Crucis ecclesia benedicta, laudabilis et gloriosa per sæcula V.; Augustæ, Utzschdeiderin, in-12 ; — *De' miracoli del santiss. Sacramento*, raccolti già dal R. D. Nicol. Laghi da Lugano, con l'istoria de' sacri corporali di Daroca dal Girolamo Canini, etc., etc. ; in Venetia, Bertano, 1628, in-4°. fig., etc., etc.)

La révélation, l'institution et les progrès récents immenses de la Congrégation du *Précieux Sang*, et du culte du *Mois de ce Sang* (*Juin*, comme *Mai* est celui *de Marie*) par le jeune Buffalo, mort à la fleur de l'âge, il y a peu d'années, après avoir refusé le chapeau de cardinal ; et dont on suit la canonisation ; et les nombreuses Stigmatisées nouvelles d'Italie, du Tyrol, et de France, depuis l'Ursule Véronique Giulani ; jusqu'à la sœur Emerich, la jeune et belle Maria Morl, la pauvre Domenica Lazzari, et la Thérèse, épouse du *charpentier* de Provence (*), sont des conséquences ou des causes secrètes du *Culte* final prédestiné *du Sang* pacifique, et de la grande Œuvre de Tilly.

Toutes choses et toutes personnes glorifiées par une grande Fête et un solennel culte nouveau (double majeur) dans le dernier Breviaire romain, sous le titre de : *Officium Pretiosissimi Sanguinis* Domini Nostri Jesu-Christi ; avec cet *Antiphone* magnifique : Vestitus erat veste *aspersâ sanguine*, et vocatur nomen ejus Verbum Dei ; et cette Hymne : Placari *potius Sanguine* debuit,

Et *nobis veniam* dare.

(*) C'est aussi un... Evêque du *Midi*, qui, par un rare privilége satanique, violant d'un coup et hypocritement sa foi en Dieu et la confiance d'un saint prêtre de son diocèse, ne supplia celui-ci de lui montrer son *Hostie* adorée, avec serment de la lui rendre, que... pour la jeter à son feu.

En temps et lieu, le même Prélat-Comte romain ferait brûler sur son parvis le Prophète *eucharistique!*... Mais nous apprenons qu'il est en voie de regret ; et qu'il a été plus frappé qu'un autre de la divine *Peinture* de Saint-Saturnin, obtenue peut-être en expiation des sacriléges du *Midi*.

(*) Les toges *pourprées* des *Princes* de l'Eglise elle-même, et jusqu'aux bonnets *rouges* et au nom calomniateur donné aux blancs par les *noirs*, sont de dernières réflexions d'une immense et divine vérité.

depuis le jour du Calvaire. A cette fin, de faire proclamer mieux que jamais, aux derniers jours du monde, et pour le salut du monde, les trois plus beaux vers de la poésie du monde :

> Tonne, frappe, *il est temps,* rends-moi guerre pour guerre :
> Mais dessus quel endroit tombera ton tonnerre
> Qui ne soit tout couvert DU SANG DE JÉSUS-CHRIST ?

Et, pour couronner les miracles de sang, et ravir aussi bien les yeux, l'odorat, et jusqu'au goût sur la terre en même temps que l'esprit et le cœur : — Miracles, plus ou moins permanents de Baumes (*), sur les Hosties, sur le Vin, sur les chapelets, etc., sur les autels ; quelquefois dans toute la chapelle. Oodoriférants à ce point de surexciter le vieillard comme l'enfant ;—Et Miracles inouïs de Vin : car le Vin, à Tilly, n'est pas seulement transformé en eau, comme à *Cana,* il est (et quelquefois instantanément, et en public) créé de rien dans le Calice ! Et le vin de la froide Normandie est *sept fois meilleur* que le *Lacryma Christi* de l'Italie ! Et une de ses gouttes suffit à *réjouir le cœur* de l'homme, comme il est écrit et prédit !

Et ces merveilles, tous les jours, souvent plusieurs fois le jour (**), plus particulièrement à Tilly et dans la Chapelle :

(*) Les *Parfums* sans fin eux-mêmes, qui ne sont qu'un accessoire de toutes les choses et de tous les lieux, et souvent des personnes mêmes de Tilly, les parfums (dont Mgr Robin en particulier a fait, presque autant que de la scène de *cavalcadour* prêtée à Pierre Michel, ses *gorges chaudes*) forment eux-mêmes le sujet d'une grave et immense prophétie de saint Jean. V, 8 ; selon laquelle le Livre scellé de sept sceaux ne doit s'ouvrir, en temps et lieu, qu'aux effusions de coupes d'or pleines de parfums, par les 24 premiers serviteurs de l'Agneau : *Phialas plenas odoramentorum,* quæ sunt *orationes sanctorum*... (saint Paul, plus hardi et plus clair, va jusqu'à dire que les fidèles ne sont rien moins que la bonne odeur de Jésus-Christ : *Christi bonus odor sumus Domini*).

Et, comme l'Esprit-Saint ne dit jamais une grande chose une dernière fois, qu'il ne l'ait supposée ou dite dès la Genèse, Isaac, figure du Père, de Jacob, figure du Fils : « Je le sens, avant de le toucher ou de le voir : *Ecce odor Filii mei*. Genès. XXVII, 27. — Et l'Epouse, figure de l'Eglise, au *Cantique des Cantiques*. I, 3 : *Courons* aux parfums de l'Epoux : *Curremus in odorem*..... — Et puis, ces paroles plus belles encore :... *Flores apparuerunt in terrâ nostrâ*. II, 12... *Quæest Ista, quæ ascendit per desertum?...Ex aromatibus myrrhæ et thuris, et universi pulveris pigmentarii?* III, 6.

Déjà la Sagesse par excellence avait dit : Quasi *myrrha electa* dedi suavitatem odoris, quasi Libanus *vaporavi habitationem meam*. Ego Mater dilectionis, et sanctæ spei. Eccli. XXIV, 20-4.

C'était encore une admirable et visible figure des Parfums de l'*Eghlemphaël* future, que le nard d'un prix infini que se procure, à tout prix, et au grand scandale de Judas, Marie Madeleine, pour en oindre les pieds de Jésus à la *Cène* chez le bien-aimé Lazare ; qui, par surcroît, embauma tout le *Cénacle ;* et que se plait à rapporter saint Jean. XII, 12 : Maria accepit libram nardi pretiosi, et unxit pedes Jesu : *et Domus impleta est ex odore unguenti.*

(**) On les compte par milliers, et ils se manifestent publiquement, et tous les jours, admirablement proportionnés aux grandes Fêtes de l'Eglise, depuis surtout la Pentecôte de l'année jubilaire 1850.

En sorte que l'évêque, le concile ou le pape qui condamnerait *aujourd'hui* l'*Œuvre de la Miséricorde,* se serait condamné lui même à l'obligation de la

mais aussi, et très-fréquemment, ailleurs, dans les diocèses les plus divers et les plus éloignés, dans le midi de la France comme dans le nord ; à l'orient, comme en occident ; et enfin à Paris, comme en un foyer nouveau, depuis quelques années.

Voilà l'Envoyé de Dieu, dans sa personne, dans sa science, dans ses œuvres ; le voici encore dans ceux qui l'entourent. Et d'abord ils sont annoncés, et véritablement prédits toujours avec lui. Ils le sont en particulier dans le siècle dernier, par l'un des plus vraiment grands hommes ; qui, on peut le dire, a grandi incessamment depuis sa mort (dans la même année que Louis le Grand) ; et qu'aussi l'Eglise, en cela infaillible, est à la veille de canoniser. Nous voulons parler de Grignon de Montfort, qui consacrait sa vie à un apostolat nouveau, et remplissait les plus grandes provinces (la Bretagne et la Normandie précisément), et jusqu'à la capitale, de ses institutions et de ses vertus. Il fonda, en effet, d'abord avec son patrimoine et seul, et en peu d'années (car il mourut à la fleur de l'âge), précisément les deux Ordres que la Providence destinait à éclairer, à fortifier tous les autres, et peut-être à leur survivre à tous : les *Missionnaires du Saint-Esprit* et les *Sœurs de la Sagesse.*

Le grand Séminaire du *Saint Esprit*, de Paris, qui grandit en effet tous les jours, et se répand dans les deux mondes, lui-même, ne fut qu'une branche de la grande Œuvre personnelle de Montfort. Il la commença, il l'entretint par son compatriote, son ami, son bras droit, l'abbé Desplaces, mort, lu aussi, à la fleur de l'âge, et que tout Paris pleura. Ce séminaire modèle n'était en effet, en un sens, que le secret ou l'accessoire d'humbles *Frères du Saint-Esprit*, appelés, comme laïques et même mariés, à pulluler dans le monde, et à sauver le monde par de la pauvreté et par des actes, lorsque d'autres devaient si fort le compromettre par des paroles et des intérêts : « Bien des grâces et des vertus, disait Montfort, sont et demeureront cachées dans ces *nouveaux Josephs,* JUSQU'AU JOUR où les humbles seront élevés en gloire. » Le premier de ces Frères, dont le nom est encore aujourd'hui béni dans l'ouest et le nord de la France, se nommait *Mathurin.* Il passa 55 ans à catéchiser les populations en même temps qu'à servir les missionnaires ; et Montfort, dont il ne se croyait pas digne de *délier* les souliers, ne se lassait pas lui-même de l'entendre.

D'autres surpassaient Mathurin à d'autres égards : c'était surtout un *Frère Jean*, paysan s'il en fut, dont on disait : *Il parle de Dieu sans rien dire...* Et il disait : *Si j'avais trouvé une communauté encore plus ridicule, j'aurais été la chercher.* — Un troisième s'appelait le *Frère Jacques* ; un quatrième, le *Frère*

---

réexaminer *demain.* (Pie IX refuse depuis quatre ans de la contredire, et un seul concile sur 50, deux seuls évêques sur près de 700, n'ont constaté que sa falsification par deux *abbés* à la suite de l'*Univers,* condamné lui-même depuis par son Archevêque.)

Joseau, dont la *Sœur Florence* s'est plu à écrire la vie sublime.

Quoi qu'il en soit, voici une des pages entre mille où Montfort révélait, en les demandant à Dieu, les successeurs futurs et immortels de ses chers enfants spirituels : « Souvenez-vous, Seigneur, de la *Société* que vous teniez dans votre main dès lors que d'un mot vous tiriez l'univers du néant. Exaucez les desseins de votre *Miséricorde*, suscitez les hommes de votre droite, tels que vous les aurez montrés à vos plus grands serviteurs, à saint François de Paule, à saint Vincent de Paul, à saint Vincent Ferrier, à sainte Catherine de Sienne, et à tant d'autres grandes âmes... Souvenez-vous de vos anciennes *Miséricordes,* et par ces *Miséricordes,* souvenez-vous de cette congrégation; souvenez-vous des promesses réitérées que vous nous en avez faites *par vos Prophètes* et par votre Fils même... Votre Evangile est méconnu; votre religion abandonnée; les torrents d'iniquité inondent toute la terre et entraînent *jusqu'à vos serviteurs*. L'IMPIÉTÉ EST SUR LE TRONE : votre sanctuaire est profané, et L'ABOMINATION EST JUSQUE DANS LE LIEU SAINT. Tout deviendra-t-il comme Sodome et Gomorrhe? Vous tairez-vous toujours? Ne faut-il pas que votre Volonté soit faite sur la terre comme dans le ciel? N'avez-vous pas montré *à vos Amis* une FUTURE RÉNOVATION DE VOTRE EGLISE?... Toutes les créatures, même insensibles, ne gémissent-elles pas sous le poids des péchés innombrables de Babylone, et ne demandent-elles pas VOTRE VENUE POUR RÉTABLIR TOUTES CHOSES? (Ici se trouve la si belle page sur le Règne de l'Esprit-Saint que nous avons rappelée encore mieux à sa place à la fin du § précédent)... *Memento congregationis tuœ.* C'est un choix, une triette de prédestinés que vous devez faire *dans le monde* et DU MONDE : *Ego elegi vos de mundo...* Vous seul, ô Jésus, comme le Roi des Rois, les séparerez du commun, comme autant de Rois, pour les rendre plus blancs que la neige sur la Montagne de Sion... Voyez-vous, Seigneur, les potentats qui font des armées nombreuses, les marchands qui s'assemblent en grand nombre dans les marchés, etc. Et nous, grand Dieu, quoiqu'il y ait tant de gloire et de profit, tant de douceur et d'avantage à vous servir, quasi personne ne prendra votre parti en main?•Quasi aucun SAINT MICHEL (c'est à n'être pas cru) ne s'écriera du milieu de ses frères : *Quis ut Deus?* Seigneur, levez-vous, pourquoi semblez-vous dormir? Levez-vous *dans toute votre Miséricorde* et votre justice pour vous former une union de gardes-corps pour défendre votre gloire et sauver ces âmes qui vous coûtent tout votre sang, afin qu'il n'y ait qu'un bercail, un pasteur et un temple. »

Dans une autre allocution à ses *Frères du Saint-Esprit,* Montfort traite la question de leur *petit nombre :*

« Ne craignez point, petit troupeau, car Dieu a pour agréable de vous donner le Royaume. Vous n'êtes qu'un troupeau si petit qu'un enfant peut le compter : *Nolite timere,*

pusillus grex, quia complacuit Patri vestro dare vobis Regnum.
Et voilà les mondains, les avares, les libertins à milliers pour vous combattre par leurs railleries, leurs calomnies, leurs mépris et leurs violences : *Convenerunt in unum....* Ecoutez Jésus-Christ : « Je vous délivrerai des calomnies qu'on vous impose, des assauts du *Démon du Midi* qui veut vous séduire ; je vous cacherai sous mes ailes ; je vous armerai si puissamment de ma vérité que vous verrez de vos yeux vos ennemis tomber à milliers ; mille mauvais riches à votre droite, sans que ma vengeance approche même de vous. Ne craignez point votre petit nombre, c'est à Dieu à vous défendre. De même qu'un voyageur pressé d'arriver à une royale cité passe sans s'arrêter à la beauté des contrées, ainsi le Frère du Saint-Esprit, dégagé comme un saint François d'Assise, marche à grande hâte vers la céleste Jérusalem. »

Et toutes ces grandes pensées, toutes ces prophéties, superbes déjà d'accomplissement, Montfort semble n'avoir composé, que pour les développer, son magnifique *Traité de la vraie dévotion à la Sainte-Vierge*, dont trois Éditions, approuvées et glorifiées par le savant et vertueux évêque de Luçon, en annoncent bien d'autres.

Dans l'impuissance d'analyser un chef-d'œuvre, nous nous contenterons de le faire rechercher et de le faire aimer par une page : « Je prévoyais bien des bêtes frémissantes qui viennent en foire pour déchirer ce petit écrit, et celui dont le Saint-Esprit s'est servi pour l'écrire. Ils attaqueront de même et persécuteront ceux qui le liront. *Tant mieux !* Cette vue m'encourage et me fait espérer un très-grand succès, c'est-à-dire un grand escadron de vaillants soldats de Jésus et de Marie, pour combattre le monde, le démon et la nature corrompue dans les temps périlleux qui vont arriver *plus* que jamais. *Qui legit intelligit. Qui potest capere, capiat.*

« C'est par la très-sainte Vierge Marie que Jésus-Christ est venu au monde, et c'est aussi par elle qu'il *doit Régner* dans le monde... Elle est la fontaine scellée (*Alma*) et l'Epouse Fidèle du Saint-Esprit, où il n'y a que lui qui entre. Marie est le sanctuaire et le repos de la sainte Trinité, où Dieu est plus magnifiquement et divinement qu'en aucun lieu de l'univers, sans excepter sa demeure sur les Chérubins et les Séraphins. Marie a été inconnue jusqu'ici, et c'est une des raisons pourquoi Jésus-Christ n'est point connu comme il doit l'être. Si donc, COMME IL EST CERTAIN, LE RÈGNE DE JESUS-CHRIST ARRIVE DANS LE MONDE, ce ne sera qu'une suite de la connaissance et du règne de la très-sainte Vierge, qui l'a mis au monde la première fois, et le fera éclater la seconde. »

Quoi qu'il en soit des annonces divines, anciennes ou nouvelles de l'Œuvre de la Miséricorde, cette œuvre, étant unique pour être immense, doit avoir, et elle a aussi des effets immenses, uniques et rares comme elle. Et ces effets seraient

grands, se bornassent-ils à un petit nombre (*) de vertus et de conversions isolées. « Dieu, dit sainte Thérèse, admirée par Leibnitz, a créé le monde entier pour une seule âme. »

(*) Le nombre, en philosophie, c'est-à-dire dans les objets de l'esprit, ne compte pas, par la raison toute simple, qu'il est *matière*; et tout le monde, c'est-à-dire *le plus grand nombre* apparemment, le sent, et même le *crie sur les toits* et dans les rues, par son proverbe : Il ne faut pas *compter* les voix, mais les *peser*. C'est toujours, et le petit nombre, l'infiniment petit nombre, l'unité même, qui sait le mieux, qui sait exclusivement ; c'est lui, c'est elle, qui fait savoir aux autres, aux grands nombres, à tous, ce qu'ils savent. En sorte qu'il, ou elle, les représente tous dans chaque siècle, dans chaque pays, dans chaque localité ; et surtout dans chaque assemblée, ou même dans chaque maison.

De là, en dernière analyse, le motif unique, exclusif de la célébrité, dans les vues de la Providence.

Et les raisons et les faits sacrés et profanes, ici, ne manquent point. Il ne se trouva que huit justes à sauver du Déluge : *Octo homines tantùm salvati sunt.* (GENÈS. VI. — Il ne s'en trouvait pas dix dans les cinq villes des rois de Sodome : *Non fuerunt inventi decem justi; ergo erat ibi multitudo malorum, et paucitas bonorum.* XIX. — Sur 600,000, etc., deux seulement dignes de la première *terre* nouvelle *promise : Duo tantùm erant boni, scilicet Caleb et Josue.* NUMER. I, XI et XIII.—Un seul, et enfant, dans la captivité, Tobie : *Hic solus fugiebat consortia omnium.* I, 5. — D'abord *un*, puis *deux* (saint André et saint Pierre), et enfin 12, et 72 seulement, dignes d'être les Disciples du Sauveur.

Comme la vérité du petit nombre est, après tout, la plus importante vérité, le Sauveur la dit sur la montagne et la dernière, dans ces paroles si connues et si oubliées : « Entrez par la porte étroite, car la large est celle qui conduit à la mort; et le grand nombre entre par elle. Qu'elle est étroite la porte qui conduit à la vie, et combien peu la trouvent! *Quàm angusta porta quæ ducit ad vitam, et pauci sunt qui inveniunt eam*! » MATTH. VII, 13, 14.

Et aussi, lorsqu'il s'agit d'aller aux voix, au jugement du Sauveur, comme à celui de Louis XVI, *tous* s'écrient : *Dicunt OMNES : Crucifigatur.* XXVII, 23 ; Luc, XXIII, 18.— Sans qu'*un seul* proteste : *Non est inventus vir qui se opponeret manifesté morti. Clamaverunt omnes : Non hunc dimittas, sed Barabbam,* JOAN. XVIII, 40.

La lapidation du premier Martyr, comme le crucifiement du Sauveur, est faite à la majorité, et même à l'unanimité : *Et impetum fecerunt unanimiter in eum.* ACT. VII, 56.

Le dernier comme le premier mot des *Actes des Apôtres,* c'est la grande majorité des incrédules ; et tout le monde appelait le petit nombre des chrétiens une secte : *De sectâ hâc christianorum notum est nobis quòd ubiquè ei contradicitur.* XXVIII, 22.

Saint Paul dit *aux Romains* un mot, à cet égard, plus heureux encore : c'est celui du prophète Elie s'écriant : « Seigneur, ils ont tué vos prophètes, et je suis resté seul, et ils veulent encore ma vie : *Et ego relictus sum solus, et quærunt animam meam.* XI, 3. Et Dieu, abondant dans son sens, lui répond : 7,000 seulement dans tout mon peuple n'ont point sacrifié à Baal : *Non curvaverunt genua ante Baal.* 4.

Saint Jean s'élevant plus haut, et confirmant, ici, tous les apôtres et tous les évangélistes, dit excellemment : « Le monde tout entier est posé sur la malice : *Et mundus totus in maligno positus est.* I EPIST. V, 19.

A ce train,... où chercher, où trouver les *petits nombres* des *élus,* sauvés pour être sauveurs ? Serait-ce dans les prétendus *hérétiques,* incessamment rares, persécutés, pauvres, le *seul nombre* vrai de martyrs, de siècle en siècle ; ou dans les *fidèles* prétendus : depuis les nouveaux *prêtres* aussi nombreux (il y en a infiniment plus que de percepteurs, et presque autant que de marchands) que les premiers étaient rares ; jusqu'aux *catholiques* qui commencent à repulluler même en Angleterre, et même jusqu'aux *dévots* qui sont souvent en majorité dans les paroisses ?

Seulement, cette œuvre, comme toutes les œuvres, n'est pas exceptée de l'autre Loi Divine que rien de grand, dans la société comme dans la nature, ne saurait avoir de grands commencements. Le mosaïsme, le christianisme, l'église, les grands types des œuvres grandes, fondées par autant d'individualités personnelles, n'eurent, des années, et même des

La grande vérité du *petit nombre*, qui se sent si bien, alors même, alors surtout qu'on veut la nier, a été démontrée spécialement par saint Athanase, et MM. de Port-Royal l'ont supérieurement développée, à la suite de ce grand homme, dans un volume réimprimé en 1740, sous ce titre : *Discours de saint Athanase contre ceux qui jugent de la vérité par la seule autorité de la multitude.*
 Saint Basile le Grand écrivait aux Ariens (*Lettre* 303) : « Rappelez-vous que ce furent les prêtres, les docteurs et les anciens du peuple qui se mirent à la tête de la conspiration que les Juifs firent contre le Seigneur, et qu'ils furent les premiers à inventer contre lui les artifices et les calomnies pour le perdre ; qu'il ne se trouva qu'*un petit nombre* de personnes d'entre le peuple qui reçurent la parole avec un cœur sincèrement droit ; et que *jamais la multitude n'aspire au salut,* mais ceux-là seulement que Dieu a élus de toute éternité. »
 Bayle lui-même n'a composé le plus fameux de ses ouvrages, la *Comète,* que pour traiter *ex professo* la supériorité du *petit nombre* sur le grand.
 Et le plus illustre et le plus populaire, et quasi l'unique grand poëte des Romains, Virgile, s'est élevé, et dans son *Elysée* (d'*Elie,* et d'*élus*), jusqu'à la vérité du petit nombre des élus du vrai paradis :

  . . . . . . *Pauci quos æquus amavit
  Jupiter aut ardens evexit ad æthera virtus.*

 Seulement, le *petit nombre* d'un ordre quelconque de fidèles ne manque jamais de *précédents,* et ne cesse jamais de progresser.
 Historiquement, et dogmatiquement, l'œuvre de Pierre-Michel se rattache à une suite d'œuvres surnaturelles analogues, plus ou moins retentissantes dans le monde spirituel, car Dieu ne procède jamais tout d'un coup : en dernier lieu à celle de Martin de Gallardon, et surtout à celle des *Trois Maries,* qui comptait dans ses affiliés les plus zélés le Roi et la reine d'Espagne ; et surtout l'empereur Alexandre, qui fit venir et demeurer plus d'une année a sa cour (de septembre 1819 au printemps de 1821), comme pour être témoin de sa conversion au catholicisme et de son baptême, la célèbre *Sœur Salomé ;* et qui fit faire à sa prière des *Triangles d'or pur* à l'usage d'une sainte-Alliance future.
 Il est même remarquable que toutes les choses et toutes les personnes extraordinaires et surnaturelles de la France coïncident avec celles en question, et semblent même l'avoir pour objet : la *Croix de Migné,* longue et penchée sur la France, comme sous le seing de *Sthrathanaël ;* — la *Médaille miraculeuse de Marie conçue sans péché,* le dogme bien-aimé des Révélations de Pierre-Michel ; — les *Visions* de la Carmélite de Tours ;... — celles de la religieuse *Therèse du Saint-Esprit* de Sion, au chant d'un cantique séraphique : *A toi Jésus, à toi ma vie entière,* etc ; — celles de l'extatique de Strasbourg, qui annoncent aussi jusqu'au Prince qui semble scandaliser dans les Révélations de Normandie ; — surtout peut-être l'immortelle Vision de Marie de Ratisbonne, à Rome, la veille même du 21 janvier 1842 : car elle a certainement donné le branle au grand Retour des Juifs, si singulièrement annoncé par Pierre-Michel.— Et enfin les miracles de la sainte Vierge de Rimini, célèbre en Italie sous le titre précisément de *Mère de Miséricorde.*
 Il y a aujourd'hui, dans la seule France, jusqu'à 300 Voyants, plus ou moins connus, plus ou moins stigmatisés, tous laïques, et la plupart révélés et annoncés à Tilly, ou qui y correspondent..... Et Rose Tamisier de Saignon, à Saint-Saturnin, sur laquelle les Préfets, les Juges, les Gendarmes, *Hippocrate* et *Galien* eux-mêmes disent : *Oui,* mais Monseigneur : *Non,* n'est que la 300ᵉ peut-être !

siècles, qu'un très-petit nombre de prosélytes ; et toujours dans le peuple et même dans les dernières classes du peuple. Les ordres religieux, c'est-à-dire les grandes réformes du christianisme, autres individualités, n'eurent pas une conquête et une destinée différentes.

Les Prophètes ne sont jamais autre chose que des fondateurs d'ordre, et des réformateurs en grand. Le caractère de leur mission est de faire, pour les derniers Prêtres, dont le nombre s'accroît avec l'indifférence universelle, ce que les Prêtres anciens faisaient pour les anciens peuples. Mais, comme le clergé, lorsqu'il est mauvais, ou seulement affaibli, est plus prévenu et plus hostile que les laïques contre la vérité, le Prophète que Dieu lui envoie, mal venu et même persécuté, se trouve forcé de s'adresser, non pas au peuple en général, gâté par le prêtre et qui n'a que des yeux ; mais au petit nombre, à la famille isolée qui entoure l'envoyé, et qui, par d'autres raisons connues, ne croit que très-difficilement, et très-peu, à un Prophète sorti de son sein. Plus le Prophète est grand, c'est-à-dire, n'appelant et ne rappelant que les devoirs les plus difficiles et les plus oubliés, ne prêchant que la pauvreté la plus grande, et moins il est écouté. Il ne l'est que des plus humbles âmes, des âmes vraiment privilégiées, et rares. Comme saint Jean-Baptiste, il *prêche dans le désert*. Tel est le secret, et tout le secret, de l'histoire des premières années, et surtout celle des dernières années de l'Œuvre de Tilly.

En somme, elle n'eut, à toutes ses époques, que des petits nombres : c'est-à-dire, en toutes choses, les meilleures. C'est l'une de ses preuves les plus excellentes, et le clergé lui en ferait volontiers sa faute, et même son crime !

Le premier incrédule que le jeune Pierre-Michel trouva dans le monde, ce fut sa femme. Il eut cela de commun avec les plus grands hommes de Dieu, depuis Job et Tobie.... Ses premiers fidèles furent la famille la plus intelligente peut-être et la plus méritoire du Poitou, et que sa seule et constante générosité avait appauvrie. Les autres, de Normandie, du Mans, de la Touraine, et surtout de Paris, sont de même nature. Ceux-ci dans les plus humbles conditions, ceux-là dans les plus élevées (*) ou les plus instruites.... Les médecins, naturellement peu crédules, sont en plus grand nombre. La plupart des autres étaient naturellement très-timorés, très-scrutateurs, et ne se rendirent qu'après l'examen le plus rigoureux. Et puis, tous les amis anciens et nouveaux de

---

(*) Les Sourdis ; les d'Armaillé ; les d'Argeln ; les Narbonne ; les d'Hozier ; les de Maistre ; les Sérionnes ; les Razac (la Baronne de ce nom est revenue à l'Œuvre, dont elle n'*oubliera jamais*, dit-elle, les premières merveilles dans la première *Sainte Paix*, qui, selon son espérance, ne l'oublieront pas davantage) ; les de Balathier ; les Cassini ; les Bérard de Pontlieue, etc.; les comtes de Saint-Didier ; les de Chailly, les Godier, les Boulage, etc., etc.; et jusqu'à l'ingénieur Lacordaire, supérieur au Père en jugement.

l'œuvre, sans exception, sont des catholiques, et les plus zèlés. Les premiers Ecclésiastiques (*) qui furent témoins de ses miracles, sont aussi bien les meilleurs et même les plus autorisés, chacun dans leur ordre ou dans leur diocèse. Aucun n'est suspect d'intérêt humain : ils renoncèrent tous à des cures importantes, se fiant, comme les oiseaux du Ciel, au jour le jour de la Providence. Et quel ne fut pas le courage et le dévouement de plusieurs? Ils allèrent défendre l'orthodoxie parfaite de l'œuvre à Rome, et la propager jusqu'en Angleterre, en Hollande, etc., en Pologne, etc. (ses deux philosophes les plus célèbres, André Towianski et Adam Mickiewicz, Professeur au Collége de France, sont de l'Œuvre).

Les autres merveilles propres de l'Œuvre de la Miséricorde ne sont pas moins dignes d'attention. C'est d'abord sa proportion à tous les âges, à tous les sexes, à toutes les conditions, à toutes les éducations, à toutes les communions, à tous les partis, à tous les lieux. Nous avons vu, nous, donner des raisons nouvelles du Prophète Eucharistique, tel enfant de 7 ans, et tel vieillard de 80. — C'est, ensuite, la solidarité des familles pour appeler ou rappeler à l'œuvre; lorsqu'au contraire, dans le monde, pour écarter un enfant d'un ordre de choses quelconque, il lui suffit d'y voir son père. — Et puis, une remarque faite, aussi vérifiée qu'extraordinaire, c'est la persévérance, et même le progrès rapide en intelligence comme en foi d'un enfant de la Miséricorde. Nous n'en connaissons pas un, et nous en avons étudié un grand nombre, de l'intelligence la plus commune, qui ne soit devenu, et de plus en plus, admirable à raconter ses miracles, à les prouver, et surtout à les faire croire et aimer. Nous en avons écouté, admiré et surpris plusieurs, naguère illettrés, parvenus jusqu'à la plus haute théologie, et faisant de l'Apocalypse *sans le savoir*.

(*) Les Ecclésiastiques convaincus de la divinité de l'*Œuvre de la Miséricorde*, étaient, et sont encore, et plus que jamais, autant de curés de canton et même d'arrondissement, aimés, vénérés même dans leurs paroisses et leurs contrées. Aucun d'eux même n'a cessé de correspondre avec son évêque. Et si les plus savants, et jusqu'aux plus célèbres de Paris (l'abbé Gabriel, l'abbé Maupied, l'abbé de Ratisbonne lui-même, etc.) ne sont à l'Œuvre, ce n'est pas la volonté et la pensée qui leur ont manqué. — Les ecclésiastiques, les plus extraordinaires peut-être de toute la France, le père Magloire, et l'abbé Vianay, sont depuis des années en relation de lettres ou d'esprit avec l'Œuvre bénie. Les évêques eux-mêmes, et surtout les plus éclairés, Mgr Pie, de Poitiers, etc., l'ont supposée, et même approuvée, autant qu'ils en ont eu le courage, jusque dans leurs Mandements. Et tous les prélats du concile de Rouen, les premiers appelés à en être les juges élevés, et lorsque tous les esprits les attendaient là, ont affecté de la respecter! — Les autres Evêques, en niant les merveilles, en font honneur... au démon.

A Rome, la tolérance, et même le respect, sont allés plus loin peut-être encore. Le Père Lamarche, le plus habile des Dominicains de la Minerve, a écrit, à Tilly même, qu'il ne voyait *rien de contraire à la Foi* dans les livres de l'Œuvre, qu'il a *lus*, lui, et que l'infaillible Lambruschini avait condamnés d'avance! — Le Père Ventura surtout en est frappé. — Et, depuis trois années, le Nonce de Rome à Paris (qu'on ne saurait juger par *un mot* échappé, qu'il a

Là, deux simples femmes (*), véritables *Servantes* du Seigneur, se sont trouvées, et demeurent depuis longtemps, des Voyantes que celles de Tours ou de Strasbourg seraient les premières à admirer !

Par une autre merveille de l'Œuvre, elle a fini par faire mentir le proverbe qu'on n'est pas prophète dans sa maison, et par convaincre et transformer, on peut le dire, l'âme qui semblait devoir lui rester étrangère à jamais : celle de l'épouse de Pierre-Michel. Et, nous avons déjà eu lieu de le faire remarquer, son fils est devenu, en moins d'une année, le bien-aimant et le bien-aimé de Tilly.

Et la vertu, on peut le dire, est, là, l'objet et le résultat de la foi. A voir la simplicité et l'humilité du maître, la simplicité et la dignité des disciples, on ne saurait s'empêcher de dire : *Dieu est ici*.

Enfin il faut sans doute compter encore dans les bienfaits de l'*Œuvre de la Miséricorde*, et les preuves de l'avenir que la Providence lui prépare, le soin qu'elle a mis de répartir ses patrons et ses disciples sur toute la surface de la France, sa mère Patrie... Le premier pas de Pierre-Michel a semblé un pas de géant; et le nord de Tilly s'est trouvé le midi d'Agen et de Montpellier. Et, en peu d'années, la prophétie de l'Ère nouvelle est devenue plus ou moins à l'ordre du jour à Rome comme à Paris, et sur la Vistule comme sur la Tamise.

Toutes choses, toutes conséquences, toutes providences qui sont arrivées au christianisme naissant lui-même, et qui prouvent les deux à la fois.

Comme on peut juger parfaitement de la valeur de l'Œuvre par ses amis, on peut l'apprécier aussi bien par ses adversaires (tous inconnus ou nuls) : depuis les procureurs du Roi et les juges criminels de Bayeux ou de Caen, jusqu'au malheureux supérieur Caillau, au triste aumônier Bouix, et au libelliste Migne, de la rue ou de la barrière d'Enfer.

expliqué lui-même), a continué de recevoir et de voir les Ecclésiastiques de l'Œuvre, et de faire passer leurs défenses ou leurs écrits à Pie IX...

(*) Cette *Thérèse* nouvelle (dont l'autre n'était peut-être que la figure), et dont le *nom* littéral se lit dans le *Cantique des Cantiques* (qu'on doit considérer comme l'annonce de la *Vie spirituelle* nouvelle, encore mieux que celle de la vieille vie chrétienne),.. cette Thérèse, que la Révélation a si heureusement re-nommée : *Marie-Thérèse du Saint-Esprit*, et qui semble, aux plus incrédules, avoir les clefs du Ciel sur la Montagne, comme Pierre-Michel dans la Vallée des *Saules*,... par une prédestination extraordinaire, reçut le jour dans une Eglise des Vosges ; et, comme afin d'être plus humble et plus aimée de Dieu avec lui, *le jour même des noces* de ses père et mère ! Et Thérèse, privilégiée en effet toute sa vie, a commencé par être souffrante, et comme morte de douleurs durant vingt-quatre années ; et puis, elle a été l'objet d'une Guérison miraculeuse, constatée, celle-là, aux acclamations de toute la contrée, par un Mandement de l'Evêque de Saint-Dié!...

Aujourd'hui que cette Fille extraordinaire est parvenue naturellement de l'état de miraculée à l'état de miraculeuse, et qu'elle est devenue aussi admirable par ses combats du Démon que par ses possessions et ses victoires divines, la voilà, directement ou indirectement, le sujet et la victime momentanée des dédains et des haines de Mgr Menjaud de la Meurthe !

Un premier et un dernier caractère, aussi avéré qu'extraordinaire, de l'*OEuvre de la Miséricorde*, c'est le malheur, presque instantané, et la malédiction de tous ceux et surtout des plus remarquables de ceux qui l'ont attaquée. Ainsi qu'il est prédit (*) au Chapitre XI, 5, de l'Apocalypse, des deux grands Témoins du Seigneur : *Si quis voluerit eos lœdere, sic oportet eum occidi.*

Ainsi, on a vu tour à tour :

I° L'éloquent avocat de Caen (M. Bardout), qui avait tour à tour accepté et abandonné la défense de Pierre-Michel à la police correctionnelle, en disant qu'*il ne voulait point passer pour fou*, mourir fou en effet !

II° Le fameux théologien de Bayeux (l'abbé Duclos), envoyé à Rome par l'évêque, pour y dénoncer Pierre-Michel, comme devenir *muet* à son arrivée (**), et se trouver réduit à traiter de sa commission *par écrit!*...

III° Un fameux évêque (celui de Strasbourg, l'ex-Précepteur du duc de Bordeaux), monseigneur Tharin (***), l'auteur

---

(*) Dieu ne fait jamais autrement. Voyez-le frapper *tous* les grands juges du grand Pierre d'Olive, le plus grand précurseur de l'*OEuvre de la Miséricorde*, dans le moyen âge. (V. *Fleury*, en 1297, 1312, 1326, etc.).

Les persécuteurs de la Bien-aimée aussi de saint Michel, qui lui apparaissait communément ainsi qu'à Pierre-Michel, Jeanne-d'Arc, elle aussi Prophète d'un Roi vainqueur,... furent tous, et surtout les Apostats, se disant évêques, frappés, et bien au delà, de la peine du Talion.

Nous le lisons jusque dans la *Gazette des Tribunaux* du temps : « On remarqua que les principaux Ministres de la condamnation de cette Héroïne périrent misérablement. Destivet, qui avait fait les fonctions de promoteur dans cette affaire, languit quelque temps dans la plus profonde misère et dans le plus grand mépris ; il fut enfin trouvé mort dans un colombier. Nicolas Midy, qui avait fait la prédication le jour de l'exécution, fut attaqué, peu de jours après, de la lèpre, et en mourut. Enfin, Pierre Cauchon, évêque de Beauvais, ne put jamais retourner dans son diocèse, dont les peuples lui refusèrent opiniâtrement l'entrée. Les Anglais lui firent obtenir, en 1432, l'évêché de Lisieux, dont il jouit jusqu'au 18 décembre 1442, qu'il mourut subitement pendant qu'on le rasait.

« En face du bûcher, était exposée à la vue de la victime innocente un tableau, sur lequel on lisait cette inscription : « Jeanne, qui s'est fait nommer la Pucelle, « menteresse, pernicieuse, abuseresse de peuples, devineresse, superstitieuse, « blasphémeresse de Dieu, présomptueuse, malcréante de la foi de Jésus-« Christ, meurderesse, idolâtre, cruelle, *dissolue, invocatrice du diable*, Apos-« tate, *schismatique, Hérétique.* » ...(Comme le prélat de la Meurthe dit aux Angéliques Sœurs de Sion.)

« D'après les actes du temps, ce qui étonna le plus, ce fut que le bourreau ne put jamais parvenir à brûler le *Cœur* de cette fille, et qu'il fut jeté dans la Seine. »

(**) Ainsi qu'il était prédit par le Prophète bien-aimé de l'OEuvre de la Miséricorde : *Et Lingua eorum contabescet in ore suo.* ZACHAR. XIV, 12.

(***) Mgr Forbin-Janson, qui partageait toutes les préventions de Mgr Tharin, et fut le promoteur mal inspiré de Mgr Menjaud (le persécuteur de Sion), malheureux, et même haï et fugitif durant tout son épiscopat dans la Meurthe, mourut avant le temps, comme son commensal et avec lui, au palais Forbin, où ces deux grands débris (de la prélature de cour) se consolaient entre eux.

Le premier vrai Juge de l'affaire, celui d'*instruction*, fut délaissé à Caen, au point de se voir envoyé, et comme exilé, en Algérie.

Les trois juges proprement dits de Pierre-Michel, visiblement, n'ont pas été

d'une *Lettre à l'Ami de la religion* contre l'œuvre de Pierre-Michel, mourir subitement quelques jours après, et lorsqu'il en écrivait une seconde ;

IV° Le directeur de l'*Ami de la religion* lui-même, se coucher bien portant le soir, et mourir seul la nuit ; — et son successeur dans les outrages prodigués à Pierre-Michel, se voir bientôt mis à la porte de l'*Ami*, et réduit à chercher une existence loin de sa famille, et au delà des mers ;

V° Les deux Aumôniers de la prison de Rennes, où gisait Pierre-Michel, et qui s'étaient montrés personnellement ses adversaires, mourir jeunes, et presque l'un sur l'autre (l'abbé Lehéribel (on dirait *Lucibel*) en 1844, et l'abbé Olivier en 1845);

(VI° « L'Archevêque de Tours, lui, *peu de jours avant sa mort*, écrivit à l'évêque de Bayeux qu'il allait mettre *tout en œuvre* pour forcer un curé de canton à renoncer aux *extravagances* de Pierre-Michel, et nous savons que MM. les vicaires capitulaires font tous leurs efforts dans le même but, » dit textuellement l'*Ami de la religion*).

VII° Un évêque, plus hostile encore à l'Œuvre que celui de Strasbourg, et qui venait d'en rire au presbytère de Bocé durant tout un gala clérical, après la première Confirmation de son épiscopat (Mgr *Paysant* d'Angers), *tomber roide mort* dans la chambre où il allait se coucher ;

VIII° Monseigneur de Nantes, lui-même, qui se vit entraîner à n'être pas miséricordieux pour l'Œuvre, vivre et mourir terriblement d'un anévrisme au cœur ;

IX° Monseigneur Affre, profondément indifférent à l'Œuvre (qui avait converti son propre neveu dans la prison même du Prophète !), au lieu de vivre en apôtre, ou de mourir seule-

---

bénis. — ...Le *Président* fut le premier, et le plus malheureux : peu après la condamnation de l'innocence qu'il prit pour le crime, il conduit sa femme à Paris pour un séjour d'agrément ; et, quelques jours après, il la ramène à Caen... *en cadavre !* A peine remis de ce coup terrible, il perd à la fleur de l'âge son fils de la plus belle espérance, et sa consolation dernière. — Le second juge, « qui paraissait au procès d'une santé florissante, a commencé de souffrir et de dépérir, pour périr dans d'atroces douleurs de foie », nous écrit la plus honorable personne de Caen. — Le troisième juge, M. Sibert, qui vota l'acquittement, est encore aujourd'hui l'un des plus heureux et des plus honorés de toute la ville. — Le même contraste s'est vu même à la Cour royale, qui ne craignit pas de confirmer le jugement. Et le plus hostile est atteint de ce qui fait trembler les médecins eux-mêmes, le *diabète !*

Le Procureur général, lui, est descendu de la haute cour de Caen à la basse de *Bastia*.

Nous savons un dernier fait de la *Justice divine* temporelle qui n'*attend pas toujours*, comme le développe Plutarque lui-même dans son chef-d'œuvre *ad hoc*. Il est arrivé dans une petite ville, et nous en avons été comme témoin. Un beau jour, une Religieuse bien-aimée et bien-aimante de l'Œuvre de la Miséricorde (Sœur Lazarine) qui entrait à l'église s'entend crier comme du chœur : *dehors les Hérésiarques !* Et le dimanche suivant (le lendemain de la *Toussaint !*), le crieur (Notaire de sa profession) tomba mort d'apoplexie foudroyante !... Le pays en fut en émoi pendant quinze jours.

ment la Croix et le Saint-Sacrement à la main, tomber, comme en travailleur, sur une barricade;

X° Mgr Fayet, le persécuteur, en s'amusant, des prêtres, et même des Amis de l'Œuvre dans le diocèse d'Orléans, et s'étant fait d'évêque despote, tribun libre, plus malheureux encore que Mgr Affre, quelques jours après, mis à mort le premier par la *Cholère* divine;

XI° Grégoire XVI lui-même, qui, sans juger (il ne fit que répondre par une lettre privée à une lettre privée), et surtout sans condamner l'Œuvre de la Miséricorde, ne lui avait pas semblé favorable, mourir, en quelque sorte, sans sacrements ! (Voyez-en les preuves romaines dans la *Feuille éternelle*.)

XII. Par un triple miracle justificatif de cette Œuvre, à la fois si terrible et si consolante, *le jour même* où nous écrivons (*), nous apprenons la mort, bien avant le temps, dans la force de l'âge, de celui-là même qui représentait le mieux tous les ennemis et tous les persécuteurs du Prophète, et surtout les pires, les dévots, les mauvais prêtres; du prêtre enfin réputé le plus savant (il est éditeur des *Pères*, etc.); le Supérieur même des soi-disant *Pères* impitoyables *de la Miséricorde* de Paris et d'Orléans, sous le titre de l'*Immaculée Conception*; choisi par tous pour attaquer et diffamer en public, et comme *ex cathedrâ* le Prophète (**). Et, Dieu le sait, nous avions relu et communiqué, comme éminemment prophétiques, la veille encore, ces paroles foudroyantes de Pierre-Michel lui-même, qui forment la péroraison de sa simple, mais incessamment sublime *Réponse* (de particulier, quasi sans lettres aucunes (***) *à l'abbé Caillau :* « Je ne veux pas, monsieur l'abbé, laisser ignorer ma réponse : je vous l'adresse donc pour vous prouver que notre silence devant toutes vos injurieuses provocations n'a eu pour cause ni le sommeil ni l'indifférence. Nous ne pouvions non plus vous craindre ni être effrayés de votre lumière; mais nous suivions Dieu et nous attendions le jour où la lutte nous serait permise si elle devait l'être. Ce jour est venu, LE CIEL A PARLÉ !... Je ne vous remercie pas de vos vœux, parce que votre manière de les exprimer est aussi ironique qu'elle est captieuse. Vous paraîtrez un jour devant Dieu, ET CE JOUR N'EST PAS ÉLOIGNÉ. Votre justice et votre droiture seront interrogées par la Charité; l'a-

---

(*) Aux *Champs* les plus hauts (*Campus excelsus*) de la France, le mardi, 9 juillet 1850.

(**) Son livre est intitulé : *Les nouveaux Illuminés* convaincus *d'extravagance* et d'hérésie, par A. B. Caillau (l'*abbé*, à l'*a, b, c*, en effet), Docteur en Théologie, Prêtre de la Miséricorde, etc.

(***) Avec cette épigraphe de Julien Travers, sur *Salomon de Caus,* l'inventeur de la Vapeur :

    Pour des approbateurs, il n'en avait pas un !
    Et comme Richelieu le trouvait importun,
    Il voulait qu'à ses yeux il ne pût reparaître :
    Cet homme est fou, dit-il, qu'on l'enferme à Bicêtre.

dresse et le talent seront inutiles. Si vous avez jugé sans équité et sans vérité le cœur de votre frère, VOUS AUREZ A PAYER DE VOTRE PROPRE ESPÉRANCE l'outrage et la témérité de ce jugement. Pour nous, monsieur l'Abbé, nous pardonnons avec tout ce que Dieu demande au caractère du pardon. Bien loin de nous abattre, chaque trait acéré que nous décochent la haine et la passion nous fait dire plus haut : Gloire à Dieu ! *Pierre-Michel.* Par la Révélation, STURATHANAEL. »

XIII° Enfin, ne voilà-t-il pas que le dernier venu des évêques (*), l'ennemi naturel de Pierre-Michel, l'interdicteur et le persécuteur de plusieurs saints ecclésiastiques convaincus de la divinité de l'*OEuvre de la Miséricorde,* Mgr Dupanloup enfin, ne s'est pas plutôt vu couvert de la mitre, qu'il s'est senti frappé d'un commencement de cécité... Comme en vertu de ces paroles de Zacharie : *Et oculi ejus contabescent in foraminibus suis.* XIV, 12 ; lesquelles sont suivies de celles-ci : « En ce jour-là (celui où le Seigneur sera le *Roi de toute la terre*) il n'y aura plus de marchand dans la maison du Seigneur. Et erit Dominus *Rex* super OMNEM *terram*; et *non erit mercator ultra in Domo Domini.* 9 et 21.

Il ne faudrait que les termes criminels de la condamnation apparente de l'Œuvre de la Miséricorde par un Pape Roi et par des évêques princes pour en montrer l'innocence et la sainteté. Grégoire XVI (**) commence par déclarer, dans un

---

(*) Et le dernier venu aussi des *desservants* des évêques contre l'*Œuvre de la Miséricorde*, l'abbé Bouix (l'Esprit-Saint parle souvent par les noms mieux que par tout le reste), récompensé d'un plat et violent libelle contre l'*Œuvre*, par le *Canonicat* (recherché même par les chanoines) de *Marie-Thérèse*, en a été presque immédiatement destitué, et, on peut le dire, chassé, et pour cause, et réduit, sans le savoir, à implorer un gîte dans la maison du *Saint-Esprit* de l'*Œuvre* qui, seule, un jour, le sauvera.

A ce train (et si nous ne savions, et pour cause, que le Dieu *Eternel* est plus *Patient* pour les grands coupables que pour les médiocres), nous tremblerions, et nous prions (Dieu le sait), pour Mgr de *Vésins*, d'Agen, qui n'a pas tremblé, mais ri, des Hosties maculées de sa Ville ; — pour Mgr *Thibault*, qui a jeté au feu celle qui était appelée, la première peut-être, à le sauver ; — pour Mgr *Brossais* de Rennes, qui n'a pas su prévenir (comme a fait le digne archevêque de Rouen, sa sorte de Métropolitain, apparemment afin d'expier le zèle, quasi de *Prélat de cour*, qu'il avait mis à excommunier.... Charles Louis) la condamnation de l'*Œuvre de la Miséricorde* ; — et pour le dernier Prélat personnellement persécuteur : Mgr *Menjaud*, presque aussi *fort*... dans le *billard*, que Mgr *Dupanloup* dans l'*article* ou la *brochure* ; Mgr *Sibour*, dans le *Mandement* ; et Mgr *Morlot*,... dans l'*incognito*. — Et nous prions aussi pour Mgrs *Dépéry* de Gap, et *Bruillard* de Grenoble, qui décrient les Bergers (la vérité sort de la bouche des Enfants), et jusqu'à la Vierge de la Salette ; — et pour Mgr *Debelay*, le petit pape d'*Avignon* (toujours fatale à la France, et surtout à l'Italie !) qui vient de *murer* la bien-aimée chapelle de Saint-Saturnin.

Les *Amis de la Religion* et les *Univers* religieux, etc., plus charmés que les journaux du monde, et que jamais, annoncent même que la bien-aimée du Saint-Sacrement, vient d'être *claque-murée* à son tour.

(**) Il y a tel trait de la vie sociale que Dieu suscite, comme il fait un livre, pour montrer lequel, entre deux *prétendants*, est le Divin. Un très-sage, très-prudent, très-théologien curé, frappé, comme tant d'autres, des merveilles de l'*Ouvrier*

prétendu Bref de l'octave de la Fête de *tous les Saints*, à la date de la 13⁰ et fatale année de son pontificat : qu'il n'a pu lire pendant longtemps les livres et papiers relatifs à l'Œuvre, et cela parce qu'il avait de bien autres soucis : *propter gravissimas maximasque curas et sollicitudines*... — Et puis, sans pouvoir citer, par soi ou par d'autres, *une seule parole* hétérodoxe des fidèles de l'Œuvre, il les proclame une société d'Impies : *Novam Impiorum hominum societatem*; et de Scélérats : *Scelestos* (*); et de Démons : *Diabolicæ societatis homines*; et d'hommes perdus : *Perditos homines*; et de vrais loups et sangliers de la forêt pour dévorer les brebis du Seigneur : *Lupi sunt et Apri de sylvâ ad laniandas Dominicas oves*....

Les plus *loups* ou *sangliers* des deux ne sont pas *ceux qu'on pense*.

Nos Seigneurs de Paris, qui n'ont pas été sans lire, eux, et qui n'ont rien trouvé de coupable *extérieurement*, se sont contentés de flétrir la pensée intime, et d'accuser d'*hypocrisie* : « Des débris de plusieurs écoles mystiques, dont les chefs ne sont plus, une secte s'est formée qui essaie d'étendre dans l'ombre ses racines, et qui, *sous le manteau de la piété*, a déjà séduit UN GRAND NOMBRE *d'âmes simples* et ignorantes. Nous avons appris avec un douloureux étonnement qu'elle était parvenue à S'ETABLIR dans quelques-uns de nos diocèses, et qu'elle comptait même quelques prêtres parmi ses adeptes. Elle a pris le nom (il y a des noms si beaux que Dieu n'a pas donné de les salir au démon lui-même) d'*Œuvre de la Miséricorde*. Elle renouvelle des *rêveries* anciennes, déjà condamnées par les conciles. Elle annonce, comme prochaine dans l'Eglise, UNE ÈRE NOUVELLE, qui sera le *Règne du Saint-Esprit*. Sa doctrine sur les Anges, sur la nature humaine, est contraire à la foi. Elle l'appuie sur des révélations et sur de prétendus miracles. Par l'abus le plus impie des choses saintes, elle fait servir même nos plus sacrés mystères à ses pratiques superstitieuses et à toutes les *menées souter-*

---

de Tilly, si supérieures à celles du *Laboureur de Galardon* (que les Ministres eux-mêmes conduisirent aux Rois), et témoin d'un grand nombre, se crut obligé en conscience d'aller en conférer avec le Nonce apostolique, Archevêque de Nicée (où fut proclamée contre Arius la Divinité de J.-C.). Son Excellence, qui croyait représenter le dernier représentant de saint Pierre, et qui devait, la première, aller voir, ou du moins appeler à elle le plus grand homme à la fois du peuple et de Dieu dans l'ère nouvelle (à ne le juger qu'au point de vue philosophique), son Excellence, qui n'en savait rien, si ce n'est l'appréciation provisoire du *Concile* de Saint-Sulpice, lequel n'en savait pas davantage, commença par dire, et ne voulut pas en avoir le démenti à la fin de l'entretien, ces paroles, dont il fera un jour pénitence avant ou après le jour du *Cuncta discussurus*, comme du plus grand péché mortel possible à un évêque : Pierre-Michel? *c'est un polisson*. — Le courtisan d'un roi, Festus, a bien dit à saint Paul : *Vous êtes Fou!* — Les anciens Pharisiens avaient bien dit du Sauveur lui-même : *c'est un Possédé!*

(*) *Cælestos*, plutôt.

raines qui ont pour but la *séduction* et la corruption des âmes. (Et, du milieu de vos conciles... et même de l'*Autel,* comme il vous est *commandé,* vous ne venez pas les voir et les sauver !)

« Le point de départ de ces sectaires, c'est l'*obscurcissement prétendu* de l'Eglise. Oubliant les *promesses* qui lui ont été faites (Vous en avez menti, *Nos Seigneurs*, et vous oubliez à la fois les *Menaces* dont les promesses sont accompagnées ; et les annonces des malheurs même à la suite de celles des *Menaces!*), et qui lui assurent jusqu'à la consommation des siècles l'assistance divine, ils la déclarent *déchue,* et ils se présentent pour la restaurer et la renouveler.

« Nous devions démasquer (mais vous êtes *Orfèvres, Nos Seigneurs-Josses*) ces novateurs et arrêter *autant* qu'il était *en notre pouvoir* (si vous étiez dans le vrai, vous auriez *tout* pouvoir) les ravages qu'ils font au milieu même de nos troupeaux. »

Les procédés de monseigneur Robin, l'évêque (*), c'est-à-dire le patron, le père de Pierre-Michel, sont encore bien autres. Jugez-les par un qui en suppose de pires, raconté, on peut le dire, miséricordieusement par sa victime elle-même, pour justifier un nom que le Jésus de l'*Ecclésiastique* dit plus cher que mille trésors : « *Curam habe de bono nomine : hoc enim magis permanebit tibi, quam mille Thesauri.* XLI, 15 :

« Monsieur l'abbé Caillau, vous avez omis bien des faits essentiels dans l'hymne solennel que vous placez dans ce chapitre à l'adresse de Mgr de Bayeux ; je vais essayer de vous les rappeler. — D'abord, vous me permettrez de vous dire que dès le commencement des opérations surnaturelles que vous accusez, j'en référai à mon confesseur ; il ne m'imposa pas d'en garder le secret. Je lui remis un double de ce que j'avais écrit : il me donna quelques conseils, et ne fit aucune difficulté de m'attendre à une plus fréquente communion. Il ne m'interrogea jamais au confessionnal : quand il avait quelque chose à me dire à ce sujet, c'était toujours chez lui. Je fus obligé de faire un voyage à Paris ; pendant ce temps mon confesseur eut occasion d'aller à l'évêché de Bayeux ; il lut, ou il raconta sommairement le contenu des révélations que je lui avais remis. D'après lui et d'après un témoignage digne de foi, Monseigneur lui aurait dit : Si votre pénitent revient à votre

---

(*) Monseigneur de la ville la plus mal nommée de France : *Bayeux,* où les ignorants, qui sont en majorité dans la Normandie comme partout, *entendent : Bas Lieu,* et même *Bas Yeux...*

Le *Calvados,* dont le nom vient de ses *roches* et de son calvaire, et surtout *Caen,* la ville de *Caïn* lorsqu'elle n'est pas celle de la *Cène* et du *Cénacle*..... ne sont pas, non plus, sans des mystères qui ne font rire ou pitié que parce qu'ils sont graves et même effrayants.

Quoi qu'il en soit, Mgr Robin, naturellement gai et aimable dans le monde, est devenu d'une tristesse profonde, et il est atteint d'une grave affection au *cœur !*...

confessionnal, ne le confessez pas, fermez-lui le guichet, c'est un fou !

« Appelez-vous cela de la charité, de la compassion, de la bonté paternelle? Voilà un fait ! Que devais-je faire alors ? J'attendis que Dieu vînt à mon aide. Je n'avais pas besoin de mon évêque pour savoir s'il y avait dérangement de mes facultés : il y avait sans doute assez de médecins à Caen pour répondre au jugement si peu théologique de l'évêché. Plusieurs prêtres refusèrent de m'entendre, mais le refus de la communion n'avait pas encore eu lieu ; il ne tarda pas, quoique la lettre pastorale secrète ne fût point encore émanée de la plume épiscopale.

« Ce fut pour cette cause qu'avec M. Lemeneur, avocat à Falaise, je me présentai à l'évêché. Jamais mépris, jamais injures ne tombèrent plus abondamment de la bouche d'un évêque que ce jour-là, et sur un homme qui venait à lui avec toute la simplicité du cœur et de la volonté. Sans doute que mes réponses n'étaient pas propres à entretenir ce torrent furieux, car il s'arrêta et m'engagea à m'asseoir. J'en avais besoin : l'homme avait presque autant d'indignation à maîtriser que le prophète devait avoir de patience et d'abnégation à prouver. Enfin, on appela M. Michel, et quatre heures se passèrent sans que l'évêque et le prêtre assesseur eussent trouvé quelque chose à reprendre dans mes allégations. La question même de l'*angélité* ne parut pas blesser la foi de Monseigneur ; il fut dit seulement, par M. le secrétaire général, qu'il y avait là *de grandes hardiesses*. Je fis l'offre à Monseigneur de lui remettre une copie exacte et collationnée de tout ce que j'avais écrit ; il me répondit positivement, par deux fois, qu'il ne voulait rien connaître. Enfin nous nous retirâmes, demandant à Monseigneur sa bénédiction, qu'il nous donna immédiatement. Ceci se passait au mois d'avril 1840 ; et déjà, depuis quatre mois, on nous refusait la confession et même publiquement la sainte communion.

« Que dites-vous, maintenant, Monsieur l'abbé ? La lettre du premier pasteur, cette lettre que vous regardez comme le premier acte portant caractère, n'est venue que dix-huit mois après ma déférence à l'ordinaire, ordinaire qui m'a dit positivement : *Je ne veux rien connaître de cette affaire.* »

Autres temps, autres mœurs ! au siècle de Louis le Grand (libertin et cruel à la fois) Pierre-Michel de Bayeux eût été livré aux flammes, et brûlé vif, à la fleur de l'âge, comme le fut l'immortel inconnu Simon Morin, de Richemont en Normandie, sur le parvis Notre-Dame de Paris, le 13 mars de l'an 1663.

On se contenterait, sans mérite aucun, de faire déguerpir Pierre-Michel de la pauvre maison de Tilly, et d'inscrire à sa porte le distique, qu'on peut appeler *de rechûte* :

    De par Canon, défense à Dieu
    De faire miracle en ce lieu.

TROISIÈME PARTIE.

LE GRAND MONARQUE DU GRAND PROPHÈTE.

Sicut Lilium inter spinas.
SALOMON, *Cant. Canticor*.......

..... *Componitur orbis*
Regis ad Exemplum...............
CLAUD.

... Un Roi sage et qui hait l'injustice,
Qui sous la loi du riche impérieux
Ne souffre point que le pauvre gémisse,
Est le plus beau présent des cieux.
RACINE, *Esther.*

I. La Tradition générale et incessante du Grand Monarque.

Toute l'Ecriture-Sainte, c'est-à-dire toutes les grandes Prophéties et tous les Grands Prophètes, annoncent aussi le Grand Monarque, concurremment avec le Grand Pontife ou le Grand Prophète. Et d'abord le Roi Prophète, et dès ses premiers chants. Il l'appelle le Roi établi par le Seigneur lui-même, pour annoncer ses commandements : *Rex ab eo super Sion, præceptum ejus.* II, 6. — C'est le Grand Monarque, que David appelle tantôt le Roi de Dieu, et même son Christ : *Rex ejus, Christus Suus.* XVII, 51 ; — tantôt le Roi de Gloire : *Rex Gloriæ.* XXIII, 7, 9, etc. ; — tantôt, le Grand Roi : *Rex Magnus.* XLVI, 3, 8, etc., etc. ; — lequel sera Prophète et Roi aussi ; et dont le trône sera puissant : *Locutus es in Visione sanctis, et dixisti : Posui adjutorium in Potente.* LXXXVIII.

Le Roi Salomon, lui, l'appelle tantôt : le Roi Sage qui dissipe les impies par sa seule présence : *Dissipat impios Rex Sapiens.* PROV. XX, 26 ; et tantôt, le Roi Juste parfait : *Rex Justus erigit terram.* XXIX, 4.

Le Jésus de l'*Ecclésiastique* est encore plus remarquable et plus prophète : car il annonce formellement le Grand Roi pour les derniers temps : « Le Roi imprudent perdra son peuple ; et il ne faudra rien moins que Dieu pour susciter un Roi Sauveur » : *Rex insipiens perdet populum suum. In manu Dei potestas terræ : et utilem Rectorem suscitabit in tempus.* ECCLI. X.

Mais c'est surtout apparemment au Livre, et au premier Livre des *Rois*, que l'Esprit-Saint se révèle sur le Grand Roi comme sur les petits. Il est toujours nécessaire pour sauver le peuple ; toujours annoncé, toujours choisi, et élu de Dieu, par le Grand Prophète, dans les plus humbles, les plus oubliés, les plus dédaignés. Le premier, Saül, est aussi le premier exemple de tout cela. Nous avons vu ailleurs l'ensemble de son histoire, en voici les traits les mieux à leur place ici. Il appartenait à la Tribu, bien-aimée, de Benjamin : son père, nommé Cis, en était le plus fort : *Fortis robore* ; et son fils Saül, le meilleur : *non erat vir melior*. IX, 1, 2. Dieu dit au Grand Prophète : Vous l'oindrez dès demain : *Unges eum Ducem*, et il sauvera mon peuple : *Et salvabit populum meum*. Et Dieu lui-même dit à Samuel, en lui envoyant Saül : Voilà l'homme que je vous ai dit : *Ecce vir*. IX, 16, 17. Et le Roi ne fut pas plutôt sacré par le Prophète, qu'il fut Prophète luimême : *Et insiliet in te Spiritus Domini, et Prophetabis, et mutaberis in virum alium*. X, 6 ; et qu'il se trouva comme saint. *Immutavit ei Deus cor aliud*. 9. Et les Belial de dire : Est-ce là un homme pour nous sauver ? *Num salvare nos poterit iste?* 27.

Isaïe annonce l'un ou l'autre, l'un et l'autre des deux Grands Témoins du Seigneur, comme il annonçait Jésus-Christ Lui-Même.

Et dans ces paroles, qu'on entend d'un Dieu, et qui s'entendent encore mieux d'un Roi : « Un petit nous est né à tous, un fils nous a été donné ; et il sera nommé l'Admirable, le Dieu, le Fort, le Père d'un siècle futur unique » : *Pater futuri sœculi*. Son empire sera grand : *Multiplicabitur ejus imperium*. Il s'assièra sur le *Trône de David* son père (Louis XVI est plus grand par son martyre que David par sa pénitence) *super Solium David Sedebit*. IX, 6, 7.

Et dans celles-ci, non moins mémorables : « Seigneur, envoyez l'Agneau dominateur de la terre, de la *Pierre* du désert à la Montagne de la Fille de Sion. Il viendra un Roi dans la maison de David, son Trône s'établira dans la *Miséricorde*, et il rendra à tous une prompte justice : ... *Emitte Agnum Dominatorem terræ, de Petrâ deserti ad Montem filiæ Sion... Et præparabitur in Misericordiâ Solium : et Sedebit super illud in veritate in tabernaculo David. Et velociter reddens quod justum est*. XVI.

Et dans cet autre chapitre, le XXIIe, ces paroles qui sont plus historiques encore :

Il ne s'agit guère du petit *Sobna* de la cour d'Ezéchias !

A voir le grandiose du ton et des paroles du premier des Grands Prophètes, il s'agirait plutôt d'un Roi tombé comme Salomon, d'un Pape horrible comme Alexandre Borgia, et même d'un Antéchrist comme Bonaparte, ou d'un usurpateur comme Louis XVIII. Quoi qu'il en soit, il s'agit du fils putatif d'*Egalité* (et, peut-être, du petit *Nabos* italien, *Lorenzo Chiappini*, fils du geôlier de Madigliani, mis à la place de la fameuse *Maria Stella*, dont on ignore la fin), de Louis-Philippe enfin, ou de personne.

En sorte que c'est plus ici qu'une prophétie typique : c'est une prophétie pure et simple, directe, formelle, à la lettre, faite exprès !

« Prophétie terrible de la vallée de Vision » : *Onus vallis Visionis*. 1. Le Dieu des armées me l'a dit, s'écrie Isaïe, je poursuivrai votre iniquité jusqu'à la mort : *Si dimittetur iniquitas hæc vobis, donec moriamini*. 14. « C'est le Dieu des armées qui parle en effet : *Hæc dicit Dominus exercituum*. 15. Isaïe, allez trouver celui qui habite dans le tabernacle : *Qui habitat in tabernaculo* (Louis-Philippe était tout-puissant à la cour de Rome, et il fit tout pour fonder pour lui la *Primicerie* de Saint-Denis), Sobna, le préposé du *Temple* : *Præpositum Templi* (on dirait le d'Orléans qui dirigea le 24 *janvier* (*); et dites-lui : Que fais-tu sur le Trône, et qui es-tu? *Et dices ad eum : Quid tu hic, aut quasi quis hic?* 16. Parce que tu t'es élevé une sépulture royale, et comme un autel sur la *Pierre* (le monument de Dreux, en *Normandie*) : *Quia excidisti tibi hic sepulchrum,... in petra tabernaculum tibi*, le Seigneur te fera *transporter* (au delà de tes *ports* de mer) : *Ecce Dominus asportari te faciet ;* comme on transporte un coq (Louis-Philippe avait la manie du *Coq gaulois*, et l'Esprit-Saint répète le mot *deux fois* (**): *Sicut asportatur Gallus Gallinaceus ;* comme on jette son *manteau* royal (pour revêtir la *blouse*) : *Quasi amictum sic sublevabit te*. 17. La couronne te couronnera de malheurs : *Coronans coronabit te tribulatione*. 18. Elle te jettera *comme un ballon* (des Champs-Elysées) sur la terre étrangère qui te sera ouverte : *Quasi pilam mittet te in terram latam et spatiosam*. Là tu mourras : *Ibi morieris ;* et finira le cours de ta gloire usurpée, toi la honte de la maison de ton maître : *Et ibi erit currus gloriæ tuæ, ignominia Domus Domini tui*. Et je te chasserai de ton poste, et je te déposerai de ton gouvernement : *Et expellam te de statione tuâ, et de ministerio tuo deponam te*. 19. Et en ce jour même, j'appellerai mon serviteur *Eliacim* (anagramme de *Michaël* (***). 20. Le *fils*

(*) Sobna est encore plus typique et philippique qu'historique. Isaïe nous apprend, ailleurs, que c'était le secrétaire du roi Ezéchias, un *Scribe* : *Scriba*. XXXVI, 3, 22, etc. — Lequel écrivain finit apparemment par trahir son Roi. Quoi qu'il en soit, la Providence des deux saints Louis ne voulut pas que Louis-Philippe mourût le jour ni même la veille de leur *Fête*, mais bien le lendemain ; et le jour même de la mort tragique du plus riche et du dernier des seconds *princes du sang*, et des *Bourbons* proprement dits !

(**) Nous pouvons bien raisonner ici sur le mot ! On y a joué en plein concile œcuménique. « Danès, précepteur et confesseur de François II, évêque de Lavaur, député au concile de Trente, ayant parlé fortement contre les mœurs des ecclésiastiques, et se voyant interrompu par l'évêque d'Orviette qui dit avec mépris : *Gallus cantat*, lui répartit avec dignité : *Utinàm ad Galli cantum Petrus resipisceret*. Danès s'appelait *Pierre*. » V. le PRÉSIDENT HÉNAULT, à l'année 1577.

(***) *Eliacim*, lui, était le fils du secrétaire d'Etat proprement dit (*Præpositus domus*) du Roi Ezéchias ; et ne le trahit point comme *Sobna* avait fait. 4 *Rois*

d'Helcias (c'est-à-dire en tant que fils, à cause de son père). Et je le revêtirai de ta tunique, et je lui donnerai ta puissance : *Et induam illum tunicâ tuâ; et potestatem tuam dabo in manu ejus.* 21. Et il sera comme le père de mon peuple: *Et erit quasi pater habitantibus Jerusalem.* Et je lui donnerai la *Clef* de la maison royale ; il l'ouvrira, et personne ne la fermera ; il la fermera, et personne ne l'ouvrira : *Et dabo Clavem domus David,* etc. 22. Et je le placerai comme un coin en bois, dans une retraite sûre: *Et figam illum paxillum in loco fideli.* 23. Et il sera sur le trône de gloire de la maison de son père: *Et erit in solium gloriæ Domini Patris ejus.* Et *ils* suspendront sur lui toute la gloire de la maison de son Père: *Et suspendent super eum omnem gloriam domus Patris ejus,* 24. En ce jour-là, dit le Dieu des armées, un *autre* (sans quoi Dieu serait contradictoire) coin (le comte de Chambord) (*) placé aussi dans un lieu sûr, sera brisé, et il tombera, et avec lui tout ce qui s'est attaché à lui : *In die illâ, dicit Dominus exercituum, auferetur paxillus, qui fixus fuerat in loco fideli. et frangetur, et cadet, et peribit quod pependerat in eo.* Et cela parce que le Seigneur a parlé: *Quia Dominus locutus est.*

Et ces autres paroles, non moins frappantes: « Voilà qu'il règnera enfin un Roi juste: *Ecce ex justitiâ regnabit Rex.* Il sera ce qu'est l'ombre d'une pierre avancée dans une terre brûlée du soleil : *Et umbra petræ prominentis in terrâ desertâ.* XXXII. 1, 2. C'est sous son règne que l'Esprit-Saint descendra d'en haut sur tous les hommes : *Effundetur super nos Spiritus de Excelso.* 15.

Et qui pourrait entendre que d'un *Roi* selon le monde, ces autres paroles d'Isaïe : « Je l'appellerai *du Septentrion,* et il viendra de l'Orient. Il traitera les grands de la terre comme de la boue, etc. XLI. 2, 25. Et tout ce que le prophète dit de *Cyrus,* et du vieux et païen promoteur du rétablissement du vieux Temple, ne serait-il point encore plus vrai d'un *Cyrus* nouveau, (*Carolus* et *Ludovicus: Charlemagne* par la force, *Louis* XVI par la bonté) appelé à élever le Temple nouveau? « C'est moi

---

XVIII, 18, etc. Et « *Eliacim* signifie en hébreu : *Ressuscité de Dieu* », dit Sacy.

(*) L'Ecriture au *dernier* Livre *des Rois* (les *Paralipomènes*, et à leur *dernier* chapitre), nous apprend : I° que le faux *Eliacim* fut le *dernier roi* de Jérusalem et mourut captif à Babylone; II° que *tous* les princes des prêtres s'abandonnèrent à toute l'abomination : *Universi Principes sacerdotum, juxta universas abominationes.* 14; III° que les vrais *Prophètes* étaient moqués : *Illudebant Prophetis.* 16; IV° que le roi de Babylone fit mettre le feu au temple et aux tours de Jérusalem : *Incenderunt Domum Dei*, etc. 19; V° et qu'immédiatement après les 70 ans de fléaux annoncés si longtemps par Jérémie, le grand monarque typique, Cyrus, fut suscité pour publier dans tout son royaume ces paroles connues: « Le Seigneur Dieu du Ciel m'a mis tous les royaumes de la terre entre les mains ; et m'a commandé de lui bâtir une Maison dans Jérusalem : *Cunctis diebus desolationis egit sabbatum, usquedum complerentur septuaginta anni*, etc. *Hæc dicit Cyrus Rex : Omnia regna terræ dedit mihi Dominus Deus Cœli, et ipse præcepit mihi ut ædificarem ei Domum in Jerusalem.* 21-23.

qui dis à Cyrus: Vous êtes le Pasteur de mon troupeau ;... vous êtes mon Christ ; je vous ai pris par la main pour vous assujettir les nations, pour mettre les rois en fuite, pour ouvrir devant vous toutes les portes... — « Je vous ai appelé par votre nom ; et j'en ai ajouté un autre : *Et dorsa regum vertam, et aperiam coram eo januas*, etc. XLIV et XLV.

Jérémie n'est pas moins explicite : « Voici venus les jours où j'enverrai un fils au Roi très-chrétien : *Ecce dies veniunt, et suscitabo David Germen justum : Et regnabit Rex, et Sapiens erit*. On lui donnera le nom de *Juste*. XXIII. 5, 6... Il sortira de mon peuple un Prince qui le conduira, un Prince qui naîtra au milieu de lui. Je le placerai moi-même, et il s'approchera de moi. Car qui est celui qui puisse appliquer son cœur pour s'approcher de moi ? *Et erit Dux ejus ex eo : et Princeps de medio ejus producetur : et applicabo eum, et accedet ad me*, etc. XXX, 21.

Le prophète des derniers temps, le prophète spécial d'une terre nouvelle et d'un règne nouveau, Ezéchiel, annonce spécialement aussi le grand Roi comme le grand Pontife ; et précisément alors qu'il va mettre leurs ennemis nés, Gog et Magog, en scène : « Il n'y aura plus qu'un seul Roi, et un seul Pasteur : *Et Rex unus erit omnibus imperans... Et Pastor unus erit omnium : in judiciis meis ambulabunt*. XXXVII. 22, 4. Et dans le partage du monde nouveau, comme il appelle le grand Pontife, il ne manque point d'appeler le grand Roi ; et c'est précisément par là qu'Ezéchiel termine ses prophéties : *Quod reliquum fuerit Principis erit... Et de possessionis in medio partium Principis*. XLVIII, 21, 22.

Plus avancé encore dans les conseils du Verbe (*) Saint Jean, qui suppose partout, semble peindre encore mieux le Grand Roi que le Grand Prophète, dans la plus importante et aussi la plus éclatante partie de l'Ecriture-Sainte, celle qui a pour objet l'Esprit-Saint par excellence : l'*Apocalypse* enfin.

Nous démontrons ailleurs (dans l'*Apocalypse dans son Eclat* et dans la *grande Apostasie*) I° que depuis le milieu, où l'an mille environ de l'Ère chrétienne, Rome, en tant que Reine *temporelle*, eut toujours une commère pour la soutenir dans ses prétentions à la monarchie, et dans son progrès à la ruine universelle ; et que cette commère est la France ; II° qu'il y a, dans l'Ere chrétienne, sept âges très-distincts, et que nous sommes à la fin du sixième, le plus fatal ; III° que la dernière période du 6ᵉ âge, pire que la première, date visiblement de la fin du règne et de la mort de Louis XVI, à la fin du 18ᵉ siècle ; et qu'elle se prolonge, à la faveur de six autres Rois ou soi-disant tels : Louis XVI, Napoléon Iᵉʳ, Louis XVIII,

---

(*) L'Eglise de France, spécialement inspirée, a dit, dans son *Office de saint Louis*, ces paroles qui ne sauraient s'entendre de saint Louis proprement dit : *Similis illi non fuit Rex. qui revertetur ad Dominum in omni corde suo*. etc. —*Spiritu magno vidit ultima;*— et ces paroles d'Isaïe, LX : *Jerusalem, aperientur portæ tuæ jugiter, ut afferatur ad te fortitudo gentium*, etc.

Charles X, Louis-Philippe Ier (il vient de mourir et de se faire enterrer à ce chiffre); Louis-Napoléon, au chiffre II, s'il osait ; et Henri V.

Toutes choses et tous hommes clairement et spécialement annoncés dans de fameuses paroles de l'Apocalypse, jusqu'à ce jour si mystérieuses, aujourd'hui si éclatantes, et, on peut le dire, si historiques. Elles sont dans le chap. XVII de la Révélation, et forment l'introduction du XVIIIe sur la septième coupe, celle du septième âge où nous allons être, et qui consiste dans la condamnation de la Grande Prostituée des Rois de la terre : *Meretricis Magnæ, cum quâ fornicati sunt Reges terræ :* 1, 2. « En voici le sens, dit l'Ange à saint Jean, mais pour celui-là seul qui a l'intelligence: *Et hic est sensus qui habet sapientiam.* 9. Les sept têtes sont les sept montagnes, sur lesquelles la Femme est assise ; ce sont aussi sept Rois : *Septem capita, septem montes sunt, super quos Mulier sedet, et reges septem sunt.*

De Louis XVI à Louis-Philippe Ier, qui vient de mourir, il y a cinq Rois qui sont *tombés,* plutôt que morts. L'Esprit-Saint le dit : *Quinque ceciderunt.* 10.—Un sixième, du nom de *Louis,* est, vaille que vaille, au moment où nous écrivons (septembre 1850). Et l'Esprit-Saint le dit encore formellement, et tout de suite: *Unus est.*—Un septième (du nom de *Henri*) est attendu, mais n'est pas encore venu, et l'Esprit-Saint encore le dit : *Et alius nondum venit.*—Et il y a, politiquement seulement parlant, mille à parier contre un que ce Roi transitoire ne fera que paraître et disparaître : et l'Esprit-Saint le dit toujours : *Et cum venerit, oportet illum breve tempus manere !!!...* En vérité, tout cela est si clair que c'est à n'être pas cru ; et Dieu est trop bon !

Et comme, lorsqu'il faut sept Rois pour en soutenir un *huitième,* il est vrai de dire que le *huitième,* alors même qu'il n'est plus, est *des sept,* l'Esprit-Saint l'ajoute encore dans ces paroles, jusqu'à présent incomprises : *Et Bestia quæ erat, et non est : et ipsa octava est : et de septem est, et in interitum vadit.* 11.

C'est infiniment, ce n'est guère tout encore. Traversons le tableau, trop magnifique ici, de la ruine de la seconde Babylone, et passons au chapitre XIX. «Et je vis le Ciel ouvert (la terre même ne se voit que dans le Ciel); et je vis un cheval blanc (*), et le cavalier était appelé le *Fidèle* par excellence, le *Véritable* (*Fils* du Roi martyr); et il gouverne, comme il se bat(**) avec justice : *Et ecce Equus Albus, et qui Sedebat super*

(*) L'Esprit-Saint avait déjà marqué à ce trait politique le premier Roi (Titus) appelé à procéder, dans l'intérêt de Rome, à la ruine de Jérusalem : *Et ecce equus albus,* etc. VI, 2.

(**) Le combat, ici, même pour le roi, et parce qu'il est grand, n'est pas un combat sanglant. Il résulte clairement de la conférence des chap. XVII et XIX, que le grand Roi ne diffère pas de l'*Agneau* : *Et Agnus vincet, quoniam Rex regum,* etc. XVII, 14.

eum, vocabatur Fidelis et Verax, et cum justitia judicat, et pugnat. XIX, 11. Là déjà, toutes les choses et tous les mots, et leur *place* dans l'Apocalypse (*immédiatement après* la condamnation divine de la Grande *Babylone*, le nom même que saint Pierre donne à Rome ; et avant le chapitre de l'enchaînement de Satan et de la liberté des enfants de Dieu durant mille années) sont exclusifs d'une application quelconque, nous ne dirons pas à Jésus-Christ, mais seulement à un grand Pape. On ne conçoit pas, sans apostasie, un prêtre cavalier ; on le conçoit encore moins combattant sur un champ de bataille.— Mais continuons le portrait du Roi fait, on peut le dire, de main de maître. Lorsque la Tiare ou triple couronne est déjà trop orgueilleuse de deux, le Roi, on peut le dire, universel et unique, porte à la tête un grand nombre de diadèmes : *Et in capite ejus diademata multa.* 12. Il avait un nom mystérieux écrit, que personne ne sait que lui-même : *Habens Nomen scriptum, quod nemo novit nisi ipse.* Selon le Grand Prophète, celui si resplendissant à la fois de *Rome*, de *Mort*, d'*Amour* et d'*Elus : Amoraël !* — Fils d'un Martyr, et Martyr lui-même, il était vêtu d'une robe teinte de sang : *Et vestitus erat veste aspersa sanguine.* 13. Prophète et Sage autant que Roi, David et Salomon parfaits à la fois, il représente, on peut le dire, la Parole, et même le *Verbe* de Dieu (*) : *Et vocatur Nomen ejus, Verbum Dei.*

Amoraël, en hébreu, est précisément synonyme de *Verbe de Dieu !*

De sa bouche sortira la double Epée de la Parole et de l'action : *De ore ejus procedit Gladius ex utraque parte acutus* 15. — A la différence des Rois *fainéants* ordinaires, qui s'en remettent à des mercenaires ou à des courtisans subalternes du devoir de susciter des Elus à Dieu, il gouvernera lui-même : *Et Ipse Reget.* Et il gouvernera les nations (non le peuple) avec une verge de fer : *In virgâ ferreâ.* — Et roi comme universel, il portera en effet un troisième nom sur son vêtement et sur sa cuirasse : *Et habet in vestimento et in Femore suo scriptum : Rex Regum, et Dominus Dominantium.* 16.

(*) Le *Verbe*, au singulier, très-fréquent dans l'Ecriture, signifie, en général, la parole et l'ordre particulier de Dieu. Lors principalement qu'il s'adresse à ses Prophètes. Il est plus fréquent que dans tous les autres, dans celui qui est visiblement celui des derniers temps et du Règne des Mille ans, Ézéchiel. Daniel l'emploie de la parole d'un Roi, aussi bien que de celle de Dieu : *Verbum regis.* III, 95. Le roi Prophète semble l'appliquer à la fois au Fils de Dieu, et au fils d'un Roi dans plusieurs de ses chants : *Veniet Verbum.* CIV, 19 ; *Misit Verbum suum.* CIV, 20 ; *Emittet Verbum suum.* CXLVII, 18. — Saint Jean ne semble le premier, et même le seul, qui donne au Fils de Dieu le nom propre de *Verbe* (I,1.), que pour faire sentir le rapport qu'il devait y avoir un jour entre ce nom du Fils de Dieu et celui du Saint-Esprit : *Pater, Verbum* et *Spiritus Sanctus.* I Epist. V, 7.

On conçoit que l'Esprit-Saint, qui donna, dans tout l'ancien Testament, le nom de *Christ* aux rois ordinaires, ait réservé, dans le nouveau, pour le Grand Roi, celui de *Verbe.* (Voyez IROIS. II, 10, etc.; Ps. CIV, 15 ; ISAÏ. XLV : *Christus meus Cyrus.* etc.)

ET LE GRAND ROI.

Tous les Pères de l'Eglise qui ont interprété les Prophètes du Grand Règne, les ont ainsi compris. Saint Augustin (*) va plus loin dans son *Traité de l'Antéchrist* : « Cependant, tant que dureront les rois français qui doivent posséder cet empire, la gloire du *nom romain* ne périra pas entièrement, parce qu'elle vivra dans ses souverains. — 5. Quelques-uns même de nos docteurs disent qu'un roi des Francs possédera *l'empire romain dans toute son étendue*. — 6. Ce roi viendra dans les derniers temps du monde, il sera le plus grand et le dernier de tous les rois. — 7. Après avoir heureusement gouverné son royaume, ce monarque viendra à Jérusalem, et déposera, sur le mont des Oliviers, et son sceptre et sa couronne. — 8. (Ce sera là la fin et la consommation de l'empire des Romains et des Chrétiens). — 9. Et ces mêmes s'étayant de la parole de l'Apôtre, prétendent que, immédiatement après, l'Antechrist viendra :

Tamdiu reges Francorum duraverint qui Romanum Imperium tenere debent, Romani dignitas *ex toto* non
5. peribit; quia in Regibus suis stabit. — Quidam vero doctores nostri dicunt, quod unus ex regibus Francorum Ro-
6. manum Imperium ex integro tenebit, — qui *in novissimo tempore erit*, et ipse erit *Maximus*, et omnium regum ul-
7. timus : — qui postquam regnum suum feliciter gubernaverit, ad ultimum Ierosolymam veniet, et in monte Oli-
8. veti sceptrum et coronam suam deponet : — hic erit finis et consummatio Romanorum Christianorumque Imperii.
9. Statimque secundum sententiam præditam Apostoli Pauli) Antichristum dicunt adfuturum.

(*) St Bem:echobus, Evêque de *Paterensis* et Martyr, et St. Méthode avaient fait la même annonce avant St. Augustin. Elle est rapportée dans les *Lectiones memorabiles* de Wolfius (*Bibl. Mazarine*, A, n° 6785) : *Tunc Deus secundum suam misericordiam recordabitur, eosque è manibus Saracenorum eripiet. Itaque Gallia gens christiana cum rege prodibit*, qui cum illis confligat. *Et regnum christianorum super omnia regna extolletur. Tunc universus pacabitur Orbis*, usque ad tempus Antichristi magni, et illo pacis tempore *terra tam uberem producet fructum* ut una frumenti, vini, olei mensura non plus uno denario sit valitura. Et Rex ille antè oculos scriptum geret : *Rex Francorum, Græcorum et Romanorum. Et sancta Salvatoris crux per omnia templa elevabitur*.

La Prophétie de saint Cataldo, Evêque de Tarente au V° siècle, dans son livre des *Calamités de l'Eglise* future, est encore plus mémorable : « UN ROI SORTIRA DU LYS ILLUSTRE, ayant le front haut, les yeux longuets, le *nez aquilin*, lequel assemblera une armée, chassera tous les tyrans. Ainsi que l'épouse est jointe à l'époux, la justice sera avec icelui associée. *Jusques à l'an 40 de son âge*, il fera *la guerre* contre les *Chrétiens* (ce qui s'entend évidemment d'une guerre spirituelle ou d'une hérésie); puis, il subjuguera le A (sic) et autres insulaires; les E. A. L. I. Les rois chrétiens lui rendront hommage. i. d. r.c. f. d. t. f. q. l. s. p s. e. c. t. l. i. f. m. l. s. c. q. t. l. s. d. s. p. (30 lettres, *sic*). Après cela, passant la mer, il sera nommé Roi des Grecs. Il n'y aura roi qui puisse lui résister, d'autant que *le Bras du Seigneur sera avec lui*; et aura *domination sur toute la terre*. Cela fait, il donnera repos aux chrétiens et à son peuple. Puis entrant à Jérusalem et étant monté sur le Mont des Olives, fera ses prières à Dieu. Et ayant ôté sa couronne de dessus sa tête, rendu grâces à Dieu le Père, Dieu le Fils, Dieu le Saint-Esprit, avec des signes admirables, rendra son âme à Dieu. »

A un siècle de saint Augustin, un autre grand homme, saint Césaire (*), archevêque d'Arles (et Père de l'Eglise presque à l'égal de son homonyme saint Césaire, frère de saint Grégoire de Nazianze, et même de saint Augustin, dans les OEuvres duquel les siennes sont souvent confondues), le premier qui reçut de l'Eglise le titre de *Vicaire de toutes les Gaules*, est aussi comme leur Prophète particulier, et, on peut le dire, *né*. Et voilà aussi que la Tradition lui attribua incessamment la prophétie la plus célèbre du Grand Monarque et même du Grand Pontife ou Prophète. Elle se trouve en effet plus ou moins abrégée ou transposée, plus ou moins voilée, sous les noms, évidemment *adjectifs* et qualificatifs de *Vati-Guerro*, et même de *Jean*, dit le Prophète des Prophètes. Nous l'avons vue ailleurs : nous n'avons guère ici besoin que de la rendre à saint Césaire, selon le sentiment, le texte, l'édition et la traduction de Sylvain Maréchal lui-même, bien plus savant qu'on ne pense, et qui ne nia jamais, comme la plupart des *Esprits forts*, que le Dieu faussé par la fausse apostasie du sanctuaire!

« La plus noire trahison sera exercée contre le Roi des Français prisonnier : *Tractabitur pessima proditio propter Regem francorum CAPTIVATUM.*

« Le Lys sera dépouillé de sa noble couronne, et on la donnera à un autre auquel elle n'appartient point : *Lilium nobili coronâ privabitur*, et expoliabitur, et *dabitur alteri cui non est.*

« Un prince, *Captif* dans sa jeunesse, recouvrera la couronne de Lys et étendra sa domination sur tout l'univers : *Juvenis Captivatus qui recuperabit Coronam Lilii et Dominabitur per universum orbem.*

« Le Pape saint aura avec lui un Empereur, homme très-vertueux, qui sera des restes du sang très-saint du Roi des Français; ce prince lui sera en aide et lui obéira en tout pour *Réformer l'Univers,* et sous ce Pape et sous cet Empereur l'Univers sera réformé : Sub istis autem papa et imperatore *Reformabitur omnis Orbis;* quoniam ira Dei quiescet. Et sic erit una lex, una fides, unum baptisma, una vita. Et erunt omnes unanimes et *invicem se Amantes.* Durabitque pax per multos annos. »

Une autre prophétie ancienne, qu'on attribue au vénérable Bède, d'Angleterre, offre sur le grand monarque des particularités étranges, et particulièrement sur sa longévité personnelle et la durée de son règne, tout à fait miraculeuses : Elle fut même présentée à Louis-le-Juste, au temps de sa gloire :

« Il viendra un Roi d'un cœur constant, qui sera Empereur
« des Romains et des Grecs ; il sera de grande stature, beau,

---

(*) Le grand *Césaire* est une des raisons peut-être d'un célèbre Cistersien, son homonyme du XII° siècle, et d'un très-curieux livre qui mérita l'*index* de l'Espagne : *Illustrium Miraculorum libri XII.* In-folio. Cologne, 1481, 1591, 1599 ; Anvers, 1605, etc.

« agréable, et fort dispos de tous ses membres : SON RÈGNE
« DURERA CXXII ANS. En ce temps y aura de grandes ri-
« chesses et la terre donnera des fruits en grande abondance.
« De plus ce ROI AURA UN LIVRE DEVANT LUI, portant
« qu'au Roi des Romains appartient tout le royaume chrétien ;
« partant il ravagera toutes les îles et cités des païens et
« détruira tous les temples des idoles, et conviera tous les
« païens au baptême, et la croix du Christ sera arborée par
« tous les temples. Alors l'Egypte ira faire ses offrandes à
« Dieu avant l'Ethiopie : mais ceux qui n'adoreront volontiers
« la croix de Jésus-Christ seront punis du glaive. Et après
« que les *six vingt deux ans* seront complets, les Juifs se
« convertiront au Seigneur, et le Sépulcre de ce Roi sera
« glorieux : »

Exurget Rex animo Constans qui erit Rex Romanorum et Græcorum. Hic statura Grandis, aspectu decorus, vultu splendidus, atque per singula membrorum lineamenta decenter compositus. Et ipsius Regnum 122 annis terminabitur, etc., etc.

Le grand Joachim, qui seul, en fait de prévisions et même d'autorité, représente tout le moyen âge, n'a cessé d'annoncer avec le grand Prophète le grand Roi. Il le fait en particulier dans une page, à la date de sa mort, en 1202, marquée VZX au Catalogue de Pallissy :

« Un grand mouvement aura lieu qui mettra *subitement à terre le Roi le plus superbe.*

« Puis une étoile apparaîtra au firmament, et quelques hommes se jetteront à terre en adoration.

« Dans cette étoile apparaîtra l'image d'un *Descendant de Rois bien-aimés,* et le Peuple courra de l'Orient à l'Occident.

« Puis la vision changera, et sur cette terre régnera un homme qui *frappera les métaux d'or* et *étendra la République.* »

Le *Liber Mirabilis,* le plus fameux aussi de toute la *Bibliothèque royale,* est ici en effet le plus admirable.

L'édition de Paris, à la date de 1520 (dans l'année de la Victoire et de l'Election du petit Charles-Quint, élevé du plus bas lieu de Gand, au plus grand Empire du monde!), se trouvait à l'enseigne du *Roi David :*

« J'ai recueilli, dans les écrits et discours des anciens, des documents d'où il résulte que la France (*Gallia*) tire son nom du mot grec (γαλλα), qui en latin se rend par (lac) lait, parce que les Français sont plus blancs que les Espagnols et autres. On peut dire aussi que la France doit son nom aux propriétés du coq (*gallus*), qui en a trois principales.

« Le coq d'abord est superbe, bruyant, luxurieux, tantôt disposé à la guerre et tantôt à la paix. Or donc que les Français qui, dans leur caractère, ont plus d'une similitude avec ce fier animal, sachent que, de manière ou d'autre, (qu'ils l'avouent ou non) ils tirent leur origine des Gaulois (*Gallicorum*). Voici maintenant les bonnes qualités du coq : beau d'encolure, orné d'un plumage brillant, plein d'audace et de gaieté, il est ardent et libéral : nouveaux points de comparaison. Voici enfin les plus belles qualités du coq : plein de vigilance, son œil vif et brillant est toujours aux aguets; monarque excellent, il dirige ses poules et les féconde; il tire le grain du fumier et le distribue à ses sujettes. Ce *coq est l'emblème du prélat spirituel de l'Eglise*...

« De Pharamond à Childéric, il faut le remarquer, tous les rois francs ont été gentils et païens. Ce Childéric, chassé de son royaume, se réfugia près du roi de Thuringe, dont il séduisit l'épouse Washe, et dont il eut Clovis, fruit d'un adultère, qui fut baptisé par Remi. A dater de ce Clovis, tous les rois de France furent chrétiens. Charles, qu'on appelait Marcellus, naquit aussi d'un adultère, de Pépin et d'Alpaïda; chassant les fils légitimes de son père, Drogente et Gymnalde, il usurpa leur trône. Ce fut un tyran qui persécuta l'Eglise et ses clercs : il tenait du mauvais coq. Quand il mourut, le Pape eut un songe dans lequel il vit Charles, mort à Trèves, descendre en enfer. Le Pape s'empressa donc d'envoyer des ambassadeurs à l'évêque de Trèves; on trouva sur la tombe du roi un serpent d'une grosseur prodigieuse, et dans la tombe plus de corps. Il est dit au Livre des *Rois des Francs* :
« Il naîtra des Carlingiens, c'est-à-dire de la souche du roi
« Charles *(Carolus)*, dans un temps éloigné, un Empereur
« nommé P., qui sera Prince et *Monarque de toute l'Europe*, et
« réformera les églises. Après lui nul ne régnera plus »

« Brigitte dit, dans sa Révélation : « Il sortira du sol de l'Occident un *Lys, qui croîtra d'une manière étonnante sur la terre virginale* ; son parfum absorbera tous les poisons, sa tige sera plus forte que le cèdre. O jeune homme qui t'avances sur la terre du Lys, écoute mes conseils et grave-les dans ton cœur. *Consulte ta conscience, et vois si tu viens du bon ou du mauvais coq.* Car sur le bon coq il existe une vieille prophétie qui porte : Le Lys, associé au Grand Aigle, se balancera de l'Occident à l'Orient contre le Lion; le Lion, sans défense, sera vaincu par le Lys, qui répandra son parfum sur l'Allemagne, pendant que l'Aigle, dans son essor, emportera au loin son renom.

« Voici ce qui a été dit à la louange de Lys : O France, noble terre, tu portes une fleur dont le parfum exquis enivrera l'aigle d'Occident de l'amour de la charité, et donnera une nouvelle énergie à ses deux ailes radieuses qui le transporteront sur les Monts de la chrétienté. C'est le Lys odoriférant, dans le sein duquel les abeilles des portes de l'Eglise viendront butiner. Les rebelles ne trouveront au contraire que du venin dans le champ virginal, où le Lys couronné d'auréoles demeurera pur et sans tache. O Jeune homme qui règnes sur la terre du lys, prends garde qu'on ne dise : Malheur à la terre dont le monarque est un enfant ! Car tu es celui qui gouverne sous le ciel le champ de saphir avec trois lys d'or, qui t'apprendront que toi et ton successeur, vous serez les ministres du vicaire du Christ tenant la main gauche sur les épîtres de toutes les nations; le second lys annonce que toi et les tiens vous serez les colonnes de la chrétienté dans la partie occidentale, à partir de ce fragment de marbre qui s'est séparé, seul et sans être poussé, de la montagne. Le troisième lys annonce que tu seras le défenseur de l'Epouse du Christ, portant sur ta tête l'auréole du plus beau et du plus parfumé des lys. Aussi seras-tu appelé le Roi très-chrétien. O Lys, dont la blancheur et l'éclat ornent l'Eglise, un Ange te planta; Remi, l'apôtre des Français, te consacra, Denys te prêcha, LOUIS T'EXALTA, la France te nourrit, la Gaule te décora. *Vois si tu tiens du mauvais coq; sache cela dans ta sagesse.*

« Le Seigneur pourra susciter contre l'Eglise les Francs qui l'humilieront. Hélas! l'homme *couvert de honte, fameux par ses crimes,* au faîte des honneurs et de la fortune, sera porté au trône, tenant à la main le glaive de la tyrannie, *humide encore du sang* qu'il aura versé. Hélas! hélas! l'*hérésie bohémienne* triomphera; la spiritualité sera étouffée jusqu'à ce que paraisse l'Homme orné de toutes les vertus, qui, sous l'influence salutaire de Jupiter, mettant un terme aux calamités soulevées par Mars, fera cesser le deuil. Au *temps de Charles dernier, Roi de France,* et du *Dauphin Louis,* que je crains de nommer *un enfant,* hélas! dans la haute Allemagne, des glaives sanglants menaceront la catholicité. Peuple et clercs de l'Eglise auront à souffrir de plus d'une manière : car on ne craindra pas de porter la main sur les lieux saints.

« *O enfant, vois si tu es un bon coq :* voici qui te dira si tu es très-chrétien. Car si tu descends du *bon coq,* pourquoi ne pas élever les colonnes de ton royaume, ne pas battre des ailes, pour montrer à tes sujets les grains de la bonne renommée et de l'honneur, à savoir, le Sacerdoce, le Royaume et l'Etude? Voilà les trois colonnes, et pour ainsi dire les trois vertus qui seules peuvent vivifier le lys et le développer. Ce sont à la fois la fondation, les murs et le toit de l'édifice. Sache encore que, de ton temps, il y aura des moments dangereux comme on n'en aura pas encore vu, surtout du temps de la jeune fille. Car tes sujets eux-mêmes se lèveront contre toi : les *feuilles du lys voleront au loin dispersées, et sa tige se fanera sur la terre de la Vierge. Ainsi périra le mauvais coq.* Aussi le prince des apôtres s'adressait-il à toi, quand il disait : Craignez le Seigneur, et honorez le roi des Romains. Le reste est écrit dans le livre des commentaires. Adieu.

« Autre prophétie à la fin du *Stimulus divinæ contemplationis* (de saint Bonaventure, et le 1er livre imprimé) :

« Environ le temps de l'Incarnation mil quatre cent

cinquante ans regnoit un roy au royaulme de Perse (*). En après fut débouté de son royaulme par les mescreans. Le dit roy ensemble ses bons amys fuyans la fureur desdicts mescreans, s'en vindrent aux grans montaignes de *Elye*, furent long-temps là en continuant le service divin et gardant les commandemens de Dieu. Avoit par la grace de Dieu *l'esprit de prophetie*, souvent disoit à son filz et aux bonnes personnes, que Dieu lui avoit revelé advenir plusieurs choses. Et disoit que environ le *temps de l'Incarnation, mil cinq cent vingt et sept* (**), *viendroit ung bon roy et ung pape qui porteroit la chaire de Rome en Jérusalem, et fera croire en Jésu-Christ* tout le monde, et destruyra tous les mescreans et idolatres qui ne vouldront croire nostre foy, et qui ne se vouldront baptiser. Et totalement il destruira toutes maulvaises et perverses loix et creances; et alors convertira tous maulvais Turcs, idolatres et mescréans à nostre foy de Jesu-Christ.

« Au royaulme de France et ville de Poitiers, trouveras imprimés ceste prophetie et revelation devant dicte en ung livre nommé : *Le Baptesme de Sophie, roy de Perse*. Le septiesme jour de moys de decembre 1497 de l'Incarnation de nostre Seigneur Jesu-Christ, nous estions en une cité de France environ cinq cens personnes; et vismes du matin soleil levant jusques au soir soleil couchant une chose merveilleuse et a la veoir bien terrible ; et est bien vray le commun dict que Dieu et nature ne font rien sans cause. Vray est que en celuy jour le ciel estoit bien cler en sa couleur perse. Et y avoit au ciel *ung cercle de couleur blanche, le soleil estoit au dedans* dudict cercle, et aux deulx cotés du dict cercle par dehors y avoit *deux espées en couleur blanche*, et la pointe de chascune estoit *vermeille comme sang*. En après en celle année le Roi *Charles unziesme* mourut, et le roy Loys douziesme fut couronné. C'est assavoir lan de grace 1498.

« Lan de grace 1514, au moys de janvier en France, y avoit un grand clerc et philosophe à merveilles, homme de religion et bonne vie, lequel philosophe ung soir, en regardant au ciel, veit une planete ou ung aultre signe ; et en après quil eut très bien ploré a merveilles sesmerveilla et feit très grandes admirations, se plaignant comme lhomme fort triste et dolent : fut interrogé pourquoy faisoit ses admirations, dist que ce nestoit point sans cause, et que cestoit que le monde comme lui devoit plourer, dist iceluy philosophe que avant que lon contast de l'Incarnation 1525, lÉglise auroit plus à souffrir, a lamenter et plourer, et seroit plus persecutée et grevée et troublée quelle ne fut depuis la passion de nostre Seigneur Jesu-Christ....

« Pour certain a esté trouvé au chasteau de Turayne une

(*) Le bon royaume, opposé au mauvais, celui des Grecs. (V. DANIEL, VIII).
(**) Dans le moyen âge, on computait souvent par l'Ere des martyrs.

prophetie escripte en peau de parchemin bien ancienne, environ les temps de l'incarnation de nostre Seigneur Jésuchrist mil cinq cens ans, ainsi qui sensuyt:

« Par la grace de Dieu le createur, en ceste maison et chasteau de la lignée et sang dicelluy, y a eu en Romme deux bons papes : c'est assavoir Clement sixiesme et Gregoire unziesme. Et soyez asseurez que environ le temps de lincarnation de nostre Seigneur, nostre Saulveur Jesuchrist, 1530, de ceste dicte evesché de Limoges sera un Pape de France, esleu miraculeusement. Il fera une grande et merveilleuse justice dessus les maulvais et infideles chrestiens, et *miraculeusement reformera toute lEglise*, reduyra et retournera en son premier estat quelle fut commencée, *et en Rome jamais plus ny aura pape de* FRANCE. Et après quil aura tenu son bon Concille, emportera de Rome en Jerusalem la saincte chaire et siege de sainct Pierre, lapostre de nostre Sauveur et redempteur Jesuchrist, pour leurs grans et innumerables maulx et malices. Et leur sera tollu le saint siege et chaire, et a merveilles et miraculeusement. Ledict sainct pere de Rome delivrera la saincte cité et terre de Jerusalem des mains des mescreans, et en après toutes les terres du monde. Et presque tous les mescreans de la foy et loy de nostre Seigneur Jesuchrist convertira a ladicte foy et creance de Jesuchrist. Et en tout le monde ny aura aultre foy ne loy que celle seullement de Jesuchrist. Et alors sera acomplye la saincte parolle et prophetie de Jesuchrist, ainsi que le benoist *sainct Jehan* lapostre la tesmoigné. Et verrez a icelle saincte evangile qui se commence : EGO SUM PASTOR BONUS : Je suis bon Pasteur; et à la fin de icelle saincte evangile vous trouverez : ET ALIAS OVES HABEO QUÆ NON SUNT EX HOC OVILI, ET ILLAS OPORTET ME ADDUCERE, ET VOCEM MEAM AUDIENT, ET FIET UNUM OVILE ET UNUS PASTOR.

« Ceste prophetie et revelation divine du dict chasteau de Turayne, escripte en parchemin et *enchassée dargent :* et fut trouvée lan de grace 1500. »

PROPHÉTIE DU LIVRE DE *Lucidaire*.

« Lantechrist viendra par grant fierté et par grant orgueil et tyrannie: car Jesu Christ exaulce les humbles de cœur, et les pecheurs à ramener a penitence. Et le maudict et pervers antechrist desprisera tous les bons et exaulcera tous les pecheurs. Et nostre Seigneur Jesuchrist le fera occire par le benoist sainct Michel Archange, et sera trouvé mort de mort subite par sa mesgnie. Le jour sera abbregé selon les élémens ; car les jours finiront selon lordonnance de nostre Seigneur bien brief. Mais avant que le mauldict antechrist viegne et devant quil soit cogneu, *il y aura au royaulme de France ung moult bon et vaillant Roy, et aura nom Confcain* (épithète :... *Con-féal*); et si gouvernera a merveilles bien le peuple de son royaume, et le tiendra bien en sa possession cent ans et plus. Et le dict Confeain ira en la saincte cité de Hierusalem ; il sera *moult* beau homme. Et en son regne aura par toutes terres des biens y moult grant plante, et les chrestiens luy diront : Venge le caulme des chrestiens.

« Il fera exaulcer la croix de nostre Seigneur Jesus-Christ et sa loy. Et a celuy temps ceulx de Ethiopie et de Libie viendront servir a nostre Seigneur, et viendront donner leurs ames a nostre Seigneur ; et quand tout le monde sera ainsi converty et a ce que le roy aura accomply de age de *six vingtz ans ;* adonc *viendront les Juifz* de par tout le monde et se convertiront a la loy de Dieu, et se feront baptiser : et puis iront au sepulchre de nostre Seigneur a moult grant joye. Et a ce jour sera Judas sauvé et le peuple d'Israël enluminé. Mais ce ne sera pas Judas qui trahit nostre Seigneur, mais Judas, fils de Jacob, qui eut nom Delya : et de celui yssit moult grant lignée de roys, de ducs, et de *tous ceulx qui ont puissance au monde.* »

Jacob Bruten, de Cluny, a annoncé ce qui suit : « Malheureux ! *tu t'es élevé du dernier au premier rang :* du ciel couronné d'étoiles, tu as voulu, dans ta vanité, descendre dans les planètes, abandonnant au veuvage ta première épouse. Hélas ! prince inutile et impudent, si occupé de tes plaisirs, tu ne penses pas que par ta faute tu perdras la terre. Pleure, mais en vain, en écoutant ce que je t'annonce. Une désolation générale aura lieu ; *tu vivras, et puis soudain tu mourras dans Babylone où est la mort.* Cependant, on a trouvé quelques biens en toi. *Cède donc à plus grand* et à meilleur que toi, puisque Dieu met un terme à ton règne. Il y aura une commotion dans l'Orient, après quoi la flamme...

« *Béni celui qui vient au nom du Seigneur,* et qui de la terre ténébreuse monte au ciel, *puis redescend.* O combien l'épouse qui doit être livrée au lion dévorant se désole de la perte de son époux légitime ! Homme simple, tu renvoies ton épouse, et tu l'exposes sans défense aux chiens aboyans. Pense à son nom, et fais que tu puisses être reçu dans l'Orient. Tu es FRAUDULEUSEMEMT ENTRÉ, TU AS REGNÉ PUISSAMMENT, ET TU MOURRAS EN GÉMISSANT. *Voici l'homme de la famille d'Iscariote, qui meurt désolé :* la trame de ses jours sera abrégée, parce que, tyran terrible, il aura troublé le monde entier : il enlève le coq, il plume l'aigle, il menace la colombe ; mais le coq et l'aigle l'emporteront sur lui ; la colombe ne redoutera pas sa puissance. Portant un rameau d'olivier, elle établira son nid dans les fentes de la pierre. Pourquoi tant chérir l'empire de Babylone, que tu ne pourras longtemps conserver ? *Il marchera contre le Juste, et le chargera de chaînes.*

« IL TREMPERA SON ÉTOLE DANS LE SANG DE L'AGNEAU. *Plein d'ardeur pour la croix* et d'amour pour la paix, il n'accomplira pas tout ce qu'il pense. Mais son génie élevé sera l'ornement du ciel. Il tendra une main protectrice à la veuve et à l'indigent. Quand le vent du nord soufflera avec violence contre toi, *défends-toi avec la croix :* qu'elle soit ton abri.

« ... Cet homme parvient aux honneurs : il rétablit la concorde parmi ceux qui sont divisés. Il portera à la main un rasoir, pour extirper le superflu. Il mangera des viandes rôties *et boira du vin mêlé de myrrhe.* Il sera pauvre, mais susceptible des plus hautes pensées.

« ... Un homme viendra sur la terre, et fera des choses singulières : il répandra à son gré la lumière comme les ombres sur les étoiles. Mais il ne renversera pas l'édifice qu'avait élevé la bête sauvage. L'agneau seulement restera grièvement blessé. Après avoir ramassé de nombreux trésors, il mourra dans le besoin, et manquera de sépulture : tout son bien passera à d'autres. *Il laissera dans le veuvage plusieurs épouses.*

« CELUI-LA SEUL OUVRIRA LE LIVRE ÉCRIT DE LA MAIN DU DIEU VIVANT. *Le Ciel t'appelle, prince frêle et souffrant.* Pourquoi gémir? lève-toi, et prends des forces : immole Néron, et tu seras tranquille : guéris les blessés : armé du fouet, écrase les mouches, *chasse les vendeurs du temple :* adopte une doctrine éclairée, annonce le Juste.

« DES FLEURS ROUGES DISTILLERONT UNE EAU ODORIFÉRANTE. Malheur, et deux fois malheur! Fuyons la présence *du Fort des forts,* parce qu'il vient nous faire expier le supplice de la croix. Où sont allées les étoiles? Courons sans regarder derrière nous ; car l'aquilon chasse devant lui tous les maux. Je t'en conjure, Seigneur, *envoie celui que tu dois envoyer.* »

Lorsqu'arriva le milieu des temps, et le second millénaire du Christianisme, l'esprit prophétique se renouvelait plus que jamais, les plus grands hommes de la France annoncèrent de plus fort les deux grands hommes futurs de la Chrétienté. Le premier en date et en supériorité est *Pierre Jean d'Olive...* (trois noms superbes), le plus grand peut-être de tous les frères Mineurs, mort jeune en 1297, victime et martyr du sanguinaire Jean XXII (comme Savonarole, de l'horrible Alexandre VI), qui fit brûler jusqu'à ses os avec son livre *de Prophetiâ,* etc., et son *Traité* sublime *de la Pauvreté.* Fleury lui-même en parle, plus que des papes, aux années 1297, 1312, 1326, etc. On le surnommait, dans tout le midi, le *Saint Pierre non canonisé.* Et il préoccupa si fort et l'Eglise et l'Etat dans les siècles suivants, qu'on en a fait, volontairement ou non, plusieurs prophètes célèbres. sous les noms divers, encore plus glorificateurs, de *Noël,* etc., de *Dieu-Donné* Olivarius. Sa prophétie restée la plus fameuse se réimprimait encore à Paris en 1542, et se trouve à la bibliothèque royale. La voici, telle qu'elle a été montrée à Bonaparte, peu de temps après son Sacre, par l'entremise de Joséphine, qui en fut frappée jusqu'à sa mort. Sa date, son existence, son identité, son accomplissement, son miracle, on peut le dire, sont aussi certains, aussi visibles, que le sont l'existence, la flatterie (quand ce n'est pas la calomnie) et le roman de l'*Histoire* du grand *Napoléon,* par le petit Thiers:

« 1. La Gaule-*Itale* verra naître non loin de son sein *un être*

surnaturel. 2. Cet homme sortira *tout jeune de la mer,* viendra prendre langue et mœurs chz les Celtes-Gaulois, s'ouvrira, encore jeune, à travers mille obstacles, chez les soldats, un chemin, et deviendra leur premier chef. 3. Ce chemin sinueux lui baillera force peines; s'enviendra guerroyer près de son natal pays par un lustre et plus. 4. Outre mer sera vu guerroyant avec grande gloire et valeur, et guerroyera de nouveau l'Italie. 5. Donnera des lois aux Germains, pacifiera troubles et terreurs aux Gaulois-Celtes, et sera nommé ainsi non roi, mais peu après appelé *Imperator*, par grand enthousiasme populaire. 6. Bataillera par tout dans l'empire, déchassera princes, seigneurs, rois par deux lustres et plus. 7. Puis élèvera de nouvels princes et seigneurs à vie, et parlant sur son estrade, criera : Peuples! o *sidera!* o *sacra!*
8. Sera vu avec armée forte de quarante-neuf fois vingt mille piétons armés, qui porteront armes à cornets de fer; il aura sept fois sept fois sept mille chevaux montés d'hommes qui porteront, plus que les premiers, grande épée ou lance et corps d'airain; il aura sept fois sept fois deux mille hommes qui feront jouer machines terribles, vomiront et soufre et feu et mort. La toute suppute de son armée sera de quarante-neuf fois vingt-neuf mille. (*Historique.*) 9. Portera en dextre main *une Aigle,* signe de la victoire à guerroyer. 10. Donnera maints pays aux nations, et à chacun paix. 11. S'en viendra dans la grande ville, ordonnant force grandes choses : édifices, ponts, ports de mer, aqueducs, canaux ; fera à lui tout seul, par grandes richesses, autant que tout Romain, et tous dans les dominations des Gaules. 12. Aura *Femme par deux, et Fils un seul.* 13. S'en ira guerroyant jusqu'où se croisent les lignes longitude et latitude, cinquante-cinq mois; là, ses ennemis *brûleront par feu la grande ville*, et lui y entrera et sortira avec siens de dessous cendres, forces ruines ; et les siens, n'ayant plus ni pain ni eau, par grande et décide froidure, qui seront si malencontres, et que les deux tierces parties de son armée périront, et en plus par demie l'autre, lui n'étant plus dans sa domination. 14. Lors le plus grand homme, abandonné, trahi par les siens amis, pourchassé à son tour par grande perte jusque dans sa grande ville, et déchassé par grande population européenne. 15. A la sienne place sera mis les rois du viel sang de la Cap. (Capet). 16. Lui, contraint à *l'exil dans la mer* dont est devenu si jeune, et proche de son natal lieu, y demeurera par onze lunes avec quelques-uns des siens, vrais amis et soldats, qui, n'étant plus que sept fois sept fois deux fois de nombre, aussitôt les onze lunes parachevées, que lui et les siens prendre navires et venir mettre pied sur terre Celte-Gauloise. 17. Et lui cheminer vers la grande ville où s'être assis le roi du viel sang de la Cap, qui se lève, fuit, emportant à lui ornements royaux; pose chose en son aulienne domination; donne aux peuples force lois... 18. Ains, déchassé de nouveau par trinité

population européenne, après trois lunes et tiers de lune, est
remis à la sienne place le roi du vieil sang de la Cap. 19. Et
LUI CRU MORT par ses peuples et soldats qui dans ce temps
garderont pénates contre leurs cœurs.

20. Les peuples et les Gaulois comme tigres et loups s'entre-dévoreront. 21. Le sang du viel roi de la Cap sera le jouet
de noires trahisons. 22. Les malencontreux seront déçus, et
par fer et par feu seront occis, 23. Le Lis maintenu; 24.
Mais les derniers rameaux de vieil sang seront encore menacés. 25. Ains guerroyeront *entre eux.*

26. Lors un *jeune guerrier* cheminera vers la grande ville,
il portera lion et coq sur son armure. 27. Ains la Lance lui
sera donnée par grand prince d'Orient. 28. Il sera secondé
merveilleusement par peuple guerrier de la Gaule-Belgique,
qui se réuniront aux Parisiens pour trancher troubles et réunir soldats, et les couvrir tous de rameaux d'oliviers. 29.
Guerroyant encore avec tant de gloire sept fois sept lunes,
que trinité population européenne, par grande crainte et cris
et pleurs, offrant leurs fils et épouses en ôtages, et ployant
sous les lois saines et justes, et aimées de tous. 30. Ains paix
durant vingt-cinq lunes. 31. Dans *Lutetia*, la Seine, rougie
par sang, suite combats à outrance, étendra son lit par ruine
et mortalité. 32. Seditions nouvelles de malencontreux maillotins. 33. Ains seront pourchassés du palais des rois par
l'homme valeureux, et par après les immenses *Gaules déclarées par toutes les nations grande* et *mère-nation.* 34. Et lui,
sauvant les restes, échappés du vieil sang de la Cap, RÈGLE
LES DESTINÉES DU MONDE, dictant conseil souverain de
toute nation et de tout peuple. 35. Pose base de fruit sans
fin, et meurt. »

La prophétie, non moins célèbre que celle d'Olivarius, sous
le nom d'Orval, et que nous croyons originairement la même,
et l'une de ses preuves, n'en serait pas moins probante et prouvée, si elle avait une autre source personnelle. Et qui n'en
admirerait la fin seulement? « 23. Malheur au *céleste Gaulois!*
le Coq effacera la fleur blanche et un grand s'appelle *le roi du
peuple.* (La Prophétie, qui raconte si bien à l'avance l'*Histoire*
de *Philippe* d'Orléans, donne au Prophète lui-même le nom
de *Philippe*.). Grande commotion se fera sentir chez les gens,
parce que *la couronne sera posée par mains d'ouvriers* qui ont
guerroyé dans la grande Ville. 24. Dieu seul est grand : le
règne des mauvais sera vu croître; mais qu'ils se hâtent, voilà
que les pensées du *céleste Gaulois* se choquent et que grande
division est dans l'entendement. 25. Le Roi du peuple en abord
vu moult foible ; et pourtant contre ira bien des mauvais; mais
il n'étoit pas bien assis, et *voilà que Dieu le jette bas.* 31.... Dieu
aime la paix ; venez, *jeune prince, quittez l'isle de la captivité ;*
oyez, joignez le lion à la fleur blanche, venez. 32. Ce qui est
prévu, Dieu le veut : 33. Le vieux sang des siècles terminera
encore de longues divisions ; lors un seul Pasteur sera vu dans

la Céleste Gaule. 34. L'homme puissant par Dieu s'assoyera bien, moult sages réglements appelleront la paix. Dieu sera cru d'avec lui, tant prudent et sage sera le rejeton de la Cap. 35. Grâces au *Père de la Miséricorde*, la sainte Sion *rechante* dans ses temples un seul Dieu grand. »

Un autre grand homme du moyen âge inspiré à cet égard, est le disciple de Jean Pierre d'Olive. C'est *Ubertin* de Corsal, glorifié dans *l'Histoire ecclésiastique* aux années 1312, etc., et que toutes les publications prophétiques modernes (*) ont appelé *Werdin*.

« Lorsque sur la chaire de Pierre brillera UNE ETOILE éclatante, *élue contre* L'ATTENTE DES HOMMES, au sein d'une grande lutte électorale, étoile dont la splendeur illuminera l'Eglise universelle, le tombeau qui renferme mon corps sera ouvert. 4. Ce bon pasteur, gardé par les Anges, réparera bien des choses. 5. Par son zèle et sa sollicitude, des autels seront construits, et des églises détruites seront relevées. 6. Alors un gracieux jeune homme de la postérité *de Pépin, se trouvant en pays* étranger, viendra pour contempler la gloire de ce pasteur ; 7. Lequel pasteur placera, d'une manière admirable, ce Jeune homme sur le trône de France jusque-là vacant. 8. Il le couronnera et l'appellera lui-même en aide dans son propre gouvernement :...

Cùm in sede Petri fulgebit stella coruscans, præter hominum expectationem electa, in maximá electorum controversiâ, cujus splendor universalem Ecclesiam irradiabit, sepulcrum cadaveris mei aperietur. — Hic bonus pastor *custoditus ab Angelis*, multa reædificabit. — Ejus vigilantiâ et sollicitudine elevabuntur altaria, et Ecclesiæ discoopertæ cooperientur. — Tunc *gratiosus juvenis de posteritate Pipini veniet peregrè, ad videndum hujus Pastoris claritatem,* — qui Pastor mirificè collocabit hunc juvenem in Gallicanâ sede, hactenùs vacante, — eique imponet diadema regni, ipsumque in adjutorium regni vocabit.

Les hommes religieux remarquables du siècle suivant, et dont les pages ne sont pas moins bien constatées (**), ont

---

(*) « La prophétie de Werdin a été imprimée soixante douze ans avant que de Rocoles publiât la quatrième édition de son *Introduction à l'Histoire* (Paris, 2 in-12, 1672), c'est-à-dire en 1600. Elle fait partie d'une compilation en deux in-folio, et se trouve à la page 1007 du second volume, avec le titre : *Vaticinium memorabile*. Je ne crois pas devoir donner le titre de cette compilation, qui est très-rare en France, et peut-être même dans le pays où elle fut imprimée. Je dirai seulement qu'une seconde édition, également en deux in-folio, a été faite en 1672. Le motif de mon silence n'a point pour objet le contenu de la prophétie, mais le sort qu'elle pourrait avoir si on trouvait qu'il fût utile de faire disparaître les exemplaires qui en reproduisent le texte original. » (Note de M. l'abbé Jammes.)

(**) La prophétie de *Saint Germain-des-Prés* était connue et fut possédée par M. Bergasse, qui la montrait à plusieurs Constituants dès 89. Et elle fut signée et attestée dans les derniers temps (en 1815), lorsqu'il fut appelé au siége de la Louisiane, par M. Dubourg, archevêque de Besançon, qui nous l'a con-

abondé dans le même sens, et se sont même montrés plus indépendants, plus explicites, et plus heureux.

Tel, entre autres, le Jérôme des *Bénédictins* de Saint-Germain-des-Prés, près de Paris :

« 12. Il règnera sur eux un Prince duquel il est écrit : « Armes toi de ton épée, et la mets à ton côté. » *Prince très puissant, il réunira les rois,* les princes et les peuples. Il gouvernera avec sagesse et puissance ; c'est ce qu'a dit l'Esprit. 13. Son *règne très-long* sera un règne de justice et de force ; il sera en grande vénération, et sa mémoire sera florissante, (le siècle de Louis le *Grand*, visiblement). 14. Et après un autre siècle, les princes de la terre et *tous les peuples trembleront* de fureur, et ce temps sera un temps de désespoir et d'iniquité. On trouvera *à peine un seul homme* qui fasse le bien. C'est ce que le Seigneur m'inspire d'annoncer. 15. Alors *il règnera en France un prince,* L'OINT DU SEIGNEUR, homme doué de vertu et de douceur ; et les ouvriers d'iniquité mettront sa tête à prix, épuiseront contre lui leur malice, le réduiront *en captivité*, et sa fin sera plus malheureuse que son commencement, a dit l'Esprit. 16. Après qu'on l'aura réduit en captivité, lui et les siens, les *princes et les grands seront entraînés à leur perte....*

25. L'Aigle planera sur lui, il ravira et déchirera sa proie, dit l'Esprit. 30. La rosée du ciel descendra sur la terre désolée et sur l'Eglise éplorée. 31. Il y aura *un enfant du Sang du Roi* (le Duc de Bordeaux n'est enfant que d'un *Prince*), que donneront (c'est-à-dire : proclameront) les gens d'Artois. 32. Et il gouvernera avec honneur et prudence la France, et l'Esprit du Seigneur sera avec lui. C'est ce qu'a dit le Seigneur. »

A la même époque, florissait en Italie un saint Ermite de saint Augustin, canonisé en effet, sous le nom de Benoît Saint Vincent, et qu'admirait Savonarole, admiré de tout le monde. Il écrivait, lui aussi : « Il y aura deux Antéchrists, l'un vrai, l'autre mixte. Celui-ci sera un faux Pape d'origine impériale allemande. Créé par l'empereur, il couronnera l'empereur à son tour. Il y aura jusqu'à trois faux Papes ensemble ou successifs ; le premier Grec, le second Italien, le troisième Allemand, le pire de tous, etc.... Et, à la fin, un Pape angélique, avec un Roi de France, réformera l'Eglise, et *tous* les chrétiens renonceront à toutes les sortes de biens temporels. Alors, seront choisis, à la façon des Apôtres, douze hommes religieux et saints qui prêcheront de nouveau l'Evangile sur toute la Terre... On les verra ensemble à Jérusalem... Au retour du Roi de France en Occident, la paix universelle aura lieu. Le clergé surtout mènera une vie apostolique. Le saint Pontife rectifiera toutes choses et gouvernera l'Eglise avec mansuétude, ne possédant rien et possédant

---

firmée dans un séjour en cette ville, l'année de sa mort, et en présence de l'abbé Gousset, aujourd'hui cardinal de Reims....

tout : *Et omnes Christiani abdicabunt omnia bona temporalia.
— Ad instar Apostolorum assumentur duodecim viri sancti qui prædicabunt Evangelium per totum Orbem. — Sanctus Pastor cuncta rectificabit, et statum Ecclesiæ cum mansuetudine redimet.
— Hic vir erit quasi nihil habens, et emnia possidens.* »

Une autre grandeur, du même siècle que saint Vincent, aussi célèbre, aussi populaire même en France que celui-ci ne l'est pas, le précurseur et le patron de saint Vincent de Paul, saint François de Paule, le plus grand homme peut-être de toute la chrétienté (*), dans une vie de près d'un siècle ; le patron, on peut le dire, de la France, dont il portait le *nom*, comme *François* d'Assise, et qu'il aimait encore plus que lui ; au beau milieu de laquelle il habita ses 25 plus belles années (les dernières), et où il mourut, par une grâce sans exemple, le Vendredi-Saint, et à l'heure même ou Jésus-Christ fut en croix !... est encore plus formel dans l'annonce du Grand Roi de France.

Ici, toutes les circonstances sont importantes et historiques :

I° C'est à un Prince de la Maison de France que saint François de Paule prédit ;

II° A un Prince, Fils même du Roi régnant ;

III° Au Dauphin ;...

IV° Au Dauphin, longtemps *exilé* de la cour ;

V° Au Dauphin exilé par un Roi qui venait de laisser livrer aux flammes, c'est-à-dire qui avait brûlé lui-même, dans la capitale de la Normandie, la plus grande femme, la femme la plus forte de France, Jeanne d'Arc enfin, à laquelle il devait ses victoires et sa couronne ;

(*) Voici ce que prêchait Bourdaloue lui-même du grand saint François de Paule : « Dieu, dit saint Thomas, a surtout deux attributs de grandeur, qui marquent la supériorité et l'infinité de son être ; savoir : la science et la toute-puissance. La science, par où il connaît jusques aux choses mêmes futures, jusques aux secrets des cœurs. La toute-puissance, par où il ordonne tout et il fait tout. Or je trouve qu'il a communiqué l'une et l'autre à François de Paule, mais dans toute la plénitude dont un homme est capable : sa science, par l'esprit de prophétie dont il le remplit ; sa toute-puissance, par le don des miracles qu'il lui conféra. En sorte que François parut dans le monde comme un homme plus qu'homme, c'est-à-dire comme un homme éclairé de la sagesse de Dieu et revêtu de la force de Dieu. Je ne dis rien dont nous n'ayons les témoignages les plus incontestables, et qui n'ait été universellement reconnu.

« Oui, chrétiens, c'est à François de Paule que l'esprit des prophéties fut donné sans réserve et sans mesure. Dieu demandait autrefois à Isaïe : « Sur qui reposera mon esprit, cet esprit de sagesse et de lumière ? » et le prophète lui répondit que ce serait sur l'humble de cœur. Parole qui s'est bien vérifiée dans le saint fondateur dont je fais le panégyrique. D'autres ont eu l'esprit de prophétie en quelques rencontres, par une inspiration passagère et pour quelques moments : mais François de Paule l'a possédé habituellement ; et l'on peut dire à la lettre que ce céleste et divin esprit a reposé sur lui. Ne semblait-il pas qu'il eût la clef de tous les cœurs, pour pénétrer et pour en découvrir les pensées et les sentiments les plus cachés ? Ne semblait-il pas qu'il fût tout à la fois, dans tous les lieux, pour être témoin de ce qui se passait au delà des mers et dans les régions les plus éloignées ? Ne semblait-il pas que tous les temps lui fussent présents, et qu'il n'y eût point pour lui d'avenir ? Disons mieux, ne voyait-il pas l'avenir comme le présent ?... »

VI° A un Dauphin indigné, retiré à la cour de Bourgogne, comme lui indignée ;

VII° A un Dauphin devenu Roi.... dans son exil même !

VIII° Roi du nom de *Louis;*

IX° Roi dont le frère cadet portait le nom de *Charles,* et le titre de *Duc de Normandie ;*

X° Roi sous lequel la *Normandie,* appartenant à l'Angleterre depuis le *Conquérant,* fut enfin rendue à la France ;

XI° Au Roi peut-être qui aima le plus réellement le peuple, auquel il sacrifia les grands, et auquel il eût peut-être sacrifié son père ;

XII° Le plus sincèrement religieux peut-être :... il avait deviné, il avait aimé, recherché de toutes les façons, et à tout prix, et toute sa vie (jusqu'à le croire capable de le ressusciter) le thaumaturge du temps :... saint François de Paule;

XIII° Le premier Roi de France, en tout cas, qui prit ou qui reçut le titre de *Roi Très-Chrétien ;*

XIV° Et qui, à tous ces titres, a été nommé *Tyran,* par tous les historiographes de cour.

XV° Louis XI, enfin, dont le président Hénault lui-même a dit : « Il avait de grands talents dans l'esprit, et releva l'autorité royale ; il était humble en paroles et en habit, et naturellement ami des gens de moyen état. Il disait pour répondre aux reproches de ne pas garder sa dignité : Lorsqu'orgueil chemine devant, honte et dommage suivent de près. »

Charles, son fils unique, porta plus que lui encore l'affection à François de Paule jusqu'à la *foi.* Forcé d'aller à Rome recevoir la couronne de Constantinople, il sembla ne

« Dès la première audience qu'il eut de Louis, il lui prononça l'arrêt de sa mort. Il lui parla en prophète et lui dit comme un autre Isaïe : *Dispone domui tuæ, quia morieris tu et non vives.* Sire, mettez ordre à votre Etat et à ce que vous avez de plus précieux dans votre Etat, qui est votre conscience, car il n'y a point de miracle pour vous, votre heure est venue, et il faut mourir. C'était une parole bien dure pour tout homme, encore plus pour un roi, mais surtout pour un roi aussi attaché à la vie. Quel autre eût osé lui annoncer une si terrible nouvelle, et n'était-ce pas s'exposer à toute son indignation ? Mais par le changement le plus subit, et qui ne peut venir que de la droite du Très-Haut, Louis écouta François avec respect. Il l'estima, et se confia en lui plus que jamais. Il lui mit son âme entre les mains, il le pria de le disposer à la mort, il voulut expirer dans son sein, et en mourant, LUI RECOMMANDA LA FRANCE ET UN FILS, ne croyant pas pouvoir laisser l'un et l'autre sous une plus puissante protection. Voilà sur quoi furent fondés les honneurs dont saint François de Paule fut comblé à la cour de Louis. Il fit dans la personne de ce monarque un miracle bien plus difficile et plus grand que s'il lui eût rendu la santé du corps, puisqu'il lui rendit la santé de l'âme, puisqu'il le détacha de la vie que ce prince aimait jusqu'à l'excès, puisqu'il l'accoutuma à entendre parler de la mort, qu'il le prépara à ce passage, et qu'il l'aida à le sanctifier.

« Cependant, Louis mort, comment Charles, son successeur, en usa-t-il à l'égard de l'homme de Dieu ? Vous le savez, chrétiens. Il hérita de la piété de son père, c'est-à-dire de sa vénération pour François de Paule. Que dis-je ? il la surpassa. François fut son conseil, fut son confident, fut sa consolation. S'agissait-il d'un choix honorable à faire ? c'est sur François de Paule qu'il tombait ; témoin l'honneur qu'il eut d'être choisi pour *nommer le Dauphin de France* dans la cérémonie solennelle de son baptême. »

traverser les Monts que pour élever au plus beau point de vue de la Ville éternelle, le Mont Pincio, en contemplation de *Saint Pierre*, la belle Eglise de la *Trinité du Mont* pour ses chers *Minimes*, à la condition, agréée, qu'elle serait desservie à toujours par des Minimes français, comme pour mériter, à 400 ans de là, la gloire de la conversion de Marie Ratisbonne!

Louis XII, à son tour, venait exprès au Plessis voir et consulter le grand Minime. Une fois entre autres il demeura un jour entier avec lui seul à seul. « Au sortir, dit un Historien, le Roi fut remarqué avoir toute la poitrine mouillée de larmes, et s'adressant aux seigneurs qui le suivaient : Je « n'eusse, leur dit-il, jamais creu que la terre eust porté un « homme si saint. Je vous jure qu'il m'a descouvert des se- « crets de ma conscience qui n'estoient sceus que de Dieu « seul. » A Louis XII aussi était réservé l'honneur de solliciter et d'obtenir la canonisation du saint, vraiment français, laquelle fut peut-être la seule gloire de Léon X, et le premier acte de son règne. Elle eut lieu avec une solennité sans exemple. Et depuis, la popularité du Fondateur des Minimes fut en France égale à sa Sainteté et même à ses miracles incessants. On les appelait, à Paris surtout, les *Bons-Hohmes*, et François même de son vivant, le *Saint Homme* par excellence.

Or, on va voir que l'annonce d'un Grand Roi issu d'un Roi de France était comme la grande pensée de saint François de Paule, et qu'elle fut peut-être la cause secrète ou avouée du sacrifice que le saint fit de l'Italie à la France !

C'est d'abord dans une Lettre, puis dans nombre d'autres lettres, qui en supposent sans doute encore, et bien des confidences intimes ; et cela dans le cours de douze années, la plupart lorsque le Dauphin était à la cour de Bourgogne, plusieurs postérieures à son avénement à la couronne. Elles paraissent avoir été écrites en latin et en italien. En voici quelques-unes, traduites à Paris par le marquis de Pacca, neveu du Cardinal, et extraites à la Bibliothèque royale, de la main de Léon Lacordaire (il y a des *variantes* et même des erreurs de date ou de chiffres, dans les plus étonnantes Prophéties, comme il y en a dans les Evangiles eux-mêmes, pour susciter les objections vulgaires et superficielles, et éprouver la foi habile) :

1re Lettre adressée *à un Prince Bourbon*, 8 février 1452.

« Il m'a été donné un esprit de prophétie et de dire souvent des choses étonnantes et des choses à arriver pour ce qui regarde la réformation de l'Eglise du Très-Haut. C'est de vous que doit naître *le grand duc de la Milice sainte du Saint-Esprit*, laquelle sainte milice doit vaincre le monde et se rendre maîtresse du spirituel et du temporel ; et il ne pourra plus exister dans le monde ni roi ni seigneur qui ne soit de la milice sainte du Saint-Esprit. Ils porteront le signe du Dieu vivant *à la poitrine, et plus encore dans le cœur.* »

2ᵉ Lettre, du 25 mars 1455 (l'année de la réhabilitation de Jeanne d'Arc).

« Il y aura un de vos descendants qui sera comme le soleil entre les étoiles, et ce sera un de vos neveux aînés. Cet homme sera dans son enfance et adolescence presque saint, DANS SA JEUNESSE GRAND PÉCHEUR ; il se convertira entièrement à Dieu, IL DEVIENDRA SAINT, sera grand capitaine et prince d'une réunion sainte, appelée les *Saints Porte-Croix* de Jésus-Christ, avec lesquels il détruira la secte mahométane et tous les infidèles ; il détruira tout à fait les hérésies et les tyrannies du monde. »

Epistol. 1ʳᵉ, 25 martii :

Domino *Simoni de Limena* (noms Mystiques peut-être), Domino meo benefactori observandissimo :

.... Imò Sancta generatio vestra erit admirationi omni terræ, et descendet præcipuè *unus* ex eà, qui futurus est quasi *sol inter sidera,* qui in suâ pueritiâ et adolescentiâ erit quasi vir sanctus in conversatione suâ ; sed postea *in juventute depravabitur, et erit maximus peccator;* convertetur tandem ad Deum in toto corde suo,

Et magnam in se ipso assumet pro delictis suis pœnitentiam, ità ut omnia peccata, quæ patraverat, remittantur ei ; et iterum futurus est sanctus; hic erit Magnus Princeps, et *Rector Congregationis* sanctorum gentium quæ nuncupabitur, *Congregatio Sanctorum Cruciferorum* Jesu-Christi; cum quibus tyrannides· totius orbis destruet, et *Reformabit ecclesiam Dei,* quia præ omnibus hominibus mundi sancti erunt, et in sanctitate, in armis, litteris, et in omni aliâ virtute excedent omnes, quia talis est voluntas Altissimi : obtinebitque principatum totius orbis in temporalibus et spiritualibus, et reget ecclesiam Dei in sempiterna sæcula. Data in nostro Paulæ loco, die 25 martii 1455.

3ᵉ Lettre, du 21 avril 1455.

† « MALHEUR A VOUS, parce que le Dieu tout-puissant exaltera un HOMME TRÈS-PAUVRE du sang de Pépin, lequel portera dans la poitrine le signe que vous voyez au commencement de cette lettre, par la vertu du Très-Haut, confondra les tyrans, les hérétiques et infidèles ; il formera une grande armée ; les Anges combattront pour lui et disperseront tous les rebelles contre Dieu. O monsieur Simon, cet homme sera de vos neveux, car vous venez du sang de Pépin. »

Epistol. 5ᵉ, 21 aprilis 1455 :

Dominus omnipotens exaltabit *unum de pauperrimo,* sed nobili viro, et sanguini Pipini regis, qui habebit in pectore *Signum quod vidisti,* qui per virtutem Altissimi *destruet tyrannos, et Angeli prœliabuntur cum illo,* etc. O domine Simon, talis homo de cognatione tuâ descendet etc.

4ᵉ Lettre, 13 janvier 1459.

« Le grand Dieu soit toujours remercié. Du commencement de la création du monde, après que le premier homme fut fait, jusqu'à ce que la génération humaine finisse, on a toujours vu et on verra des choses merveilleuses sur la terre. Ils ne passeront pas ... années que LA DIVINE MAJESTÉ VISITERA LE MONDE AVEC UN NOUVEL ORDRE RELIGIEUX très-nécessaire, lequel portera plus de fruit au monde que tous les autres réunis ensemble: il sera le dernier et le meilleur de tous; il agira avec les armes, les prières et l'*hospitalité*. Malheur aux tyrans!... Le chef et le fondateur de tels gens sera un de vos neveux aînés et qui me sera dévoué. Après avoir fait de grandes actions pour le service de Dieu, il *mourra Saint* et obtiendra *une des premières places dans le Paradis*. Il sera le *grand Réformateur de l'Eglise de Dieu*. Réjouissez-vous, Monsieur Simon, mon fils en Jésus-Christ, de ce qu'un de vos descendants doit être un grand saint et très-aimé de Dieu. »

5ᵉ Lettre, 20 mars 1460.

« Les Porte-Croix régneront et auront la domination du monde; de votre descendance sera le grand fondateur de tels gens. Mais quand ce temps arrivera-t-il? QUAND ON VERRA LES CROIX AVEC LES SS. STIGMATES, et l'on verra alors déployer le DRAPEAU. »

Epist. 6ᵉ, 20 martii 1460.

... Et posteà venient Fidelissimi illi electi ab altissimo Sancti Spiritûs Cruciferi... De tuâ stirpe descendet fundator hujus Sanctæ Congregationis; *sed quandò*? Quando erunt *Cruces cum signis;* et videbitur super vexillum Crucifixus. Gaudeamus nos omnes qui sumus in servitio Altissimi, quia jam appropinquat Magna Visitatio *cum reformatione totius Universi*, etc.

Les lettres suivantes, à certains traits, et à dix années des autres, sont encore plus remarquables. Elles annoncent, en toutes lettres, et les dérisions, et les persécutions, et jusqu'au nom de l'Œuvre de la *Miséricorde :*

6ᵉ Lettre, 7 mars 1465.

« La grâce du Saint-Esprit soit toujours avec vous et avec votre bienheureuse âme. Vive Jésus-Christ in sæcula sæculorum. Amen. †

« *L'heure s'approche* dans laquelle la divine Majesté visitera le monde avec le nouvel Ordre religieux des Saints portecroix, avec LA CROIX ÉLEVÉE SUR LE GRAND DRAPEAU et étendard merveilleux aux yeux de tout homme juste, BAFOUÉ AU COMMENCEMENT par les incrédules, les mauvais *chrétiens* et les païens. »

Epist. IX. 7 martii 1465 :

Appropinquat jam hora in qua Divina Majestas *per novam religionem sanctorum Cruciferorum* Visitaturus est mundum cum crucifixo exaltato super altius vexillum, et *Altiorem locum universi.* Vexillum erit admirabile oculis *omnium Justorum, quibus in principio deridebunt increduli et mali christiani;* sed cum postea videbunt mirabiles victorias contra tyrannos, eorum nugæ ad lacrymas convertentur.... Errantibus *Suprema Misericordia* ut plurimum benigne condonat et parcit. O Sancti Cruciferi, quam magno Domino grati eritis! Vos *per totum universum silentium* ponetis cum pace perpetua, etc. Domine Simon, lætetur anima tua, quod magnus Deus dignatur per unum de stirpe tua dare mundo unam *tam sanctam Religionem, quæ erit omnium ultima,* et magis a divina majestate dilecta. *Victor, Victor* vocabitur ejus fundator, vincet mundum.

La lettre, que voici, du Prophète semble se complaire à donner et à inspirer les preuves de la divinité de la prophétie du Grand Roi :

Epist. X*e*, 1 julii.

Valde forsan mirabitur Dominatio tua, quod ego id tam subtili narratione ad te scribam, sed non imprudenter facio, quia omnis prudens comprehendet me *ob id facere, ut talia et tam mirabilia* non sint in oblivione *in sæculis futuris,* et atque absque memoria ; quia ipse *certissime scio* quod futurum est ut *omnes meæ epistolæ ab hominibus Catholicis* procurentur *pro curiositate.* Hinc *pro honore Dei Altissimi,* et ad *exemplum bonorum,* qui imitari desiderabunt sancta justorum facta, conatus sum ea scribere, etc.

Une onzième lettre de saint François de Paule, qui paraît la dernière, est aussi la plus belle. Elle révèle jusqu'à la joie que les Lacordaire devaient avoir, comme nous, à les découvrir et à les extraire avec scrupule à la Bibliothèque du Roi :

Epist. XI*e*, 13 august. 1469.

Lætetur anima tua, quia per te *tam magnum miraculum* et *tanta signa mirabilia* egit Divina Majestas. Veniet post te unus de stirpe tua, *sicut multo scies per certam notificavi,* et prophetisavi tibi, UT FACEREM VOLUNTATEM ALTISSIMI, qui *majora* est operaturus, et *majora* quam Dominatio tua faciet. Iste homo erit *maximus peccator in juventute;* sed postea se convertet ad Deum, *a quo vocabitur vocatione* qua vocatus fuit *Sanctus Paulus.* Erit Magnus Fundator *Novæ Religionis,* quæ multum ab aliis erit differens, quam in tres ordines ordinabit: Equitum amatorum, sacerdotum solitariorum, et hospitum pietissimorum. Erit *novissima omnium religionum ;* excedet omnes alias in Ecclesia, in profectu et *fructu animarum;* extinguet *omnes tyrannos.* Et *per totum orbem* non erunt amplius quam duodecim reges, unus imperator, et unus

Pontifex, qui omnes erunt Sancti. Vivat Jesus, *quia mihi indigne pauperculo peccatori dignatus est dare spiritum propheticum* CUM EVIDENTISSIMIS ET CLARISSIMIS PROPHETIIS, *non obscuris, sicut olim fecit servos suos prophetare, dicere* et scribere *obscuro modo.* Ego scio quod *meæ epistolæ ab incredulis habebuntur ludibrio;* sed Fideles et Spirituales ad sanctum paradisum aspirantes *delectabit* eos perlegere, et ipsi habere procurabunt, et *magno fervore eas rescribent,* quia multam suavitatem generabunt in amore Dei istæ meæ epistolæ legentibus, quia talis est voluntas Altissimi : et in his Epistolis cognoscentur illi qui *futuri sunt de hæreditate Christi,* et qui sit futurus prædestinatus.

Après les lettres de 1465, il s'en trouve une à la date du 2 janvier 1456, qu'une main mal inspirée, et peut être perfide, a supprimée en partie sur l'autographe même du Saint. Elle annonce un Prince *très inattendu,* et dont Louis XIV n'était certainement qu'une pâle figure :....

Ne dubites, dum benedictus Deus in senectute tibi *promittet masculinam prolem,* quia semen tuum multiplicabitur, quamquam *multorum oculis jam extinctum apparebit;* nam nepotes tui.... Domino magni erunt, atque *in Dei ecclesia prælati maximi,* usque in Diem Judicii perseverantes regnabunt super terram, quorum magna pars erunt Sancti.

Le Prétendant secondaire, dont la mission est de prouver un peu plus le premier, le baron de Richemont, possesseur de l'original latin des *Lettres* de saint François de Paule, les confirme en citant ces paroles textuelles des 4ᵉ, 5ᵉ et 11ᵉ, dans un numéro de son *Inflexible* : « In sua pueritia et adolescentia erit quasi vir sanctus in conversatione sua; sed postea in juventute depravabitur, *et erit maximus peccator;* convertetur tandem ad Deum in toto corde suo..., et iterum futurus est *Sanctus; hic erit Magnus Princeps....* Deus omnipotens exaltabit *unum de pauperrimo,* sed nobili viro, ex *Sanguine,* qui habebit in pectore signum † quod in principio hujus epistolæ vidisti (*Ep.* V); *sed postea se convertet ad Deum,* a quo vocabitur vocatione, qua vocatus est sanctus Paulus; erit *magnus Fundator Novæ Religionis* (faux Prêtres du jour, criez donc, criez à l'*hérésie,* au *scandale,...* contre saint François de Paule!!!), etc. (*Ep.* XI.) » Je sais, ajoute M. de Richemont (et c'est ici qu'il est parfaitement dans le vrai), je sais tout l'intérêt que le Fils de Louis XVI porte à Henri de France, mais comment *lui appliquer ceci ?...* à Henri? »

Nous dirons, nous : « Comment l'appliquer à M. de Richemont? » — Et surtout, comment n'y pas voir Charles-Louis?

Vers le même temps, un illustre Ermite de Thèbes, Télesphore de Cusance, composait un traité *des Grandes tribulations de l'Église,* que ses disciples firent imprimer à Venise, en 1516. On y trouve annoncés jusqu'aux termes propres que doit prononcer le Saint Père en couronnant le *Roi de France Empereur de tout le monde.* En voici la version par le Parle-

mentaire de Paris dans le *Cocq François :* «....Reçois, fils bien-
aimé, la couronne d'épines, laquelle tu demandes instamment
et très-humblement pour l'amour que tu portes à celui qui
a été pendu en la croix, et nous a racheptés de son propre
sang. Reçois aussi en ta main dextre l'enseigne de sa très-
sainte croix, par lequel signe tu seras vainqueur : parce que
le Dieu des armées a dit : Je t'ai reçu aujourd'hui et élu et
t'ai oint de mon saint huile, et mon serviteur, pour être
conducteur de mon peuple et t'ai ordonné comme mon
signal. Tu vaincras, non par la multitude de tes gens de
guerre, ni ta propre force, mais par la vertu de *mon Esprit
qui t'assistera.* Rejouis-toi donc, et sois constant et ferme
en tes résolutions. et n'aie point de peur, attendu que je
serai toujours avec toi. Au reste je te prendrai par ta dextre,
afin d'assujettir les nations devant toi, et *mettrai en fuite les
rois,* et ouvrirai devant toi les portes, et elles ne se fermeront
plus. Je marcherai devant toi et humilierai les superbes de
la terre. Je romprai les portes d'airain, et briserai les verroux
de fer. De plus, je te donnerai des trésors qui sont cachés, et
te révélerai les arcanes ou mystères des grands secrets, et
tout lieu sur lequel tu marcheras sera à toi. Hé ! qui est-ce
qui te pourra résister, puisque c'est le Dieu des armées,
ton Seigneur, qui a dit ces choses.... »

« Et pour montrer que c'est d'un Roi de France qu'il entend
parler, il avait dit au chapitre précédent ce qui en suit :
Comme le saint Pontife a été élu de Dieu à cause de sa sainteté,
et miraculeusement reçu et couronné : ainsi ce Roi de France
sera couronné de ce saint pasteur par l'élection et commandement que Dieu même en a fait : *Ita et iste Rex Franciæ ex
Dei Electione et mandato ab eodem Sancto Pastore coronabitur.*

Saint Antonin, célèbre archevêque de Florence, commentateur de l'Apocalypse, n'a pas craint de se faire lui-même
historien de la tradition européenne :

« Quand Rome commencera à entendre les mugissements
de la *Vache grasse,* l'Italie sera en proie à la guerre et aux
dissensions. Une haine violente éclatera entre son *Serpent ailé*
et le Lion qui porte des Lys. Alors naîtra, *au milieu des lys,
le plus beau des princes,* dont le renom sera grand parmi les
rois, tant à cause de la rare beauté de son corps que de la
perfection de son esprit. L'univers entier lui obéira, quand
le chêne altier sera tombé, et aura écrasé dans sa chute le
sanglier au poil hérissé. Ses années s'écouleront dans le
bonheur, de l'Occident au Levant, du Levant au Nord, et du
Nord au Midi. De toutes parts il terrassera et foulera aux
pieds ses ennemis. O Alpha et Oméga ! La *Vache grasse* est
unie à la *Couleuvre.* Un *Roi monstrueux* s'asseoira sur un
trône mobile ; ce monarque échappera, à grand'peine, à une
mort très-rapprochée. Lève-toi, sanglier hérissé, associe-toi
aux lions, et tu prendras *la couleuvre* embarrassée dans ses

plis tortueux. Le lion, surpris dans l'ivresse du triomphe, se laissera prendre par toi ; tu te tromperas et le feras périr. Malheur à toi, beau lion, quand tu te prépareras au combat, à l'ombre du chêne altier....

« Le schisme sera renversé quand le chêne, dans sa chute, écrasera le sanglier sauvage. Pleure, hélas ! *malheureuse Babylone,* que de tristes jours t'attendent : comme la moisson mûre, tu seras fauchée, à cause de tes iniquités. Les rois s'avanceront contre toi des quatre coins du monde ; ils rassembleront les Saints de Dieu, pour qu'ils ne soient pas compris dans le jugement, et qu'ils choisissent *l'Ange du testament,* qui doit convertir au Seigneur les cœurs pervertis et dissidents. La flèche de l'Italie, s'élançant vers le Levant, ira y creuser les sillons pour y planter la vigne du VRAI SAUVEUR : *alors que fleurira le Prince du* NOM NOUVEAU, *à qui tous les peuples* se soumettront et à qui la *Couronne orientale* sera donnée en garde.

« Il surgira un Monarque, de l'illustre Lys, qui aura le *front haut,* les sourcils marqués, de grands yeux, *le nez aquilin;* il rassemblera une grande armée et détruira tous les despotes de son royaume, et les frappera à mort : fuyant à travers les monts, ils chercheront à éviter sa face. Il fera aux chrétiens la guerre la plus constante, et subjuguera tour à tour les Anglais, les Espagnols, Aragonais, Lombards, Italiens. Les rois chrétiens lui feront leur soumission. La même année, il gagnera une double couronne. Il subjuguera les Turcs et les Barbares. Nul ne lui résistera, ayant toujours près de lui *le Bras du Seigneur.* Il sera appelé *la paix des Chrétiens.* Montant à Jérusalem par le mont Olive, il priera le Seigneur, en découvrant sa tête couronnée ; il rendra l'âme en ces lieux avec la couronne ; et la terre tremblera, et l'on verra des prodiges. »

Une des plus étonnantes prédictions du Grand Roi est celle de Pierre Turrel (*), savant mathématicien et philosophe de la plus ancienne cité de France, fortifiée par l'empereur

---

(*) « Le savant historien et jurisconsulte de Bourgogne, Chasseneux, ne craint pas de le comparer à Ptolémée et à Cicéron. Il devint recteur de l'école de Dijon et professeur du célèbre Castellan, grand-aumônier de France et un des orientalistes les plus distingués du XVIe siècle. Bayle dit en parlant de Castellan, qu'il « étudia sous un *célèbre* régent qui s'appelait Pierre Turrel. »

« L'auteur du *Période,* ayant jeté sur l'avenir des regards trop hardis, comme on peut s'en convaincre en lisant sa *dernière prophétie,* et fait, à l'aide de calculs astronomiques, des prédictions qui se réalisèrent de son temps, fut *accusé de sorcellerie* et traduit devant le parlement de Dijon. Pierre de Castellan, plein de reconnaissance pour son savant maître, plaida sa cause avec tant de conviction et d'éloquence que Pierre Turrel fut acquitté. Ce plaidoyer remarquable se trouve dans la *Dissertation historique sur Pierre du Chastel* de Galland.

« Le livre a pour titre : *le Période,* contenant les dispositions des choses terrestres par la vertu et l'influence des corps célestes ; composé par le feu maistre *Turrel,* philosophe et astrologue, recteur des escoles de Dijon.—Au-dessous du titre explicatif on voit une vignette sur bois, grossièrement gravée, représentant en encadrement les signes du zodiaque : au milieu le soleil, la lune, les étoiles

Auguste, qui lui donna son nom, dénaturé en celui d'*Autun.* Turrel, que Théodore de Beze appèle *Thoureau,* et que Bayle qualifie de *célèbre,* précéda Nostradamus de près d'un siècle.

Après avoir passé rapidement en revue toutes les révolutions produites par la conjonction des planètes, il ajoute :

« Or, laissons à tant à plus parler des chouses faictes, et
« que ont faict, que quasi tous hommes sçavent, s'ilz ne sont
« ignorans, et parlons de la huictième maxime, et merueil-
« leuse conionction que les astrologues disent être faicte enui-
« ron les ans de Nostre Seigneur *mil sept cens octante et neuf*
« (1789) auec dix réuolutions saturnelles ; et oultre VINGT-CINQ
« ANS après (1814), sera la quatrième et dernière station de l'al-

et une sphère soutenue par une main. Au bas de la page on lit : *Anno mondy* 5531 —*Est Christus* 1531. L'exemplaire de mon père est de format in-12, sans nom d'imprimeur, comme celui cité dans le *Nostradamus,* publié en 1840 ; la première partie a 62 pages et la seconde 12. L'auteur a dédié son livre a « Très-hault, noble et puissant seigneur messire *Girard de Vienne,* cheualier de l'ordre de la Royne, seigneur de Ruffey et de Commarien, baron d'Antigny et de Sainct-Aulbin. » — Sur le dernier feuillet l'éditeur nous apprend comment Turrel composa son ouvrage et en quel lieu fut traduit le *Période :* « Escript et com-
« posé en latin, au monastère des Trois-Vallées, et translaté en françoys en la
« très-noble maison de Commarien, la plus illustre et magnifique qui soit en
« la région de Mandubie. Faict et terminé le 2 septembre 1531. »

« Le livre de Turrel est tellement rare qu'il serait très-difficile d'en trouver aujourd'hui plusieurs exemplaires ; car, après celui que j'ai sous les yeux, il n'en existe qu'un seul, qui a appartenu autrefois à M. Gilbert, rédacteur de la *Gazette de France,* et qui mourut en 1841. Mais pour prouver que cette prophétie n'a pas été faite après coup et aussi pour donner plus de crédit à celle dont je vais avoir à vous parler, et qui est vraiment extraordinaire par la hauteur des pensées, je préviens vos lecteurs qu'ils trouveront les *propres paroles* de Turrel, relatives à la révolution française et à la chute de l'empire, copiées par Roussat, Chanoine de Langres, et insérées à la page 162 du LIVRE DE L'ESTAT *et mutations des temps,* publié à Lyon en 1550, c'est-à-dire dix-neuf ans après celui de Turrel et *deux cent trente-neuf ans* avant la révolution française. Vos lecteurs pourront le consulter, afin de s'assurer eux-mêmes de l'authenticité de ce que j'avance.

« La bibliothèque de Sainte-Geneviève en possède un exemplaire in-8°, relié en parchemin et contenant 180 pages. Son numéro d'ordre est V. 698. Le seul exemplaire de la Bibliothèque Royale de la rue Richelieu est rangé dans le G. 1260. En tête du premier feuillet du livre est le privilége du roi, daté du 9 juillet 1549 et signé Guynaud.» (Narré de M. Henri de Laage.)

Le savant le plus extraordinaire assurément de tout le XVIe siècle (plus éclairé mille fois que le XVIIe), le Conseiller d'Etat de trois rois, et, par surcroît, l'homme le plus fameux et le plus populaire de toute la France depuis près de 400 ans, qui a nommé *en toutes lettres,* toutes les grandes circonstances des règnes de Charles Ier d'Angleterre et de Louis XVI, de Bonaparte et de Louis Philippe, *Michel* de Notre-Dame, déconsidéré, et pour cause, sous le nom de *Nostradamus,* né à *Saint-Remy,* et de la dame de *Saint-Remy* (le patron de la France), et pour cause encore, a dit, ces paroles étonnantes :

> Règne gaulois, tu seras bien changé,
> En lieu étrange sera translaté l'empire.
>   CENTURIE III.

> Tous les degrés d'honneur ecclésiastique
> Seront changés en dial Quirinal :
> En martial Quirinal flaminique
> Un Roi de France le rendra vulcanal.
>   CENTURIE V.

« titudinaire firmament. Toutes ces chouses considerées et
« calculées, concluent les astrologues que si le monde iusque-
« là dure, de *très grandes et admirables mutations et altercations*
« seront au monde, mesmement de *sectes et de lois.* »

Voici comment s'exprime Turrel en parlant de l'année 1814, où il était resté dans sa précédente prophétie :

« ...Trois lunes et un tiers de lune après la quatrième station de l'altitudinaire firmament, *le Puissant Exilé marche vers la Grande ville pour reconquérir ses droits* et faire revivre sa race. Mais c'en est fait: le Seigneur a prononcé, et l'*homme glorieux,* vaincu de toutes parts, quitte pour toujours son armée et son peuple....

« Environ cent soixante lunes sont accomplies, et les peuples guerroient entre eux dans le *signe du Lion* et s'entr'egorgent. Les pasteurs se cachent effrayés et les disciples de l'antechrist

> Par sacrée pompe viendra baisser les aisles
> Par la venue du *Grand Législateur :*
> Humble haussera, vexera les rebelles,
> Naistra sur terre aucun œmulateur.
>
> Ibid.
>
> D'esprit de règne munismes descriées,
> Et seront peuples esmeüs contre leur Roi ;
> Paix, fait nouveau, saintes lois emperées,
> *Rapis (Paris)* onc fut en si tres-dur arroy.
>
> Centurie VI.
>
> Mars et le Sceptre se trouvera conjoint,
> Dessous cancer calamiteuse guerre :
> Un peu après, sera *Nouveau Roi oint,*
> Qui *par longtemps pacifiera la terre.*
>
> Par Mars contraire sera *la Monarchie*
> *Du Grand Pescheur* en trouble ruineux :
> Jeune noir rouge prendra la hiérarchie,
> Les proditeurs iront jour biuineux.
>
> Le grand Celtique entrera dedans Rome,
> Menant amas d'exilés et bannis :
> *Le Grand Pasteur* mettra à part tout homme
> Qui pour le coq était aux Alpes unis
>
> L'an mil neuf cens nonante neuf sept mois
> *Du Ciel viendra un Grand Roi* d'effrayeur
> *Ressusciter le Grand Roi d'Angoumois,*
> Avant après Mars *Régner par bonheur.*
>
> Centurie X.

Un Voyant, de la nature de Nostradamus, est plus explicite, et semble plus heureux. Nous voulons parler de Chavigny, de Beaune, de la famille du secrétaire d'Etat. Il annonce tour à tour la *Captivité,* les guerres intermédiaires, la pénitence, et par conséquent les erreurs du Prince :

> Væ ! quantùm armorum ! quot funera ! quantùm et aquarum !
> CAPTIVUS PRINCEPS. Regnat discordia demens.
> Sanguine fœdantur cuncta et rabie atque furore.
> POENITET HUNC TARDÈ. Incessit bellumque luesque.

Le *Janus Gallicus* va jusqu'à nommer le Grand Roi futur : *Louis.* Et cela l'an ...94, lorsque nul *Dauphin* ne portait, ou n'était appelé à porter ce nom.

font vomir l'outrage et l'insolence.... Mais bientôt le calme remplace la tempête, et les *louanges au Seigneur* s'élèvent jusqu'aux cieux......

« Encore six fois vingt lunes, et Celtes, Germains, Gaulois et Hispaniens guerroient pour leurs franchises, et, quoique vainqueurs, sont traités en vaincus.

« Comme tout change! l'ami de la veille est l'ennemi du lendemain ; la tradition s'efface, l'indifférence s'empare des esprits; la confusion est partout et partout règne l'amour de soi, la haine, la désolation. Le calme est apparent, et l'orage gronde au fond des cœurs.

« *Grand Dieu! grand Dieu! qui sauvera ton Peuple?...*

« Encore douze fois dix lunes, et le mal, semblable à la marée montante, avance toujours. Divine intelligence, où es-tu?... On t'enchaîne, on te vend, on te prostitue sans pitié,

    Excurret modò, nec campo pugnabit aperto,
    LODOICUS, versans tristes *in pectore* curas.
    Undiquè primates *horrenda pericula* cingent.
    At SEPTEM atque DECEM plures numero adgredientur.

(*Louis dix* et *sept*, si clairs et si populaires au XIX° siècle, devant paraître fous au XVI°, le *Janus Gallicus*, met en note : *Obscurus valdè hic versus est!*)

Autre quatrain qui rattache, ce qui est aussi le pressentiment politique universel, la grande Restauration de France à celle de Pologne :

    In solium rectâ statuent regale Polono;
    De cœlo veniet Gallus qui notus ad oras.
    Pax Orbi surget tanti virtute Monarchæ :
    Purpureum jam jam sitiet tamen ipse cruorem.

Et puis l'histoire mystérieuse, tout entière on peut le dire, du Monarque universel d'un Monde nouveau, par le Vote universel :

    Ob nova facta cruor magna spargetur in Orbe,
    Quæ Mundi Umbilicus, quæ *Francia gloria Sceptri,*
    Muta imponentur (res veræ) silentia linguis.
    Utilis adveniet quem *Publica Vota* vocabant.

Le *Janus Gallicus,* enfin, précise formellement jusqu'à la jonction de l'Empire d'Orient à celui d'Occident, en conséquence de toute la tradition :

    Dignus ut imperio sisque, vocante Deo.
    Tu fortis Rex ille, Dei qui numine solo
    Imperium potiens, Thracia regna domes.
    Externis ad quem veniet Captivus ab oris.

Après quoi le poëte latin, se faisant français, dit au Prince de la maison de Bourbon, non pour lui évidemment, mais pour un des siens :

    « Si ma muse a prédit, ô Prince des Français,
    Que tu serais un jour le Roy des Polonois,
    Pourquoi ne pourra elle aujourd'hui te prédire,
    Pour le temps advenir, un tout Nouvel Empire?
    . . . .
    Le Barbare qui tient les hauts murs de Byzance
    Fléchira sous les lois de ta toute puissance.

Et le disciple de Notre-Dame (si ce n'est pas *Nostradamus* lui-même) ajoute en prose, qu'il se réserve de traiter à part le grand sujet de l'Avénement d'un Roi de France au trône d'Orient : *in posteriorem Jani nostri faciem.*

sans honte, sans pudeur! *Les trafiquants sont les Rois, et le Veau d'or* seul a de fervents adorateurs. *Le cultivateur gémit, le manouvrier se désole,* l'habitant des cités est dans la détresse, et les disciples de l'antechrist sèment le désordre et l'anarchie.

« Grand Dieu! grand Dieu! *qui sauvera ton Peuple?*...

« Les temps sont proches où la voix de Dieu doit se faire entendre. Mais il faut encore que l'homme souffre dans sa chair, dans son cœur, dans son esprit. Conspirations et combats meurtriers! *Les peuples se soulèvent* au nord et au midi, à l'orient et à l'occident. Les insensés! ils doivent vivre en paix et se font la guerre; ils sont frères et s'égorgent! Les gloires pâlissent, les lumières s'éteignent et l'enthousiasme n'existe plus que de nom. L'ennui mortel dévore les uns, la misère profonde décime les autres, tous sont bien malheureux!

« Grand Dieu! grand Dieu! *qui sauvera ton peuple?*

. . . .

« Oubliez vos peines, calmez vos douleurs, séchez vos larmes, *l'homme qui doit vous sauver va paraître.* Vous le reconnaîtrez à sa foi ardente, à sa face rayonnante et belle; il *paraîtra dans le signe Virgo,* et son signe à lui sera *Pisces;* sa devise sera *paix et travail,* et il affrontera toutes les persécutions pour faire croire en Dieu à ceux qui n'ont plus de croyance, et répandre la vive et bienfaisante lumière de la religion dans un monde sans foi.....

« Le *Pacificateur du monde,* animé de l'esprit de l'Evangile, rendra l'espoir à tous en guerroyant avec les saintes armes de la paix et de la religion; il fera respecter les autels de l'Eternel; il ramènera l'abondance dans les chaumières et la charité dans les palais; *l'artisan délaissé* (Pierre Michel) viendra s'assesoir, en louant Dieu, *au banquet où il avait été convié par N. S. J.-C.* L'union sera dans les familles, le calme dans les cœurs, la joie sur les lèvres, le bonheur et l'espoir partout!.....

« Les peuples, qui sont frères par J.-C., ne se livreront plus de ces combats meurtriers qui les appauvrissent et les déciment. *L'Unité catholique* qu'on voulait vainement briser reparaîtra enfin plus grande, plus forte et plus belle. *Dieu Règnera sur la Terre* comme il Règne au Ciel. . . . .

« Je ne dis pas dans quel temps se passeront toutes ces choses, ajoute Pierre Turrel, et quand viendra *celui qui doit Sauver le monde.* Dieu seul le sait. Mais qu'on se souvienne des nombres *milliaires* de N. S. J.-C. suivis de 796 ♓ 8-844 ♉ 30 — 829 ♊ 19 — 830 ♊ 1 — 831 ♑ 4 — 832 ♋ 6 ♍ 28 — 848 ♌ ☉ — 850 ♏, ☾ ☽, et surtout des signes *Pisces* et *Virgo.*

Au remarquable règne de Louis-le-Juste, auquel Louis XIV donna son nom, l'opinion publique d'un Règne vraiment grand fut encore plus vive. Un Parlementaire publia un *Chant du Cocq* français, qui serait véritablement incroyable si on ne l'avait pas sous les yeux. Il rappelle en particulier des pages saisissantes de l'Hermite d'Allemagne, fameux, on peut le dire, dans toute l'Europe sous trois noms divers; celui de sa famille, Reynardus Lholhardus; celui de son baptême et de son pays, Jean de Lichtenberg; celui de sa vie sans doute et de ses voyages en Orient : le Pérégrin. Son principal ouvrage latin a été publié à Lyon, en 1447, sous le titre de *Livre des Tribulations*. Les éditions d'Allemagne sont nombreuses; quelques-unes in-f°, avec un ensemble de gravures, tenues pour les chefs-d'œuvre de l'art. Il en est une du père de Leibnitz; et même une, dit-on, de Leibnitz lui-même.

C'est là qu'on lit ces paroles : « Le loup (l'Occident) dejettera l'Aigle et *son petit* militera; davantage ses propres lui déchireront la peau, et demourera nud. Alors l'*Aigle dejettée des terres de Virgo* esmouvera la Fleur de Lys, et s'envolera au midi, pour recouvrer ce qu'elle avait perdu. Après viendra le *Chevalier Signé en la poitrine,* lequel après dix ans passés mettra à mort le Lyon, et alors s'élevera la grande Aigle, laquelle chastiera les principaux. Qui pourra resister à lui, quand il aura la Puissance d'en Haut? Il acquerra trois royaumes... Ceux qui demeurent ês eaux occidentales, en la terre de *Virgo,* vivront heureux; le Lys sera en paix, et ce viendra par le Soleil adjoint avec le Lyon. Et vivant un Cocq, en sera créé un autre qui donnera faveur à l'Aigle. »

Le parlementaire reprend : « Viendra le Chevalier *Signé en la poitrine,* lequel après dix ans passés mettra à mort le Lyon.

« Sur quoi je remarquerai en passant que cela ne se peut mieux adapter qu'au Roi, qui est le chef du plus excellent ordre des Chevaliers du monde; portant sur la poitrine le signe le plus insigne qu'on sauroit jamais excogiter, savoir, la Croix accompagnée de la Colombe, figure du Saint-Esprit, et de l'Eglise tout ensemble.

« L'autre prophétie confirme ce que dessus, et désigne encore plus expressément que toutes ces choses doivent être accomplies par de nos rois : « O France, terre noble, qui « portes la Fleur du Lys, laquelle fera verdoyer par son odeur « un arbre, lequel dès longtemps est desséché. Ce Lys en-« flammera d'amour et de charité l'Aigle orientale, qui volera « en haut avec ses deux ailes, et sera luisante aux monta-« gnes de chrétienneté. »

Et encore, cette prophétie à la fois du mal et du remède : « Malédiction aux Pasteurs qui dissipent et dévorent le troupeau de ma pâture, dit notre Seigneur. Voici, je visiterai sur vous la malice de vos estudes, et je rassemblerai le demeurant de mes ouailles de toutes les terres : et susciterai sur eux des Pasteurs qui les paistront. Voici, les jours viennent, dit notre Seigneur, et je susciterai le Juste Germe Royal, et Régnera Roi, et sera sage, et fera jugement et justice en la terre. »

«Puis le chapitre XXIX⁰, intitulé : « UN SAINT ET SAGE PROPHETE VIENDRA qui réprimera les erreurs, contre la foi, et preschera fermement la vérité,» — et le XXX⁰ : « IL NAITRA UN GRAND ROI, lequel fera de nouvelles Lois et Constitutions. »

Sous Louis XIV, et précisément l'année (1672) des victoires françaises, de laquelle le président Henault dit « qu'elles firent l'admiration de toute l'Europe, » on publia à Paris un livre intitulé : « *Prophéties et Révélations des Saints Pères*, tant de ce qui est passé que de l'avenir, et les choses les plus grandes qui nous puissent arriver, et leurs effets apparaîtront jusqu'à la fin du monde. »

Là se trouvent les remarquables paroles suivantes : « Les péchés commis contre Dieu le Père, qui est la transgression de la loi de nature, ont été punis par le déluge général du temps de Noé ; les péchés commis contre notre Sauveur, qui est l'incrédulité, ont été punis aux Juifs errants misérables ; les péchés commis *contre le Saint-Esprit*, qui est méconnaissance et mépris de ses dons et grâces, seront ci-après punis par feu, sang, pauvreté et servitude.

« Toutes prophéties et révélations demeurent d'accord, les Turcs même s'y attendent, qu'*un Roi de France lèvera les armes* en main forte contre eux, et leur fera lâcher prise de tout ce qu'ils auraient conquis sur les terres des Chrétiens et en l'Orient et en l'Occident, et les réduira en son obéissance, et de l'Eglise catholique ; et leur fera embrasser le baptême, et vivront en union de Religion et fraternité catholique avec nous ; ce roi réunira l'empire divisé en l'Orient et l'Occident, et sera *seul Empereur du monde*, aimé et redouté de tous les hommes.

« Jamais ne s'est vu Monarque si zélé à l'honneur de Dieu, si puissant, ni si heureux en terre qu'il sera.

« Par lui tous les royaumes chrétiens, auparavant désolés de toutes misères, seront relevés et rétablis en grande splendeur.

« Par lui n'y aura au monde qu'un Pasteur et une bergerie, tous schismes et hérésies ôtés ; tous tyrans et méchants tués, punis.

« Y aura un saint Pape, un saint clergé, un saint Roi de France assisté de bon peuple.

« La réformation en tous Etats sera embrassée et observée amoureusement et chacun craindra soigneusement d'offenser Dieu, et se tiendra en son devoir ; chacun s'évertuera en sa vocation de servir à Dieu en vraie et sainte Religion catholique, en pureté de vie par tout le monde.

« Trois temps de paix paisible seront avant la consommation du siècle premier :

« La *Paix de Dieu le Père*, qui a été depuis la création du monde jusqu'au déluge ; la *Paix de notre Sauveur*, qui fut sous l'empire d'Auguste, pendant la vie de notre Sauveur en son humanité au monde ; et la troisième, la *Paix du Saint-Esprit*, qui sera universelle sous le règne du roi de France, ayant puni tous les tyrans de la terre ; car alors le Saint-Esprit vivra en tous chrétiens sans hérésie ; mais bien en sainte charité. »

Au même siècle, le plus profond et même le plus autorisé des Jésuites, le vrai maître de Bourdaloue, qui reconnaissait lui devoir quasi tout, le père Nouet, n'a pas craint de redire et de placer, et pour cause, dans sa *Dévotion au Sacré-Cœur* : « Quelle postérité plus brillante que celle de saint Louis, qui a donné à la France tous les rois qui l'ont gouvernée après lui, lorsque le dernier de nos rois, comme dit Rabanus, dans un Traité du neuvième volume de saint Augustin, après avoir rempli l'Europe de ses victoires, ira porter la Couronne par hommage sur la montagne des Oliviers, pour mettre fin aux empires de la terre au lieu même où le Fils de Dieu a ouvert le royaume des cieux. »

Le plus grand homme peut-être de toute l'Allemagne, dans lequel se trouvaient réunies les trois grandes preuves de la confiance (la science, la sainteté, et des prophéties et des miracles accomplis de son vivant), commentateur de l'*Apocalypse* à plusieurs égards du premier ordre, Holzhauser, écrivant dans le milieu du xviie siècle, le dernier de ce qu'il appelle le 5e âge, annonce et se plaît à développer le 6e où nous sommes, comme devant s'ouvrir.... par le Monarque fort et le Pontife Saint : « Sextus status initium suum sumet a *Monarchâ illo forti*, et *Pontifice Sancto;* et durabit usque ad nativitatem antichristi. » Le Monarque Fort qui sera donné de Dieu, se dévouera à l'Eglise du Christ. Il détruira l'empire des Turcs et régnera en Orient et en Occident : « Ille *Monarcha fortis, qui venturus est a Deo missus, sibi subjugabit omnia et zelabit veram Christi Ecclesiam.* Confringetur imperium Turcorum, et ille regnabit in Oriente et Occidente. À ce 6e *âge,* correspondra le 6e *Esprit de Dieu,* savoir, l'Esprit de sagesse qui sera répandu abondamment sur toute la terre en ce temps : *Eidem sexto statui congruit sextus Spiritus, Spiritus Sapientiæ,* etc. .... Alors sera célébré le plus grand Concile général qui se sera encore vu, par la grâce singulière de Dieu, par la puissance du Grand Monarque, et par l'autorité du Pontife Saint : « Celebrabitur *Maximum totius mundi Concilium generale,* in quo, singulari Deî gratià et potentià Monarchæ illius, et Sancti Pontificis auctoritate, etc. »

Les plus célèbres protestants d'Allemagne, eux-mêmes, naturellement et politiquement si ennemis des catholiques de France et de leurs Louis XIII et XIV, leur dédiaient les livres où ils annonçaient le Grand Roi futur de leur race ; et en particulier leur fameux *Lux è Tenebris,* si glorifié par les ministres Claude, Jurieu, Dumoulin, etc., et d'une édition duquel Coménius fut l'éditeur et le commentateur avec toutes les sortes de luxe.

C'est dans ce livre, célèbre et classique, on peut le dire, en Allemagne, que se trouvent traduites en latin les *Révélations* particulières allemandes, polonaises, de Christine Poniatovia, morte comme le Christ à 33 ans, traduites littéralement de l'allemand en français (fors l'application innocente au couronnement d'un Louis XVIII coupable par une septaine coupable de Rois) par un savant magistrat de Strasbourg (M. François Marie de Mougé), ex-prisonnier du Temple, lui aussi.

La vision est de la *Veille du 21 Janvier 1628*.

« Je demandai alors au Père qui étaient ceux qui avaient conduit l'armée du Nord ? Il dit : « Tu les verras maintenant, » et aussitôt il vint SEPT PERSONNES extraordinaires avec leurs aides, et il dit : « Les voici. Bénis-les en mon nom et
« dis-leur que j'en aurai encore besoin pour placer mon
« humble Serviteur sur son Siége royal ; qu'ils ne doivent
« pas non plus s'embarrasser de quelle manière cela se fera ;
« car le Roi de tous les rois qui est au Ciel les aidera...

« Assez longtemps, dit le Seigneur, le lieutenant de Satan et le plus méchant de mes contradicteurs leur a fasciné les yeux par ses mensonges, pris d'eux de l'or et de l'argent, donné du papier vide sur lequel il n'était jamais tracé une seule lettre des mérites du Christ, et obscurci leurs cœurs au point qu'ils crurent à ses mensonges. O homme infortuné ! si tu savais ce qui doit t'arriver aujourd'hui, combien tu maudirais le jour de ta naissance ! O malheureux Moab, ta corne te sera aussi tranchée, et ton bras sera rompu, dit le Seigneur des armées: ta ruine est prochaine, et ta calamité hâte extraordinairement de s'approcher ; elle est arrivée... Et la voici. Plaignez-le donc, vous tous qui connaissez son nom, et dites : Comment cette VERGE puissante et ce BATON magnifique se sont-ils brisés ainsi ? Pleure, insensé ! Ville, jette des cris ! car du Nord il vient du feu ; et vois, déjà il se roule sur toi, et il n'y aura personne qui pourra le détourner ou l'éteindre ; c'est ainsi que parle le Seigneur ; sortez de vos parures, revêtez-vous de sacs, roulez-vous dans les cendres, ô vous qui avez cru régner éternellement sur beaucoup de peuples ; car, voyez, je vais ébranler le ciel et faire trembler la terre. Ainsi donc approche-toi, Nord, et toi, Levant (la France est au Nord de la Pologne et de sa Voyante), hâte-toi pour accomplir mes ordres : précipite de leurs siéges ces orgueilleux, et brise aussi leurs siéges, parce qu'ils sont souillés par l'injustice, la cruauté, et par toutes espèces de péchés et de crimes.

« Le Seigneur me dit, à moi : « Prête-bien attention et vois. » Il vint aussitôt DEUX GRANDS, l'un du Nord, l'autre du Levant ; et de même qu'ils arrivèrent en grande hâte, de même aussi renversèrent-ils les deux de leurs siéges, de manière que la terre en fut ébranlée, et ils brisèrent aussi les siéges en petits morceaux. Eux se roulèrent dans la poussière, beuglant comme des bœufs, et s'écriant : « Tu es juste, ô Seigneur, car tu nous as traités d'après nos œuvres. » Mais moi, j'entendis une voix comme celle d'un grand peuple qui disait : « Vois donc comme c'en est fait de l'exacteur, et le tribut a fini. » (En note est imprimé : « L'exacteur est détruit et les contributions sont tombées. ») Le Seigneur a brisé la verge des impies, la verge des dominateurs ; maintenant enfin l'univers se repose et est calme en jetant des cris d'allégresse. Le Seigneur derechef et le Vieux, parlant comme de la même bouche, disent : « Maintenant se reposera ma colère, car j'ai satisfait à ma parole et à ma résolution ; que toute chair soit donc paisible devant le Seigneur, le maître de toute la terre ; car il a fait d'après son bon plaisir, et il en est arrivé ce que sa justice avait résolu. » Puis le Seigneur me dit : « Prête attention ! Tu vas voir, maintenant, ce que depuis longtemps tes yeux ont désiré de voir, » et bientôt je vis les Deux qui avaient renversé les autres de leurs siéges, revenir et amener avec eux F. r (*) qui marchait au milieu ; mais en s'approchant de nous, je vis *reverdir F. r comme un Arbre*, et je m'écriai dans ma grande joie : « Ah ! tu es l'Olivier qui verdit en face du Seigneur. » Puis le Seigneur me dit : « *Regarde*, » et je vis un beau Trône élevé et resplendissant ; et le Seigneur dit aux deux hommes : « *Conduisez-l'y, et placez-le sur le trône en mon nom.* » Mais lui F.r s'achemina *lentement*, comme s'il ne savait ou n'osait croire que cela le concernait et ce qu'il devait en arriver. Mais le Seigneur lui dit : « *Avance, mon Serviteur, sors de l'obscurité* et de la poussière ; car j'ai vu comme tu t'es humilié devant moi, et comme en secret tu as fléchi tes genoux en ma présence ; oui, *j'ai vu les larmes de ton cœur* : c'est pourquoi, vas, remets-toi sur ce trône que *depuis longtemps je t'ai réservé*, et ne crains rien, car ils ont disparu maintenant, ceux qui en voulaient à ta vie. Assieds-toi maintenant sur le trône fondé en mon nom, et vois ; la couronne qui était *tombée de ta tête*, et que tu as regrettée en *persistant avec patience dans l'accomplissement de mes promesses* va y être replacée. Je vais maintenant mettre en évidence ta justice et ton innocence, comme l'aurore d'un beau matin, pour que tous les peuples entendent ce que le Tout-Puissant a fait de toi.

« Alors F. r s'assit sur le trône, et sur-le-champ je vis une Couronne merveilleusement belle *sortir comme d'une Nuée*, descendre attachée à une chaîne, ou cordon enflammé, et rester suspendue au-dessus de sa tête ; et aussitôt que les *Deux* hommes la virent, chacun d'eux, allongeant son bras droit, saisit la couronne qu'ils mirent sur la tête de F. r, et lui donnèrent en mains un sceptre et un glaive ; et le Seigneur avec le Vieux dirent encore : « C'est ainsi que prononce le Seigneur, Seigneur, qui place et déplace les rois de la terre,

---

(*) Dans l'édition *latine* et tronquée du XVIIe siècle, de la prophétie que nous avons sous les yeux, par une autre singularité inouïe, le *chiffre* de Bonaparte *N. B.* se lit jusqu'à trois fois.

Vois, JE VEUX GARDER MON SERVITEUR ÉTERNELLEMENT ; ma faveur et mon alliance resteront affermies avec lui ; sans cesse mon œil sera dirigé sur lui et ma main ne le quittera pas ; je le fortifierai aussi de mon bras ; ma bénédiction et ma grâce planeront sur lui ; mon oreille lui sera constamment ouverte, et ses prières seront exaucées. » Pendant qu'ainsi F. r était assis sous la couronne, il sortit une flamme de la *Troisième Personne* qui était entre le Seigneur et le Vieux ; et F. r, de même que tout le trône, en fut couvert comme d'une nuée, et le Seigneur dit. « Tout est maintenant accompli ; maintenant je me complairai dans mes œuvres, et cet honneur et cette gloire te resteront éternellement. » Alors F. r (*) se leva de son trône, se prosterna la face en terre *devant les Trois Personnes* et dit : « O Seigneur, Dieu, grand et juste, ce n'est qu'à toi qu'appartient ce triomphe et cette sagesse ; à toi seul cet honneur et cette gloire ; mais moi, *je ne suis que ton Serviteur ;* qu'il soit donc exalté, le Seigneur, le Dieu d'Israël, qui seul sait opérer des prodiges ! Que la majesté de son nom soit louée éternellement, et que toute la terre soit pleine de sa grandeur ! Et le Seigneur me dit encore : « Assure à ceux du Nord et du Levant que ce qu'ils ont fait doit servir à éterniser leur gloire en face du Tout-Puissant, d'après l'ordre duquel s'est fait tout ce qui arriva. » Je leur dis cela, et le Seigneur m'ordonna de chanter quelques versets du LXXXIXe psaume, et après les avoir chantés de même que d'autres psaumes encore, le Seigneur me dit : « Ressouviens-toi bien de tout ce qui t'a été montré aujourd'hui ; mais *ne le mets en écrit que quand je te l'ordonnerai ;* conserve-le en attendant pour te réconforter de même. » Alors tous *les Trois me bénirent,* et disparurent. »

L'Angleterre elle-même (**) est émue de tant d'annonces, et ses graves professeurs d'Édimbourg (William Grégory, etc.) en publient, cette année même, de nouvelles, et, en particulier les suivantes. La première fut écrite en 1672 par un Frère Mineur de Dusseldorf. « Une guerre affreuse éclatera dans le sud et se répandra au nord et à l'occident. Les rois seront tués. Des hordes sauvages inonderont l'Allemagne et s'avan-

---

(*) S'il y avait ici doute sur l'application à un Grand Roi de France, à un Grand Fils de Roi Grand, de la majuscule F. et de l'abréviation *France* en *Fr.*, il serait assez levé, et par la *Dédicace* du grand livre, d'où sortent les Révélations de la jeune Servante polonaise du Christ ; et par ces acclamations incessantes dans le Livre latin : *Exurge igitur contra omnes antichristos, libertatum oppressores, tu Franciæ libertatum Rex* (hoc est quod *vox Franciæ* sonat)..... — *Galliæ Rex, futurus imperator et Rex Summus in Europâ*...—*Reddet libertatem per universam terram.*— *Vivat, vivat, vivat Rex Franciæ, Rex Libertatum...*

(**) Et encore aujourd'hui dans toutes les Indes, c'est « une grande tradition qu'il y aura dans la dernière période du monde une dernière Apparition de la Divinité ; et que le dieu Vishnou sera un Roi monté sur un *Cheval blanc* ; et que sous son règne le monde sera en paix, qu'il n'y aura plus d'inimitiés ; et que la foi sera unique. » (*Séjour aux Indes Orientales,* en 1809-1811, par Marie Graham).

ceront jusqu'au Rhin. Elles prendront plaisir à égorger et à incendier; en sorte que des mères, réduites au désespoir, voyant de tous côtés la mort devant les yeux, se précipiteront dans l'eau avec leurs nourrissons. Lorsque le péril sera le plus grand, UN SAUVEUR VIENDRA DU MIDI. »

Le passage qui suit d'une autre prophétie, est encore plus remarqué par les Ecossais. « Une guerre horrible éclatera; d'une part, il y aura la Russie, la Suède et tout le Nord; de l'autre, la France, l'Espagne, l'Italie et tout le Sud, sous la direction d'un Puissant Prince. *Ce dernier viendra du Midi, couvert d'un habit blanc.* »

Toutes ces diverses prophéties allemandes, dont l'authenticité est suffisamment établie, s'accordent, et sont ainsi résumées par la *Revue d'Edimbourg* :

« Une guerre générale doit éclater à notre époque, après une paix dont on ne fixe pas la durée.

« L'Orient et le Nord lutteront contre l'Occident et le Midi.

« Les hommes de l'Occident et du Midi remporteront la victoire, sous la conduite d'un Chef puissant qui s'élèvera tout à coup.

« Le grand conflit sera terminé en quelques jours et aura lieu dans l'automne.

« Après d'horribles dévastations, des meurtres, des incendies, occasionnés par cette guerre, la paix et la prospérité régneront de nouveau.

« Les prêtres seront massacrés et deviendront *très-rares* ;

« Mais UNE SEULE RELIGION unira tous les hommes ;

« Ces événements se passeront peu de temps après l'introduction du système des chemins de fer.

« Un Prince puissant du Midi deviendra empereur d'Allemagne. »

L'annonce du Grand Roi, correspondant du Grand Prophète, devient d'autant plus ordinaire et frappante que leur temps s'approche davantage. Qui ne connaît les merveilles du laboureur Thomas Martin de Gallardon, au diocèse de la Vierge Druidique de Chartres? Mais tout le monde ne sait pas que la Relation publiée de la visite de Martin à Louis XVIII n'était que la plus petite partie de ses Révélations (*); et que toutes les autres qui les ont accompagnées ou suivies jusqu'à sa mort à Chartres, *si extraordinaire* qu'elle a paru tragique, n'avaient pour objet que l'avénement du vrai Fils de Louis XVI, correspondant à l'avénement d'un Prophète.

M. de Forbin-Janson, évêque de Nancy, sans se faire

(*) V. seulement le *Passé et l'Avenir* de l'abbé Perreau, ex-secrétaire de la Grande aumônerie, Aumônier des dames du Sacré-Cœur de la rue de Varennes. Mais avant, pendant et après tout, le livre le plus historique, et les plus authentiques archives de la France depuis un siècle (le plus grand de tous les siècles), intitulé : *les Intrigues Dévoilées, ou Louis XVI, dernier Roi légitime de France*. Rotterdam, 1846, etc.

connaître, fit subir à Martin, en 1832, un long interrogatoire, dont voici l'autographe même :

« — Quels sont donc les secrets que vous révélâtes au Roi ?
— « Je dis au Roi qu'il était bien prince légitime, mais que
« la couronne ne lui appartenait pas, et que mon Bon Ange
« m'envoyait lui dire de la rendre à qui elle appartenait. Je
« lui dis que, poussé par le désir de régner, il avait voulu
« assassiner Louis XVI un jour, à la chasse; mais que des
« circonstances l'empêchèrent d'en venir à bout. Je lui rap-
« portai des circonstances de sa vie et de son exil qui le
« firent pleurer beaucoup. Je lui dis aussi qu'il n'eût pas le
« malheur de se faire sacrer, parce qu'il périrait dans la céré-
« monie même. Enfin je lui dis qu'il mourrait cependant
« Roi. »

« — Expliquez nous donc comment Louis XVIII était tout
« à la fois prince légitime et Roi illégitime ; car s'il était,
« comme vous le prétendez, prince légitime, c'est une con-
« tradiction monstrueuse de soutenir qu'il était Roi illé-
« gitime? — Louis XVIII était bien un prince légitime, c'est-
« à-dire, prince rentré dans ses légitimes possessions comme
« prince, puisqu'il était Bourbon lui-même ; mais il n'était
« pas roi légitime alors, puisqu'il y en avait un autre qui
« devait régner avant lui.

« — Qui vous a suggéré cette réponse? — C'est mon Bon
« Ange qui m'a expliqué les affaires comme ça.

« — Vous a-t-on désigné par son nom celui qui doit régner ?
« — On ne me l'a pas dit.

« — Que vous répondit le Roi quand vous lui dîtes qu'il y
« en avait un autre qui devait régner avant lui ? — Le Roi
« me dit : Mais où est-il donc celui que vous prétendez de-
« voir régner avant moi ?

« — Et moi je lui dis que je n'en savais rien, mais que
« mon Bon Ange m'avait dit *qu'il le savait bien.*

« — Le Roi vous promit-il de faire des recherches de l'hé-
« ritier légitime de la couronne?

« — Oui, il me le promit bien ; mais il n'en fit rien du
« tout, parce qu'il avait trop envie de régner.

« — Le Roi vous parut-il persuadé de la divinité de votre
« mission ?

« — Oui, puisqu'il pleura beaucoup en élevant ses mains
« au ciel.

« — Cependant, pourquoi commanda-t-il, dans le temps, les
« préparatifs pour la cérémonie du sacre, s'il était persuadé
« de la divinité de votre mission?

« — Il est bien vrai que l'on fit alors tous les préparatifs
« nécessaires ; mais aussi il est bien vrai que le Roi craignant
« de périr dans la cérémonie, comme je lui avais dit, com-
« manda l'ajournement de la cérémonie, qui, quelque temps
« après, fut remise à l'année prochaine ; et puis, l'année pro-
« chaine on n'en parla plus ; de sorte que Louis XVIII est
« toujours mort sans avoir été sacré.

« — Que vous dit la voix relativement à la révolution de
« 1830? — Il me fut dit, environ dix-huit mois avant cette
« révolution, que la hache était levée, que la France allait
« tomber dans le plus grand des malheurs.

« — La voix vous dit-elle quelque chose dans le temps même
« de la révolution qui se passait à Paris?

« — Oui, il me fut révélé la réponse que je devais faire à
« celui qu'envoya Charles X, le 30 juillet 1830, après la ba-
« taille, pour savoir de mon Bon Ange s'il devait recommen-
« cer les hostilités contre les Parisiens.

« — Que vous dit la voix dans cette circonstance?

« — Il me fut révélé de dire à Charles X de ne pas recom-
« mencer le combat, parce qu'il serait répandu beaucoup de
« sang inutilement ; que son règne était fini.

« — Vous a-t-il été révélé autre chose dans ces grandes
« circonstances?

« — Oui, il me fut révélé aussi la réponse que devait faire
« le duc d'Orléans à Charles X, quand Charles X lui-même
« et le duc d'Angoulême lui envoyèrent leur abdication en fa-
« veur du petit duc de Bordeaux, et le nommaient son ré-
« gent.

« — Quelle est la réponse que vous suggéra votre Bon
« Ange? — « *Voici la réponse que fera le duc d'Orleans* à
« Charles X: Henri V ne sera point Roi, je ne serai point
« son régent : le vœu de la France est que je gouverne. »

« — Quelle impression firent sur l'esprit de Charles X des faits
« si surprenants? — « Je n'en ai point entendu parler ; mais
« tout ce que je sais et que vous savez comme moi, Mon-
« sieur, c'est qu'il partit de suite avec sa malheureuse fa-
« mille.

« — Avez-vous eu de fréquentes révélations depuis le dé-
« part de Charles X? — « Oui, la voix m'a dit.....

« — La voix ne vous a-t-elle pas révélé autre chose? —
« Pardon, elle m'a dit.... » (Mgr omet ici les réponses, et pour
« cause).

« — ... Quelles impressions faisaient sur vous la présence
« de votre Bon Ange, et....? — « Quand je voyais mon Bon
« Ange j'étais content, et mécontent quand il s'en allait,
« parce que j'aimais bien à causer avec lui.

« .....Mais, Martin, vous nous faites part de vos révéla-
« tions; vous nous dites bien que c'est votre Bon Ange qui
« vous a révélé toutes ces choses; mais, après tout, vous ne
« nous en donnez aucune preuve. Donc, en homme raison-
« nable, je ne dois pas croire à la divinité de vos révélations,
« puisque je n'en ai pas de preuves suffisantes. Faites donc
« en notre présence quelque miracle qui nous prouve que
« vous êtes réellement inspiré de Dieu? — Mon Bon Ange,
« en me faisant ces révélations, ne m'a point commandé
« de les rendre publiques, et m'a seulement ordonné d'en
« faire part à Louis XVIII et à toute sa famille; je l'ai fait

« en leur prouvant en même temps que j'étais envoyé de Dieu
« Voilà tout ce que je puis vous répondre. »

« — Vous ne savez nullement mon nom, n'est-ce pas? Eh
« bien! dites-le moi, et je croirai à vos révélations? — Je
« ne sais point votre nom. « — Vous avez bien dit celui de
« M. de *La Rochejacquelein*, sans l'avoir jamais vu; pourquoi
« ne me diriez-vous pas aussi bien le mien? — Dieu m'a
« sans doute inspiré celui de M. *de La Rochejacquelein, parce*
« *qu'il avait été envoyé par Charles X.* — Que vous dit M. de
« La Rochejacquelein, quand il vit que vous décliniez ainsi ses
« noms? — Il fut très-surpris et me dit que maintenant il
« *croyait à mes révélations.* »

« — Voulez-vous recevoir ma bénédiction, mon cher
« Martin?—Oui, monsieur, puisque vous êtes prêtre; on peut
« recevoir la bénédiction d'un prêtre.

« — ......Combien me demandez-vous pour les trois heures
« de travail que je viens de vous faire perdre? car il me
« paraît bien juste de vous dédommager de cette perte. — Je
« ne veux rien, Monsieur, *je ne vends pas les choses du bon Dieu.*»

« — Dites-nous donc, avant de nous quitter, quelque chose
« de Paris? — La voix m'a dit : « Qu'il arriverait une crise
« terrible, que le sang coulerait en abondance du nord au
« midi;... que la crise serait si épouvantable que les mé-
« chants eux-mêmes, effrayés des maux qu'ils auront causés,
« se convertiront en grand nombre; qu'enfin... »

Nous lisons dans tous les récits, imprimés et manuscrits, les
plus dignes de foi, des dernières années de Martin, ce qui
suit, à peu près :

Le lendemain matin de cet interrogatoire, le 8 février 1832,
il fut dit à Martin : « On vous a fait beaucoup de questions
« et beaucoup tracassé. Tous ces renseignements sont bons;
« mais on aurait dû les prendre dans le temps et l'on aurait
« évité bien des malheurs; maintenant il faut nécessairement
« que ces malheurs arrivent. »

Le 9, la voix lui dit : « Que le clergé était dans un grand
« embarras, que son affaire les occupait beaucoup; QU'ILS
« SONT CEUX qui, *au temps de Jésus-Christ*, ont été LES plus
« opiniâtres à ne pas vouloir le reconnaître... *Aujourd'hui,*
« CE SONT CEUX-LA MÊMES qui sont encore LES plus opposés.
« Si dans le temps on eût examiné mûrement vos révélations,
« on aurait connu s'il y avait illusion; un homme qui est
« dans l'illusion ne peut pas jouir de la tranquillité.... On
« voudrait bien remédier au mal; la plaie est grande, et il
« y a une grande opération à faire. »

« Jusqu'au moment de la reconnaissance du Prince par
Martin, qui eut lieu, en présence de beaucoup de témoins, le 28
septembre 1833, le bon villageois fut en butte à toutes les manœuvres de l'incrédulité systématique pour être détourné
de sa voie. Sa droiture et l'assistance de Dieu surent lui
faire éviter tous les piéges qu'on lui tendait à l'effet de le

surprendre. Depuis 1830 surtout, son affaire intriguait au plus haut point le clergé supérieur, beaucoup de prélats d'Italie entretinrent avec lui des relations fréquentes et suivies; et il en eut à Paris avec le marquis de Pacca, neveu du cardinal, qui devint un des plus violents antagonistes de l'orphelin du Temple. A l'occasion des luttes qu'il avait constamment à soutenir, Martin écrivait le 16 février 1832 :

« Les informations de ces messieurs me font voir bien des
« choses. Il faut que je m'attende à bien des contrariétés et
« bien des examens. Mais malgré toutes ces choses, il faut
« que je prie tous les jours pour la délivrance de la France,
« la nation qui est la plus coupable. Il faut aussi que je
« prie pour ceux qui m'ont persécuté, et qui sont prêts tous
« les jours à le faire. Il y a encore une chose qu'on m'a re-
« commandée; mais je ne pourrai en parler qu'à mon con-
« fesseur. L'année dernière, j'ai eu une épreuve qui m'a
« donné bien de la peine. Cette année-ci va être autrement.
« Il m'a été dit aussi : « *On verra si l'illusion fait pratiquer*
« *ce que je vous annonce. Vous passerez par de rudes épreuves;*
« *mais vous serez aidé; car* SI L'ON VOUS ORDONNE DE FAIRE
« TOUTES CES CHOSES, C'EST POUR CONFONDRE L'ORGUEIL ET L'IN-
« CRÉDULITÉ. »

Le 29 avril, la voix dit : « On n'a rien fait de ce qui avait
« été commandé; les fléaux annoncés vont arriver, on ne
« sera pas sorti de l'un que l'autre recommencera; ils se
« succéderont rapidement... »

Le 10 juin, la voix dit : « Le temps approche;... les
« méchants détruiront ce qui leur sera opposé, surtout... »

Le 20 août, il fut dit à Martin dans une autre communica-
tion : « que *Celui* qui devait *régner Rétablirait toutes choses*....
« qu'ayant beaucoup souffert, Dieu, pour le récompenser,
« l'appellerait à Lui; que la *Religion refleurirait de la manière*
« *la plus admirable.* »

Dans les derniers jours enfin de janvier 1833, la voix dit :
« Il va y avoir UN SI GRAND CALME (on dirait le calme
« de 1850 et 1851 (*) que tout le monde croira que les choses

(*) Quoi qu'il en soit, mille personnes de tout rang, de tout esprit, de toute opinion, ont vu et entendu Martin dans le cours de plus de vingt années, depuis le mois de *Janvier* 1815, ses premières révélations, jusqu'à l'*Ascension* 1834, le jour de sa mort à la *Chartres* des d'Orléans! Nous en connaissons personnellement ou par correspondance un grand nombre, et nous n'en avons trouvé aucune qui ne l'ait reconnu inspiré dans beaucoup de grandes circonstances... Voici la dernière preuve que nous en recevons, au mois de février 1851, d'une personne que nous croyons comme nous mêmes : « La plus frappante des prophéties de Thomas Martin, c'est le renversement de la branche aînée des Bourbons. Il l'a annoncée souvent, et surtout sous la figure d'un *Grand arbre* (V. le *Passé et l'Avenir*, de 1831). Il désignait Louis-Philippe par un *Renard* aux prises avec un autre *Renard* (Louis XVIII). Le *Renard* survivant a fui, en effet des Tuileries par un terrier. On a prétendu que Martin avait prédit la paix pour 1840; il a dit seulement, ET IL ME L'A RÉPÉTÉ PEU AVANT SA MORT, qu'on n'aurait la paix qu'*après* 1840. » Nous verrons ailleurs le dernier mot de Martin sur la destinée finale de la *Légitimité*.

« sont affermies : les évêques et les prêtres le croiront aussi,
« et c'est dans ce moment qu'ils seront pris. Le calme ne
« sera pas long : il y aura beaucoup de victimes. »

Les *Bonnes Femmes* elles-mêmes sont, ici, encore plus mémorables que le *Bon Homme* Martin. Elles le précédèrent et le suivirent en très-grande *ignorance de cause*. Trois surtout sont hors de ligne : la *Sœur de la Nativité* que nous avons vue ailleurs, la Trappistine des Gardes en Anjou, plus connue sous le nom de la *Religieuse de Nantes*; et la *Religieuse de Belley*.

Sur la seconde de ces prévoyantes uniques, nous avons accepté, comme d'elle-même, le vertueux Témoin qui nous a envoyé et affirmé les lignes suivantes : « J'ai depuis longtemps entre les mains un manuscrit de *Méditations et Colloques spirituels,* mêlés de visions et révélations prophétiques. La personne qui m'a remis ce manuscrit le tenait d'une sainte femme vivante en ce moment, et recevant encore de temps à autre des communications de l'Esprit-Saint. Les premières méditations sont de 1790, 98, 1807, 1808, 1810, 1811, 12, 13, 14. Elles parlent d'événements qui se sont successivement vérifiés. Je vais citer quelques-unes de celles qui leur sont postérieures, et qui ont rapport aux événements prochains. »

Et d'abord la *Méditation sur le 21 Janvier* 1815..... La sœur s'adresse à Louis XVI : « Fils de saint Louis, soyez notre interprète auprès de ce Dieu trois fois saint, et veillez sur la France; pour nous qui sommes pécheurs, nous implorons aussi toute votre famille, afin qu'ils obtiennent *notre régénération* en Jésus-Christ. Après cette méditation, je m'assoupis, je vis *Louis XVI* qui étoit près de moi ; *il me fit voir une procession si grande que je ne pouvois en* voir la fin ; les prêtres n'avoient point d'ornements, ils étoient *simplement en soutane;* je vis tout-à-coup cette procession se partager, les uns portoient des branches d'olivier dans leurs mains, M. le comte d'Artois, son Fils, Madame, portoient aussi des branches d'olivier; ils étoient à la tête du cortége. Je demandai ce que signifioit cette procession. Il me dit que tous ceux qui portoient des rameaux étoient de vrais serviteurs de Jésus-Christ, et que les autres se retireroient, parce qu'ils avoient des systèmes tout différents ; il me dit aussi : *Quand mon frère sera Roi, il fera une grande faute concernant l'Eglise,* il en subira la peine ; mais Dieu lui dessillera les yeux dans sa miséricorde quelque temps après. *C'est pour cela qu'il suivra le Bon Pasteur.* Les autres feront de fausses démarches qui seront le résultat de leur aveuglement ; mais avant que ces malheurs arrivent, on verra encore la France dans le deuil, *avant qu'il soit trois mois,* parce qu'ils n'auront pas compris les grâces que le Seigneur leur aura faites. »

« *Le Jour des Rois* 1820, je pris pour mon sujet d'oraison le bonheur de ceux qui suivent le flambeau de la *Foi, comme les Mages avoient suivi l'Etoile,* et le malheur de ceux qui vivent sans foi. Il étoit quatre heures du matin ; je ne sais ce que devint mon oraison ni mes facultés naturelles, je les perdis toutes. Je me trouvai transportée dans *un lieu si vaste, qu'il me parut renfermer tout l'univers.* Je vis pour la seconde fois ces *deux grands arbres* dont je vous ai déjà parlé, mais ils me parurent bien plus grands que la première fois ; ils avoient des branches d'une étendue immense.

« *De ce nombre deux surtout fixèrent mon attention ; ils avoient* l'air tout rempli de l'amour de Dieu. Il y en avoit un dont je ne connoissois pas le costume ; l'autre étoit à côté de lui dans une posture respectueuse, c'est-à-dire à genoux. Dans ce moment je vis *la colombe* qui étoit sur la cime de la tige, *venir se reposer sur la tête de celui dont le costume m'étoit inconnu* (le Pape), *lequel mit la main sur la tête de celui qui étoit à genoux* (le Grand Monarque), et alors la colombe vint aussi se reposer sur la tête de celui-ci, puis retourna sur l'autre. »

« Un jour de 1825, j'invoquois Saint Denis, patron de la France, Sainte Geneviève, patronne de Paris, et tous les saints et saintes martyrs de la révolution, Saint Michel et les archanges. Je les priois d'intercéder pour la France. Je disois : « Grands saints et grandes saintes qui voyez du haut du ciel tous les malheurs qui vont tomber sur notre chère patrie, intercédez pour nous, priez que Dieu éloigne ces fléaux qui vont ravager la surface de la terre ; et vous, Mère de mon Dieu, qui êtes la protectrice de la France, ne nous abandonnez pas auprès de votre cher Fils ; faites-nous grâce, qu'il éloigne ce calice d'amertume, et que l'aveuglement qui couvre la terre soit éclairci. » Il me fut dit : « Il viendra, ce temps qui n'est pas éloigné que toutes les puissances reconnoîtront l'autorité du Saint-Siége, et que je suis le Seigneur ; il faudra donc que les puissances soient sur le point d'être bouleversées, pour qu'elles reconnoissent *les grands prodiges qui vont s'opérer.* Tous les *Souverains trembleront pour* leur empire, ou par leurs maladies, ou par la malice des hommes. Lorsqu'on verra tous ces fléaux, on attendra une *résurrection* qui s'opérera dans les âmes, et c'est dans ce moment que le christianisme reprendra sa splendeur. »

Une autre fois, il fut dit à la voyante du Grand Roi : « Il faut désirer qu'il soit doux et humble de cœur. Je lui donnerai *toute puissance sur la terre.* Il marchera à ma droite, jusqu'à ce que je réduise ses ennemis à le servir.... Ses ennemis trembleront au jour de sa force, lorsqu'il paroîtra avec la puissance qu'il pourra exercer au jour de sa force. Le Seigneur l'a promis, il ne rétractera pas sa parole. Il sera le *Roi Fort*, il marchera avec le *Pape Saint*. Il gagnera les nations, et les changera en de vrais adorateurs. Tous ceux qui font souffrir des maux à mes serviteurs seront regardés comme des insensés qui ont dit dans leurs cœurs : Il n'y a pas de Dieu ; ils se sont rendus abominables par leurs démarches ; il n'y en a pas un seul qui fasse le bien...... J'aveuglerai ces ouvriers d'iniquité, ils ne sauront pas s'entendre, ils se révolteront les uns contre les autres. »

Un grand Témoignage, et qui n'est pas récusable, celui-là, était venu et vient encore à l'appui de ces *Visions prophétiques*. Il remonte à l'année 1829. Nous voulons parler du livre, prophétique lui-même, intitulé : *Les Trois Epoques*; et il est l'ouvrage du vertueux abbé Théard, chanoine de Nantes (qui nous le confirme, et va le doubler dans une édition nouvelle) :

« Les considérations personnelles, dit-il, ne m'avaient permis jusqu'à ce moment de communiquer qu'à un petit nombre de personnes deux pièces que j'ai en main depuis longtemps, et que d'illustres personnages ont jugées de grande importance ; ces considérations n'existant plus, la conscience me fait un devoir, dans les graves circonstances où nous nous trouvons, de rendre ces pièces publiques. Elles pourront, dans les malheurs qu'on nous prépare et qui ne paraissent pas éloignés, soutenir le courage des vrais chrétiens et convaincre les impies révolutionnaires, trop tard pour eux sans doute, qu'il y a un Dieu qui extermine les méchants après en avoir fait les instruments de sa justice.

« Une ancienne religieuse, morte depuis peu en odeur de sainteté, trouva au sein d'une respectable famille un asile contre la fureur des tyrans de 1793, qui, après l'avoir chassée de sa communauté, la faisaient rechercher pour la mettre comme tant d'autres au nombre de leurs victimes. Là, elle tomba dans une maladie de langueur qui au bout de six mois fit désespérer de sa vie. Un médecin, républicain modéré, lui donnait secrètement ses soins. Dans une de ses dernières visites la malade lui ayant dit : *Guérissez-moi donc, monsieur le médecin*, il répondit brusquement : *Nous ne sommes plus dans le temps où les apôtres faisaient des miracles*. Après cette réponse, il dit en particulier aux maîtres de la maison : *Dans vingt-quatre heures votre religieuse n'existera plus*. Lorsqu'il se fut retiré, la religieuse mit sur sa poitrine *un sacré cœur*, et dormit d'un profond sommeil pendant deux heures. S'étant réveillée, elle dit à sa garde : *Je suis guérie; je vais me lever....*

« Ces faits peuvent inspirer de la confiance en cette religieuse, dont on va lire les prédictions. La première est du 6 janvier 1815 ; elle annonçait les Cent Jours. « Pendant que je priais,
« dit la religieuse, pour le parfait rétablissement de la reli-
« gion et de la légitimité en France, il me fut dit : *La France*
« *n'a pas reconnu le bienfait que je lui ai accordé en la délivrant*
« *de l'anarchie et de la tyrannie; au lieu de me témoigner sa re-*
« *connaissance, elle m'outrage ; je vais encore la châtier en permet-*
« *tant que le* VAUTOUR DE L'EUROPE *y rentre*. Seigneur,
« m'écriai-je, tout est perdu si Bonaparte rentre en France !
« Il me fut dit : *Il n'y restera pas longtemps ; j'armerai l'Europe*
« *contre lui; la France sera cernée comme une ville qu'on*
« *assiége, et avant six mois les Bourbons remonteront sur le trône*
« *de leurs pères.* »

« Cette prédiction, qui me fut communiquée dans le mois même où elle avait été faite, s'est accomplie à la lettre, comme tout le monde sait.

« La seconde prédiction regarde les événements futurs, et voici ce que dit cette religieuse : « Le dimanche d'avant la « Toussaint 1816, je faisais mon oraison sur l'instabilité du « cœur humain... Je fus tout à coup frappée d'objets hor- « ribles... ; je vis des personnes *de tous les états... qui se li-* « *vraient à des désordres affreux...* Il me fut dit : *Tu vois les* « *crimes qu'on commet ; et qui retient mon bras vengeur* (*) ?... Je « vais donc encore frapper la France pour le bonheur des uns et « le malheur des autres.

« Je vis dans ce moment un gros nuage qui était si noir « que j'en fus épouvantée ; il couvrit toute la France, et dans « ce nuage j'entendis des voix confuses qui criaient, les unes « *vive la République,* les autres *vive Napoléon !* les autres *vive le* « *grand monarque que* DIEU NOUS GARDE ! »

« La religieuse des Gardes *m'était particulièrement connue depuis dix-huit ans,* pendant lesquels j'ai toujours admiré ses éminentes vertus. L'accomplissement exact de sa prédiction des Cent Jours est un préjugé pour l'accomplissement des autres événements qu'elle a annoncés, car, dit saint Jérôme (sur le 38ᵉ chapitre d'Isaïe), *quand la prédiction d'un événement prochain s'est accomplie, elle est une preuve que les prédictions d'événements plus éloignés s'accompliront également.* »

A quelques années de là, vient la plus célèbre encore religieuse de Belley (**), dans les monts bien aimés de la Salette de la Vierge, à l'autre extrémité de la France :

« I. Une femme l'a sauvé, une femme le suit. Un ministre du Très-Haut le soutient. Ce ministre vient d'être oint de l'huile sainte. Dieu les accompagne ; voilà votre Roi.

« II. Il paraît au milieu de la confusion de l'orage. Quel affreux moment ! les bons, les méchants tombent. Babylone est réduite en cendres. Malheur à toi, ville maudite !

« III. Je vis alors les clés lumineuses paraître vers le Nord. Un SAINT lève les mains au ciel ; il apaise la colère divine.

« IV. IL MONTE SUR LE TRONE DE SAINT PIERRE.

« V. *Le Grand Monarque* monte sur celui de ses pères ; le trône est posé au Midi.

(*) L'auteur dit ici en note : « Le temps de publier ce que je passe ici n'est pas encore venu. » Or, voici un de ces passages inédits : « Dans ce moment « (dimanche avant la Toussaint 1816) je vis un jeune homme qui me parut avoir « environ trente-trois ans ; il était d'une beauté ravissante et d'un port qui an- « nonçait quelque chose de grand et de majestueux. En même temps la voix me « dit : Voilà *celui que je garde de tous périls pour le bonheur de la France.* « J'entendis qu'il portait le nom de Charles-Louis, ou Louis-Charles, car je ne « me souviens pas lequel était le premier. Il fut sauvé de la tour du Temple, « parce que Dieu le protége et le conserve pour le bonheur de la France, etc., etc. »

(**) L'un des hommes les plus vertueux et les plus instruits de Paris, M. le baron de Brandois, gendre du premier président Séguier, possédait la prophétie de Belley, et nous l'a communiquée longtemps avant la révolution de 1830.

« VI. Tout s'apaise à leurs voix. Les autels se relèvent, la religion renaît, les méchants sont détruits et confondus, les injustices se réparent. Le *Grand Monarque* de sa main réparatrice a tout sauvé.

« VII. Il ne fait que passer, sa gloire est courte.

« VIII. Il est né dans le malheur (le comte de Chambord évidemment).

« IX. En l'an (le chiffre de 1840, MM... Choiselat, etc., de Paris, en ont la *preuve écrite,* a été changé, et pour cause, dans les premières éditions).... l'*Enfant de l'exil* lui succédera ; la paix alors sera donnée à la France. »

Vers les mêmes lieux, au Midi, près d'Orange, et dans les mêmes temps, des Révélations analogues étaient le sujet de tous les entretiens. Voici un extrait d'une lettre, aussi digne de confiance par celui qui l'a écrite et celui qui l'a reçue à Paris. C'est encore le baron de Brandois. Elle est datée d'Orange (Vaucluse), le 12 janvier 1834 :

« Mais dans mon village il y a quelque chose de fort extraordinaire à laquelle je n'ai pas voulu depuis quinze ans faire attention, parce que je prenais la femme qui la débite pour une espèce de folle, et force est à moi aujourd'hui de l'entendre et d'en être extrêmement étonné. Voilà ce qui en est :

« Madame Tissot, à la tête d'une des plus fortes maisons de nos contrées, est née dans une classe du peuple aisée, et son commerce lui a tellement prospéré qu'elle a maintenant une fortune d'environ 400,000 francs ; dans la Révolution, elle répétait sans cesse *qu'un homme viendrait* et qu'il allait bientôt paraître pour châtier tous les rois de l'Europe et la France, et qu'il serait châtié lui-même à son tour ; qu'ensuite il viendrait des Bourbons, d'abord un, puis un autre, et que cependant la France ne serait tranquille qu'après une autre Révolution et qu'après qu'un *grand monarque* serait remonté sur son trône.

« En 1812, le maire de cette commune voulut élever une pyramide au roi de Rome : elle tâcha de l'en empêcher, parce que, disait-elle, il n'en aurait pas le temps. Le maire, mon voisin, ne l'écouta guère, mais cependant ne fit pas élever la pyramide.

« Lorsque Louis XVIII parut, elle ne voulut pas crier vive le roi ! quoique très-royaliste, et son fils, devenu adjoint, lui entendait dire tous les jours que ce n'était pas encore la paix. Sous Charles X, elle répétait toujours la même chose. Enfin, au mois de septembre dernier, je la priai de passer chez moi et de me faire part de ses idées ; elle vint et voici ce qu'elle m'a raconté :

« En 93, pendant la Terreur, *un Vieillard demandant l'aumône s'arrêta* devant sa porte : elle lui fit elle-même la charité, et assez largement. Alors ce brave homme lui a fait des prédictions qui se sont toutes accomplies, et lui a dit entre autres choses que *le Grand Monarque qui devait tout réparer n'était pas mort;* et qu'à la dernière Révolution, lorsqu'on fermerait les églises et que l'on croirait que tout est perdu, elle pouvait se rendre à la porte principale du village, et crier vive le Roi ! *tout est sauvé !* parce que le grand monarque paraîtrait à la tête d'une magnifique armée, réparant tous les maux et *rétablissant toutes choses;* qu'en conséquence, elle avait fait une provision de bois pour faire un feu de joie ; que cette provision avait été renouvelée il y a trois ans, parce qu'elle était tombée en poussière, mais que dans peu de temps elle allumerait elle-même ce feu, et que *la grande crise approchait.*

« Elle a ajouté tant de particularités singulières sur elle, sur sa famille, et il lui est resté une si grande conviction des paroles de ce vieillard, qu'il m'en reste un étonnement que je ne puis vaincre.

« Je t'avouerai que lorsqu'elle me parla du grand monarque que je ne te nomme pas et que tu devines, je ne pus m'empêcher de rire et de lui dire : Oh ! pour celui-là je ne puis le penser ; c'est de l'absurdité, ou au moins un grain de folie. Elle me répondit avec sang-froid : « Monsieur, si en 1809 je vous eusse dit que dans quelques années vous verriez les Bourbons, comme je l'ai dit à mon mari et à mon fils, vous m'auriez traitée de folle ; aujourd'hui je vous dis quelque chose qui n'est pas plus extraordinaire, et mon Prophète m'a dit que je serais peut-être la seule du pays à le croire jusqu'au moment où on le verrait. »

Cette même lettre parle d'une *Religieuse de Saint-Charles*, qui était fixée dans un village du même département, et qui a eu des révélations et même des apparitions de N. S. Elle a été examinée par l'autorité ecclésiastique, et elle a cru trouver dans ce que cette religieuse a éprouvé tous les caractères d'une véritable révélation. Quoi qu'il en soit, elle dit que N. S. lui a apparu, qu'il paraissait irrité contre la France et décidé à la détruire de fond en comble ; mais que la sainte Vierge avait demandé grâce, et que cette grâce avait été accordée après un châtiment épouvantable.

Autre Voyant, dont la famille de La Rochejacquelein possède la preuve et même l'autographe : c'est un Père Religieux de près de Vannes. Il répondit à une grande Dame qui lui avait écrit de la naissance comme miraculeuse du duc de Bordeaux :
« Il ne faut pas se réjouir, l'enfant ne montera point sur le
« trône ; toute sa famille sera chassée de France ; et puis viendront l'orléanisme, la république, le bonapartisme, la
« guerre civile, et enfin Louis XVII... »

Dernière Voyante aussi incontestable que les précédentes (*);

(*) Et nous ne rappelons, entre les voyants et les prévoyants du Roi Futur, que les plus connus et les moins récusables. Il y en a (ce qui a été dit à plusieurs de plusieurs façons), comme nous l'avons vu, 300 au moins. Le monde ne s'en doute guère, mais de quelle grande vérité le monde se doute ? et qu'est-ce que le *monde ?...* sans excepter le meilleur ? Il ne *sait* que ce qu'il cherche ; et la parole divine, il la rejette du moment qu'elle est *humanisée :* c'est à dire

et celui qui en est l'un des mille témoins, le curé de la Croix-Rousse, vient de la renouveler ; et le cardinal de Lyon la connaît et la croit encore plus que le curé peut-être :

« Une Voix du Ciel qui parlait *tous les jours* à une sainte personne, lui dit le 31 décembre 1831 : « Consulte *toujours*, dans l'*Apocalypse,* le chapitre de la *Femme* et de la *Bête,* tu y verras positivement la chute de *Louis...* Son nom est *Dix-huit,* (3 fois 6, ou 666) ; c'est son nom de *titre ;* il est nommé comme l'antechrist, dont il est le disciple. Un autre Roi s'enfuira comme un criminel condamné à mort. Paris est sens dessus-dessous. Jusqu'au dernier de ses sujets a tourné le dos au roi. Consulte le livre de l'Apocalypse, et tu verras que *quatre* faux rois ne devaient aussi régner qu'*une heure* et *après* la Bête : « Potestatem *tanquam reges* una hora accipient *post* Bestiam... »

Les Papes eux-mêmes et les Romains, qui ne sont pas suspects ici, ne manquent point à la Tradition générale d'un Grand Roi pur et simple, qui se concilie difficilement avec un Pape Roi quelconque. Et voici la *Prophétie du Pape Innocent XI* (l'ennemi né de Louis XIV, et celui des souverains Pontifes que les dissidents ont glorifié le plus) par le vertueux Lazariste et savant voyageur oriental Viguier : « Le Lis perdra la couronne, dont se saisira l'*Aigle,* et dont le *fils de l'homme* sera couronné ; et pendant les 4 années suivantes, il y aura *beaucoup de batailles,* et il y aura de grands maux qui s'ensuivront jusqu'à la fin. On détruira la majeure partie du monde, et la *Capitale du monde* sera presque détruite. Après cela *tout* sera conduit à un nouvel ordre de choses ; le fils du lion passera encore les eaux, et il portera *dans la terre de promission* le signe admirable ; et le fils de l'homme et l'aigle prévaudront : l'on aura *ensuite* la paix *sur tout le globe,* ainsi que l'abondance : » *Lilium perdet Coronam, quam accipiet Aquila, de quâ Filius Hominis Coronabitur,* etc. *Filius Leonis* erit transiens aquas, et portabit *Signum mirabile in Terram Promissionis ; et* Filius Hominis et aquila prævalebunt ; *et pax erit in toto orbe* terrarum, et copia frugum. »

Lorsque les journaux annoncèrent l'abandon de la pourpre romaine pour se consacrer aux Missions étrangères du plus noble, du plus riche, du plus savant, du plus illustre des Romains, le cardinal Odescalchi, Vicaire du Pape, un autre

pourtant la plus généreuse !... Selon cette loi fatale, la voyante qu'il a vu peu plus regardée, celle de Niederbronn, est celle précisément qui, en sachant un Grand Roi, s'est arrêtée... à sa caricature !

Le Grand Prophète, lui, et sans plus le chercher que le voir, et bien autrement que Martin de Gallardon, ne s'est jamais trompé sur le Grand Roi. Et il n'a aussi jamais varié sur lui, ne craignant pas plus la persécution que le ridicule pour l'un que pour l'autre. Le croyant, le voyant, l'annonçant, malgré les apparences, et les erreurs, et les malheurs qui le faisaient rejeter en 1840 par les plus fidèles. Et se fondant même sur ces apparences, sur ces erreurs, sur ces malheurs, et sur les défections de l'*An quarante,* pour l'annoncer avec plus d'intrépidité.

illustre cardinal s'écria ces paroles connues : « Le voilà !
« voilà celui qui sera le Pontife Saint. Ce qui me donne ce
« pressentiment, c'est que je me rappelle avoir vu à Rome
« une ancienne prophétie sur les Souverains Pontifes qui
« annonce que, après la mort d'un Pape dont le gouverne-
« ment aura été traversé par de grandes tribulations, la chaire
« de Saint Pierre sera occupée par le Pontife Saint. Suivant
« la même prophétie, les suffrages, après s'être longtemps
« partagés, se réuniront *tout-à-coup* sur un *Saint personnage*
« qui doit alors se trouver dans la retraite, et ensuite couvrir
« de son manteau toutes les nations de l'univers. »

Mais il y a, en fait d'autorités et de traditions, sur l'appel de la France, et d'un Français unique, appelés et graciés de Dieu pour en finir des conflits entre les hommes et les nations, et, s'il est permis de le dire, entre la terre et le Ciel, il y a, disons-nous, un bien autre argument.

C'est, on peut le dire encore, l'argument du genre humain :

Lorsque les Rois et les peuples *Croisés*, ayant à leur tête, exclusivement, les Rois des Francs (le Pape de la première croisade lui-même, Urbain II, était Français), et les gentilshommes normands, Tancrède et ses douze fils, allaient faire de l'Europe un désert et de l'Asie un tombeau, ou plutôt un trône et un autel, pour un Roi avant-coureur de Jérusalem (Gode-f-Roy.. nom aquilonien et *royal* par excellence) :... c'étaient tous les peuples à la fois exprimant, l'an 1000 juste, c'est-à-dire *au milieu* des temps, sinon l'opinion, au moins le sentiment universel du Grand Monarque, dont le petit *Bouillon* (plus ambitieux qu'il n'a paru) n'était que la caricature !

II. La Question personnelle du Grand Monarque.

Lapidem quem reprobaverunt ædificantes,
Hic Factus est in Caput Anguli.
Ps. CXVII, 22.

Virgam Vigilantem ego Video.
Jérém. I, 11.

Voilà les Prophètes et les prophéties : il ne s'agit plus que de savoir l'histoire et le prophétisé. Et les faits et l'histoire de France et européenne (l'incessante tradition prophétique que nous venons de voir l'a déjà fait assez entendre) sont là pour répondre et pour frapper et satisfaire les convictions les plus difficiles.

Quel est, ou quel sera le Monarque prophétisé ?

Au fond, et à nos yeux, c'est assez indifférent :

Charles-Louis, comme un autre.

Seulement, nous le croyons, et nous le dirons, et qui pourrait le nier ? un peu mieux qu'un autre.

Nous le *Croyons*; et la Foi est, après tout, la première et la dernière *raison* du monde. Dieu lui-même a parlé, et il va parler encore, haut et clairement ; et il ne peut ni se tromper ni nous tromper. En sorte que nous nous écrierons avec le Roi Prophète : « J'ai cru, c'est pourquoi j'ai parlé : CREDIDI, *propter quod locutus sum.* CXV ; et avec saint Paul *aux Romains:* « Nous avons *cru*, nous avons espéré contre toute espérance : *Contrà spem in Spem Credidit*. IV, 18... Donc, nous ne serons pas confondus toujours : Ecce pono in Sion *Lapidem offensionis, et Petram scandali : et omnis qui Credit in eum, non confundetur.* IX, 33.

Mais la logique commune est ici en harmonie avec la divine Parole.

S'il FAUT, comme nous l'avons vu dans la première partie de cet ouvrage, et surtout dans le livre de la *Grande Apostasie*, s'il faut, un Roi exclusivement, pour expier les crimes des rois, et un Prophète pour expier ceux des peuples, où le chercher, où le trouver que dans la France, qui a donné ses rois, et souvent ses Prophètes à tous les peuples?

C'est aussi le sentiment, on peut le dire, de toute la Chrétienté, aussi bien que celui de la France et de tous les partis de la France.

S'élevant infiniment plus haut, apparemment, l'esprit du Grand Prophète a dit aussi ces paroles fondamentales imprimées dans *Le Livre d'Or :* « Le Vrai Fils des saints Martyrs des punitions dernières sera le Régénérateur de mon Eglise chrétienne, première *Figure du Saint-Esprit*, Charité ardente, comme autrefois Cyrus, Libérateur des Juifs, était la *Figure* de Jésus-Christ sauveur. »

Dans le fait, nulle Maison royale dans toute la chrétienté, c'est-à-dire dans les deux mondes, ne saurait être comparée à la maison de Bourbon (*Borbonius,* ou *Orbis Bonus*); et, dans toute l'histoire de France, nul royal Nom ne saurait être comparé à celui de *Louis :* déduction, et radical à la fois de la fleur la plus célèbre de la nature : le *Lys ;* du roi des animaux, le *Lion ;* du premier principe de la société : la *Loi ;* et même du nom suprême : « Dieu, dit saint Irénée, s'appelle Eloë. »

S'il n'était, dans la guerre comme dans la paix, dans les républiques comme dans les monarchies, que deux rois respectés ou soufferts par tous les partis divers, ce seraient, avec les deux Dauphins du XVIIIe siècle, saint Louis et Louis XVI.

Et Louis XVI, tout oublié qu'il est, et précisément parce qu'il est oublié ; Louis XVI, tout incanonisé qu'il est, et précisément parce qu'il ne sera point canonisé ; Louis XVI, aussi Christ que Charles Ier n'est que *roi* dans son procès, est, en dernière analyse, plus grand que Louis IX, et surtout plus que David lui-même, dont l'Esprit-Saint toutefois a dit : « Je placerai son Fils dans le Siècle par excellence ; et son Trône sera comme le Jour du Ciel : *Et ponam in Sæculum sæculi Semen ejus, et thronum ejus sicut Dies Cœli.* LXXXVIII, 30.

Et s'il y avait un Fils (comme il y a une fille) de Louis XVI, il faudrait qu'il fût un monstre (*) pour n'être pas ici l'élu des peuples et celui de Dieu.

(*) On pourrait juger de Louis XVI par le seul respect qu'eut pour lui la moitié (c'est immense) de la Convention ! Au troisième et dernier Jugement (le premier fut sur la *culpabilité*; le second, sur l'*Appel* au peuple), le seul concluant, 355 Juges, en refusant formellement de voter *la mort*, votèrent visiblement l'innocence du Roi !

Le duc de Bordeaux, le comte de Chambord, tout *né* miraculeusement qu'il est, et le jour même de *Saint-Michel*, tout *Dieu Donné* qu'il est, n'en porte pas moins le nom royal le plus malheureux du monde : HENRI (l'Empereur et le Roi *Henri quatre*, etc., etc., *Henri VIII*, etc.) — Son malheureux père est mort en sortant de l'*Opéra*; sa mère, plus malheureuse encore, y était restée !

Et les quatre premiers *Henri de France* sont morts tragiquement *tous* !!!!

Et le cinquième *Henri* sera stérile, et pour cause...

Il est annoncé par le grand prophète, sous le nom (plein de mystère et d'éclat à la fois, *Michaëlique* et *Machiavélique*) de : *Micdaël*.

Toute sa mission, et toute sa gloire, consisteront à ne désirer, et à ne demander la Couronne de Louis XVI; que pour la rendre, presque immédiatement, à Louis-Charles, ou à Charles-Edouard.

Selon ces paroles extraordinaires de Michel de Notre-Dame à un Roi du nom de *Henri* :

> *Henricus* caput orbis erit *spectabilis* unum :
> Post hunc Hesperias cultus qui possidet oras,
> *Jura dabit populis*, fama super æthera notus ;
> Ille quidem *latè* victricia proferet arma.

Et le petit-neveu de Louis XVI déclare lui-même, et formellement, dans sa véritable Proclamation,... sous le nom de *Lettre* (*) d'avènement, à la date, et pour cause visible, du lendemain du 24 *Janvier* : « L'Hérédité Monarchique... et sous la garde des libertés publiques, à la fois fortement réglées et loyalement respectées : tel serait l'*unique* but de *mon ambition*. J'ose espérer qu'avec l'aide des bons citoyens, de TOUS les membres de ma Famille (si ce n'était là une inspiration de la Providence, ce serait une lâche, et hypocrite, et suicide concession à d'autres *Bourbons*, qui ne furent jamais que des *brandons* de discorde pour la France), je ne manquerai ni de courage, ni de persévérance pour *accomplir* cette *OEuvre de Restauration Nationale*, seul moyen de rendre à la France ces longues *perspectives de l'Avenir*, sans lesquelles le présent, même tranquille, demeure inquiet et frappé de stérilité...

« Faisons connaître de plus en plus à la France nos pensées, nos vœux, nos *loyales* intentions, et attendons avec confiance ce que DIEU LUI INSPIRERA POUR LE SALUT DE NOTRE COMMUN AVENIR.   « HENRI. »

C'est le commencement d'accomplissement de la *Dédicace* que nous avons faite au comte de Chambord d'un *Essai sur l'impuissance du Parti Légitimiste*, que la révolution de 1848 est venue, si à point, rendre prophétique :

« Je ne Veux *exercer* mes droits (ce mot exclut les devoirs) que lorsque, dans ma conviction, la *Providence* m'appellera? » — *Je Veux* est par trop fort dans la bouche d'un jeune Prince, lorsqu'à peine les Rois les plus absolus de sa race antique osaient dire : *Nous Voulons*.

« Lorsque la Providence *m'appellera* ? » — Allons donc ! Laissez-la faire, laissez faire *la France*, votre Grand Electeur, ou point ; laissez-nous dire, constater à tous, à nous comme aux autres, ce que la Providence, par ses *Lois* ou ses actes, fait sur, pour et contre Votre jeune Majesté. Vous, attendez qu'elle vous appelle, pour lui répondre : *Me Voilà !* Selon cette belle allusion de la *Bonne Nouvelle* : *Considerate Lilia agri, quomodo crescunt* ; Non... *Laborant*, neque Nent. MATTH. VI, 28. Sans quoi, il vous arriverait, comme déjà, et pour cause, le 27 Juillet 1840, de *compter* à cheval *sans votre Hôte* :... la *Providence*. Les Re-

(*) La plus petite faute de cette *Lettre* est son *correspondant* Berryer, l'homme précisément, de tout le monde politique, le plus incapable, nous ne dirons pas d'accomplir, mais seulement de *parler* un salut public quelconque.

Or, s'il est un fait historique et démontré, à la fois par les ennemis et les amis, c'est l'innocence, c'est la vertu, et même l'héroïsme prématurés du Bien-aimé des jardins de Versailles, et de l'Orphelin du Temple.

Il n'est pas de traits de l'enfance du Fils bien-aimé de Louis XVI qui n'annoncent la grandeur de sa destinée. Nous n'en citerons que quelques-uns, d'après le plus honnête et le moins suspect de ses *Historiens* (M. Eckard); car il croyait candidement à sa mort au Temple; et il a dédié son livre à la duchesse d'Angoulême; et il a reçu en prix la *Croix d'honneur* (*) :

« Louis-Charles (**) de France naquit à Versailles le 27 mars 1785. Le même jour il fut présenté au baptême par Monsieur, frère du Roi, et par Madame Elisabeth pour la Reine de Naples. Après la cérémonie, le Prince ayant été reconduit dans ses appartements, M. de Calonne, contrôleur général des finances et grand trésorier des ordres du Roi, lui porta le Cordon de l'Ordre du *Saint-Esprit*. Sa Majesté lui avait conféré, au moment de sa naissance, le titre de *Duc de Norman-*

chutes, croyez-le, Monsieur le Comte, sont encore plus fatales aux Rois Présomptifs qu'aux autres : *Et corripuit pro eis Reges*. Ps. 104.

« Attendez donc, ou plutôt n'attendez pas, tremblez même d'espérer, et surtout de *Notifier* désormais votre Espoir ! La Providence, comme la fortune, se plaît à surprendre; et fuit d'autant mieux qu'on *court après*... Le vertueux et courageux Comte de Marnes, mieux inspiré, lui, avait dit, à la mort de son Père : « S'il s'agissait d'une Couronne véritable, ce n'est pas sur ma tête que je la placerais; c'est une Couronne d'épines, je la garde momentanément. »—Hélas ! ou plutôt par bonheur, depuis sept années (car tout est septennal dans la société, comme dans l'homme), la Couronne n'a pas *changé !*

« J'avais bien qualité, Monsieur le Comte, même à vos yeux, pour prendre ma part dans la *Notification* que vous avez faite de votre plus haute Pensée politique, et pour vous en dire, et vous en *Dédier*, et à la France, ma plus haute pensée religieuse. Dans une *Lettre* autographe datée de Padoue, l'année dernière, cachetée à vos Armes chrétiennes..., à la *Charité* près (une *Croix* avec ces mots : *Spes, Fides*), Vous êtes allé jusqu'à me dire ce mot sublime : « Rien n'est plus noble que de consacrer ses talents à celui qui est la source de toute intelligence et de *toute* Souveraineté. »

(*) Tout ce qui touche aux grandes vérités sociales, et jusqu'à l'innocence, est entraîné à l'expiation : la *Croix d'honneur*, qui n'était pas précisément la *Croix de Grâce*, comme dans l'*OEuvre de la Miséricorde*, n'a pas sauvé de la Seine, et peut-être du suicide, l'auteur des *Mémoires* si peu *historiques de Louis XVII !*

(**) Ce n'est pas *Louis-Charles*, mais bien *Charles-Louis*. Les deux plus beaux noms de France, et même d'Europe : *Louis*, par *saint Louis*, et *Louis XIV* ; les *Louis Dauphin*, et *Louis XVI*. — *Charles* : par *Charles-Martel* ; *Charlemagne* ; *Charles-le-Sage* (le premier qui porta le titre de *Dauphin*, et celui de *duc de Normandie !*) ; *Charles-Quint* ; *Charles I*ᵉʳ ; et saint *Charles* Borromée.

Et je ne m'étonne pas de ces paroles du Dauphin véritable, portées en son nom à la Dauphine : « Dites-lui que si je monte au trône méconnu par elle et par les miens, j'y serai Louis XVII ; qu'il ne tient qu'à elle et à ma famille que je m'appelle *Charles XI*. Elle devra me comprendre. Embrassez-moi, et partez. »

Je ne m'étonne pas davantage qu'il ait donné à ses deux aînés le nom de *Charles;* et qu'il n'ait donné à aucun de ses enfants celui de *Louis*.

die, qui n'avait pas été donné aux Fils de France depuis Charles, quatrième fils de Charles VII, successivement duc de Berry, de Normandie et de Guyenne, et qui mourut à Bordeaux en 1472.

« Il n'attira les regards qu'au moment où la France éprouva la perte de son frère. Le Dauphin (Louis-Joseph), qui avait atteint l'âge où il commençait à réaliser les belles espérances que l'on avait conçues de lui, mourut à Meudon le 4 juin 1789, emportant les regrets de la Cour et de tout le royaume.

Traits, çà et là, de la première vie, grosse de la dernière, d'un Roi :

« Il lui arriva une fois de jouer aux petits palets avec l'officier commandant le détachement (qui conduisait le Prince à son jardin). L'officier gagna la partie, et dit en riant. « Ah! j'ai vaincu M. le Dauphin. » Piqué de l'expression, le jeune Prince y répondit avec humeur. Cette petite histoire parvint à la connaissance de la Reine, qui, blâmant son fils de s'être ainsi oublié, ordonna qu'il subît une pénitence. Le lendemain on lui rappela son procédé de la veille, en lui représentant combien il était messéant à un Prince de manquer de politesse, d'égards, et de donner ainsi une mauvaise idée de son caractère à ceux qui l'approchaient : « Je sens bien, avoua aussitôt l'enfant à sa gouvernante, je sens bien à présent que j'ai eu tort; mais aussi, pourquoi ne me disait-il pas tout uniment qu'il m'avait gagné? C'est ce mot de *Vaincu* qui m'a mis hors de moi. »

« Un jour, étudiant sa leçon, le Dauphin s'était mis à siffler; son précepteur, l'abbé Davaux, l'en réprimandait : la Reine survint et lui fit quelques reproches. « Maman, reprit-il, je répétais ma leçon si mal, que je me sifflais moi-même. » Un autre jour, dans le jardin de Bagatelle, emporté par sa vivacité, il allait se jeter à travers un buisson de rosiers. Je courus à lui, dit M. Hue : « Monseigneur, m'écriai-je en le retenant, une seule de ces épines peut vous crever les yeux ou vous déchirer le visage. » Il se retourna, et me regardant d'un air aussi noble que décidé : « Les chemins épineux, me répondit-il, mènent à la gloire. »

« Dans la journée du 20 *juin*, l'enfant, déjà Roi « se mit à genoux, joignit les mains, et, levant les yeux au ciel, chanta, avec l'accent de la plus vive sensibilité, ce passage de l'opéra *Pierre le Grand* :

> Ciel! entends la prière
> Qu'ici je fais;
> Conserve un si bon père
> A ses sujets!...

« Que l'on se représente l'auguste enfant dans cette attitude, semblable au Samuel du célèbre Reynolds, adressant sa prière au ciel pour les jours du Roi! Jamais encens plus pur ne s'exhala vers Dieu. »

A la Tour du Temple, lorsque le commissaire Merceraut lui dit :

« Sais-tu bien que la liberté nous a rendus libres, et que nous sommes tous égal ? — Egal ? pas ici, » répondit l'enfant en jetant un regard sur le Roi.

« Un jour que le Roi était au jeu, sûrement pour le Dauphin, celui-ci perdit toutes les parties, et deux fois il ne put aller au delà du nombre *seize*. « Toutes les fois que j'ai ce point de *seize,* dit-il avec un léger dépit ; je ne peux gagner la partie. » Le Roi ne répondit rien ; mais ce rapprochement de mots lui fit une vive impression.

« Lorsque les derniers jours furent arrivés, l'enfant à son tour se fait roi. Il s'arrache des bras de sa Mère, se précipite aux genoux des gardes, et, joignant les mains, s'écrie : « Laissez-moi passer, Messieurs ; laissez-moi passer. — Où voulez-vous aller ? — Parler au peuple, le supplier de ne pas faire mourir mon père... Au nom de Dieu, laissez-moi passer... »

Lorsque le Dauphin chante, *accompagné* de sa sœur, la Romance du fidèle Lépitre, ils se trouvent comme Prophètes tous les deux :

> Un jour, peut-être...... l'espérance
> Doit être permise au malheur...
> Un jour, en faisant ton bonheur,
> Je me vengerai de la France.
> Un Dieu favorable à ton Fils,
> Bientôt calmera la tempête :
> L'orage qui courbe leur tête
> Ne détruira *jamais* les Lis.

L'enfant Roi fut surtout Prophète, et facile, de sa clémence future :

« Qu'opposait l'enfant (*) à toutes les atrocités, à tous les actes de barbarie ? Une douceur, une résignation angéliques. Simon lui dit un jour, après l'avoir cruellement battu : Capet, si les Vendéens te délivraient, que me ferais-tu ? — JE VOUS PARDONNERAIS. »

Cela seulement donné, entre les milliers d'hommes qui comptent en France, en est-il, depuis 50 années, un seul qui n'ait eu, sinon la preuve, au moins le pressentiment et le sentiment de la conservation et du salut du dernier Dauphin dans le Temple ?

Et, dans le fait, s'il y a une chose prétendue, probable, et même démontrée, par les plus grands *intérêts* qui sont toujours la mesure des actions, et démontrée par ses dénégations plus intéressées encore, depuis 50 années, c'est la conservation, et le *qui proquo* dans le *Temple* (**), et surtout sa conser-

---

(*) ... Les *hommes* les plus divers de cette famille n'ont point dégénéré : « *Pardon pour l'Homme. Pardon!* » s'écria expirant le duc de Berri. Mais Louis XVIII fit la sourde oreille à cette parole sacrée, à ce testament aussi sublime que celui de Louis XVI. Un soupçonné de régicide spirituel doit se montrer inexorable envers un régicide quelconque !

(**) Louis XVI et son Fils (celui-ci à l'âge de *sept ans*) furent conduits au

vation dehors, d'un Enfant, que son innocence, que le sacrifice de ses père et mère, que le crime d'un de ses oncles, que la jalousie d'un de ses cousins, que les plus grands intérêts même des sauveurs rendaient si précieux à sauver.

La Reine, ou plutôt Marie-Antoinette, détrônée dès le 4 février 1790, en avait le pressentiment dans sa réponse à la députation de l'Assemblée :

« Je partage, dit-elle, tous les sentiments du Roi : je m'unis de cœur et d'esprit à tout ce que lui dicte son amour pour ses peuples. Voici mon fils : je l'entretiendrai toujours des vertus du meilleur des pères ; je lui apprendrai de bonne heure à respecter la liberté publique et à maintenir les lois. J'espère qu'*un jour* il en sera le plus ferme appui. »

Et surtout le Roi, Prophète, lui aussi, dans son Testament :

« Je recommande à mon Fils, s'il avait le malheur de devenir Roi, de songer qu'il se doit, TOUT ENTIER, au BONHEUR de ses concitoyens ; qu'il doit oublier toute haine et tout ressentiment, et nommément tout ce qui a rapport aux malheurs et aux chagrins que j'éprouve. »

« Que mon Fils, ajoute la Reine, n'oublie jamais les derniers mots de son père, que je lui répète expressément : QU'IL NE CHERCHE JAMAIS A VENGER NOTRE MORT. »

Avant, pendant et après l'entrée de Louis XVI au Temple, impuissants à sauver le père, les Fidèles au Roi, encore plus qu'à Dieu, ne manquaient point, non plus aux tentatives de sauver le Fils.

Entre beaucoup d'autres, l'immortel baron de Batz : « Il avait à sa disposition, suivant le Rapporteur, des sommes immenses en or et en assignats à face royale. Plusieurs de ces Députés, et d'autres personnes que le baron de Batz avait chèrement achetées, payèrent successivement, de leur tête, leur vénalité. Il fut enfin dénoncé lui-même; prévenu à temps, il parvint à s'échapper. Il n'en fut pas de même des personnes respectables que nous avons nommées ; elles furent

---

Temple le 13 août (non le 14, comme on l'a écrit quelquefois). C'était le plus magnifique Monument de château, de citadelle et de tours, et le plus grandiose terrain de Paris. Il dut son nom à l'*Ordre des Templiers*, qui avaient reçu le leur du *Temple* même de Salomon, en face duquel le dernier *Roi de Jérusalem* leur avait donné une maison en 1128. L'Eglise du Temple était modelée sur celle de *Saint-Jean* de Jérusalem. Les tours renfermaient les trésors que le grand-maître Molay rapporta d'Orient. Et Philippe-le-Bel y tint sa cour.

Par un jugement provisoire du Dieu des peuples et des rois, encore mieux que par la décision d'un usurpateur, le Temple de Paris a été rasé comme celui de Jérusalem.

Les grands et petits geôliers, médiats ou immédiats, des Martyrs de la Révolution au *Temple* (la Providence prévoyante les avait nommés : *Santerre, Rocher, Tison, Simon*, etc.), furent encore moins épargnés que le *Temple*. Saturnes d'un ordre nouveau, après avoir *dévoré* leurs maîtres et leurs Dieux, ils *se dévorèrent eux-mêmes*. Mais aujourd'hui, peut-être, ils revivent dans des enfants qui se feraient peut-être les premiers martyrs de la grande royauté nouvelle ! Car elle est, celle-là, *la meilleure des Républiques*. La république sociale et divine par excellence.

traduites au tribunal révolutionnaire, avec d'autres individus qu'elles ne connaissaient point; mais que, par une montruosité digne de ce temps, le rapporteur Elie Lacoste accusa d'avoir agi de complicité. Tous furent condamnés à mort le 17 juin 1794, pour avoir tenté le rétablissement de la royauté.... Que dire d'une prétendue conspiration attribuée à Catherine Théos? Des commissaires de la Convention avaient découvert, au château de Saint-Cloud, un portrait en pied du Dauphin, peint par la célèbre madame Lebrun. Dans un rapport imaginé par le député Vadier, il prétendit que ce portrait avait été mystérieusement caché. »

Delille a consacré à ce dogme les plus beaux vers de son plus beau Poëme, celui de la Miséricorde :

> Contre tant de faiblesse a-t-on tant de courroux?
> Cruels! il n'a rien fait, n'a rien pu contre vous.
> *Veille sur lui, grand Dieu!* protecteur de sa cause,
> Dieu puissant ! c'est sur lui que notre espoir repose.
> Accueille ses soupirs, de toi seul entendus,
> Qu'ils montent vers ce Ciel. . . . .
> Le zèle, le devoir, pour défendre ses jours,
> Etaient-ils sans courage ? étaient-ils sans secours ?
> *Abner sauva Joas;* sous l'œil même d'Ulysse,
> Un faux Astyanax fut conduit au supplice.
> Mais, quoi! pour remplacer cet enfant plein d'attraits, etc.

Les anciens et derniers royalistes, les plus intéressés à étudier et à savoir ici la vérité, et les plus dignes de confiance par leur probité religieuse et politique, ont encore moins fait défaut au vrai Dauphin que les anciens. Ils furent les contemporains et les amis même des personnages qui concoururent médiatement ou immédiatement à la sortie du Temple du précieux rejeton (Thor de la Sonde, dans le château duquel le Dauphin fit son premier séjour à sa sortie du Temple; le marquis de Briges, le comte de Montmorin, le baron de Charette). — Tels sont, en particulier, le marquis de Ferrière, le marquis d'Aubusson de la Feuillade ; — le marquis de Vaulchier et le comte Charles de Locrait, neveux du marquis de Monciel, dernier ministre de Louis XVI. — Tels, mais plus ou moins timorés ou politiques, les Montmorency, les La Rochefoucauld, les Choiseul-Gouffier, les La Rochejacquelein, les Mirepoix, et jusqu'à Berryer (*).

Tels encore les évêques, plus ou moins de cour, plus ou

(*) Une des dames d'atours, madame la comtesse de Bouillé, ne se tint pas (*bouillait*, on peut le dire), de faire le voyage de Dresde pour voir le Roi qu'on se refusait de recevoir ailleurs.
Et tout le monde sait que la fameuse maîtresse de Louis XVIII, la du Cayla, dans les *Mémoires* d'une *Femme de qualité*, a pris soin de révéler les angoisses diurnes et nocturnes de la Cour à l'endroit de Louis XVII; presque autant que la duchesse d'Abrantès, et madame Manson, ont fait ses remords!
Mais entre toutes les femmes, ici, dignes de foi parce qu'elles avaient de la foi, en effet, figure Madame la comtesse d'Adhémar, Dame du Palais et Ambassadrice, dans ses touchants *Mémoires sur Marie Antoinette*.

moins consciencieux : les Latil, les Tharin, les Croï (*), les Quélen, les Forbin-Janson, les Dulondel, etc.

Tels surtout les derniers attachés à la dernière cour de Versailles, les plus dignes de foi, peut-être, et que la Providence semble avoir fait traverser toutes les révolutions, pour en reconnaître, en voir, en admirer la plus grande victime, destinée à en être le dernier héros : — M. de Marco de Saint-Hilaire... ancien huissier du Palais, et sa famille ; — madame de Rambaud... qui veilla sept années le *Berceau* sacré à Versailles ; et madame de Generès ; — M. de Joly, dernier garde des sceaux de Louis XVI ; — et jusqu'à M. de Brémond, son dernier et seul intime Secrétaire particulier, plein de jours encore, de mémoire et de vertus, dans son château entre la Suisse et la Savoie. — Qui n'admirerait cette simple page, entre cent, de Mme de Rambaud ?

« Dans le cas où je viendrais à mourir avant la reconnais-
« sance du Prince, fils de Louis XVI et de Marie-Antoinette,
« je crois devoir affirmer ici par serment, devant Dieu et de-
« vant les hommes, que j'ai retrouvé, le 17 août 1833, Mon-
« seigneur, duc de Normandie, auquel j'eus l'honneur d'être
« attachée depuis le jour de sa naissance jusqu'au 10 août
« 1792 ; et comme il était de mon devoir d'en donner con-
« naissance à S. A. R. Madame la Duchesse d'Angoulême, je
« lui écrivis dans le courant de la même année. Je joins ici la
« copie de ma lettre.

« Les remarques que j'avais faites dans son enfance sur sa
« personne ne pouvaient me laisser aucun doute sur son
« identité partout où je l'eusse retrouvé. Le prince avait dans
« son enfance le col court et ridé d'une manière extraordi-
« naire. J'avais toujours dit que si jamais je le retrouvais, ce
« serait un indice irrécusable pour moi. D'après son embon-
« point, son col ayant pris une forte dimension, est resté tel
« qu'il était, aussi flexible. Sa tête était forte, son front large
« et découvert, ses yeux bleus, ses sourcils arqués, ses che-
« veux d'un blond cendré, bouclant naturellement. Il avait la
« même bouche que la Reine, et portait une petite *fossette* au
« menton. Sa poitrine était élevée ; *j'y ai reconnu plusieurs
« signes alors très-peu saillants, et un particulièrement au sein
« droit*. La taille d'alors était très cambrée et sa démarche re-
« marquable. C'est enfin identiquement le même personnage
« que j'ai revu, à l'âge près.

(*) Ils sont, on peut le dire, les auteurs vrais du plus remarquable, du plus sincère, du plus irrécusable livre, en faveur de Charles-Louis, publié à Paris en 1832, sous le titre du *Passé* et de l'*Avenir* de la France, et sous le nom de leur Grand vicaire, et Secrétaire de leur *Grande Aumônerie*, l'abbé Perreau, qu'ils envoyèrent en Angleterre, etc., à cet effet.

Un autre grand fait, à notre connaissance personnelle intime, est la *foi* plus particulière à Charles-Louis du premier Précepteur du duc de Bordeaux, l'ancien évêque de Strasbourg ; et aussi celle de l'ancien évêque de Nancy ; puis, la disgrâce publique de *tous* les deux, et leur retraite ensemble au palais Forbin-Janson de la rue de Grenelle.

8

« Le Prince fut inoculé au château de Saint-Cloud, à l'âge
« de deux ans et quatre mois, en présence de la Reine, par le
« docteur Joubertou, inoculateur des enfants de France, et
« de la faculté; les docteurs Brunier et Loustonneau. L'inocu-
« lation eut lieu pendant son sommeil, entre dix et onze
« heures du soir, pour prévenir une irritation qui aurait pu
« donner à l'enfant des convulsions, ce qu'on craignait tou-
« jours. Témoin de cette inoculation, j'affirme aujourd'hui
« que ce sont *les mêmes marques* que j'ai retrouvées, aux-
« quelles on donna la forme *d'un croissant*.

« Enfin, j'avais conservé, comme une chose d'un grand
« prix pour moi, un habit bleu que le Prince n'avait porté
« qu'une fois. Je le lui présentai en lui disant, pour voir s'il
« se tromperait, qu'il l'avait porté à Paris. — Non, Madame,
« je ne l'ai porté qu'à Versailles, à telle époque.

« Nous avons fait ensemble des échanges de souvenirs qui,
« seuls, auraient été pour moi une preuve irrécusable que le
« Prince actuel est véritablement ce qu'il dit être : l'Orphelin
« du Temple. « Mad. veuve DE RAMBAUD, *attachée au service
« du* Dauphin, Duc de Normandie, *depuis le jour de sa nais-
« sance jusqu'au* 10 *août* 1792. »

« *A Son Altesse Royale Madame, Duchesse d'Angoulême.*

« Madame,

« Celle qui aurait donné sa vie pour vos illustres parents,
« prend aujourd'hui, par devoir de conscience, la respectueuse
« liberté de vous écrire pour vous assurer de l'existence de
« votre auguste frère. Mes yeux l'ont vu, reconnu ; des heures
« passées avec lui m'en ont donné la plus entière conviction.
« Une si précieuse conservation vient de la Toute-Puissance
« de Dieu; c'est à genoux que je lui en rends grâces, en me
« disant sans cesse que s'il a bien voulu le conserver par sa
« volonté même, c'est pour en faire un être de pacification
« générale et de bonheur pour tous : cette conviction, comme
« l'espérance, vient de lui seul.

« Ses longs malheurs, sa résignation aux volontés de la Pro-
« vidence et sa bonté sont au delà de tout.

« Celle de Votre Altesse Royale ne m'est pas moins néces-
« saire pour m'assurer que je n'ai point trop osé en expri-
« mant ce que mon cœur sent si bien pour ses souverains si légi-
« timement aimés de tous ceux qui ont conservé un cœur fidèle.

« C'est avec respect que je suis, de Votre Altesse Royale,
            « la très-humble et très-obéissante servante,
                « Mad. veuve DE RAMBAUD.

« Madame sait que j'ai eu l'honneur d'être attachée au
« berceau de son auguste frère depuis le jour de sa naissance
« jusqu'au 10 août 1792..... »

Pages, également décisives, de Mme de Saint-Hilaire :

« J'avais souvent entendu parler de différents faux Dau-
« phins résidant à Paris, sans que j'aie jamais eu un seul

« instant le désir de les connaître, persuadée comme je l'étais
« que la première chose que ferait le fils de Louis XVI serait
« de rechercher ceux qui avaient été attachés à son père et à
« sa mère, et qui avaient pu le connaître dans son enfance.

« Lorsque M. F. de Geoffroy (le neveu de la Fondatrice du
« *Sacré-Cœur* de Paris, et de l'ex-Cour de Charles X), vint me
« voir le 14 août 1833, il m'annonça qu'il existait à Paris un
« individu se disant fils de Louis XVI ; qu'il s'informait des
« personnes qui pouvaient exister encore, ayant appartenu
« à sa famille, et désirait ardemment trouver Pauline de
« Tourzel, avec qui il avait été élevé. Cette dame est aujour-
« d'hui Madame de Béarn, et sa mère était à la cour de
« Louis XVI gouvernante des enfants de France. Ce désir me
« parut mériter attention, et pour réussir dans le projet que
« j'avais, sans vouloir néanmoins me compromettre dans une
« intrigue ou une fausseté, j'écrivis à Madame de Rambaud
« mon amie, pour accompagner M. Geoffroy et juger par elle-
« même de la vérité du personnage ; personne plus qu'elle ne
« pouvant s'en assurer, puisqu'elle ne l'avait pas quitté de-
« puis sa naissance jusqu'au 10 août.

« Madame de Rambaud le reconnut, lui parla de nous, et
« me l'amena, le 19 août 1833, me donnant l'assurance que
« c'était bien lui. Elle entra chez moi la première, en m'an-
« nonçant qu'il me serait impossible de ne pas le reconnaître.

« Effectivement, mon mari et moi nous ne tardâmes pas
« à reconnaître dans ce personnage, malgré une grande ti-
« midité, un peu de gêne, et sa difficulté à parler le français (*),
« qu'il avait tous les traits réunis de son père et de sa mère,
« particulièrement le regard de Louis XVI tellement frappant
« que pour nous il nous semblait avoir le Roi en notre présence.

« Plus tard, le Prince ayant pris plus de confiance, ayant
« trouvé des amis sûrs, dévoués, sa timidité et sa gêne dis-
« parurent entièrement ; alors toutes les manières de son père
« se déployèrent chaque jour plus visiblement.

« Il était facile de reconnaître, dans sa structure physique,
« ce même enfant que j'avais vu jouer si souvent sur la
« terrasse où donnaient les fenêtres de la Princesse à laquelle
« j'avais l'honneur d'appartenir. J'engageai mon Prince à venir
« me voir, et à prendre ma maison pour asile, jusqu'à ce qu'il eût
« trouvé mieux : c'est là, dans des conversations particulières,
« longues et réitérées souvent que le prince m'a rappelé des si-
« tuations, des circonstances d'intimité entre sa famille seule,
« et que je savais par le rapport que m'en faisait ma Princesse.

(*) Le Prince parlait mieux l'*allemand* ; et c'est l'une de ses preuves contre Richemont. En 92, il sortait à peine de ce qu'on appelait les *Femmes* à Versailles ; et sa mère, Marie Antoinette d'Autriche, naturellement ne lui parlait, et ne lui faisait parler que sa langue maternelle... Depuis, le Prince, qui n'habita la France que dans la prison de Vincennes, apprenait plutôt à souffrir, et à penser qu'à parler.

« Le Prince m'a rappelé tout l'ameublement de l'apparte-
« ment de sa mère; les meubles et leur position; la struc-
« ture et la couleur des instruments de musique dont la
« Reine se servait, enfin de ces détails qui n'ont pu être sus
« ni connus de personne que de ceux qui approchaient inti-
« mement la famille royale, et qui n'ont plus été à même de
« les revoir elles-mêmes, depuis les 5 et 6 octobre.

« Après la certitude entière, l'examen le plus scrupuleux,
« je ne pus douter un seul instant de la vérité tout entière ;
« c'est alors que je crus devoir écrire à Madame la Dauphine,
« pour la prévenir que nous avions eu le bonheur de retrou-
« ver son frère. Notre famille était trop connue de Charles X,
« pour risquer une démarche semblable, si nous n'avions pas
« été persuadés, M. de Saint-Hilaire et moi, de la vérité que
« j'attestais. Nous n'eussions pas risqué de tromper la famille
« royale dans une affaire aussi importante; et ils pouvaient
« être eux-mêmes bien convaincus que nous étions inca-
« pables d'entrer dans une intrigue.

« F. Marco de Saint-Hilaire. A Versailles, ce 10 juillet 1836. »

« *A S. A. R. Madame, Duchesse d'Angoulême.*

« Madame,

« *Depuis l'année* 1795, je n'ai cessé d'entendre dire que le
« malheureux Dauphin, fils de Louis XVI, avait été sauvé
« du Temple, et qu'un autre enfant y fut introduit à sa place.
« Cet espoir qui était nourri dans le cœur de tout bon Fran-
« çais était devenu une croyance religieuse; elle fut entre-
« tenue pour moi à une époque où je fus placée auprès de
« *Joséphine, femme de Bonaparte.* J'acquis alors la certitude,
« que sa bonté, son respect et son attachement à la famille
« royale des Bourbons l'avaient portée, de convention *avec le*
« *ministre Fouché,* à soustraire le malheureux reste du sang
« de nos Rois des cruelles mains de son époux.

« Je pense, Madame, que ces bruits seront arrivés jusqu'à
« Votre Altesse Royale. Mais la Providence ayant permis que
« depuis quinze ans il se présentât plusieurs faussaires, sus-
« cités par une police trop coupable, la vérité n'était pas
« encore parvenue jusqu'à vous, malgré tous les renseigne-
« ments que V. A. R. a cherché à obtenir.

« Si je prends, Madame, la très-respectueuse liberté de vous
« adresser aujourd'hui cette lettre, c'est que j'ai la convic-
« tion d'avoir retrouvé ce Prince si regretté des Français. La
« Providence a permis que je me trouvasse en rapport avec
« lui ; et pour tous ceux qui ont eu l'honneur de connaître le
« Roi votre auguste père, et la Reine votre trop malheureuse
« mère, il est impossible de méconnaître Louis XVII, à la
« ressemblance frappante que ses traits offrent avec ceux des
« augustes auteurs de sa vie.

« Votre Altesse Royale, qui jusqu'à présent n'a point été
« à portée de trouver la vérité, peut être assurée que Dieu a

« permis qu'après tant d'années de recherches, nous soyons
« enfin parvenus à la trouver.
   « C'est aux pieds de V. A. R. que je la supplie, avec tout le
« respect que je lui dois, de me pardonner la lettre que je
« prends la liberté de lui adresser ; mais Dieu, ma conscience,
« et le salut de mon âme, m'imposent l'obligation de la pré-
« venir que son malheureux frère existe, et qu'il est avec
« nous. J'ose assurer Votre Altesse Royale que je crois à
« l'identité de ce malheureux Prince comme je crois en Dieu
« et à son divin Fils Sauveur du monde.
   « Je suis bien peu de chose, Madame, mais le feu sacré de
« mon amour et de ma reconnaissance pour votre auguste et
« trop malheureuse famille n'a jamais cessé de brûler dans
« mon cœur. Malgré tous les malheurs qui m'ont été person-
« nels, je suis encore disposée à sacrifier le reste de ma triste
« existence, si elle peut être utile au fils de votre auguste
« père, que Dieu, dans sa sainte miséricorde, semble m'avoir
« fait retrouver, pour me dédommager à la fin de ma vie de
« toutes les douleurs que j'ai ressenties par la perte cruelle de
« mes augustes maîtres.
   « Je suis, Madame, avec le plus profond respect, de Votre
« Altesse Royale, la plus humble, la plus obéissante et la plus
« soumise servante. MARCO DE SAINT-HILAIRE, *née* de BESSON,
« anciennement attachée à Madame Victoire de France,
« tante du Roi. — Versailles, le 9 septembre 1833. »
   Autres pages, autres dépositions, on peut le dire, testamentaires et solennelles, qui, seules, valent mille témoignages, du
vertueux Bremond :
*En Commission d'Information, le 4 novembre 1837, à neuf heures
   du matin.* Présidence de M. Du Bochet, à Vévey, en Suisse.
   « Assistants : MM. les juges Dupont et de Joffrey, le gref-
      fier ; les huissiers servant.
   « M. Jean-Baptiste-Jérôme Brémond se présente, et déclare
être encore prêt à répondre, sous le poids du serment
qu'il a prêté, aux questions qui lui seront adressées relativement à l'affaire dont il s'agit.
   « Puis M. Brémond enquis :
   « J. Etiez-vous à Paris en 1792 ? — R. J'ai vécu à Paris dès
« 1786, comme député de l'administration des Etats de la
« province de Provence, et j'y suis resté encore pendant en-
« viron quarante jours après le 10 août 1792. Dès lors je ne
« suis plus retourné à Paris jusqu'en novembre 1819. »
   « J. Avez-vous été secrétaire intime du Roi Louis XVI ? —
« R. J'ai été *secrétaire particulier du Roi Louis XVI, honoré de
« sa confiance,* et je l'ai été dès le commencement de 1788,
« jusqu'au 10 août 1792.
   « J. Croyez-vous que le Prince soit encore vivant ? — R.
« *Je le crois, je puis déclarer qu'il me fit l'honneur de me visiter à
« Semsales* en 1836, c'est-à-dire *l'année dernière.* C'est alors
« qu'il me consulta sur la question de savoir s'il devait, ou

« pas, attaquer S. A. Royale Madame la duchesse d'Angou-
« lême, son auguste sœur, pour réclamer ses droits civils.
« — Je fus d'avis qu'il devait l'attaquer en droit. — Il se
« rendit à Paris, et à son arrivée dans cette ville, il présenta
« sa requête, qui fut appointée ; mais il fut immédiatement
« et arbitrairement enlevé et déporté, malgré toutes les ré-
« clamations légales faites par ses serviteurs. »

« J. Savez-vous où le Prince est aujourd'hui ? — R. Il est à
« Londres, sous la sauvegarde de la loi *Habeas Corpus* et des
« mœurs anglaises, qui sont aussi la sauvegarde de la liberté
« des citoyens. »

« J. A quoi avez-vous reconnu le Prince ? — R. *En parti-
« culier en ce qu'il connaissait la cachette faite par son père, dans
« le palais des Tuileries ; cachette que* LUI SEUL *pouvait connaître,
« comme ayant été* SEUL PRÉSENT, *lorsque son père l'a fermée ;
« de plus, par plusieurs autres détails que le Prince m'a com-
« muniqués et qu'il s'est réservé de rendre publics lui-même.
« Les détails qu'il m'a donnés sur la cachette des Tuileries sont
« pour moi une preuve évidente de l'identité de la personne.* »

« J. Comment avez-vous eu connaissance de la cachette des
Tuileries ? — R. *Par S. M. le Roi Louis XVI*, auquel je fis ob-
« server, par l'entremise de M. de Monciel, alors ministre de
« l'intérieur, que l'armoire de fer qui recélait des papiers
« secrets pouvait être découverte dans des temps de mal-
« heur, et qu'il fallait enlever de là ce qui était convenable ;
« *le Roi répondit que cela était déjà fait, et que, voulant pré-
« venir le cas de sa mort, il avait déposé, dans une cachette
« secrète faite en présence de son fils* SEUL, *les documents au-
« thentiques dont son dit fils aurait besoin un jour pour sa
« conduite. C'est M. de Monciel qui m'a rapporté la réponse du
« Roi.* »

« J. Savez-vous si *Charles-Guillaume Naundorff est toujours
en possession des papiers qui doivent servir à constater irrécu-
sablement son identité,* papiers qui doivent avoir été cousus
par M. Montmorin dans le collet de sa redingote et présentés
plus tard à M. Le Coq, alors président de la police générale
du royaume de Prusse ? — R. Je sais que les papiers confiés
« à M. Le Coq et par lui à M. de Hardenberg ont disparu ;
« de manière que les recherches que M. Laprade avait ob-
« tenu, à Berlin, d'en faire opérer dans le cabinet de M. de
« Hardenberg, n'ont produit aucun résultat ; mais le Prince
« n'a pas cette seule preuve pour démontrer son identité. Il dé-
« clare dans son histoire (page 43) qu'il a en sa possession la
« copie conforme d'une pièce en latin, le concernant, signée
« par le Saint-Père Pie VI, etc. ; *j'ai ouï dire qu'il existe dans les
« archives du Saint-Père, à Rome, un document qui démontre
« l'enlèvement du Prince de sa prison du Temple.* Je sais de plus,
« par le Prince lui-même, qu'il a en sa possession *la clef de
« la cassette* en fer, faite par son auguste père, qui était l'un
« des plus habiles artistes en serrurerie, que LUI SEUL, Prince,

« possède *le secret de l'ouvrir, même sans la clef;* c'est-à-dire
« qu'aucune autre personne ne pourrait l'ouvrir, même avec
« le clef..... »
« Après lecture faite du rogatoire inséré au protocole, le
comparant a dit :
« Que le Roi choisit des serviteurs de confiance pour veiller
« sur le Temple et avoir les moyens de le servir avec sa fa-
« mille, en cas de besoin; qu'*un des chefs de ces observateurs
« était un de mes amis nommé M. Thor, dit la Sonde;* qu'en
« 1820, me trouvant à Paris, j'ai vu dans un des salons du
« faubourg Saint-Germain, un des neveux de feu mon ami,
« qui assurait que, se trouvant dans un château de son oncle,
« en 1797, il y vit un jour arriver son oncle dans sa calèche
« avec un jeune enfant de l'âge environ de onze à douze ans,
« cheveux blonds et bouclés, et d'une très-belle figure ; que
« son oncle le fit loger dans sa chambre; que, dans la journée,
« il ne le quittait pas, et en lui parlant le nommait M. Au-
« guste; qu'après un séjour de quelques semaines, il partit
« dans la nuit avec cet aimable enfant, et quelques jours
« après, il revint seul; qu'il lui dit alors : Tu as eu le bon-
« heur de voir le jeune Dauphin sauvé du Temple, gardes-
« en le secret.

« . . . .
« Je confirme ici tout ce qui m'est personnel, sur la ma-
« nière dont j'ai reconnu en sa présence, dans le préten-
« dant, le véritable fils de Louis XVI. *Je déclare solennelle-
« ment, devant Dieu et devant les hommes, qu'il n'existe sur la
« terre que le véritable fils de Louis XVI qui eût connaissance
« de la cachette mentionnée, ayant été* SEUL *avec son auguste
« père lorsqu'il y fit le dépôt de la cassette;* j'ajouterai pour
« S. A. R. Madame la duchesse d'Angoulême, pour la désa-
« buser de toutes les erreurs avec lesquelles on a surpris
« sa bonne foi, *que la cassette* qui renferme des souvenirs
« des martyrs ses augustes parents, a été fabriquée de la
« main du Roi Louis XVI, qu'elle *a été cachée en présence
« de son frère* SEUL, *et qu'il n'y a que lui seul sur la terre
« qui connaisse le lieu où elle est déposée, et qu'elle présente
« un moyen certain pour elle de reconnaître son frère,* car elle
« a dû être informée au Temple qu'une cachette existait aux
« Tuileries, et par les fouilles qu'on y a faites pendant le pre-
« mier séjour de Louis XVIII à Saint-Cloud.
« A l'appui de ce qui a déjà été dit et publié sur l'exis-
« tence de Louis XVII, *j'ajoute encore,* sur ce qui me fut dit
« en 1795, *par feu Son Excellence M. l'avoyer de Steiger, de
« Berne,* avec lequel je travaillais alors, de concert avec d'ho-
« norables amis, pour rétablir l'Orphelin du Temple sur son
« trône, *affaire dans laquelle l'Angleterre était intervenue sous
« le prétexte d'en favoriser le succès.* Cependant, comme nous
« avions cru devoir lui demander des gages de confiance
« que son ministre, M. Wickam, envoyé en Suisse à ce sujet,

« ne se trouvait autorisé d'accomplir qu'en partie, son inter-
« vention finit pour nous à une seule séance, à laquelle je me
« trouvais présent.

« Nos travaux avaient cessé depuis quelques mois *à cause
« de la prétendue mort du Dauphin au Temple, lorsqu'un jour
« Son Excellence, M. de Steiger, me fit appeler pour me dire
« qu'il avait été informé par des courriers expédiés des géné-
« raux vendéens à* VÉRONE, *que le jeune Prince n'était pas
« mort au Temple, mais qu'on l'avait au contraire sauvé de prison.*

« Environ *trois mois après cette nouvelle,* M. *de Steiger me
« la confirma en m'assurant qu'il venait de recevoir des ren-
« seignements très certains de l'évasion du Temple du Royal
« Orphelin.*

« Je sais encore que *le gouvernement autrichien possède sur
« cet objet un document des plus précieux. Un de mes amis,*
« feu M. P., que son Excellence, M. *Thugbuth,* employait
« comme son secrétaire particulier, *m'a déclaré avoir tenu
« ce document entre ses mains dans le cabinet de ce ministre.
« C'était un procès-verbal de l'enlèvement du Temple du jeune
« Louis XVII.*

« Madame d'Aulnois, qui est encore vivante, se trouvant
« en 1795 dans un salon du faubourg Saint-Germain, a
« pleuré avec beaucoup de ses amies la prétendue mort du
« Dauphin, qu'on venait de publier; *il entra dans ce salon
« une Dame de ce cercle et toute joyeuse, qui les consola et les
« ravit de joie en leur apprenant que le Dauphin était sauvé,
« et qu'elle avait été au nombre des heureux acteurs de cet en-
« lèvement.*

« *Ces faits et d'autres,* qui ont été publiés, me *démontrent
« donc que les cabinets de l'Europe connaissent tous cette éva-
« sion;* et si, en 1814, comme il me paraît prouvé, l'existence
« de Louis XVII leur a été aussi connue, et *en particulier à la
« Prusse,* l'injustice qu'ils ont commise envers le Roi légi-
« time, en proclamant à sa place Louis XVIII, s'explique
« assez par les avantages que ces diverses puissances, et par-
« ticulièrement la Prusse, ont retirés de la manière dont s'est
« faite la prétendue restauration. A Dieu seul appartient le
« droit de juger un tel acte et d'en prévoir toutes les consé-
« quences....

« .... Cependant *toutes les cours de l'Europe* étaient in-
« formées de la conjuration du *Comte de Provence,* par *les
« notes officielles que Louis XVI leur avait fait remettre* par son
« ancien ministre, le Baron de Breteuil, et *ils y avaient déféré,
« en plaçant le corps des émigrés à l'arrière-garde de leur armée
« d'invasion, sans leur permetttre de pénétrer sur le territoire
« français.*

« D'après toutes ces notions, il est *donc* évident que, pour
« échapper à la force des raisons qui prouvent et l'existence
« du duc de Normandie, et l'identité du réclamant, *masqué
« sous le nom de Naundorff,* on ne peut se réfugier *ni dans la*

« *bonne foi politique des diplomates et des ministres des Rois ; ni*
« *dans les sentiments des Princes de sa famille, qui se sont mis*
« *à sa place.* Pour moi qui ai eu le bonheur de le voir et de
« le reconnaître, je bénis Dieu d'avoir ôté à ses ennemis la
« pensée ou les moyens de l'avoir fait périr. Lorsque je ré-
« fléchis sur la conduite de la Providence à l'égard de ce
« dernier rejeton de tant de Rois, je ne puis m'empêcher de
« croire qu'elle a préparé à la France des gages de paix et de
« bonheur, dans son mariage avec une plébéienne alle-
« mande, qui ne parut d'abord qu'une abdication de sa dignité
« Royale, et un acte de résignation à la vie obscure et pé-
« nible, à laquelle ses ennemis paraissaient le condamner.
« Les enfants qui en sont nés sont donc d'alliance personni-
« fiée de la Royauté avec le peuple ; car leur père est l'héri-
« tier légitime de la plus glorieuse couronne du monde ; et
« leur mère, une vertueuse plébéienne allemande. Le sang
« qui coule dans leurs veines est donc celui des Rois très-
« chrétiens et des vertus du peuple ; afin qu'un jour ils
« puissent montrer au monde, par leurs vertus, que le peuple
« s'est élevé, en eux et par eux, à la hauteur des Rois, et
« qu'enfants du même Dieu, tous les hommes sont frères. »

Avant sa déposition devant le Tribunal de Vevey, M. Brémond avait fait parvenir à Madame la duchesse d'Angoulème la lettre suivante : « Semsales, 25 Mai 1837.

« Madame,

« Serviteur de votre auguste père, j'ai reconnu dans le
« prétendant, Charles-Guillaume Naundorff, l'Orphelin du
« Temple, votre auguste frère, le duc de Normandie, et je
« suis devenu son serviteur. Connaissant tous les moyens
« par lesquels V. A. R. a pu être trompée, et voulant rem-
« plir mon devoir envers l'Orphelin du Temple, je me suis
« adressé à un de vos plus estimables serviteurs ; je lui ai
« fait connaître tous les motifs qui devaient porter V. A. R.
« à faire un dernier examen de l'identité du duc de Nor-
« mandie, son auguste frère, avec M. Naundorff. J'ai proposé
« une assemblée de famille pour faire avec vous cet examen.

« Enfin, Madame, je remplis le devoir que Dieu m'impose
« envers vous, en vous déclarant, qu'*à ma connaissance, la*
« *cour d'Autriche a la preuve authentique de l'enlèvement de*
« *l'Orphelin du Temple. Je sais encore, d'une manière positive,*
« *que ceux qui ont eu le bonheur de le délivrer, l'ont conduit à*
« *Rome, où il a été paternellement accueilli par le St.-Père*
« *Pie VI,* dont il a un document écrit en latin, dans lequel
« il est parlé de lui, et signé *Pius Sextus*. Il n'existe donc
« personne qui puisse vous donner des informations véri-
« diques et contraires à ce que j'ai l'honneur de vous faire
« savoir. Mon honorable ami, feu M. le Marquis de Monciel,
« dont la copie du testament politique vous sera remise, a
« souvent gémi devant moi des illusions où était Votre Al-

« tesse Royale. Plusieurs fois il était sur le point d'aller vous
« demander une audience particulière, pour vous faire con-
« naître l'existence de votre auguste frère. Cet honorable
« ami est mort dans mes bras, de douleur de la catastrophe
« de 1830, et regrettant de n'avoir pu remplir son devoir en
« vous enlevant la cataracte dont on avait couvert vos yeux.

« Je crois que plusieurs de vos serviteurs, trompés eux-
« mêmes par le Prince qu'ils avaient le malheur de servir,
« ont pu vous faire partager leurs erreurs.....

« Mon devoir est donc rempli, Madame ; pour récompense
« de mes services envers le Roi-martyr et envers toute sa fa-
« mille, je n'ai jamais voulu accepter que le portrait de S. A. R.
« Monsieur, qu'il me donna en 1820.

« A l'âge de 78 ans où je suis parvenu, je n'ai plus rien à
« recevoir de personne sur la terre ; mais je dois me prépa-
« rer à paraître devant Dieu, qui du moins ne me fera pas
« le reproche de vous avoir caché la vérité.

« Je suis avec respect, Madame, de votre Altesse Royale,
« Le très-humble et très-obéissant serviteur, *Signé :* BRÉMOND. »

M. le Marquis de Monciel, ancien ministre de l'intérieur
sous Louis XVI, dit, dans son testament du 24 août 1831,
qu'il ne m'est pas permis de publier aujourd'hui :

« Mon intention est, qu'à l'époque que je juge être assez
« prochaine, où *Dieu fera paraître* sur la scène du monde *la*
« *personne* qu'il destine à opérer *la restauration religieuse,*
« *morale* et *politique,* mon neveu s'assure, par les moyens
« que Dieu lui suggérera, des dispositions, des plans et des
« moyens de cette personne...................

« ..... J'autorise mon cher neveu, de concert avec M. Bré-
« mond, à transmettre à *la royauté légitime....,*etc., etc. »

C'était en bien juste reconnaissance que Charles-Louis écrivait à Monsieur de Brémond, de Londres, le 25 octobre 1837 :
« Mon vénérable ami, je vous remercie, c'est tout ce que peut
actuellement votre infortuné Prince ; mais un jour, qui j'espère, est encore loin, ma reconnaissance sera gravée sur votre
tombe, et le monde entier dira à la postérité : Il fut l'ami fidèle de son Roi légitime dans le malheur. C'est au fruit, dit
Notre-Seigneur, qu'on reconnaîtra l'arbre : telle est la vérité de
Dieu ; aussi sa justice éclatera sur la terre, ce temps va venir. »

Telle était enfin la rumeur secrète, plus importante que
l'opinion publique, parce qu'elle est plus réfléchie et plus libre,
qu'à la mort de Louis XVIII, on agita (nous le savons d'un ministre même de l'époque) en Conseil privé, d'abord sans l'Héritier, puis avec lui, la *Question* même *de Louis XVII !!!*

... Les partis divers, les socialistes, et le peuple en général,
sont encore les amis, les croyants, les défenseurs, et les protec-
teurs zélés naturels d'un Prince dont les Rois sont les ennemis
nés comme eux : et, en première ligne, MM. de Solar, Cré-
mieux, et surtout l'éloquent et courageux Jules Favre, etc.

Les cours et les courtisans des rois eux-mêmes se sont

montrés royalistes vrais à leur façon. Et les paroles fameuses du comte de Rochow, ministre prussien, sont au fond la pensée de tous les ministres : « Je ne voudrais pas affirmer « que M. Naundorff n'est pas le Dauphin ; mais je ne voudrais « pas qu'il fût reconnu, parce que sa reconnaissance serait « le *déshonneur* de toutes les Couronnes de l'Europe. »

C'est que les Couronnes étrangères (et cela seul explique tout) avaient pu stipuler, à vil prix, de l'*homme* ce qu'elles n'eussent jamais pu de l'*enfant*, la moitié de celle de la France !

Il y a tel souverain cependant (et un ici n'est jamais seul), le plus estimé peut-être entre les princes, l'ancien Roi des Pays-Bas et de la Hollande, qui n'a pas craint ce *déshonneur*. Et il a, jusqu'à sa mort, et pour s'*honorer* (au prix peut-être de la Belgique) traité, autant qu'il a pu, Charles de Bourbon en Roi !

Les seuls Perceval, famille ministérielle d'Angleterre, ont fait, et font encore, pour la famille Royale de France, de royaux sacrifices.

Un autre convaincu, et comme croyant de Charles-Louis, est l'Empereur Alexandre ; et l'on assure même qu'à sa cour, l'étonnante madame Bouche et la baronne de Krudner abondaient dans le même sens au fait du vrai roi.

Les princes d'Allemagne, eux, plus désintéressés que les souverains dans la question, s'émurent en sa faveur presque autant que le duc d'Enghien et le duc de Berri.

Quant à Louis-Philippe, il députait au Prince son Aide-de-Camp, le comte de la Borde.

Par une Providence infiniment extraordinaire, le premier souverain qui fut le Témoin, le Juge, et, on peut le dire, le Proclamateur du Fils sauvé de Louis XVI, est précisément le plus digne de foi et le plus irrécusable, l'ami, et comme le frère de Louis XVI dans les combats du Seigneur et jusque dans le Martyre, le *dernier des Romains*, Pie VI enfin (ils sont visiblement ensemble une des plus belles applications, un des accomplissements les plus beaux de tout le chapitre XI de l'Apocalypse, sur les *deux Témoins* et même *Prophètes,* et où l'on trouve, en toutes lettres, la résurrection plus particulière du Roi dans son fils ; et jusqu'au « Fils de saint Louis, *Montez au Ciel* » que lui cria si spontanément l'abbé Edgeworth !).

Or, s'il est un fait acquis au grand procès royal, c'est cet utile et fidèle serviteur de Louis XVI, Paulin, qui, se faisant tout à lui (... et surtout *maçon* au Temple), traversa à tout prix la France et l'Italie pour remettre au Pape personnellement la dernière Lettre et comme le Testament, on peut le dire, *paternel* de Louis XVI ; et qui, par une dernière coïncidence extraordinaire, revint passer ses dernières années dans la *Normandie* de son Prince Bien-aimé, simple employé à la Bibliothèque de Rouen, où maints grands personnages sont allés le visiter. Lui aussi, mais d'une autre façon que Martin de Gallardon, reconnut le Prince, à tous les traits, à tous les récits ; et il s'écria, lui aussi, le *Nunc dimittis* royal !

Ce fut en exécution de ce message, apparemment, que les premiers amis courageux du Dauphin sorti du Temple lui firent faire le voyage d'Italie. Mais déjà le Pape était absorbé et comme impossible. Et Dieu seul sait la destinée des pièces authentiques sur le prince et son séjour..., à la faveur de six *Concordats* secrets, bien autrement importants que les publics.

Les ennemis eux-mêmes, et surtout les régicides populaires (*), plus susceptibles de regret que les princiers, semblèrent conjurer le salut du Roi populaire futur. »

Or, soyons attentifs, ici.... Lorsqu'une cause est grande, on peut élever, en quelques mots, ses preuves jusqu'à la démonstration.

Nous l'avons vu ailleurs, la Convention et tous les Robespierre du monde, dans leurs flammes républicaines les plus indignées, aux premiers jours de Janvier 93, même en condamnant Louis XVI, eussent voulu l'absoudre.

Comment ne l'eussent-ils pas voulu, après une année, et même deux années, qui, en révolution, sont des siècles ?

Si le père, si la mère, si la tante excitaient, au plus haut degré, nous ne dirons pas le remords, mais le regret des *bourreaux* apparents, lorsqu'ils étaient bourreaux, comment ne les eussent-ils pas excités, lorsqu'ils furent, et cela ne tarda point, à la crainte, et bientôt aux jours d'être victimes eux-mêmes ?

Aussi, voyez la plus simple suite des grands faits du 21 Janvier 93 au 8 Juin 95, qui renferment tous les autres faits. Ils vont tous, dans l'opinion des meneurs, non pas, si vous voulez, à la confiance, mais à la fin de la *Terreur ;* non pas à la royauté, mais à la liberté. Et Charlotte Corday elle-même était républicaine, et eût poignardé peut-être le comte de Provence, encore mieux que Marat... Près d'une année après le 21 *Janvier*, d'Orléans-Egalité et Marie-Antoinette meurent, coup sur coup, en moins de quinze jours. Le contraste, ou plutôt l'identité sont encore plus sensibles du 21 *Janvier* 94, au 27 *Juillet* de la même année. Les Cordeliers Danton, Camille Desmoulins, etc. (et *par conséquent* Robespierre lui-même, par une faible rétroactivité de *Thermidor*) précèdent Madame Elisabeth à l'échafaud. — Du 21 *Janvier* 95 au 8 *Juin*, la *confusion* des deux partis extrêmes est encore plus remarquable. Le 1ᵉʳ Avril, les Sections (c'est-à-dire les Conservateurs) de Paris, et le sang du député Féraud en pleine

(*) Nous croyons sans doute à la dureté politique des grands et des petits gardiens du Dauphin, dans un temps, on peut le dire, de régicide universel ; mais nous croyons encore plus à leur *cœur humain*. Et nous n'avons jamais considéré que comme une *rouerie* de royalisme-né et involontaire, le mot qu'ils disaient habituellement, et précisément à Desault, qui le rapportait en ces termes, selon M. Eckard, et qui le pensait parfaitement lui-même : « S'il arri« vait que dans quelque mouvement populaire, les Parisiens se portassent au « Temple pour proclamer Roi Louis XVII, nous leur montrerions un petit « bambin, dont l'air stupide et l'imbécillité les forceraient de renoncer au « projet de le placer sur le trône. »

Convention, triomphent de la Montagne, dont les derniers débris, Collot-d'Herbois, Barère, etc., sont mis *hors la loi*. A tel point que le comte de Provence abandonne le Nord pour épier sa proie au Midi, et ne craint pas de se proclamer *Roi* à Vérone, le 10 *Juin*, lorsqu'à peine on savait un peu, à Paris, la mort apparente du prétendu Dauphin, à Paris !.... Et le mois ne se passe pas sans que Louis XVIII et le comte d'Artois ne préparent leur *Quiberon* en Angleterre ; et sans que la Convention elle-même décrète... la mise en liberté de la Dauphine... Si bien, que le premier acte du Roi des Directeurs, Barras, etc., fut de l'effectuer, et même, par une galanterie, le jour de la naissance de la Princesse !

Comment croire que le gouvernement, ou la Force des choses (un gouvernement n'est jamais que cela), qui faisait l'infiniment plus, n'ait pas fait l'infiniment moins ? Que des hommes qui allaient si vite à la justice, à la générosité même pour la Sœur, les fissent froids et même féroces, et gratuitement, et contre leurs intérêts publics et privés, pour le Frère ?

Car sa mort, ou seulement sa fuite, rendait tout puissant le seul odieux des Bourbons, le plus sujet, et même le plus vendu des ennemis de la France et de la Convention.....

C'est contre le Louis XVIII, possible, exclusivement, et guère, grand Dieu, contre l'enfant orphelin, que fut décrété et accompli le 21 *Janvier* suivant, au Chœur de *Notre-Dame* de Paris, le Serment de *Haine à la Royauté*.

La Convention et le Directoire portèrent l'intérêt du Prince jusqu'à l'envoi de son geôlier personnel *Simon* à l'échafaud.

La contradiction, la monstruosité de la Convention et du Directoire ne sauraient être, ni même se concevoir. Et vous voyez aussi, et précisément le lendemain du 21 *Janvier* 93, Cambacérès(*) constater, par un rapport en pleine Convention, l'importance, et même le salut, qu'il y avait pour la Convention dans le salut de l'Enfant-Roi. Puis, l'attention qu'on a de choisir, pour lui donner des soins, les premiers médecins des grands établissements de Paris, ceux que la seule opinion publique oblige à la loyauté : Desault, Choppart, Dumangin, Lassus, et enfin Pelletan, l'un des chirurgiens qui procédèrent à l'ouverture (ce fut « celui qui profita d'un moment de distraction de ses collègues pour ravir au tombeau le *Cœur du jeune Roi*, qui le déposa et le conserva dans un vase de cristal sur lequel sont gravées les lettres L. C., monogramme

---

(*) « Je me charge, dit la vertueuse et habile comtesse d'Adhémar, dans ses *Souvenirs sur Marie Antoinette*, au mois de Mai 1799, je me charge de réunir en faisceaux les preuves victorieuses, et JE CERTIFIE EN MON AME ET CONSCIENCE, que Sa Majesté Louis XVII n'a point péri au Temple. Promis aux Vendéens, on le leur a remis fidèlement ; mais, en même temps, et par une politique infernale, et pour enlever tout prix à ce gage précieux, on a répandu la nouvelle de sa mort... Je ne m'engage pas à dire ce que le Prince est devenu. Le seul Cambacérès pourrait compléter mon récit, car là-dessus, *il en sait* beaucoup plus que moi. » (Mme d'Adhémar était pourtant Dame du Palais de la Reine !)

de Louis CHARLES : *dix-sept étoiles*, aussi gravées sur le couvercle, forment une couronne surmontée d'une fleur de lis dorée. »)

— Et enfin le zèle de la Convention à faire courir après l'enfant cru ou su fugitif, comme on avait fait au Roi à Varennes :

« Un jour viendra, dit le fameux Conventionnel Courtois
« lui-même, que des papiers que j'ai eu ma possession se-
« ront d'une grande utilité à un auguste Personnage qui a
« été enlevé de sa prison. La Convention avait ordonné de
« grandes recherches pour le ressaisir et sans aucun succès. »

Et ne voulurent-ils pas conserver le Dauphin, jusque dans son remplaçant au Temple ?

Comment concilier tout cela avec la mort subite et même tragique, et dans les quatre jours qui suivent celle du faux Dauphin, non pas seulement du premier médecin à la garde duquel il avait été confié, mais encore du second ?

Il y a ici, et cela est clair comme le soleil à midi, non pas, certes, un crime gouvernemental, mais bien un *isolé*, et qui n'est pas le seul ; non pas un crime républicain, mais bien un dynastique. Non un crime officiel, stipulé, ou payé proprement dit d'avance ; mais un officieux, et qui n'en exécute qu'avec plus de perfidie le vers fameux :

Et sa tête à la main demander son salaire.

C'est toujours dans les *sanctuaires* religieux ou politiques, qu'on trouve, lorsqu'on sait les chercher, tous les grands attentats, toutes les *Grandes Apostasies* du Trône, comme celles de l'Autel :

Et des crimes peut-être inconnus aux Enfers.

Mais quel était le *crime*, si grand et si impardonnable, que la *vertu* voulait punir de mort, et dans le docteur Desault, et dans le docteur Choppart ? C'était le crime de vouloir, ou seulement de *pouvoir*, au préjudice d'un usurpateur déterminé, nier la mort d'un roi légitime : *Hic Fecit Scelus Cui Prodest !!!*

Une reine, une femme, est peut-être encore plus coupable, ici, qu'un Roi (*), et un homme. Une femme, surtout lorsqu'elle est veuve, lorsqu'elle est stérile. Et que serait-ce si elle était la Bien-aimée de Louis XVI, comme le Dauphin en était le Bien-aimé ? la Sœur enfin, et l'unique, de Charles-Louis ?

La duchesse d'Angoulême !

Or, tout le monde sait le fait, mais personne quasi n'a pensé, n'a compris la moralité du fait, que cette femme, présumée si humaine, si charitable (la charité, dit St Paul... croit *tout*), si religieuse ; que cette fille, si filiale ; que cette sœur, si fraternelle..., ait lu, entendu, et même vu, partout, tous les jours, depuis 50 années, un jeune homme d'abord, puis un homme, puis un prétendant sans fin ; puis un époux, puis un père tant de fois heureux ; puis un persécuté, puis un appauvri, puis un malheureux, puis une victime immense, n'ayant plus où reposer sa tête ; et puis, à sa suite, les premiers personnages de toutes les conditions et de toutes les capitales de l'Europe : à cette fin de crier, tous ensemble, de toutes les façons : «Femme, voilà Votre Roi ; Sœur, voilà votre Frère. » — Et la sœur froide, glacée, bronzée, médusée, pétrifiée comme la femme de Loth ! et de plus en plus pendant 50 années durant ! depuis même qu'elle est tombée du trône, exilée, malheureuse! de n'avoir pas même désirer, de n'être pas seulement curieuse de voir celui qui se dit, et que tant d'autres disent, depuis 50 années, avec tant de longanimité, son Frère !

Ce n'eût pas été, dit-on, de la dignité de la royauté ! c'eût été même de la dérogeance !

Mais Madame a vu, au contraire, Richemont.

Je le crois bien : c'était l'adversaire-né de Charles-Louis ! Mais voyez, et comprenez, les faits historiques.

Et d'abord le seul *écrit* qu'on ait pu obtenir de Madame :

« J'ai trop la *certitude* de la mort de mon frère pour pouvoir le
« reconnaître encore dans celui qui se présente. Les preuves
« qu'il m'en donne ne sont pas assez claires. Je n'ai *aucun*
« souvenir des faits qu'il me rappelle ; donc, je ne puis
« accepter l'entrevue qu'il me propose. Je ne me laisse pas
« effrayer par les menaces qu'il ose prononcer. Qu'il me
« donne des preuves plus positives, s'il les a. » M. T. (*Sic*).

Les *actes* sont d'une année précédente. Ce sont deux audiences de M. de Saint-Didier, l'envoyé du Prince, à Prague. La seconde surtout, est mémorable. C'était le 12 janvier 1834, et en présence du marquis de Vibraye. « Eh bien ! Monsieur de Saint-Didier, dit Madame d'Angoulême, j'ai lu attentivement tout ce que vous m'avez remis ; je n'ai rien trouvé qui puisse me déterminer à accorder l'entrevue. Si quelque chose pouvait arrêter un instant mon attention, c'est la lettre de Mme de Rambaud, parce qu'elle était effectivement femme de chambre de mon frère. Mais tout cela n'est *rien*. »

M. de Saint-Didier insistant sur les détails qui ne pouvaient être connus que de Madame et de son frère, Madame répondit : « Oui, je conçois ; mais tout cela n'est pas suffisant. Il me faut d'autres preuves.... Dites-lui de m'envoyer sous cachet tout ce qu'il ne veut me dire que de vive voix ; alors je prendrai ma détermination ; mais si j'accorde l'entrevue, dites bien qu'elle n'aura lieu qu'en présence de témoins. Surtout qu'il me donne tous les détails sur sa sortie du Temple ; voilà ce qui m'est essentiel, et j'insiste sur ce point. »

Et à Dresde, le 8 août (vendredi) de la même année, M. de Saint-Didier, admis de nouveau en présence de la duchesse d'Angoulême, lui dit : « Enfin, Madame daignera-t-elle me permettre de lui demander quel si grand inconvénient S. A. R. trouve à accorder l'entrevue ? — « Un *très-grand*, car j'aurais *l'air* de le reconnaître. »

Dieu nous garde (et nous gardera) à jamais d'une Royauté semblable ! Il en fait déduire la plus grande vérité et le sûr triomphe ultérieur d'une Royauté contraire. La Fille de Louis XVI était (et elle savait, ou rien, qu'elle était) le seul être sur la terre qui eût *qualité* pour juger le triple fait *prétendu* de Charles-Louis, et pour rendre à jamais impossible le *Faussaire*... Et, en refusant, à tout prix, de voir et d'entendre Charles-Louis, ne fût-ce qu'une heure, en le refusant encore mieux en présence de témoins qu'en *tête-à-tête*, elle a eu, on peut le dire, peur d'*elle-même*. Elle a dit, elle a crié à la France, à la Terre, et jusqu'au Ciel : « c'est lui-même, c'est Mon Frère ; et je suis... dénaturée ! »

Et elle a justifié ces divines et prophétiques paroles dans la bouche du Fils de Louis XVI : « Il est venu chez les siens, et les siens ne l'ont pas reçu : *In Propria venit, et Sui eum non receperunt*. Jean, I, 11. »

C'est parce que tout le monde, on peut le dire, a le sentiment de la grande vérité d'une grande existence, qu'on a compté jusqu'à 16 (*) Louis XVII différents : entre lesquels, ont toujours prédominé, et prédominent surtout aujourd'hui deux : Charles-Louis, et le baron de Richemont.

Tous les deux, mais à des égards opposés (ce qui est très-considérable), d'une supériorité, d'une originalité, d'une énormité, d'une excentricité d'esprit et d'action immenses, et presque miraculeuses.

Tous les deux, d'une physionomie, d'une physiologie, d'une force même vitale heureuses, plus rares de nos jours que jamais, et tout de suite frappantes.

Tous les deux, plus ou moins pleins de confiance dans leur droit, plus ou moins inébranlables, plus ou moins exclusifs, et exclus, apparemment, des partis divers ; et néanmoins, tous les deux plus ou moins respectés, et moins odieux qu'on n'est d'ordinaire à ses ennemis ; tous les deux plus ou moins suivis ou poursuivis sérieusement par la justice ; et plus vraiment populaires que les hommes d'Etat proprement dits les plus fameux.

Mais, tous les deux encore, plus opposés et contrastants qu'ils ne sont semblables. — L'un, d'une physionomie imposante et charmante à la fois ; l'autre, d'une piquante seulement. — Le premier, incessamment plein de ressources scientifiques et mêmes industrielles ; actif, laborieux, sobre ; ami de la retraite, du silence, de la famille ; le second, étranger à toute science, causeur séduisant, poli et politique ; voyageur

---

(*) ... Seize faux dauphins ?..... Trois seulement un peu sérieux : Jean-Marie *Hervagault*, dit de Saint-Lo, en Normandie, condamné à Reims en 1802 ; Mathurin *Bruneau*, prisonnier de Saint-Malo, condamné à Rouen en 1818 ; et le baron de Richemont, condamné, emprisonné, et sauvé partout, et toujours. On démontre, presque à l'évidence, dans le grand ouvrage du premier ordre, imprimé à Rotterdam pendant les années 1846-1849, et devenu rare en Allemagne comme en France, sous le titre d'*Intrigues dévoilées*, ou *le dernier Roi légitime de France*, que ces trois hommes, plus ou moins dupes ou dupants, sont le même homme transformé, et le *Dauphin* apparent, mis à la place du vrai enlevé du Temple, et sauvé, à son tour, de bonne foi peut-être, ensemble ou tour à tour, par des légitimistes, et, à leur suite, par des conventionnels, et **même par des bonapartistes mal informés.**

dans les deux mondes; acteur, plutôt qu'actif; paresseux, et même mondain.

Celui-là, reconnu loyal et de bonne foi (*); celui-ci passant, à tort ou à raison, pour mauvais sujet.

L'un, par une suite d'abandons, resté l'homme de la nature; l'autre, par une suite de recueillements, faisant des études en Italie, et devenu l'homme du monde parfait.

Charles-Louis, profondément, et comme par intuition, religieux, jusqu'à l'indignation, contre les hypocrites; le baron de Richemont, portant jusqu'au déisme l'indifférence.

Le premier, époux tendre, et père de famille ardent; et le second, célibataire.

Charles-Louis, toujours infortuné; le baron de Richemont, heureux sans fin; l'un, comme éternellement captif (il le fut plus de seize années, dont quatre à Vincennes sur le sang d'Enghien); l'autre, semblant ne rechercher une prise de corps que pour avoir l'occasion d'une liberté.

Charles-Louis, fugitif, ou plutôt voyageur en apôtre de Jésus-Christ, qu'il croit crucifié de nouveau par les successeurs des autres Apôtres; Richemont, allant et venant en amateur.

Le premier, connu plutôt des plus éclairés, des plus élevés, des meilleurs, apparaissant comme en fantôme au plus grand nombre; le second, *connu quasi comme Barabbas dans la Passion*.

Le premier enfin, représentant du bon Louis XVI (il crie à *tous* le mot *pardon à tous*, jusqu'à 7 fois, dans son Testament), la victime et l'expiateur de tous les partis; le second, du *Roué* d'Orléans; et lancé par les usurpateurs, comme une *bombe* de ridicule sur leurs ennemis-nés.

Le premier, aimé de ses amis jusqu'au dévouement; le second, recherché ou suivi de tous, mais par simple curiosité.

L'un annoncé dogmatiquement, et incessamment, par toutes les révélations de l'*OEuvre de la Miséricorde* (**), et même par l'Extatique du Rhin;—l'autre, cru, à Paris, par le dernier, et sinon le plus gros, du moins le plus *long* duc (et avec le plus de D) du monde : le *Duc De La Rochefoucault De Doudeauville*;

(*) M. de Montbel écrivait le 27 avril 1836, au vicomte de La Rochefoucauld, qui pressait la cour exilée de Paris, à l'endroit de la Légitimité revenue à Paris : « Vous vous trompez, si vous croyez qu'on ne s'est pas occupé à Prague du personnage qui se prétend Louis XVII; j'ai même eu ordre de m'en occuper à Vienne. Les communications de la police m'ont signalé une tentative faite par un mauvais sujet à Modène (Richemont). Depuis, on était instruit qu'un *horloger* de Crossen avait joué le même rôle. Le Roi de Prusse, à qui Madame la Dauphine en a parlé, a répondu que c'était un *extravagant*. »

Et le duc La Rochefoucauld dit dans ses *Mémoires* : « Croyant m'être acquitté bien et au delà de tout ce que je devais à la recherche de la vérité, je ne voulus plus intervenir dans les affaires du malheureux Prince, qui, définitivement, me semblait plutôt trompé que trompeur. »

(**) Pierre Michel signe, sans le savoir peut-être, en l'abrégeant, le Monarque dont il est le Prophète, dans son divin paraphe de la Croix tombée :

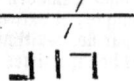

et le fidèle Aumônier de l'*hôpital* de son nom ! — à Lyon, par le Curé de la Croix-Rousse, l'abbé Nigod (lequel encore s'est *dédit* le lendemain à un seul mot de son *Eminence*, dont ce n'était guère l'affaire;) — et à Strasbourg, par Mgr l'Evêque. Oh! pour celui-là, on ne dira point qu'il est incrédule, car sa foi est robuste !

Charles-Louis de Bourbon, enfin, ayant pour lui une Famille plus vraiment superbe (*) que n'avait Louis-Philippe d'Orléans; et Richemont, sans autre famille que celle de l'*idée fixe*, et tout seul !

De façon que la simple vie du Dauphin, ne fussent-ils, lui et les siens, rois jamais, aura un jour (elle a déjà), à la fois tout l'intérêt du Roman (**) et toute la majesté de l'Histoire...

Tous contrastes qui montrent assez que l'un des deux Prétendants n'a pas d'autre mission involontaire et divine que celle de prouver l'autre.

Le plus petit des mérites personnels de Charles-Louis était sa capacité, son génie naturel, on peut le dire, immense. Tous ceux qui l'ont connu à Paris ou à Londres, hommes du monde ou savants, nobles ou bourgeois, militaires ou ecclésiastiques, royalistes ou républicains, sont unanimes à le proclamer simple et grand, franc et aimable, désintéressé *fou*,... humble et royal, comme homme. Et tous les officiers généraux, qui ont examiné ses travaux de tactique sur le terrain ; et tous les industriels qui l'ont vu au métier, à Londres ou à Delft; et tous les philosophes, et les fidèles comme les dissidents qui l'ont entendu ou lu, n'ont pas été moins frappés de ses erreurs même que de ses vérités. Et cependant il ne fut jamais, lui non plus, à aucune école, et on ne lui vit livre sérieusement à la main, jamais !

(*) Le Prince, que les autres Bourbons n'ont pas craint d'accuser de mésalliance, a fait, en vérité, l'alliance vraiment royale : celle de l'amour, de l'espérance, et de la foi. — Le premier Fils du duc de Normandie porte le *plus* beau nom (après le français de *Charles*), le nom *normand* ou normal d'Edouard; le second, celui de *Charles*; le troisième, *Edmond*; le quatrième, *Adelbert*; le cinquième, *Emmanuel*.—Adelbert est, en ce moment, pour tous les yeux historiques de France, le portrait et la revenue vivante du Dauphin lorsqu'il était au Temple. — La princesse Amélie, l'aînée de tous les enfants, est, encore mieux, la Reine. Ses sœurs, Marie-Antoinette et Marie-Thérèse et tous ses frères, ont, plus ou moins, le trait Bourbon tous.

Louis-Charles, lui, et par une Providence visible, et on peut le dire *cachetée* de main de maître, et indélébile, porte personnellement quatre signes comme matériels de son identité : I° une Colombe aux ailes étendues, dit *Saint-Esprit*, sur la *Cuisse* gauche interne (signe prédit en l'*Apocalypse*, XIX, 16); II° un second *teton*, au-dessous du premier, du côté gauche ; III° une Marque *triangulaire* de son inoculation à chacun de ses bras, en conséquence d'une idée bien connue de la Reine; IV° et avec lui, ou à sa disposition, la Clef ou le *Secret* de la *Clef* de la Cassette fameuse, qui fait tant de bruit aux Tuileries depuis sept règnes.

C'est ici que se trouvent à la fois décisives et intéressantes les déclarations et lettres des deux personnages précisément qui connurent le mieux les faits (et dont nous avons rapporté les paroles ailleurs) : madame de Rambaud et madame de Saint-Hilaire.

(**) La Vie du baron de Richemont se réduira un jour, à ce qu'elle est même déjà, aux *Mémoires* d'un habile *Préfet de Police*.

Dieu semble avoir voulu qu'il fût en tout, comme Pierre-Michel, l'*enfant de ses œuvres* et l'*enfant du miracle*.

Et l'on ne dira pas plus de Charles-Louis que de Pierre-Michel, qu'il fut jamais *politique*, et songeât jamais à flatter un Roi régnant, une église ou une secte plus ou moins dominante.

Il n'écrivit aux Souverains que des *Philippiques* et des prophéties de malheur... Et, trouvant à reprendre, comme tous les Prophètes de l'ancien et du nouveau Testament, comme tous les Pères de l'Eglise elle-même, autant, et bien plus dans le Sanctuaire que dans le Monde, il se fit, à la façon des plus grands hommes, et même des saints les plus grands, une sorte de religion à part, et *nouvelle* comme la *terre* sur laquelle elle devait un jour triompher.

Il fut si peu le compère du Prophète de Tilly, qu'ils ne se virent et ne s'écrivirent même jamais, et que le Prophète reçut à peine un ecclésiastique qui se présenta en son nom à Londres.

Le vrai Fils du Roi martyr, le vrai duc de Normandie, Charles-Louis, condamné par ses propres amis à mener, libre sur la terre, une vie plus martyre encore (*) que celle de sa captivité, sous les verrous et la verge de ses ennemis, prédestiné enfin à expier toutes les faiblesses et tous les crimes de la royauté et du sacerdoce conjurés..., est devenu, à force d'indignation, si hardi (**), qu'il a dû sembler, et qu'il fut un temps comme impie. Il a publié tour à tour à Londres et à Paris des livres bibliques pleins d'énormités apparentes.

Et c'est le plus grand caractère peut-être de sa mission passée, et de sa mission future... Car, si Dieu voulait faire, encore mieux dans le dernier Grand Roi qu'il n'a fait dans le premier (David), un immense exemple de Miséricorde immense !

En vérité, la pensée intime, et vraiment excentrique, du Prince, était immense : c'était *Dieu Seul*, Dieu partout, Dieu toujours. Il avait, par surcroît, l'esprit, et comme l'amour, de saint Jean-Baptiste et d'Elie, qu'il semblait même con-

---

(*) Sous le nom prédestiné même de : *Naündorff*, où l'on lit, en transposant les lettres : *Force, Fer, Foudre du Nord*; et même, encore plus énergiquement : *Or Fondu au Feu d'Enfer !*

A la différence de sa sœur, toujours triomphante, le Fils de Louis XVI, *condamné* toujours par Dieu lui-même, encore mieux que par les hommes; en accomplissement de cette parole du Roi-Prophète : « c'est en étant condamné toujours que vous serez finalement et à jamais vainqueur : *Et vincas cùm judicaris*. L, 1.

(**) « Ne pourrait-il pas même avoir porté l'hérésie, et comme l'impiété jusqu'au crime matériel ? Etabli et semblant né en Prusse, à Potsdam, habile *horloger* comme Louis XVI, il fut poursuivi tour à tour comme faux monnayeur, et même comme incendiaire. »

En admettant la plus juste condamnation au lieu de l'acquittement le plus unanime du plus vertueux Prince, nous dirions à ses accusateurs :

« Si Dieu a montré sa puissance ordinaire en faisant sortir du néant les univers, n'aurait-il pas réservé son extraordinaire puissance à faire sortir des plus grandes erreurs et des attentats les plus grands... la plus grande expiation, et la plus grande sainteté ? »

fondre. Et nul de ses amis (et il en eut, même dans son isolement, de nombreux, dans toutes les classes et dans toutes les nations) ne douta un moment de ses révélations et de son esprit prophétique à lui-même.

Comme Charles-Louis paraissait mort à l'Eglise, il a dû sembler mourir à l'Etat (*). Afin d'apparaître un jour au monde, et de *ressusciter* plus vivant, à deux titres, que jamais. Il n'y a rien de plus près des vérités les plus élevées et les plus larges que les erreurs les plus profondes ; du martyre, que le déicide ; et de la sainteté même, que la possession.

Et cela est annoncé de toutes les façons, et en toutes lettres, par toute l'Apocalypse (**); et surtout du 6ᵈ au 7ᵉ âge, où nous sommes. Le Grand Roi, encore mieux que le Grand Prophète, pour opérer mieux sur le siècle, doit en avoir connu, en avoir éprouvé toutes les faiblesses. Comme Pie VI, et comme Louis XVI, leur courage n'a pas été grand tout de suite : *Modicam habes virtutem, non negasti nomen meum.* III, 8. Ils n'ont guère été que patients : *Servasti verbum patientiæ meæ.* 10. Ils n'ont pas su accomplir le devoir de conserver leur couronne : *Tene quod habes, ut nemo accipiat coronam tuam.* 11. — « Je châtie ceux que j'aime; qu'ils fassent donc pénitence.» *Ego quos amo castigo. Æmulare ergo et pœnitentiam age.* 19. Celui-là qui se vaincra lui-même, je le ferai asseoir avec moi sur mon Trône : *Qui vicerit, dabo ei Sedere Mecum in Throno meo.* 20.

On objecte l'âge du Fils unique de Louis XVI, lequel aurait aujourd'hui 65 ans? Et d'abord, c'est 12 ans de moins que Louis-le-Grand et que Louis-Philippe. On peut dire, de l'âge mûr, encore mieux que du prématuré :

. . . . Dans les âmes bien nées,
La vertu n'attend pas le nombre des années.

S'il est écrit que mille ans pour Dieu sont comme un jour, il est aussi bien vrai que, pour un homme de Dieu, dix années seulement en valent mille... *L'Empire* de Charlemagne

---

(*) En butte incessante, et pendant 50 années, aux triples guet-à-pens de trois sortes de prétendants ou d'usurpateurs, depuis les jardins de Versailles et les cachots du Temple jusqu'aux prisons de Prusse ou de Londres, et aux *Conciergeries* de Paris, il a été (ce sont des faits) assailli, assassiné, et tenu pour mort, principalement le 28 janvier 1834 à Paris ; le 16 novembre 1838, et puis le 29 mai 1841, à Londres. — Enfin fugitif, suivi, empoisonné peut-être à Rotterdam, le 10 *Août* 1845... En vertu de cette prophétie de Jésus pour lui et les siens : *Hic est hœres ; venite, occidamus eum, et habebimus hœreditatem ejus.* (Matth. XXI, 38.)... Charles-Louis, inspiré par la politique la plus courageuse, et qui sait? par l'esprit de Dieu lui-même, n'aurait-il pas pu faire le mort par égoïsme dans son âge mûr, comme il s'était laissé faire dans sa jeunesse au mois de juin 1794?

Eheu! *fuge crudeles terras*! fuge littus avarum! Virg.

(**) Et pourquoi le *Lion* des *Gaules* ne serait-il pas annoncé, et même peint dans les prophéties de Moïse mourant? *Benedictus in latitudine Gad : quasi Leo requievit, cepitque brachium et verticem. Et vidit principatum suum, quod in parte suâ Doctor esset repositus ; qui fecit justitias Domini.* Deuten. XXXIII, 20, 21.

ne dura que 14 ans ; et toutes les prétendues victoires de Bonaparte ne sortent pas d'un cadre si grand.

Et puis, s'il le fallait, le bras du Dieu des armées serait-il, ici, raccourci?... « Les jours de nos années, dit David, sont 70 années, 80 pour les forts : *Au-delà, c'est régner.*» Selon la traduction de saint Clément d'Alexandrie, en ses *Stromates*. L'âge moyen des Saints, dans les premiers siècles du christianisme, était quasi d'un siècle. Si le Roi *Roué*, Louis XIV, a atteint 77 ans, le Louis seize II, devenu David par la pénitence, ne pourrait-il mériter comme lui, et mieux que Salomon et Auguste, Charlemagne et Charles-Quint, un règne de 40 années? (celui de Charlemagne fut de près de 50.)

Un dernier et immense témoignage en faveur du Grand Roi en question, c'est....sa *Grandeur*, c'est sa *Royauté* véritables, et immenses, lesquelles ne seront, en dernière analyse, que son immense popularité. Bien autres un jour que n'auront été jamais en France la grande d'Henri IV lui-même, et surtout la fausse du Grand Napoléon !

Car, et c'est ici surtout qu'il faut le reconnaître et le proclamer, le peuple en général (nous l'avons, osons le dire, démontré dans un livre à part (*), fut toujours, il est, et il sera de plus en plus à jamais, et exclusivement, ROI.

Parce qu'il est exclusivement Fort.

Et le Peuple français est, mille fois plus que ne fut jamais le peuple Romain, le peuple Universel, le peuple Fort, le peuple Roi : *Populum latè Regem.*

Et il est Fort de la seule *Force* que toutes les forces contraires, toutes les sortes de réactions et de compressions aristocratiques, toutes les forces fausses, ne font jamais que doubler, décupler, multiplier à l'infini.

Et il est Roi, de la seule Royauté que toutes les Royautés, que toutes les Démocraties consolident.

Et, lorsqu'une fois, lors surtout qu'une dernière fois le Peuple est Roi, afin de se faire un vrai Roi expiateur de tous les faux, il n'a pas même besoin de ce que ses hypocrites ennemis ont nommé (**) le *Suffrage universel.*

(*) Les deux extrêmes radicaux de *Populus* sont simultanément le plus élevé des arbres (le *Peuplier*), et le plus fort des élémens, la base même du corps humain : le jarret, *Poples*, *l'oplus*.

(**) L'histoire n'étant plusqu'une *fable convenue*, comme J.-J. Rousseau dit, les seules anecdotes, les seuls *propos de table*, comme dit Plutarque, font office d'histoire. Nous ne voudrions que la suivante pour prouver à la fois la *Grande apostasie dans le lieu saint*, et la grande dans le lieu profane; leur union, à la table du monde, au défaut de celle à la sainte Table ; et leur désespoir respectif :

Et ces deux grands débris se consolaient entre eux.

« Hier (dit le *Courrier français*, répété par tous les journaux), M. le président de la république a dîné chez Mgr l'archevêque de Paris, qui a donné pour convives au prince tous les *dignitaires* du diocèse. La réunion a été des plus affectueuses et des plus cordiales. Un *pasteur* influent, après avoir fait allusion à

Mais, à l'effet de toutes ces démonstrations, et de tous ces sentiments, eux aussi, démonstratifs, le Roi Prophète (*) lui-même, par un *à priori* immense et naturel, a fait, pour le *Grand Monarque* précurseur, pour le Fils unique de Louis XVI, aussi bien que pour le Fils unique de Dieu lui-même, son incroyable Chant (le 117e), dont chaque verset est ici une prophétie accomplie, ou à accomplir : à la fois du Grand Roi et du Grand Prophète ; de leurs persécutions et de leurs souffrances ; de leur mort même et de leur résurrection, s'il le fallait ; de l'Œuvre enfin de la Miséricorde et de ses Merveilles.

Le SIECLE de la plus grande bonté divine EST ARRIVÉ ; et le Roi prophète le redit jusqu'à quatre fois dans les quatre premiers versets : Confitemini Domino quoniam *Bonus*; quoniam *in Sæculum Misericordia* ejus. C'est plus que jamais le temps de ne plus rien attendre des Hommes, des Princes surtout ; et d'attendre tout de Dieu : Bonum est *Sperare in Domino*, quam sperare *in Principibus*. Toutes les Nations (*Omnes* Gentes) m'ont repoussé (ce qui est répété quatre fois encore) ; mais aussi bien Dieu m'a vengé sur elles : *Ultus sum in eos*. Non, je ne mourrai pas, mais je Vivrai ; et je ra-

---

la *cruelle* échéance de 1852, a dit au prince en terminant : « Nous espérons en Dieu ! » — « Et en la France ! » a ajouté Louis-Napoléon. — « N'est-ce point la même chose ? » a repris l'honorable ministre. Nous sommes de son avis. Dieu protège la France, et il saura nous susciter *des sauveurs*.

Dieu ne suscite jamais de *Sauveurs* politiques, au pluriel, mais au *singulier* : selon le mot immortel d'une vérité et d'une vertu qui ne manquent jamais que lorsqu'on leur a manqué :

. . . . Si forte VIRUM quem
Conspexère, SILENT. . . . .

Il n'y a plus de légitimité possible que celle-là.

C'est aussi celle dont le jeune Louis Bonaparte a pensé faire l'*usage* et l'*abus*, s'il faut en croire sa Lettre du 10 Août 1844 au *Constitutionnel* (et nous le lui disions quelques jours après, en y ajoutant une prophétie déjà réalisée quasi, dans des *Avertissements* au Comte de Chambord, encore plus prophétiques) : « Quant à *la Folle ambition* que vous me reprochez, je conviendrai avec vous qu'il n'y a *plus de chance en France pour des prétentions dynastiques*, il serait en effet souverainement ridicule de vouloir s'imposer à une grande Nation, et d'ériger en Droit ce qui n'est plus que le souvenir historique d'un autre âge ; mais si j'ai toujours repoussé des prétentions surannées, je n'ai point renoncé à *mes droits de citoyen français*, et, comme tel, j'ai cru pouvoir, comme tout autre, désirer l'*avènement de la démocratie*, le retour à un système plus national, et hasarder ma vie pour le triomphe de ces principes.

NAPOLÉON-LOUIS BONAPARTE. »

Reges... et tanquàm vas figuli confringes eos. Et nunc *Reges* INTELLIGITE ! Ps. 2. »

(*) Le Roi Sage par excellence l'avait déjà dit, au Livre même de sa Conversion : *Mortuus pater et quasi non est mortuus : similem enim reliquit post se*. ECCL. XXX...

Le Sauveur Ressuscité a dit, encore mieux, dans sa Prophétie à saint Jean de l'Age même où nous sommes, le *retour*, et, s'il le fallait, la *résurrection* (aussi bien que sa *conversion*) de l'un des *témoins* du Seigneur : Et post dies tres et dimidium *Spiritus Vitæ* a Deo intravit in illum. APOC. XI, 11.

ET LE GRAND ROI. 191

conterai les Œuvres de Dieu (*) : *Non moriar, sed Vivam : et Narrabo Opera Domini.* Il m'a châtié, et châtié encore, mais jusqu'à la mort exclusivement : *Castigans castigavit me ; et morti non tradidit me.* La Pierre que les Architectes ont ré- prouvée est devenue la pierre et *la Tête* de l'Angle :... Hic fac- tus est *in Caput Anguli*. Le miracle est déjà sous nos yeux : Et est *mirabile in oculis nostris.* Seigneur, Sauvez le Roi... sauveur : *Domine Salvum me fac.* Béni soit celui qui vient au nom du Seigneur : *Benedictus qui venit in Nomine Domini.* Et enfin, et toujours : Fions-nous au Seigneur, parce que le temps de sa *Miséricorde* est venu : Quoniam *in sæculum Mise- ricordia* ejus. 1-29.

Et nous ne voudrions, pour illustrer ces preuves, que ces quel- ques lignes de la *Révélation Céleste*, ou la *Renaissance de Salo- mon le Sage sur cette Terre.* 2 vol. in-12, imprimés et distribués dans Paris au mois de *Février* 1840 : —« Les matérialistes qui prétendent nier le Créateur sont moins coupables que ceux qui les ont élevés dès leur enfance dans la superstition. » —

(*) Mais voici des coïncidences plus merveilleuses encore, et que nous ré- vélerons, nous aussi (l'Esprit révélateur court les rues) pour la première fois.
Charles-Louis est venu au monde, quel jour? je vous le donne à deviner en mille, car c'est toujours à n'être pas cru ; et fors l'*Almanach*, vraiment *Royal* ici, de 1787, nous ne l'eussions jamais cru nous-mêmes, Charles-Louis lui-même ne le savait pas (toute sa famille l'ignore encore aujourd'hui), le Fils de Louis XVI est venu au monde... le Jour même de Pâques, comme le Fils de Dieu!!!
Et il est, lui aussi, sorti comme ressuscité du tombeau, ayant été mis (c'est *un fait*, s'il y a *un fait*) dans le cercueil, à la place du *Rachitique* de l'*Hôtel- Dieu*, pour être sauvé du Temple le 10 Juin.
Par une seconde merveille, Charles-Louis est mort le... *Dimanche*; et le Matin : I° à l'heure même où l'Eglise chante, ou devrait chanter, si elle ne dor- mait pas, dans l'Office des Primes, le même *Psaume* 117° (qu'on peut appeler de Louis XVI et de Louis XVII), et en particulier ces paroles immortelles : *Non moriar, sed Vivam*; II° et le jour où l'Eglise chante à ses Vespres : « Il jugera les Nations.. Et, parce qu'il a bu de l'eau du torrent, sa tête sera élevée : *Ju- dicabit in nationibus...* De torrente in viâ bibet, *propterea exaltabit caput.* — Dieu suscite de la terre le Pauvre pour le proclamer et même pour le faire Roi : *Suscitans a terra inopem ; ut collocet eum cum Principibus Populi Sui*, etc., etc. »
Et, à dernière distance, le laboureur de Gallardon a dit et répété sans cesse à tous ceux qui sont allés le visiter :
« Le prince ne sera jamais reconnu par les efforts des hommes en sa faveur. Dieu seul le fera reconnaître *en un moment* par un Grand Miracle qui étonnera tout le monde. Les Pauvres de toutes les conditions qui l'auront désiré seront ravis de joie. Madame sera la dernière à reconnaître son frère ; et même elle ne le reconnaîtra que par force. Le Prince rétablira tout : il sera un grand Monarque, craint, respecté et révéré par tous. »
De nos jours même, c'est une foi universelle à Rome, et en Italie, qu'il a été donné au dévouement spirituel du saint évêque de Macerata, Stambi, de mourir à la place de saint Léon XII mourant. Et jadis, que les miracles extraordinaires étaient mille fois moins nécessaires qu'à présent, ne suffisait-il pas des prières d'un Prophète pour augmenter de 15 années le règne d'Ezéchias ?... C'était précisément sous ce Roi converti comme David, que florissait le fidèle, digne un jour de florir comme Roi, à la place du traître et de l'usurpateur *Sobna*, cet *Elia- cim* (nom *michaëlique* par anagramme, empreint à la fois d'*Elie* et des *Loys*, ou *lys*, plus ou moins immortels), et dont le nom signifie en hébreu : *Ressuscité de Dieu* ; et qui, destiné, prédestiné à une royauté immense, ne fut jamais, sous Ezéchias, et sous Isaïe qui prophétisa durant tout un siècle, et depuis Isaïe jusqu'à... Pierre-Michel, que le *Fils* inconnu du fidèle *Helcias !*

« L'Ange plus ou moins inférieur descend, par les conséquences de ses actions d'iniquités, jusqu'au lieu de perdition, non pas pour s'y perdre, mais pour être sauvé en sauvant ceux qu'il aura perdus. Et c'est là l'expiation de ses péchés. » — « Ce qu'on appelle le plus grand malheur n'est que le plus grand moyen de découvrir à l'âme sa véritable destinée, et qu'elle n'a été envoyée ici bas que pour son propre bonheur, c'est-à-dire pour la Vie Éternelle. Et pourtant, ce n'est point l'Éternel qui a créé ces moyens, c'est l'infracteur des lois de l'Éternel, ou le Pécheur. » — « Interrogez l'Histoire de leur Église Romaine, et demandez-leur s'ils peuvent effacer leur honte écrite avec le sang de leurs victimes, livrées sur les champs de bataille, sur les échafauds, etc.; et toutes ces abominations, ils les ont exécutées au Nom de Celui qui n'a prêché que la Miséricorde ! »

Et le livre est précédé de la *Lettre* suivante (nous croirions volontiers à la *résurrection* du fils du Roi, comme Tertullien à celle du Fils de Dieu, par cela même qu'elle confond la *raison* orgueilleuse du siècle, et qu'elle est ABSURDE, et qu'il est naturel que le Christianisme finisse, ou plutôt recommence, comme il a commencé) :

« Londres, 1840, mercredi 5 février.

« Moi, Charles-Louis de Normandie, qui écris ceci, j'ai re-
« connu que la Sainte Volonté du Tout-Puissant est infailli-
« ble, et que *Dieu a voulu se servir de l'Orphelin du Temple,*
« *Fils du Roi Martyr de France* et de Marie-Antoinette, pour
« répandre dans le monde entier la véritable Doctrine Cé-
« leste. J'atteste et je Confesse, devant Dieu et devant l'U-
« nivers, qu'en accomplissant ce devoir, qui m'est commandé,
« je ne fais rien de moi-même ; mais que je suis guidé par
« l'Ange du Tout-Puissant, qui me parle visiblement et en vé-
« rité. Le Temps est proche, et voilà pourquoi mon Guide
« Céleste m'a prescrit *de sortir de ma maison et d'aller m'en-*
« *fermer dans une retraite, afin d'y exécuter religieusement la*
« *Sainte Volonté du Tout-Puissant.* On a bien tort de me sup-
« poser des vues politiques dans cette Manifestation des des-
« seins miséricordieux de la Providence en faveur du
« Monde. Depuis que je connais la Volonté du Tout-Puissant
« envers moi, j'ai remis entre ses mains la Couronne, le
« Sceptre et l'Héritage de mes pères. Vainement j'ai reven-
« diqué en tout temps devant tous les Princes de la Terre les
« droits qui m'appartiennent. Ils ont comblé la mesure de
« leurs iniquités, et n'ont jamais su que tromper les peuples.
« La France, ma patrie, n'a *plus d'espoir que dans sa force mo-*
« *rale pour opérer sa véritable prospérité.* C'est à Dieu que j'en
« Appelle. L'Avenir fera tomber tous les masques dont se
« sont couverts toujours les oppresseurs des peuples. LE
« JOUR DU JUGEMENT SUR LEURS ENFANTS SERA TER-

« RIBLE (quelle prédiction du 13 Juillet 1842!). Instrument
« choisi par Dieu pour dissiper les ténèbres dans lesquelles
« est plongé le Monde Spirituel au xix° siècle, aucuns soins de
« la terre ne me détourneront de cette tâche si merveilleuse-
« ment imposante et dont je n'ai point à me glorifier. »

Mais il y a des Lettres du Prince encore plus remarquables, parce qu'elles sont plus intimes, et plus libres que son ouvrage, conçu visiblement sous le coup et sous les gonds du malheur (en prison), et écrit peut-être *ab irato*. Jugeons des autres par celle-ci, à Madame de Saint-Hilaire.

(On a dit, et pour cause, un mensonge, qu'il parlait et écrivait mal français.)

« Bien-aimée amie,

« Vous me dites dans votre lettre du 7 : *Ne croyant plus nous revoir, etc;* moi, je vous dis, je vous verrai, et vous verrez mes joies, non pas de suite dans le Ciel, mais encore ici-bas, car VOUS VERREZ MES ENFANTS.

« Bien sûr qu'il y aura des orages les plus violents, parce que les aveugles conduisent les aveugles; il faut que la volonté de Dieu se fasse. Mais soyez tranquille, car je sais que la Providence divine vous garde ainsi que mon ami votre mari. Quant à moi, voici ce que je pense dans ce moment.

« Lorsque notre Sauveur Jésus-Christ prêchait au milieu des siens, personne ne croyait à lui, ni à ce qu'il disait; et lorsqu'il était sur la Croix, il cherchait par ses regards ses Apôtres, *mais ils étaient enfuis*. La perte de Judas et la chute de saint Pierre lui donnaient de l'affliction. Et moi, pauvre pécheur, pourrais-je me plaindre? Non.

« Lui, Fils de Dieu, fut crucifié entre deux voleurs; et moi, on me mettra simplement entre deux honnêtes gendarmes pour me bannir. Mes amis ne m'ont pas trahi, car ils me suivront jusqu'à la mort. Ils m'ont visité publiquement en prison, et ceux qui ont pu faire cela ne me nieront pas devant Pilate. QUANT A JUDAS, SA FIN EST PROCHE, ET IL PARAITRA BIENTOT DEVANT SON JUGE. C'est alors que ceux qui trahissent encore notre Sauveur jusqu'à ce jour *grinceront des dents*. Lorsque Notre Seigneur était mort sur la Croix, alors parurent des Signes extraordinaires; c'était alors que les Païens et les Centeniers s'écrièrent : « Cet Homme était bien réellement le Fils de Dieu. »

« Des *Etrangers* expulsent le Fils de Louis XVI, et la Noblesse, faux Apôtres de Charles X, rit aujourd'hui pour pleurer plus tard; mais les Païens et le Centenier ne nieront pas un jour le Fils de France, comme Pierre son Dieu, et le Peuple montrera que cette prétendue Noblesse n'a hérité de ses ancêtres que de vieux parchemins.

« Adieu, chère amie, *adieu pour quelque temps*. Que la Paix de Dieu soit avec vous, comme elle a été jusqu'ici avec votre ami,   « CHARLES-LOUIS, DUC DE NORMANDIE.

« Prison de la police de Paris, 9 Juillet 1836. »

Mais d'autres actes, vraiment officiels ceux-là, de Charles-Louis, auront du retentissement à jamais. Entre mille, nous choisirons quelques-unes seulement de ses Lettres, vraiment prophétiques, l'une à Louis-Philippe, à la date de Londres ; et l'autre au duc de Bordeaux, le 20 novembre 1842 :

Au Roi des Français.

« Sire,

« Jusqu'à ce jour je n'ai considéré votre avénement au
« trône de mes pères que comme l'exécution des volontés
« de la Providence ; c'est pourquoi je suis venu vers vous,
« l'olivier de la paix à la main. Que vous ai-je demandé?
« Rien que la justice ! Les Rois qui sont montés sur le trône
« par la permission de Dieu, ne sont-ils pas là pour protéger
« l'innocence? Pourquoi donc vos ministres m'ont-ils fait
« arrêter en votre nom?

« Depuis 1814 je n'ai cessé d'invoquer la justice de ma pro-
« pre famille.... et vainement ! Ils se sont perdus ; ils ont
« perdu la France, car c'est leur iniquité qui a semé le dé-
« sordre parmi les Français.

« Pourquoi donc avez-vous donné l'ordre à vos ministres
« de me jeter dans un cachot? Pouvez-vous prétendre con-
« sciencieusement que je ne suis pas le fils de l'infortuné
« Louis XVI et de Marie-Antoinette, Reine de France? Non,
« vous ne le pouvez pas. Pour quel motif alors m'a-t-on en-
« levé de mon domicile et mis en prison? Le 6 octobre, le
« 20 juin et le 10 août 1792 ne sont-ils pas encore passés?...
« Je suis le véritable orphelin du Temple, vous n'ignorez
« pas que je dis la vérité. Ma vie n'a été que souffrances et
« le pénible jouet des intrigues qui l'ont constamment
« agitée ! Vous les renouvelez en ce moment contre moi....
« Dix-neuf années de détention n'étaient donc pas suffisan-
« tes ! La vingtième recommence, et c'est sous votre gouver-
« nement !.... Pour quelle raison ? Est-il dans le monde un
« seul individu qui puisse rendre témoignage que j'aie ja-
« mais fait de mal à personne? J'insiste, et je ne puis que ré-
« péter cette question : Pourquoi suis-je en prison ?

« Si je n'étais pas le fils du Roi-martyr, votre police ne
« m'eût pas arrêté précisément au moment où je disposais
« mes preuves pour les soumettre à l'appréciation de mes
« juges naturels. Je savais parfaitement que j'étais entouré
« d'espions, mais je ne croyais pas que le Roi des Français
« se montrât injuste envers le véritable orphelin du Temple.
« Si je n'avais pas eu cette confiance, soyez sûr que votre po-
« lice ne m'eût pas saisi.

« Mais, Sire, que me voulez-vous? Si vous êtes le Roi pro-
« videntiel de ma patrie, vous n'avez rien à craindre du fils
« de Louis XVI ; ne vous ai-je pas déclaré que la couronne
« n'était point le but où je tendais ? Je suis venu pour récon-
« cilier entre eux les Français.

« Sire, croyez-moi, ni vous ni votre famille, ni la France,
« n'auront de repos et de sécurité tant que le fils de Louis XVI
« ne sera pas reconnu hautement. »

Au Duc de Bordeaux.

« Prince,

« Quoique vous ne me connaissiez pas, j'ai le droit de vous
« demander un moment d'attention, car je suis le chef de
« votre famille, qui est la mienne. Vous êtes le fils de mon
« noble ami, le Duc de Berri, qui m'a reconnu et écrit lorsque
« j'étais en Prusse, pour m'attester sa loyauté et son dé-
« vouement à son Roi légitime. Il a été assassiné parce
« qu'il voulait que justice me fût rendue par l'usurpateur
« Louis XVIII ; sa mémoire me sera toujours chère, et j'ai
« résolu de tenir lieu de père à ses enfants, que j'ai adoptés
« dans mon cœur. Elevé par ceux qui m'ont trahi, et sont
« la cause de toutes mes infortunes, je ne doute point que
« s'ils vous ont parlé de moi, ce n'ait été pour vous faire
« partager leur haine et vous associer au complot qu'ils ont
« organisé contre l'Orphelin du Temple. Mais j'aime les en-
« fants du Prince mort victime de leur criminelle politique :
« aussi je vous pardonne votre conduite envers moi. Jeune,
« vous êtes encore étranger à la perfidie des hommes ; votre
« inexpérience vous rend accessible à la séduction et aux
« ruses de l'hypocrisie. Les flatteurs qui vous entourent vous
« ont déjà façonné pour leurs vues ambitieuses, et vous
« n'êtes pour eux qu'un instrument : apprenez-le, Prince, de
« la bouche de votre maître, qui l'est en même temps de ces
« fourbes prétendus légitimistes ; apprenez-le de la bouche
« d'un Prince infortuné qui, lui, n'a pour courtisans que
« ceux qui le sont de ses malheurs, et qui, loin d'être payés,
« ont épuisé leur fortune pour le soutenir. Vous avez autour
« de vous des gens que je pourrais nommer, qui affirment
« savoir parfaitement que le fils de Louis XVI n'est pas mort
« au Temple, qu'il existe, que ce n'est pas moi, et qu'on le
« présentera à la France quand le moment sera venu de le
« faire. Je possède la preuve de cette félonie. Si, forts de cette
« conviction, ils ne vous considèrent pas moins comme le
« Roi légitime de France, appréciez la bonne foi de leur dé-
« vouement à votre personne, et la loyauté de leurs prin-
« cipes. Prince, c'est par l'influence de pareilles gens que
« vous vous êtes écarté du sentier de la justice et de la vérité.
« Vos amis ont attiré le ridicule sur vous, et ils vous feront
« partager leur honte, si vous n'avez pas le courage de vous
« soustraire à leur dépendance. Voulez-vous qu'ils se dé-
« masquent eux-mêmes, ordonnez que l'on vous commu-
« nique tous les écrits que j'ai publiés, et chassez de votre
« présence ceux qui vous cacheront les faits par lesquels mon
« identité est devenue partout de notoriété publique. Prince,

« le passé vous justifie, mais l'avenir témoignera de votre
« culpabilité, si dorénavant vous ne changez pas de manière
« d'agir. Votre place est à côté de moi. Maintenant vous êtes
« majeur et libre de vos actions, vous n'avez donc plus d'ex-
« cuse pour rester dans l'ignorance à mon sujet. *Venez pas-
« ser un mois à Londres*, accompagné, si vous le voulez, de
« tous ceux qui vous entourent; ils seront témoins de notre
« entrevue, ainsi que des preuves que je vous donnerai, et
« qui ne vous permettront plus de douter que je suis bien
« l'héritier légitime du plus infortuné des Rois. Quiconque
« vous empêchera de prendre cette résolution énergique, la
« seule sauve-garde de votre honneur, ne sera pas moins
« votre ennemi que le mien; car il n'y a que les vrais amis
« qui cherchent à éclairer les Princes dans leur conscience
« et leur religion, et votre dignité commande que vous don-
« niez à l'Europe un tel exemple de droiture.

« CHARLES-LOUIS, *Duc de Normandie.* »

Lorsque le duc de Bordeaux, d'une part, et le duc de Nemours, de l'autre, vinrent, en effet, essayer des *cours* concurrentes à Londres, ce fut, à leur insu, pour achever le contraste qu'il devait y avoir, jusqu'à la fin, entre les faux et les vrais Prétendants.

Le duc de Normandie fit écrire au premier la lettre suivante :

« Londres, 30 Novembre 1843.

« Monseigneur,

« Son Altesse Royale, Monseigneur le Duc de Normandie m'a donné l'ordre d'écrire à V. A. R. pour la supplier de daigner me permettre de me présenter devant elle et de remettre à elle-même une lettre du Prince. Je m'estimerai doublement heureux si j'obtiens cette faveur; puisqu'en accomplissant un devoir, je pourrai en même temps déposer aux pieds de V. A. R. l'hommage du profond respect avec lequel je suis, etc. »

« Deux jours après l'envoi de cette lettre, ne recevant pas de réponse, je me rendis à *Belgrave-square* un jour de réception, et m'introduisis moi-même sans donner mon nom. Je fus aussitôt mis en présence de M. de Barande, à qui l'un des valets avait remis ma carte. Après le salut d'usage, je n'avais pas encore terminé ma première phrase commencée, quand M. de Barande m'interrompit pour me dire : « On connaît, « Monsieur, votre affaire ; vous n'aurez pas de réponse. » — « Il est vrai, répondis-je, que j'ai écrit à S. A. R., pour lui demander une audience, et que l'on ne m'a pas répondu. » — « Vous ne recevrez pas de réponse. » — « Il me semble cependant, Monsieur, que l'affaire est d'une assez haute importance pour que l'on ne doive pas craindre de m'entretenir un instant. » — « Tout ce que je puis vous dire, c'est que vous n'aurez pas de réponse. » — « J'ai l'ordre, Monsieur, de remettre au Duc de Bordeaux une lettre de S. A. R. le Duc de Normandie. » — « Vous pouvez la mettre à la poste ou me la laisser; ce sera absolument la même chose. » — « La voici, ajoutai-je en me levant, je vous en laisse la responsabilité. »

Et le *Siècle* de France, qui représente la majorité de la France, dit alors :

« M. le Comte Gruau de la Barre adresse, par l'organe du
« *Sun*, une invitation ou plutôt un défi en forme aux parti-
« sans du Duc de Bordeaux. Vous croyez, leur dit-il, rendre
« hommage au Roi de France dans la personne du petit-fils
« de Charles X ; eh bien! vous êtes dans l'erreur: le fils de
« l'infortuné Louis XVI est vivant, il est maintenant en pri-
« son pour dettes; c'est M. le Duc de Normandie, expulsé de
« France au moment où il allait démontrer ses droits, re-
« connu par le Duc de Berri lui-même au moment de sa
« mort. En conséquence, M. le Comte Gruau de la Barre pro-
« pose aux chefs de la noblesse réunis en ce moment à Lon-
« dres de se former en cour d'enquête, sous la présidence de
« M. le Duc de Bordeaux, afin de résoudre la question depuis
« si longtemps pendante de l'existence du Dauphin de France.
« S'il ne s'agit, dit-il, que d'une imposture grossière, comme
« on a osé le soutenir, elle sera solennellement confondue;
« si le Duc de Normandie est réellement ce qu'il prétend
« être, le Duc de Bordeaux est trop loyal pour ne pas rendre
« lui-même hommage à son souverain légitime. Le défi,
« comme on voit, est nettement posé ; et si l'on en croyait
« les correspondances de Londres, la lettre de M. le Comte de
« Gruau de la Barre aurait produit une certaine sensation.
« Pauvre légitimité ! s'il faut en effet la chercher dans la
« personne des Princes, et non dans la volonté des nations,
« Dieu aurait bien dû la marquer sur leur front d'un signe
« ineffaçable. »

... A l'Archevêque de Paris, et aux ecclésiastiques en général, qui flattaient, à tout prix, les rois, aveugles conduisant d'autres aveugles, Charles-Louis écrivait des Avertissements plus prophétiques encore :

« Monsieur l'archevêque,

« Ce n'est point dans l'intention d'obtenir de vous des ser-
« vices ou des secours que je vous écris ces lignes; l'intérêt
« de votre conscience et les dangers qui vous menacent,
« voilà mon motif.
« Depuis plus de dix-huit mois, le fils de Louis XVI habite
« la capitale de la France. Son premier soin fut de réclamer
« du pasteur les consolations qui sont dues à la dernière
« brebis du troupeau. Un silence dédaigneux fut toute la ré-

« ponse qu'il obtint. Il avait espéré, qu'après quarante ans
« d'adversité, il trouverait auprès des pasteurs français les
« secours religieux dont il éprouvait la privation dès sa plus
« tendre enfance. Il ne tint pas à eux qu'elle ne fût prolon-
« gée indéfiniment.

« L'histoire de ses malheurs ne leur parut qu'une impos-
« ture, et la victime de tant d'injustices, qu'un fourbe digne
« du dernier mépris. Ils l'ont donc jugé, et même con-
« damné : mais pour l'examiner ou seulement l'entendre, ils
« s'y sont constamment refusés! Est-ce donc là la justice,
« est-ce là la charité dont retentissent les chaires évangéli-
« ques?

« En admettant que les faits surprenants qui composent
« cette histoire leur parussent trop merveilleux pour y
« ajouter facilement créance, que la distance des temps et
« des lieux offrît à l'examen d'insurmontables difficultés ;
« ce qui s'est passé sous leurs yeux depuis un an et demi
« pourrait aisément y suppléer ; ou bien des évêques eux-
« mêmes méconnaîtraient-ils la conduite de la Providence?

« Le nom seul de l'infortuné Prince portait ombrage ; mille
« intérêts divers conjuraient sa perte ; tandis que *les gens
« vertueux* ne voyaient plus en lui qu'un nouveau sujet de
« discorde, et que ceux même qui eussent autrefois accordé
« à sa cause quelque intérêt, découragés par les impostures
« anciennes ou récentes, désormais incapables de servir la
« vérité, redoutaient même de la connaître.

« Quelques serviteurs de Dieu existaient cependant, sans
« autre ambition que celle de lui plaire, sans autre espoir
« que lui seul, et dont la prudence doit encore taire les
« noms, excepté celui de *Martin*, mort martyr de la vérité.

« Ce fut à ceux-ci que la Divine Providence adressa le
« Prince malheureux lorsque, arrivant dépourvu de con-
« naissances et de tous moyens pécuniaires, recherché en
« même temps par une police inquiète, il ne pouvait même
« prudemment déclarer son nom.

« C'est par les soins de cette admirable Providence qu'il a
« vécu, qu'il a pu se faire connaître, qu'il a évité les pièges
« qui lui étaient tendus, ou qu'il en est sorti miraculeuse-
« ment. Le 28 janvier 1834, tandis que des assassins le frap-
« pent de leurs poignards, cette adorable Providence dirige
« le coup le plus terrible sur une médaille de la Sainte-
« Vierge, qui en est transpercée ; quatre coups sont amortis
« par un chapelet suspendu à son cou, et pour le pénétrer de
« reconnaissance par l'imminence du péril, le seul coup qui
« perce son côté est arrêté par la main toute-puissante à une
« ligne du cœur.

« Enfin, la sécurité dont l'entoure encore la Providence,
« malgré les recherches actives de ses ennemis, ce voyage
« qu'il vient de faire pour offrir à sa sœur les moyens de s'é-
« clairer, et que n'eût pu empêcher aucun des nombreux

« obstacles semés sur sa route, voilà pour un évêque des
« preuves dignes d'un examen sérieux ; et en supposant en-
« core qu'elles lui parussent insuffisantes, elles devraient du
« moins suspendre toute décision. Et cependant, se pronon-
« çant contre lui de la manière la plus formelle, cet évêque,
« et des membres du clergé après lui, font aux personnes
« religieuses de très-expresses défenses de l'aider du moindre
« secours, de lui rendre le moindre service ! On ajoute en-
« core, la charité se refuse à le croire, qu'ils épieraient ses
« démarches et se ligueraient avec ses ennemis !

« On lit dans l'Evangile qu'un prêtre et un lévite après lui,
« passant sur le chemin de Jéricho, trouvèrent un malheu-
« reux dépouillé par les voleurs, couvert de plaies, et qu'ils
« le délaissèrent ; mais il n'est pas rapporté qu'ils empêchas-
« sent de le secourir.

« CHARLES-LOUIS, *Duc de Normandie.* »

A ses Amis, à ses fidèles, connus ou inconnus, de France, *à
la France* elle-même, le Fils de Louis XVI, et l'héritier, on peut
le dire, du Roi miséricordieux, s'énonce et s'annonce avec
encore plus de dignité et d'esprit prophétique :

« *A mes Amis en France.*

« ... Louis-Philippe est demeuré dans la voie de l'ini-
« quité. Le temps de grâce, où il aurait pu réparer ses
« crimes et ses injustices, est passé. En vain ferait-il des
« efforts aujourd'hui ; son heure est venue, et la punition
« de ses forfaits le suivra dorénavant jusqu'au tombeau. Ce
« n'est pas moi qui serai la verge de Dieu ; car *le Crime sera*
« *puni par le Crime*, et l'innocence seule triomphera. Au sur-
« plus, le Roi actuel des Français n'est ni Bourbon, ni Or-
« léans. Cette prétendue royauté, élevée par l'intrigue sur le
« trône de mes pères, devient donc nulle ; et, parce qu'il n'y
« a plus de d'Orléans, la France, bientôt délivrée, rentrera
« dans des biens que cet imposteur a volés à la patrie. Sa fa-
« mille sera expulsée à son tour et pour jamais. Qu'on ne
« s'imagine pas que toutes ces choses se passeront en paix.
« Bien des gens qui ont participé aux crimes périront par la
« main du peuple, et personne de ceux qui sont condamnés
« par Dieu n'échappera à son jugement de vengeance. *Dans*
« *ce temps* je paraîtrai pour sauver la France de l'anarchie.
« Jusque-là j'ordonne à ceux qui sont mes amis, et les véri-
« bles amis de la patrie, de rester tranquilles et de ne se
« mêler en rien aux événements : mes ordres pour l'avenir
« leur parviendront à propos.   « CHARLES-LOUIS,
« Londres, 14 Mars 1837.   « *Duc de Normandie.* »

« *A la Nation française.*

« Français,

« Quarante-quatre années de révolution ont pesé sur la
« France depuis que, dans l'année 1793, le sang de ma royale

« famille a arrosé une des places publiques de cette terre
« qui fut le berceau de mon enfance, de cette patrie que
« tant de siècles avaient vue heureuse sous le sceptre de
« mes aïeux. Qu'est-elle devenue dans les mains des agita-
« teurs, et de cette tourbe d'ambitieux qui tour à tour l'ont
« exploitée à leur profit? L'histoire est là pour répondre, et
« vos désastres communs pour l'attester. Combien mon cœur
« se brise au souvenir affreux de tant de calamités, qui ont
« si cruellement ajourné jusqu'ici le bonheur de la nation!
« Combien mon âme ressent de puignantes angoisses, quand
« j'entrevois que les mêmes désolations sont sur le point de se
« renouveler encore! La France, toujours agitée de l'ébranle-
« ment qu'a donné à son repos le renversement de son an-
« tique monarchie, se voit de nouveau *à la veille* d'une de ces
« grandes catastrophes qui jettent l'horreur et l'épouvante
« jusque dans la chaumière du pauvre; et les Français, loin
« de s'entendre, s'entre-déchirent par des factions qui,
« toutes, se disputent la souveraine autorité! Telle est au-
« jourd'hui la conséquence des divers pouvoirs qui se sont
« placés à la tête du gouvernement, parce que tous ne
« régnant que pour le plus grand avantage des hommes de
« l'autorité, n'ont jamais voulu compter pour rien les be-
« soins et le bonheur du peuple, cette portion si intéres-
« sante d'un Etat, si digne de toutes les sollicitudes d'un
« monarque; parce que alors ces pouvoirs, qui n'ont jamais
« compris la nation française, n'ont pas songé à revivifier
« les saines doctrines du salut public, les principes conser-
« vateurs de l'ordre, les droits imprescriptibles d'une justice
« égale pour tous; parce que constamment ils se sont tenus
« en dehors de la vérité; que la plupart d'entre eux n'ont
« été qu'un mensonge, et que le bien ne saurait sortir que
« de la vérité. Moi qui suis la justice et la vérité, moi le fils
« de vos anciens Rois, que la hache du bourreau a laissé Or-
« phelin à l'âge de huit ans, sans appui et sans protection
« que la main de la Providence, et de quelques amis fidèles
« qui tous ont été successivement sacrifiés à la fureur de
« mes persécuteurs; moi, pendant près de quarante-cinq
« ans, le pénible jouet des combinaisons d'une politique
« atroce, je ne viens point ici élever un cri accusateur
« contre un peuple qui fut trompé par de grands coupables,
« et qui l'est encore tous les jours; je viens, au contraire, ap-
« porter des paroles de paix, réclamer l'union et la con-
« corde, de la part d'un peuple de frères qui mérite d'être
« heureux, et que je voudrais arracher aux maux qui me-
« nacent de l'écraser.

« Oui, peuple français, entends la voix du fils de ton Roi-
« martyr; c'est lui, l'Orphelin du Temple, qui reparaît au
« milieu de toi, et que la Providence a sauvé si miraculeu-
« sement de mille morts qui lui étaient destinées; c'est le
« dernier rejeton de tes Rois qui, dans le cours d'une longue

« carrière de souffrances, souvent n'a pas eu une pierre pour
« reposer sa tête; c'est lui, lui le meilleur ami de la France,
« qui ne songe qu'à ta félicité, et qui, pour l'assurer, te convie
« à la concorde ! Puisses-tu t'être convaincu par une dure
« expérience que la paix des familles et le bonheur des peu-
« ples ne peuvent être acquis que par les vertus et la pro-
« bité politique, et par des lois équitables dont la vérité soit
« l'unique base ! Puisses-tu enfin, las des dissensions qui
« s'opposent à la prospérité de la patrie, concevoir que la
« force, la stabilité, et le bienfait d'un Etat, ne proviennent
« que de l'harmonie des classes entre elles, et qu'on ne peut
« pas fonder des institutions durables sur un gouvernement
« qui naît des déchirements de la patrie ! La guerre civile est
« à tes portes; les nations étrangères convoitent plus que
« jamais le sang et le démembrement d'une nation rivale,
« qui a toujours été pour elles le point de mire d'une poli-
« tique hostile et destructive. Réunissez-vous donc, Fran-
« çais, et tous ne soyez qu'un pour discuter, froidement et
« sans secousse, ce qui convient le mieux à l'intérêt gé-
« néral.

« Français, loin de moi l'idée de m'imposer à la nation;
« j'ai déposé entre vos mains mes droits et l'héritage de mes
« pères : c'est à votre justice à me les rendre ; c'est à vos tri-
« bunaux à apprécier les preuves de mon existence et de
« mon identité. Je l'ai vainement réclamée jusqu'ici, cette
« justice; ma voix a été constamment étouffée par l'arbi-
« traire et les crimes du pouvoir. En échange des plaintes
« d'un infortuné qui ne demandait que la justice, j'ai eu à
« subir l'odieuse méconnaissance de ma propre famille, l'as-
« sassinat de mes bienfaiteurs, l'ambitieuse et cupide poli-
« tique des cabinets étrangers; et sous le règne de Louis-
« Philippe en outre, une tentative de meurtre sur ma propre
« personne, une arrestation arbitraire, la saisie momentanée
« de mes papiers, une expulsion violente sur la terre étran-
« gère, la confiscation d'un document judiciaire que j'avais
« publié pour mes juges ; en un mot, des dangers sans cesse
« renaissants à éviter; toutes les machinations criminelles
« d'un gouvernement usurpé sur la nation, à déjouer. Les
« pairs de l'Etat, et les représentants du peuple eux-mêmes,
« se sont placés au-dessus des lois, en refusant de faire droit
« aux pétitions que je leur ai présentées. Il ne me reste donc
» plus qu'à solliciter cette justice et à l'attendre du peuple
« français. »

Mais il y a de simples faits d'histoire du Prince, qui surpas-
sent, s'il est possible, ici, en démonstration, toute la Logique,
toute la Théologie, toute l'Ecriture. Et d'abord les dernières
années de sa vie, sorte de mort, à la porte des criminels, et
somptueux, et usurpateurs rois de France, d'Angleterre et
d'Allemagne.....

En voici une preuve, entre autres, rapportée par les journaux anglais (le *Sun,* le *Morning-Post,* etc.), et reproduite par le *Journal de Francfort,* la *Comète de Leipsig,* et par plusieurs de Paris, le *Siècle,* etc., et même la *Patrie* ·

« Bientôt après, le Duc de Normandie, trahi dans sa foi à la loyauté du propriétaire de la maison qu'il occupait, ne put enfin se soustraire à l'iniquité des faux serments, qui sont en Angleterre, un moyen de persécution facile contre les étrangers. J'épargnerai les tristes détails de cet événement désastreux, qui amena la ruine complète de la victime Royale, et fut consommé avec une barbarie sans exemple à l'aide d'un inspecteur de la police. Tout ce qui constituait le nouveau mobilier de la maison fut enlevé; il ne resta pas une chaise pour s'asseoir, pas une fourchette, pas un couteau, pas un verre. Nous fûmes obligés de nous procurer des bottes de paille pour nous en faire des lits; et pendant quinze jours n'ayant pas les moyens de nous loger ailleurs, la famille des Rois de France fut la plus misérable de tous les pauvres de la riche Angleterre. Nous écrivîmes aux ministres du gouvernement, à la Reine, aux plus opulents de l'aristocratie; les considérations politiques avaient fermé tous les cœurs à la commisération, l'assistance ne vint d'aucun côté. Sans les nobles Perceval, qui, à partir de ce moment, prirent à leur compte une maison qu'occupèrent le fils et les petits-fils de Louis XVI jusqu'à leur départ pour la Hollande, ils n'auraient pas eu d'abri en Angleterre. Mais la fortune de ces angéliques amis ne leur permettait pas de suffire à tous les besoins d'une aussi nombreuse famille, et pendant dix-huit mois les ressources d'existence dépendirent de l'accueil que je recevais dans les maisons où j'allais frapper tous les jours. La naissance d'Adelbert avait eu lieu le 26 avril 1840; il fut le premier Bourbon né en Angleterre, et inscrit comme fils de France sur les registres de l'état civil. Sa ressemblance identique avec l'Orphelin du Temple enfant l'a souvent rendu en Angleterre un témoignage vivant d'identité par la comparaison de sa physionomie avec les portraits du jeune Dauphin. Ange-Emmanuel, le dernier Bourbon de la branche directe, inscrit comme son frère dans ses qualités de Prince français, reçut la naissance au milieu de la dévastation de la maison, le 13 mars 1843. Ces détails sont douloureux à raconter; mais la honte en retombe sur ceux qui pendant cinquante ans n'ont pas cessé de torturer leur victime. Un Roi chassé violemment de son trône et de sa patrie peut avouer sa pauvreté sans rougir; et moi qui avais mis tout en commun avec lui, lui donnant le peu de bonheur qui m'était personnel pour alléger d'autant le fardeau de ses souffrances, j'ai bien des fois alors signé mon nom avec orgueil, et frappé infructueusement à la porte des riches, pour attester les besoins du Royal indigent. Ceux qui me liront ne voudront pas croire à la vérité de tant d'angoisses, à la cruauté des oppresseurs, à la dureté de cœur de l'humanité : pourtant je n'exagère pas. Le lendemain de l'accouchement de la duchesse de Normandie, le propriétaire donna l'ordre à ses exécuteurs d'enlever les meubles de sa chambre. Révolté d'un procédé aussi lâche, pour ainsi dire homicide, je recourus à la protection de la magistrature en allant me plaindre publiquement au tribunal de Union-Hall. Je fus écouté avec intérêt, avec un sourd murmure d'indignation. Mais les magistrats, stricts observateurs des lois, sont sans pitié comme elles. Le président fit consentir le brutal créancier du Prince à ne pas troubler le repos de son épouse jusqu'au moment où un docteur médecin attesterait qu'elle pourrait sortir de sa chambre sans danger pour sa vie. Furieux d'être arrêté dans le cours de ses cruautés, cet infâme prit aussitôt la Bible, la baisa, et jura que si je conservais ma liberté, ses jours seraient en péril. Jamais un mot de menace n'était sorti de ma bouche. Mais un serment est cru jusqu'à preuve contraire en pareille occurrence; je fus arrêté et conduit du tribunal en prison, où je restai trois jours jusqu'à ce qu'on eût pu trouver pour moi deux répondants. Huit jours plus tard, par suite d'un second faux serment du même individu, cinq hommes de la police, à huit heures du soir, escaladèrent les grilles extérieures de la maison, se précipitèrent comme des forcenés dans les escaliers, et arrêtèrent le Prince, qui ne put recouvrer sa liberté qu'après plus de neuf mois d'emprisonnement, par un arrêt de la cour des insolvables. »

C'est vers ce temps-là qu'un vertueux missionnaire de France écrivait de Londres, après sa première visite à la famille des rois, ces lignes qui rappellent assez bien les cachots du Temple, et même les grottes du Calvaire :

« Dans quel état j'ai trouvé le futur Monarque ! Une cel-
« lule de cinq pieds, garnie d'un pauvre grabat, d'une petite
« table, et de deux châssis cassés; lui-même assis sur le
« grabat, etc. Et cependant il est ferme, résigné, énergique,
« et d'une volonté de fer... La famille est bien intéressante.
« Tous les enfants ont de la grâce et de l'esprit. On vit, au
« jour le jour, d'une leçon, du produit d'un portrait; et il
« faut une livre sterling par jour pour les seize personnes.
« Pour nous il y a devoir de charité, de prière et de misé-
« corde. Je frappe donc à tous les cœurs amis. Voyez ce que
« vous pourrez; mais hâtez-vous, je vous en supplie. »

Puis, et pour couronner à jamais la vie du fils de Louis XVI, ses derniers jours et sa mort... En voici quelques pages, vraiment immortelles, écrites par le plus courageux, le plus éclairé, le plus religieux et le plus fidèle de tous les témoins :

« La Providence avait assigné le terme des souffrances du Roi errant, sur cette terre où l'étranger banni rencontra toujours de douces sympathies. Si elle lui fut un moment hostile, c'était l'effet d'une surprise de la politique, mais sa pernicieuse influence échoua devant le bon esprit de la législation qu'on respecte en Hollande; et le Royaume des Pays-

Bas lui devint loyalement ami, sous l'égide protectrice des lois dont un monarque juste ne permet pas que son gouvernement s'affranchisse, surtout à l'effet d'opprimer l'innocence. Ici devait se creuser, pour le Roi légitime de France, la tombe que lui refusa son ingrate et aveugle patrie, hors de laquelle un pouvoir régicide l'avait impitoyablement chassé; et, par une de ces voies mystérieuses du Très-Haut, ce sol, arrosé des larmes de tant de proscrits, allait être aussi témoin du deuil de toute une Royale famille, pleurant sur le cercueil d'un père et d'un époux qu'elle venait rejoindre après sept mois de séparation. Ce lieu de refuge, marqué en quelque sorte par la Providence pour la veuve et les enfants du Duc de Normandie, remplaçant la terre de France qui les repousse, demeure celle de leur prédilection, car la patrie de l'exilé est celle où reposent les cendres de son père. Aussi, à moins que de nouvelles vicissitudes, qui leur sont peut-être encore reservées, ne les obligent à aller vers une autre plage, où l'on veuille bien les recevoir, porter leurs souffrances et leur pieuse résignation, ils ne pourraient, sans un nouveau serrement de cœur, se séparer des quelques pieds de terrain qu'ils ont acquis pour en faire la tombe Royale, seul patrimoine paternel que n'envieront point aux héritiers du Roi Louis XVI et de l'Archiduchesse d'Autriche, Marie-Antoinette, Reine de France, les spoliateurs de l'héritage de l'Orphelin du Temple.

« Forcé de parler encore de l'événement douloureux qui a ravi à des infortunés leur unique consolation dans leurs peines, l'auguste chef de leur maison, dont la présence était un besoin de leur cœur de tous les instants, puisqu'ils n'ont jamais vécu que pour les joies intérieures de la famille, je passerai rapidement sur des scènes déchirantes, non moins amères par la pensée qu'au premier jour de la cruelle séparation. Le souvenir qui les retrace, bien que datant déjà de trois années, remplit toujours l'âme de sensations tumultueuses; car les crimes politiques qui ont usé la vie du Roi dépouillé, mort sans avoir pu obtenir justice, se perpétuent dans leur cause et dans leurs effets, en maintenant contre les fils du proscrit Royal la réprobation dont on l'avait frappé. La justice de Dieu, par la voix des peuples, se manifeste sur la terre, et l'homme, constamment aveuglé par les passions de l'individu, ne veut pas remonter au principe des calamités publiques. Qu'il vienne méditer avec nous sur le tombeau de Louis XVII; ses yeux, comme les nôtres, s'ouvriront à la lumière, son cœur à l'amour fraternel, sa conscience aux devoirs de justice et de vérité dont tous les pouvoirs de tous les pays ont fait une risée pendant cinquante ans, pour écraser le Prince devenu le point de mire des aversions politiques de l'Europe entière. J'aurai encore à revenir quelque peu sur ces réflexions qui naissent du sujet de ces mémoires, et que les désastreuses circonstances de notre époque rendent plus

que jamais opportunes, quand j'aurai fait entendre les derniers gémissements de la victime Royale, consommant son long sacrifice, en s'attristant sur le sort de l'humanité, que les persécuteurs de l'innocence, immolée aux exigences d'une société corrompue, ont détournée de ses voies pour la rendre complice de leurs œuvres d'iniquité. Au milieu du mois de juin 1845, le duc de Normandie et moi nous avions été passer quelque jours à La Haye. Le lendemain d'une promenade que nous fîmes à Scheveningue; il se trouva subitement pris de violentes coliques qui, pendant deux jours et une nuit, ne lui laissèrent pas un instant de relâche. Son corps se roidissait convulsivement; il se tordait dans son lit, et au milieu d'atroces douleurs répétait sans cesse avec les accents d'une forte conviction: « *Mon ami, mon ami, je meurs empoisonné.* » Le colonel Gœtz et le lieutenant-colonel de Bruyn, qui vinrent voir le Prince ce jour-là, m'indiquèrent un des plus habiles médecins de La Haye, que j'envoyai chercher aussitôt. Le docteur attribua les souffrances du Duc de Normandie à un refroidissement sur les bords de la mer. Je ne quittai pas le chevet de l'auguste malade, et je pus recueillir, une à une, les plaintes navrantes qui s'échappaient de ce cœur Royal, brisé par une succession non interrompue d'implacables inimitiés. « Qu'il est triste, » s'écriait douloureusement le fils de Louis XVI, « qu'il est triste de mou-
« rir quand la conscience n'est pas tranquille! Mais qu'on lise
« dans mon cœur, il n'y a rien de faux.... Que mes calom-
« niateurs m'accusent donc hautement; qu'ils se montrent
« en face; je me justifierai de tout, de tout.... Les lâches! ils
« se cachent dans l'ombre.... Mon ami, voyez-vous la figure
« du Roi de......; ce n'est pas celle d'un honnête homme;
« son cœur n'est pas bon, il faut lui en donner un autre....
« Ah! si ma famille était ici, je ne serais pas malade. »

« Pendant toute la nuit du second jour, le Prince eut un sommeil d'abattement qui le plongea dans un état d'immobilité tel, que j'en étais effrayé. Tout mon temps se passa à lui prendre la main, à interroger son pouls et sa respiration. Le lendemain matin, à huit heures, je me décidai à le réveiller; sa première parole fut: « Mon ami, je ne souffre plus, « je suis guéri. Faites venir une voiture, nous allons partir. » Il se leva en effet, et nous pûmes retourner à Rotterdam. Il resta au lit pendant huit jours, avec des accès de fièvre très-violents, se soumit à un traitement du docteur Styprian que M. van Buren nous fit connaître, et reçut dans la maison Zadelhoff de Rijnsche hof tous les soins de la plus tendre sollicitude. Au bout de ce temps, se sentant mieux, quoique hors d'état de se livrer au travail, il voulut, malgré nos représentations, se rendre à Delft. Il y fut accompagné de son fils Edouard et de Douglas Tucker: le colonel Butts était retourné à Londres. S. A. R. descendit à l'hôtel du Casino. Elle se montrait impatiente de terminer une entreprise commencée, et dont le résultat satisfaisant devait la mettre à même d'appeler sa famille auprès d'elle. Quand le corps souffre, le cœur a besoin d'affections ; jamais l'infortuné fils de France n'avait si ardemment désiré de se voir entouré de tous ses enfants et de leur digne mère. Peu de jours après son changement de résidence, il retomba malade, et fut de nouveau obligé de garder le lit. Hélas ! il ne devait plus le quitter que pour être déposé dans la fosse, où les démolisseurs de la monarchie française le poussaient frénétiquement depuis 1795. Plus le mal inconnu qui le minait insensiblement faisait de progrès, plus il demandait avec instance sa famille. Mais un obstacle insurmontable s'opposait à ce qu'on pût la faire venir. Cependant les difficultés s'aplanirent tout à coup par une de ces manifestations de la Providence, comme il en avait tant rencontré dans la solitude de sa vie. Je partis pour Londres dans la dernière quinzaine de Juillet. Le médecin me tranquillisa auparavant sur le sort de mon Royal ami ; il ne voyait aucun danger imminent, car la maladie, tout en résistant aux ressources de l'art, n'offrait aucun caractère distinctif qui pût la faire qualifier, jusqu'à la dernière semaine, où une fièvre bilieuse se déclarant disparut pour être remplacée par la fièvre typhoïde, et enfin par la fièvre cérébrale, qui fut le commencement d'une longue agonie.

« Je ne pus revenir avec la famille que le 4 du mois d'Août, après avoir terminé nos affaires à la hâte par des règlements indispensables. Nous avions dû choisir le Dimanche pour notre départ de Londres, et ne prendre aucun passeport ; parce que l'expérience nous ayant appris à nous tenir en garde contre les trahisons, la perfidie des faux serments était sans puissance pour motiver une arrestation ou une saisie de meubles un jour de dimanche. A cinq heures du soir, le Prince, calculant que nous ne tarderions pas à venir, consultait à chaque minute les docteurs qui l'entouraient, pour savoir l'heure. C'était le major Snabilier, et M. Kloppert. M. Soutendam se trouvait absent depuis quelques jours. Tous les trois lui prodiguèrent les attentions d'un dévouement si admirable, que, du moins, la famille du Royal décédé, pénétrée pour eux de la plus vive reconnaissance, s'est convaincue qu'aucun secours humain ne pouvait lui conserver l'être de toutes ses affections. Il était environ six heures quand nous arivâmes à Delft ; mais alors l'état de l'auguste malade avait si soudainement empiré, qu'il put à peine donner à comprendre s'il reconnaissait son épouse et sa fille aînée : qui furent les seules personnes auxquelles on permit l'entrée de la chambre ce soir-là. Depuis ce moment le Prince entra dans un état de délire perpétuel qui se maintint jusqu'à sa dernière heure, sans qu'il reprît connaissance, de manière à avoir à nos yeux le sentiment de ce qui se passait autour de lui, quoiqu'il parût souvent poursuivre des pensées très-

lucides qu'exprimait sa physionomie. Je ne redirai point les scènes de deuil qui, pendant six jours, répandirent une morne consternation dans la chambre où l'agonie d'un Roi n'avait pour témoins qu'une mère avec ses enfants, sublimes de courage et de résignation ; et quelques braves étrangers qui payaient au fils de Louis XVI l'hommage respectueux de leur sympathie et le culte dû au malheur. Je ne redirai point non plus les alternatives d'espoir et de découragement qui se succédèrent dans nos esprits, jusqu'à l'instant où le sacrifice fut consommé pour l'infortuné proscrit, et pour ceux qui n'avaient plus que des larmes à donner à sa mémoire. Nous ne pouvions pas nous persuader que l'Orphelin du Temple, conservé si miraculeusement durant un demi-siècle de tortures, succomberait avant qu'une justice terrestre l'eût replacé dans ses droits civils. Nous ne concevions pas alors le but de sa conservation, ni quels avaient été les desseins de Dieu envers l'élu de sa Providence. Les accents plaintifs d'un délire incessant, qui pour nous n'étaient point des paroles sans portée, nous associèrent à toute l'amertume des pensées qui assiégeaient l'âme du Roi méconnu, se sentant mourir dans son état d'universel abandon. Le tableau des tribulations de toute sa vie, passant et repassant dans son esprit, l'agitait de pénibles sensations ; et sa figure, sillonnée de temps à autre par des pleurs qui roulaient lentement sur son noble visage, portait les signes d'une souffrance de cœur vivement sentie, d'angoisses sans cesse renaissantes par le souvenir. Sa bouche alors, par phrases détachées, d'une voix brève et sonore, rendait poignantes pour tous les plaintes de la Royale victime. Il gémissait sur lui-même, sur la cruelle destinée que ses persécuteurs lui avaient faite, sur la France dont il entrevoyait les maux à venir, sur son épouse, sur ses enfants qui, bientôt, disait-il, n'auraient plus de père : « Je m'en vais chez mon Père céleste, votre Dieu et
« mon Dieu, répétait-il souvent d'un ton pénétré ; et il me
« couronnera... Pauvres enfants ! vous n'avez plus de nom,
« vous êtes retombés dans les ténèbres... Mon Père céleste,
« prends-moi en grâce... Depuis qu'ils ont coupé la tête à
« mon père, il n'y a eu pour moi qu'obscurité... Il faut bien
« que j'aie un père pourtant ; on veut que je sois sans père.. »
Puis fixant ses regards sur sa fille aînée, dont la ressemblance avec sa tante lui rappelait sa coupable sœur, il voyait la Duchesse d'Angoulême... « C'est elle, » s'écriait-il, « avec qui
« j'aurai affaire, elle toute seule ; c'est sa faute, c'est elle qui
« devait me conduire... Les hommes n'ont jamais compris
« tout le bien que je voulais leur faire ; ils viendront trop
« tard ; oh ! pauvre humanité ! il y a tant à faire pour elle,
« et l'on ne m'a pas écouté ! Mon fils Edouard, *que de Malheurs vont arriver à la France!....* »

« Toutes ces paroles, parfois accompagnées de sanglots, étaient prononcées d'une voix déchirante, avec énergie et majesté; et si nos yeux ne l'avaient pas vu gisant sur son lit, le corps usé par la maladie et incapable de mouvement, nous n'aurions pu croire qu'elles étaient celles d'un moribond. Il *prêchait la Doctrine de Dieu avec des accents terribles et frémissants,* confirmait toutes ses croyances religieuses, et demandait à son Père céleste le *triomphe de la vérité pour le bonheur de la terre.* Dieu seul a pu sonder l'abîme d'affliction creusé dans nos cœurs à ces cris gémissants d'un père et d'un époux dont l'âme, accablée des réminiscences d'une longue carrière d'angoisses, faisait supporter le poids de ses douleurs à ceux qui par affection ne pouvaient se résoudre à le quitter un instant. Il est des souffrances qu'il faut avoir ressenties pour en embrasser l'étendue, et jamais sensibilité humaine ne fut mise à aussi cruelle épreuve que celle de la famille éplorée du proscrit, pendant *six jours et six nuits* d'une agonie qui ne cessa point non plus pour elle.

« La veille de sa mort, le Prince prononça très-distinctement ces paroles presque prophétiques, qui ne nous permirent plus de nous abuser sur l'issue de sa maladie : « Demain
« votre père monte aux cieux ; c'est là la demeure qui lui a
« été préparée. Là, j'aurai un nom céleste qu'on ne me ravira
« point. » Enfin, dans les dernières crises de cette navrante agonie, ses paroles ne nous parvenaient plus qu'inintelligibles ; mais l'intelligence du cœur en démêlait le sens et nous transmettait ses pensées, qui toutes étaient avec sa famille, avec Dieu, avec la France. Il appela par leurs noms ses enfants, leur mère d'affliction, moi-même ; ses yeux fixes et déjà voilés par les atteintes de la mort reflétaient pour nous la langueur de son âme ; et nous comprîmes qu'il nous faisait ses adieux en buvant la dernière goutte du calice d'amertume qui avait été le breuvage de cinquante années de martyre. Comme notre Seigneur, dont il fut l'image parfaite sur cette terre, il pardonna à ses bourreaux, pria pour eux, et s'endormit dans le sein de son Père céleste pour recevoir de l'éternelle justice la récompense de ses vertus. .....

« Le *Dix Août* 1845, vers les deux heures de l'après-midi, le cinquante troisième anniversaire du jour précurseur des désastres de l'antique maison Royale de France, le fils de Louis XVI avait cessé de souffrir. La sérénité de son visage semblait dire aux héritiers des anciens Rois ses aïeux :
« Pauvres enfants qui vous désolez de ne m'avoir plus avec
« vous, ne me pleurez pas ; ce n'est pas moi qu'il faut re-
« gretter : j'ai fini mon douloureux pèlerinage sur cette
« terre ennemie ; le vôtre ne fait que commencer au milieu
« de ceux qui vous renient. Confiance et courage ; car Dieu,
« qui ne m'a point délaissé, ne vous abandonnera pas non
« plus ; il est le père de tous, le protecteur de la veuve et des
« orphelins qu'on opprime. »

Parler, et surtout souffrir ainsi, ce n'est pas mourir, c'est Renaître, c'est Régner !

QUATRIÈME PARTIE.

LA FRANCE, PATRIE DES DEUX APPELÉS.

Marc Novissimum. . . . .
Omnis Terra usque ad Desertum. . . .
usque ad Portam Angulorum.
Zach. XIV, 5-10.

Comme il y a des hommes, des familles, des villages, il y a des Nations privilégiées : *Non fecit taliter omni Nationi,* dit le Prophète-Roi, lui-même né dans la Judée, la capitale de la Terre sainte, et à Bethléem, son plus petit lieu.

« La France (*) seule est grande, disions-nous dans le *Tableau,* vraiment prophétique, que nous en avons publié

(*) Le plus profond et le plus prophétique des quatre grands Docteurs de l'Eglise, saint Jérôme, disait au Gaulois Vigilance, de la France, qu'elle était la seule nation qui n'eût point de monstre : *Sola Gallia Monstra non habuit.* Et, en vérité, on dirait que la Providence de la suite des temps et des lieux ait prédestiné également, et la *Galilée* de Jésus et de *Pierre,* et les *Gaules* de *Pierre-Michel* et de *Charles-Louis,* selon ces paroles des *Actes,* X, 37 : *Incipiens enim a Galilæa.*

Les plus grandes fautes de la France sont des défauts de vérité, et ses plus grands crimes même, quand ils furent les siens (la *Saint-Barthélemi* est aux Italiens), sont des crimes d'héroïsme. Et elle ne manqua jamais de Français pour les expier. Le seul Louis XVI, et même la seule Marie-Antoinette, ont fait plus de gloire à la Patrie, que la Minorité de la Convention et du Comité de Salut Public d'effroi au monde.

Si le seul Grand Saint Martin (toutes les Chroniques lui donnent ce nom), qui n'a rien écrit, mais dont la Vie fut une sainteté permanente, était plus connu, si surtout il était un peu étudié, on ne songerait à lui comparer aucun Saint, aucun Martyr, aucun Père de l'Eglise, sans excepter ses plus illustres contemporains : saint Athanase, dit le *Grand;* saint Chrysostôme, dit *la Bouche d'or;* et même saint Augustin.

A un point de vue moins élevé peut-être, un autre Français d'adoption, saint Irénée, a laissé, et illustré par son martyre, dès le second siècle, un seul petit volume, plus important peut-être à toute l'Eglise, pour le salut de toute l'Eglise, que tous les in-folios réunis des plus grands *Docteurs* de l'Eglise, ses disciples infidèles, deux siècles après.

Autre gloire immense, et oubliée de la France !... Le plus illustre des quatre Grands Docteurs de l'Église latine, le Grand Archevêque de Milan, celui qui donnait à l'Église des Disciples comme saint Augustin, et des Empereurs comme Théodose ; et qui lui composait aussi son plus beau Chant, le *Te Deum* (il mettait Diderot en extase), et son plus beau *Traité du Saint Esprit,* saint Ambroise enfin, reçut le jour à Lyon, fécondé par le sang de saint Irénée, et dont le père d'Ambroise, plus Roi que Valentinien, avait fait comme la capitale des Gaules, de l'Espagne et de l'Angleterre !

Et, au risque de scandaliser ceux qui ne nous comprendraient pas, nous dirons que le seul Jean-Jacques Rousseau, et même le seul Voltaire, aussi larges

en 1840. Elle a fait une sorte de triage de tout ce qu'il y avait de vrai, de bon, d'élevé, de magnanime, de superbe dans la foi des Israélites, dans la science des Egyptiens, dans la littérature des Grecs, dans l'âme des Romains, dans l'audace et la piété des Gaulois, dans les mœurs des Germains, dans la force, quelquefois féroce, des Francs, dans l'esprit conquérant des peuples du Nord. Elle en a doté le christianisme ; et voilà qu'elle est devenue, presque tout d'un coup, et incessamment, l'*Athènes de l'Europe*, et la *Rome du monde* ;.... prête à se faire, ou à se trouver, peut-être la *Jérusalem* nouvelle ! et, comme disait l'illustre Grotius, vraiment inspiré, le *Plus Beau Royaume après Celui du Ciel.*

Si la Rome pontificale et reine était encore une Puissance, elle serait celle de la France,.... laquelle peut dire, bien autrement que l'Allemagne elle-même :

Rome n'est plus dans Rome, elle est toute où je suis.

Elle est assise, infiniment mieux que l'Italie, au milieu (*) et comme au sanctuaire de toutes les nations et de tous les mondes, de façon à veiller à l'une des extrémités du globe par la Russie (**), à l'autre par l'Angleterre. Elle commande surtout aux peuples qui lui font la loi un moment, car ils la font avec sa langue.

C'est, à plus juste titre que la république romaine, le Peuple au loin Roi : *Populum latè Regem.*

Tous apanages qu'il y avait dans cette triple exclamation de Pie VI pour demander à la Convention le salut de Louis XVI : *Ah ! Gallia, Gallia ! ! ! Ah ! iterum Gallia !*

Cependant, le plus grand homme d'Etat de l'Angleterre,

---

dans leur polémique que les fameux hérétiques Arius, Pélage, etc. ; Socin et Luther étaient étroits dans la leur, ont plus fait que saint Bernard lui-même, Savonarole et le grand Arnauld, pour faire trembler à jamais toutes les sortes d'Antéchrists et d'Apostats.

Et voilà pourquoi ceux-ci les ont si fort calomniés.

(*) Il est éminemment remarquable, et l'Académie des sciences s'en est montrée frappée à la gloire d'*Elie de Beaumont* (dont les noms ne sont pas ici sans harmonie), dans l'Annuaire du bureau des longitudes de la mémorable année 1830, il est remarquable, disons-nous, qu'entre les quatre Classes des Montagnes de toute la Terre, les plus Anciennes de Création sont la *Côte-d'Or* même, où nous écrivons en ce moment, et le mont *Pilax* dans le Lyonnais, où furent bannis et périrent, de main de justice divine, les deux plus fameux déicides, *Hérode* et *Pilate !*

Le célèbre Anglais Robert Fulton, l'inventeur secondaire de la Vapeur (Salomon de Caus, en Normandie, est le premier), aussi bien inspiré, à un autre point de vue, a dit, comme on sait, dans un Rapport à François de Neufchâteau, le premier Ministre de l'intérieur de l'ère nouvelle du XIX° siècle, ces paroles immortelles, et mille fois plus vraies encore qu'il ne le pensait : « La France, « avec ses ressources immenses, s'offre à l'imagination comme un vaste Jardin, « fertilisé de mille manières, répandant partout l'abondance, et recevant un « ECLAT DONT LA LUMIÈRE , SE RÉFLÉCHISSANT DE TOUTE PART, « ÉTONNERA LE MONDE. »

(**) Les maîtres, les grands maîtres de *Toutes les Russies,* qu'on croit si omnipotentes, furent de leur temps, et sont encore aujourd'hui, les enfants gâtés de la France : D'Alembert, Voltaire, Rousseau, et même Diderot.

Burke, s'écriait en plein Parlement, au sein des plus grands ennemis de la France : « L'Europe n'est que trop intéressée à ce qui se fait en France..... Paris est la Capitale du Monde. »

Mais, comme il y a des Nations qui représentent toutes les Nations, il y a, aussi bien, dans tous les pays du monde, une Province (jamais une capitale) qui représente le pays.

Or, tout le monde sent, et presque personne ne sait, que la Normandie ne représente pas seulement la France, infiniment mieux que la Bourgogne (*), mais qu'elle représente encore jusqu'à la Grande-Bretagne.

(*) Par une Providence nouvelle de l'*Œuvre de la Miséricorde* (tout est providentiel, ou rien ne l'est), l'une de ses dernières et plus mémorables conquêtes se trouve précisément aussi celle de toutes les provinces que sa position, ses monts isolés et même ses chaînes de montagnes (les Vosges), ses points de vue immenses (du Mont-Sion, par exemple, on voit jusqu'à cent villes ou villages comme à ses pieds, et les Vosges dans l'infini), sa pauvreté, son amour du travail, ses mœurs, son courage, sa foi encore antique, et aussi son histoire religieuse, politique, civile et militaire, rendent la plus susceptible de prosélytisme; la province qui lie, on peut le dire, la France à la Suisse, à la Belgique, à l'Allemagne; et la première occupée par les Francs, comme la Neustrie par les Normands à l'autre extrémité, la Lorraine enfin.

Elle est aussi la Patrie des Français les plus éminents dans la suite des siècles : — le plus laconique, le plus exact, et le plus pratique des Pères de l'Église, saint Vincent de Lérins ; — le plus grand, peut-être encore, des Papes du moyen âge, et presque le seul aussi qu'on ait canonisé, saint Léon IX (le contraire de Léon X), qui n'accepta la tiare qu'aux acclamations et aux prières mêmes de toute l'Italie, qu'il traversa en pèlerin; l'apologiste et le vengeur spirituel de l'*Eucharistie*, et l'adversaire ardent de toutes les sortes de simonies, déjà universelles dans le clergé; prisonnier enfin, et Martyr de la pénitence... — et Godefroy de Bouillon, le plus mémorable de tous les rois, car il est la figure du Grand monarque et même du Grand pontife futurs.

Mais il est une grandeur lorraine encore plus magnifique que toutes les autres, celle de Jeanne d'Arc. La plus originale peut-être, en effet, de toutes les femmes fortes de toutes les nations et de tous les âges. A la fois Pauvre, Humble, Bergère, Vierge, Sainte; Bien-Aimée, elle aussi, de Jésus, de Marie, de saint Michel ; Prophétesse ; Héroïne ; Victorieuse des plus grands et des plus éternels ennemis de la France ; Restauratrice du Roi Charles (elle était née le jour même des *Rois*); et seule expiatrice des maux que les cardinaux de Lorraine et les Guise, et même Turenne, ses compatriotes, allaient faire à la France ; et enfin Prisonnière, Accusée pleine de courage et d'esprit, Condamnée pour autant de crimes qu'elle avait accompli de vertus; Martyre enfin de la Foi religieuse et de la foi politique, aux degrés les plus éminents; Victime des plus grands bourreaux de son siècle, les bourreaux prêtres, les évêques apostats ; et, pour cela même, comme supérieure à la canonisation des évêques et des papes les plus fidèles! — Accessoirement, l'éternel lien entre la Lorraine, où elle reçut le jour, et la Neustrie, où elle a rendu l'âme.

Autres et dernières grandeurs lorraines : — Sainte Mecthilde du Saint-Sacrement, de Saint-Dié, Fondatrice de l'*Adoration perpétuelle* de l'Eucharistie ;— saint Pierre Fourier de Mataincourt, l'un des plus grands saints véritables des derniers temps, et la bienheureuse Alix, inspirée, pour lui, plus que lui peut-être : les patrons précisément de la Maison, plus florissante précisément parce qu'elle est plus pauvre et plus calomniée que jamais, de Sion ! — et, accessoirement, un cardinal de Cusa, prophète éminent de seconde majesté, et du second avènement ; et, par surcroît, Copernic avant Copernic ; — un Savigny, encyclopédiste avant Bacon, très-supérieur à Bacon ; — un Sébastien Leclerc, supérieur peut-être à Michel-Ange et à Léonard de Vinci ; — un Gilbert, que la faim faisait l'égal de Corneille en énergie;—un Pierre Poiret, qui, de simple

L'ancienne et grande *Neustrie,..* correspondante, parfaitement géographique. de la Grande-Bretagne, et qui s'étend naturellement, et littoralement, du Pas-de-Calais, et même d'Anvers aux Côtes du Nord et au *Finistère* (la *fin* de la *terre* française), et intérieurement d'Amiens et de Paris, de la Touraine et du Poitou à la Bretagne, la Neustrie, selon toutes les Chroniques, n'est pas autre chose qu'une *Neuve-Terre,* une *Terre Nouvelle.* Et sa transformation en *Normandie* (*) par ses premiers possesseurs dans l'ère nouvelle, n'a été que sa glorification. Les hommes du *Nord* (*Normal,* comme son *Étoile Polaire*), qui l'ont préférée et lui ont donné leur nom, sont montrés, par toute l'Ecriture sainte et par toute l'Histoire universelle, comme les Forts par excellence, et qui comptent des hommes comme Constantin-le-Grand, et des femmes comme sainte Hélène...

La Ville de la Terre-Nouvelle, surnommée la *Ville de Sapience,* et la Patrie de Guillaume le Conquérant, *Caen,* porta d'abord un nom éminemment oriental et biblique. On lit, dans les *Chroniques Neustriennes,* et jusque dans les Annuaires de la cité : « L'an 1227, Richard II, duc de Normandie, fit une charte à l'occasion du mariage de sa fille *Adala avec Raynauld,* comte de Bourgogne, et par cette charte, entre autres domaines, il lui concédait dans le comté de Bayeux « la *ville* « que l'on appelle *Cathim*, sur le fleuve d'*Orne,* avec ses églises, « ses vignes, ses prés, ses *moulins,* son marché, sa douane, « son port, et tout ce qui s'ensuit. »

Et on lit aussi bien dans la Bible, et jusque dans Isaïe, que la ruine de Tyr (la figure de la riche ennemie de l'ancienne Jérusalem), et la chute du *Gallus Gallinaceus* viendront de *Cethim : de terrâ Cethim Revelatum est eis.* XXII, 1, 17, etc.

Les cartes de Jérusalem portent un monument central nommé *Cœnopolis,* le nom même de *Caën* dans le moyen âge, et, encore aujourd'hui, son nom ecclésiastique dans le latin

---

ouvrier de Metz, s'élevait à une science universelle et à une *Economie divine,* qui ravissaient, et que n'eussent pas faites tous les Fenélon du temps ; — un Stanislas, le contraire et comme l'expiateur des rois ; — un Beauregard, qui racontait la révolution dans les chaires de France, longtemps avant la révolution ; — un Bergier, le dernier confesseur de la cour de Versailles (et le premier du Dauphin), et l'historien de la *Miséricorde Divine* ; — et enfin un Dominicain Richard, Martyr à Mons de son beau et immortel *Parallèle des Juifs qui ont crucifié Jésus-Christ avec les Français qui ont crucifié leur Roi.*

Toutes intelligences, plus ou moins angéliques, appartenant plus ou moins à l'*Œuvre de la Miséricorde,* et qui allaient droit à l'intelligence que nous avons esquissée à la page 102 de ce livre; et dont le Prophète plus particulier du Règne de gloire et de joie, Joël, semble s'être fait l'historien : Et convertimini ad Dominum : quia benignus et *Misericors* est, patiens et *Multæ Misericordiæ*..... *Et Filii Sion exultate :* quia Dominus *dedit vobis Doctorem Justitiæ* ! et descendere faciet ad *vos imbrem, sicut in Principio... Et Prophetabunt Filiæ vestræ,* etc. *Quia in Monte Sion erit Salvatio.* II, 13, 23, 28, 32.

(*) On dirait la Terre de la *Manne* nouvelle :
Quæ prius antiquum cum Neustria nomen haberet,
Post à Normannis habuit Normannia nomen. etc.

de l'évêché de Bayeux. Et qui oserait nier que, dans les secrets les plus infinis de l'Esprit-Saint, il ne se trouve quelque chose de typique dans le fait du premier miracle de Jésus, qui fut de Table sainte, de *Cénacle*, de *Noces*, et même de *Vin*, et qui fut fait en présence de sa Mère, et comme grâce à elle, selon ces paroles du Bien-aimé : *Et die tertia Nuptiæ factæ sunt in Cana Galilææ. Et erat Mater Jesu ibi.* Joan. II, 1 ? Ce fut là le commencement de cette suite de miracles qui firent croire les Disciples, et qui permirent au Sauveur de chasser les vendeurs du temple : *Hoc fecit initium Signorum Jesu in Cana Galilææ ; et crediderunt Discipuli ejus,* etc. II, 11.

Les racines de *Tilly* (*), en hébreu, ne sont pas moins remarquables ; et le savant orientaliste Latouche vous y montrera littéralement, et spirituellement : *Montagne Élevée où l'on Sacrifie.*

Tilly-sur-Seules, de tous les côtés qu'on le considère, est encore plus phénoménique. Et, comme le savant archéologue, M. de Caumont, de Caen, y trouve : le lieu des *Saules ;* et le savant biblique : *Effundam Spiritum Meum. Et Germinabunt quasi Salices.* Isaï. XLIV, 3. (Le chap. même des Grands Monarques), l'ignorant y voit le désert et la *Solitude* où se retirent l'Eglise et la Mère de Dieu dans leur persécution dernière : *Solitudo. Et factum est prælium magnum in cœlo ; Michaël,* etc. Apoc. XII, 6.

Tilly a pour patron *saint Pierre ;* et le lieu de la chapelle divine est appelé le faubourg *Saint-Pierre...* Ce fut jusqu'à ces derniers temps un Moulin à blé, c'est-à-dire une trituration du Pain de la terre, et par conséquent de celui du Ciel (Voyez en l'histoire dans la *Démonstration eucharistique.*).

C'était, de temps immémorial, à Tilly, une tradition que les *Anges* venaient à *Saint Pierre.*

Et puis, par une merveille générale inouïe, il se trouve

(*) *Tilly,* en *Français,* ou naturellement, est un nom plein de charme : il pose sur la lettre la plus belle, la plus haute, la mieux *taillée* et la plus frappante de l'alphabet universel, la lettre *Cruciale* enfin, le T. Si vous y ajoutez l'*I*, vous en faites la syllabe comme *type.* Si l'L, et surtout deux LL, vous avez, dans le règne végétal, l'arbre haut de taille, touffu et salutaire par excellence : le *Tilleul.* Sa seule *écorce,* la *Tille,* fait la seule *corde* qui résiste à l'eau.

Un autre mot des langues qui éclaire *Tilly,* c'est *Stylite.*

A un autre point de vue, concurremment vrai, les terminaisons en *li* ou *ly* (*Lys*, et même · *oys*, et *Louis*), et seulement en *i* ou *y*, dans la plupart des noms des villages en France, ne sont, comme celles de *champs,* ou *campus,* que des *contractions* du mot *lieu.* Ainsi, et avec une autre contraction, *Tilly* signifie *petit-lieu,* comme il est dit de Bethléem...

La providence des noms, et surtout des noms divins, paraît plus extraordinaire encore ; et l'Esprit saint des Paralipomènes spécifie, dans les présents que le Roi Hiram et la Reine de Saba font à Salomon, l'Or d'Ophir, et les lignes ou *Tilles,* et les *Pierres* très précieuses, dont le Roi fit faire les degrés de la Maison du Seigneur, et les harpes et les lyres à l'usage du culte. On n'avait jamais vu jusqu'alors ces Lignes dans la terre de Juda : Et *Ligna Thyina,* et gemmas pretiosissimas, *de quibus fecit Rex gradus in Domo Domini et in Domo regia. Nunquam visa sunt in terrâ Juda Ligna Thyina talia.* 2 Paral., IX, 10, 11.

une harmonie complète entre l'antique Judée et la Nouvelle Normandie : — terres maritimes toutes deux (*); l'une, à la porte de Tyr, la première grande coureuse des mers; l'autre, en présence de Londres, la dernière.—Terres conquises, toutes deux encore... — Egalement grande harmonie, encore plus sérieuse, entre les mœurs des Juifs et celles des Normands : tous, dans la vertu, rigides ; et dans le vice, ladres, avides, voluptueux et cachés.

La Normandie est, comme Position (**), la plus riche province, et désormais la seule Marine de France. Elle est surtout la seule qui ait, par Rouen et le Havre, action directe et perpétuelle sur l'Angleterre.

Point de vue grandiose, on peut croire qu'il a eu sa portée sur le génie mathématique, astronomique et marin du plus grand et du plus fameux des savants exacts modernes, Laplace; sur le génie, plus particulièrement astronomique, de Leverrier ; aussi bien que sur le génie plus particulièrement envahissant (***) du plus grand peut-être des monarques modernes, qui d'*enfant naturel*, lui aussi, qu'il était d'une *pelletière* de Lisieux, devint *Guillaume le Conquérant* d'Angleterre (Il est né, et il lui fut donné de revenir mourir, et d'avoir son mausolée à Caen); sur le génie physique de Salomon de Caus, l'inventeur vrai de la vapeur, dit M. Arago lui-même ; le génie navigateur et aventurier de Jean Parmentier, de Dieppe, qui mouilla le premier au Brésil; de Jean de Bethencourt, le fondateur des Antilles, etc.; des grands amiraux Tourville, Duquesne ; et, en dernier lieu, Dumont d'Urville ; et même des grands naturalistes: Valmont de Bomare et Bernardin de Saint-Pierre, Vicq d'Azyr et Vauquelin, Dulong et Fresnel, le grand Voyant de la *Lumière*.

Portant infiniment plus loin leur pensée et leur ambition royales et divines, les grands hommes de la Normandie ont, historiquement, conquis, tour à tour, Rome et Constantinople, Antioche et Jérusalem. Ce qui constitue d'assez belles *données* d'autres conquêtes, autrement durables.

Les douze *Tancrèdes*, surnommés les *Bras de Fer*, apôtres d'un ordre nouveau, ont précédé Godefroy de Bouillon en Orient de près de cent années.

Ecoutez leur *Histoire*, très-exactement abrégée dans les *Chroniques Neustriennes* de M. Dumesnil:

(*) ... *Ambulans Jesus juxtà Mare Galilæœ, vidit duos fratres : Simonem qui vocatur Petrus, et Andream, mittentes rete in Mare (erant enim piscatores).* MATTH., IV, 18.

(**) Le sol même de cette capitale de cette partie de la Normandie est mémorable. La *pierre* de Caen est exportée et recherchée jusqu'en Angleterre ; et elle a exclusivement servi à ses plus beaux monuments, ceux de Westminster, etc.

(***)... Comme aussi sur le génie craintif, et *conservateur*, des Rois fugitifs. Les d'Orléans en particulier avaient voulu y avoir leur pied à terre à Eu, et leur Tombe à Dreux; et leur homme, Guizot, choisit Lisieux pour son *Bourg-pourri*.

« Sous le règne de Richard sans Peur, la population de la Normandie s'était si prodigieusement augmentée, qu'un grand nombre d'habitants allèrent, à l'exemple de leurs ancêtres, chercher fortune dans des pays lointains. L'esprit naturellement aventureux de ce peuple se tourna vers les pélerinages en Terre-Sainte, et favorisa les émigrations. Vers l'an 983, des pélerins normands, au nombre de soixante, revenant de Jérusalem, passèrent à Salerne en Italie, au moment où cette ville allait se rendre aux Sarrasins qui en faisaient le siége. Ils résolurent de la sauver du joug des infidèles, inspirèrent leur généreuse audace à quelques Salertins, et fondirent durant la nuit sur les Mahométans, en firent un grand carnage, et forcèrent ceux qui échappèrent à la mort à remonter sur leurs vaisseaux. Le prince de Salerne et les habitants leur offrirent des présents; ils les refusèrent, ajoutant encore par cet acte de désintéressement à l'éclat de cette belle action. Ces héros fréquentèrent longtemps cette partie de l'Italie, servant tour à tour les princes, les papes et l'empereur.

« Vers l'année 1030, ils fondèrent la ville d'*Aversa*, à trois lieues de Naples. Le bruit de leurs succès se répandit en Normandie, et détermina de nouvelles émigrations. En 1032, Tancrède, seigneur de Hauteville, au Cotentin, n'ayant qu'une médiocre fortune, et chargé de *douze fils* qu'il desespérait d'établir convenablement, envoya en Italie ses trois aînés, Guillaume *Bras de Fer*, Drogon et Honfroy. Plusieurs gentilshommes du Cotentin, entre autres Robert Grosmeneil, Guillaume Groult, Tristan Citeau, Richard de Cariel et Ranulfe ou Renouf, accompagnèrent les Tancrèdes, et allèrent rejoindre leurs compatriotes nouvellement établis à Aversa dans l'Apulie. En 1039, cette colonie naissante élut Ranulfe pour son premier magistrat.

« Vers ce temps-là, ces mêmes gentilshommes passèrent en Sicile, sous le commandement de *Guillaume Bras de Fer*, avec l'expédition qu'y envoyait l'empereur d'Orient. Ils formaient l'avant-garde qui extermina les Sarrasins de Messine. Dans une seconde expédition, Guillaume, toujours à l'avantgarde, tua de sa main l'émir de Syracuse, et mit en déroute soixante mille infidèles. Des services si éclatants furent méconnus et méprisés par le catapan ou général en chef des Grecs. Les Normands, indignés de tant d'ingratitude, s'emparèrent de l'Apulie en 1040. Ils parvinrent à rassembler une armée de soixante mille hommes, et fondèrent une sorte de république divisée en douze comtés, dont Guillaume fut élu président ou général.

« Guillaume Tancrède sut, par son courage et sa fermeté, réprimer les brigandages d'une soldatesque effrénée, et maintenir les douze comtes dans le devoir et la subordination. Il mourut en 1046. Drogon, son frère, lui succéda; mais il ne put maîtriser la violence des douze comtes, qui dévastèrent l'Italie. Il fut assassiné dans une église, en 1051. Honfroy, troisième fils de Tancrède, remplaça Drogon. Il n'exerça la présidence que durant trois ans, et mourut en 1054.....

« Guischard ou Guiscard (Robert), sixième fils de Tancrède de Hauteville, et le premier de son mariage avec Frasande, sa seconde femme, passa en Italie vers l'an 1050, à l'exemple de ses aînés, et attiré par leur succès. A la mort d'Honfroy, Guiscard, élevé sur un bouclier, fut proclamé, en 1054, comte de la Pouille et général de cette république. Ses exploits étendirent son autorité aux dépens des comtes ses égaux. Il acheva la conquête de la Calabre. Le *Pape, qui d'abord l'avait excommunié, lui accorda l'absolution et le titre de Duc,* avec l'investiture, pour lui et sa postérité, de la Pouille, de la Calabre et de toutes les terres de l'Italie et de la Sicile qu'il enlèverait aux Grecs et aux Sarrasins.

« Guiscard avait appelé auprès de lui, en 1060, Roger, le plus jeune de ses frères; il l'envoya en Sicile. Roger en chassa entièrement les Sarrasins qui opprimaient cette île depuis plus de deux siècles, et s'en rendit maître.

« Souverain de la Sicile, de l'Apulie et de la Calabre, Guiscard médita de plus vastes conquêtes, portant ses vues ambitieuses sur l'Empire d'Orient. La déposition de l'empereur Michel Ducas lui parut une occasion favorable à l'exécution de ses projets. Il avait marié sa fille Hélène à Constantin, fils de l'empereur. Il arma sous prétexte de venger sa fille et son gendre, suscitant un imposteur qui se disait l'empereur Michel, et qu'il fit reconnaître et rétablir par le pape Grégoire VII. Puis, levant une armée de trente mille hommes, et équipant une flotte imposante, il partit d'Otrante, au mois de mai 1081, à la tête de cette expédition, accompagné de son fils aîné Bohémond, de Gaïta ou Sicelgaïte, sa seconde femme, et du faux empereur.

« Tandis qu'il assiégeait Durazzo, Bohémond s'emparait de Corfou, des îles et villes maritimes, qui firent une vaine résistance. Guiscard fut moins heureux: une tempête dispersa sa flotte, et ce que la mer épargna tomba au pouvoir des Vénitiens, auxiliaires d'Alexis Comnène. La garnison de Durazzo fit une sortie, et porta la mort et l'effroi au milieu du camp des Normands, où la contagion étendit ses ravages, et vint à son tour enlever l'élite de l'armée.

« Au milieu de tant de désastres, l'âme de Guiscard resta inébranlable. L'empereur Alexis s'avança au secours de la place avec soixante mille combattants. Plus les périls allaient croissants, plus Guiscard montrait de calme et de fermeté. Aussi résolu que Guillaume le Conquérant, il fit brûler les vaisseaux que Bohémond lui avait amenés. Fermant ainsi toute retraite à ses troupes, il leur dit : « Battons-nous sur ce terrain comme si c'était le lieu de notre naissance et celui de notre sépulture. » Et, profitant de l'enthousiasme dont il sut les enflammer, il les conduisit à l'ennemi, dans les plaines

de Pharsale, dans ces mêmes lieux où, neuf siècles auparavant, la gloire de Pompée avait succombé sous la fortune du premier des Césars. La bataille fut donnée le 18 octobre 1081. Les Normands, se jetant avec impétuosité dans les rangs ennemis, rompirent et dispersèrent les bataillons qui leur étaient opposés; mais l'Empereur accourut à la tête de sa phalange, rallia les fuyards, rétablit le combat, et enfonça à son tour la garde de Guiscard. Les Normands plièrent un moment. Gaïta, cette nouvelle amazone, cherchait à les rallier, et Guiscard, calme au fort de l'action, criait aux fuyards, d'une voix formidable : « Où courez-vous? l'ennemi n'épar-
« gnera pas les lâches; allez chercher une mort glorieuse au
« lieu d'un honteux esclavage. » Il les ramène au combat, et, après une lutte longue et meurtrière, il remporte enfin la victoire.

« L'armée des Grecs fut mise dans la plus affreuse déroute, et l'empereur Alexis, poursuivi par Guiscard, ne se déroba à la mort que par une prompte fuite. Le faux empereur fut tué dans la mêlée, Bohémond et Gaïta se couvrirent d'une gloire immortelle. Durazzo ouvrit ses portes au vainqueur, au mois de février 1280. Guiscard pénétra au milieu de l'Épire, franchit les monts de la Thessalie, s'approcha de Thessalonique et fit trembler Constantinople. Il se fût infailliblement emparé de cette capitale, si l'invasion de Henri III, empereur d'Allemagne, ne l'eût rappelé en Italie. Il laissa le commandement de son armée à Bohémond, et vola au secours du pape, que les Allemands tenaient étroitement assiégé dans la tour de Crescentius, aujourd'hui *Château Saint-Ange*. A son approche, l'empereur d'Allemagne prit la fuite et se retira en Lombardie, en exhortant les Romains à se défendre et à lui rester fidèles. Guiscard vint camper devant Rome et l'emporta au premier assaut. Il ne put maîtriser la fureur de ses soldats ; la ville fut pillée et saccagée. Le pape, fatigué des dissensions populaires, quitta Rome et alla finir paisiblement ses jours à Salerne.

« Guiscard, incapable de se reposer tant que ses desseins n'étaient pas accomplis, retourna bientôt en Épire. Trois batailles navales furent livrées devant Corfou. Dans la dernière, il remporta une victoire décisive où périrent treize mille Grecs.

« L'hiver seul put arrêter les entreprises de Guiscard, il se hâta de les reprendre au printemps. Pénétrant dans la Grèce, il s'empara des îles de l'Archipel. Il allait marcher sur Constantinople, quand un événement imprévu vint déconcerter ses projets. Une maladie épidémique se mit dans l'armée, il en fut attaqué, et on le transporta à Céphalonie, où il mourut le 17 juillet 1085, à quatre-vingts ans.

« Son armée consternée se retira, et la galère qui portait les restes du conquérant fit naufrage sur la côte d'Italie : ils furent déposés dans les tombeaux de Venuse. Il laissa le duché de la Pouille et de la Calabre à Roger, son second fils, qu'il avait eu de Gaïta, et ses conquêtes à Bohémond, son aîné.

« Voici la peinture qu'un historien fait de Guiscard : « Il avait, même de l'aveu de ses ennemis, toutes les qualités d'un capitaine et d'un homme d'État. Sa stature excédait celle des hommes les plus grands de son armée ; son corps avait les proportions de la beauté et de la grâce. Au déclin de sa vie, il jouissait encore d'une santé robuste, et son maintien n'avait rien perdu de sa noblesse. Il avait le visage vermeil, de larges épaules, de longs cheveux et une barbe couleur de lin, des yeux très-vifs, et sa voix, comme celle d'Achille, inspirait la soumission et l'effroi au milieu du tumulte des batailles. Il faisait, tout à la fois et avec la même dextérité, usage de son épée, qu'il tenait de la main droite, et de sa lance, qu'il tenait de la gauche. Son ambition ne connaissait point de bornes.

« Nous avons vu que Guiscard, obligé de quitter l'Orient pour aller combattre l'empereur d'Allemagne en Italie, avait laissé le commandement de son armée à Bohémond, son fils aîné. Ce jeune héros soutint noblement la gloire paternelle. Il défit l'empereur grec dans deux batailles, entra triomphant dans les murs d'Acride, et poursuivit, l'épée dans les reins, le fugitif Alexis, qui courut se renfermer dans Constantinople. Bohémond approchait de cette capitale ; la fortune de l'empire paraissait abattue, quand Alexis, désespérant de vaincre par les armes son intrépide adversaire, le combattit par des moyens honteux, mais familiers aux Grecs, et presque toujours heureux. Il eut recours à la ruse, et parvint, au moyen d'émissaires adroits, à exciter une sédition dans l'armée de son rival. Bohémond tenta toutes les voies pour rappeler ses soldats à l'obéissance ; il n'y put parvenir, et fut obligé d'abandonner sa proie au moment où il allait s'en emparer. Il apaisa enfin cette soldatesque, en lui promettant d'aller chercher en Italie l'argent nécessaire pour lui payer la solde arriérée qu'elle réclamait.

« Bohémond revint dans la Grèce avec Guiscard, en 1083 ou 1084. Il eut la principale part aux nouvelles victoires que son père remporta dans cette campagne. A la mort de celui-ci, il laissa les Etats d'Italie à son frère Roger, et se contenta de ses conquêtes. Il devint prince de Tarente et de Gallipoli. En 1096, il se réunit aux princes chrétiens dans la première croisade. Il se signala sous les murs de Jérusalem, par sa rare valeur, ainsi que Tancrède et Roger ses cousins.

« En 1098, il se rendit maître d'Antioche, et prit le nom de cette principauté. Plus d'une fois il fit trembler le Sultan de Babylone. Laodicée tomba en son pouvoir ; mais bientôt après il fut fait prisonnier. Il recouvra sa liberté par une espèce de prodige, et vint en France pour l'accomplissement d'un Vœu qu'il avait fait durant sa captivité. Ce voyage tourna à sa gloire ; il épousa la fille du roi Philippe Ier, et rentra avec cette princesse dans ses Etats. Il marcha de nouveau contre les Grecs, et mourut couvert de gloire en 1144. Six princes de la race de Tancrède lui succédèrent dans la principauté d'Antioche.

« Un dernier Tancrède, vainqueur de Saladin et de Philippe-Auguste, sorti triomphant de cent batailles, trouva la mort dans ses propres Etats, devant une bicoque. Un archer décocha un trait qui le perça. Amené devant lui après la prise de la citadelle. » Va, lui dit Richard, je te pardonne; j'aime « mieux que tu sois un monument de ma clémence qu'un « exemple de ma justice. » Après ces belles paroles, il expira, le 6 mars 1199, à l'âge de quarante-deux ans. Eclatant assemblage de vertus et de défauts, il ressemblait au héros d'Homère, et l'on peut lui appliquer cette pensée de Delille :

. . . . Richard, âme de feu,
Dont la rage est d'un tigre, et les vertus d'un Dieu.

Ce furent quarante gentilshommes de Normandie qui, à la faveur des croisades, fondèrent le royaume de Naples. Et, par une coïncidence singulière, huit siècles après, le prince d'Elbeuf habita, devina, acheta les lieux qui sont devenus la nouvelle fortune et la merveille de Naples et de l'Italie: *Portici !*... comme pour racheter la barbarie de Robert Guiscard qui ravagea et incendia, en 1084, toute la partie de Rome qui s'étend du Capitole à Latran, et le mont Cœlius, qui n'a pas été habité depuis.

Voilà la bravoure inouïe; voici, esquissées par l'abbé Orsini (que le *Comte roman*-esque de ce nom ne saurait effacer), les fortes mœurs des Normands à toutes les époques : « Sous le règne de Charles le Simple, Rollon, chef de ces farouches et audacieux pirates du Nord, fit à Notre-Dame de Bayeux, en l'honneur de la très-sainte Vierge, une large concession de terres. Ayant été baptisé à Notre-Dame de Rouen, que les Normands d'Hastings avaient brûlée peu de temps auparavant, il fit commencer, pour l'agrandir et l'embellir, des travaux que ses successeurs continuèrent avec magnificence. Notre-Dame d'Evreux reçut aussi de riches présents de Rollon, qui donna jusqu'à sa mort des marques de la plus sincère piété envers madame Marie, comme l'appelaient respectueusement les princes et les grands de cette époque-là.

« Ces ducs normands étaient en général fort dévots à la Vierge : c'était à son autel qu'ils recevaient l'investiture de ce beau duché, qu'ils appelaient fièrement leur royaume de Normandie; c'était dans sa chapelle qu'ils venaient dormir leur dernier sommeil. Robert le Magnifique fit bâtir à lui seul trois églises du nom de Marie: Notre-Dame de la Délivrande, pour accomplir un vœu fait pendant une tempête qui assaillit sa nef dans les eaux dangereuses des îles de l'archipel normand; Notre-Dame de Grâce, près de Honfleur ; et Notre-Dame de Pitié, sous le château ducal qui défendait Harfleur. Ce prince si dévot à Marie voulut aller et alla visiter son tombeau à Jérusalem, et il partit accompagné des seigneurs les plus riches et les plus fastueux de sa cour, tous chargés d'or et étincelants de pierreries. Rome et Constantinople furent éblouies de leur magnificence. Robert, ayant visité avec la plus édifiante piété les deux saints sépulcres de Jésus-Christ et de la Vierge, s'en revenait vers son beau duché, lorsqu'il mourut à Nicée, en Bithynie, en se recommandant à Madame sainte Marie, comme ses prédécesseurs chrétiens avaient fait.

« Les nobles normands qui commençaient à rêver des royaumes sous le ciel éclatant de l'Italie, n'étaient pas moins dévoués à la Vierge que leurs vaillants princes. Ni l'éloignement, ni le bruit des armes, ne les empêchaient de fonder des églises en son honneur. Tancrède et Robert Guiscard en voyèrent, du fin fond de la Pouille, où ils faisaient reculer soixante mille Sarrasins devant cinq cents lances normandes, la moitié d'un trésor qu'ils venaient de trouver, à Geoffroy de Monbray, évêque de Coutances, pour bâtir, sous l'invocation de Sainte Marie, cette belle et féerique cathédrale qui arracha à Vauban lui-même ce cri de stupeur admirative : « Quel est le fou sublime qui a jeté ce noble édifice dans les airs ? »

« Précisément à la même époque, un frère de Robert Guiscard, le comte Roger de Hauteville, fondait dans la Sicile conquise cette célèbre cathédrale de Messine, qu'il ne manqua pas de dédier à la Sainte Vierge, suivant l'usage de sa maison.

« C'est de la Normandie que vint la lumière religieuse qui dissipa les ténèbres païennes du Nord, et ce fut la Sainte Vierge qui reçut dans sa belle cathédrale de Rouen les prémices de cette moisson sainte. Harald II, roi de Danemark, qui était venu à la tête de cent galères au secours de Richard sans Peur, y abjura le paganisme. »

Quoi qu'il en soit, la Normandie fut, tout d'abord, et demeura longtemps, la première province et presque la métropole et la royauté de France. A ce point, que le président Hénault dit, dans ses *Remarques* sur le siècle de Louis XIV, que « les ducs de Normandie étaient plus puissants chez eux que le Roi; et que tant qu'il y eut des ducs du Sang Normand et Angevin, *nul seigneur* n'eut la haute Justice dans cette province. »

Dernier trait, on peut le dire nouveau, de la royale et divine mission de la Normandie : c'est à un de ses noms les plus illustres, à un d'Harcourt, qu'il a été donné de perdre ou de sauver Pie IX... de la vie ou de la mort peut-être. Et, voici le fait raconté de la bouche même de S. S. :

« L'évasion était combinée depuis plusieurs jours avec les principaux membres du corps diplomatique. *Le 23, à cinq heures du soir*, M. d'Harcourt arrive au Quirinal *in fiocchi*,

des chants, sur l'invitation de Jean Lemercier, qui prit le titre de premier prince du Palinod. Pour maintenir cette institution, l'Université forma une *Confrérie de l'Immaculée Conception*, dont tous les membres faisaient partie du Palinod. Il brilla jusqu'en 1790, et fut illustré par les vers de Malherbe, Sarrazin, Segrais, Malfilâtre et autres. »

La ville de Rouen, l'adoptant, sembla vouloir y ajouter de la gloire : elle lui donna le nom d'*Académie de l'Immaculée Conception*.

Aussi, la plupart des cités de la Normandie, et surtout les plus grandes, sont-elles sous le vocable de la Vierge ; et, en particulier, la basilique de Bayeux, sur laquelle Pierre Michel a vu le jour ; et celle de Caen, sur laquelle fut son premier cénacle. C'est à côté, et comme dedans cette église, que Guillaume le Conquérant mourut. « Le ieudy, comme le roy, pressé d'une grande douleur, après le soleil leuant, eut entendu la grosse cloche de Nostre-Dame, qui sonnoit l'heure de prime, il leua les yeux et les mains vers le ciel, et dit : « Ie me recommande à la bonne Vierge, Mère de Dieu, et la « supplie très-humblement de me reconcilier, par ses prières, « auec son fils Jésus-Christ Nostre-Seigneur. » Ce dit, il rendit l'âme avec les derniers soupirs. »

Il est encore remarquable que le culte du *Sacré Cœur de Jésus* commença, presque simultanément, en Bourgogne par Marguerite Marie, et à Caen par les Eudistes. La première Fête de ce *Sacré Cœur* a été célébrée à *Saint-Jean* de cette dernière ville (là même où Pierre-Michel a communié à son premier retour spirituel du monde à Dieu), le vendredi après l'octave du Saint Sacrement 1832...

La Normandie vit s'élever, au milieu d'elle, les premières sources de toute vertu, de toute lumière et de tout bonheur : les communautés véritables : les libres, et les désintéressées. L'abbaye de Fontenelle, entre autres, est plus ancienne de trois siècles que celles de Cluny. Saint Vandrille et saint Ouen, ses fondateurs, de familles de saints (le premier, petit-fils de saint Arnould), sont presque contemporains de saint Augustin d'Angleterre et de saint Benoît d'Italie. — A quelques siècles de là, furent élevées les abbayes du Bec et de Jumièges, où venaient s'instruire (*) et s'édifier les grands hommes futurs

---

(*) La Normandie peut même être considérée comme la première Université littéraire de l'Occident :

« Les Trouvères normands furent les successeurs des Scaldes ; ils conservèrent quelques traits de l'imagination des Scandinaves, et s'exprimèrent dans la *romane* ou langue vulgaire des Français. Les héros normands portèrent la langue de leurs trouvères en Angleterre et dans l'Italie ; de là les nombreuses similitudes qu'on remarque entre le français et l'italien, l'anglais et le français.

« L'idiome des trouvères a prédominé sur celui des troubadours du Midi dans la formation de la langue française. Celle ci n'est autre chose que la langue des trouvères normands, corrigée par Marot ; adoucie, épurée par Malherbe :

de toute l'Europe...(Lanfranc, de Pavie, entre autres, qui fut le Premier Ministre de Guillaume le Conquérant ; et saint Anselme d'Aost, le grand maître de la théologie classique, qui précéda saint Bernard et Pierre Lombard de près d'un siècle)—des théologiens universels immenses, comme l'illustre Cordelier de leur époque, Nicolas de Lyre, dont on réimprimait les *OEuvres* et l'*Apocalypse* en 7 volumes in-folio, à Rome, en 1472 ; à Anvers, en 1634, etc. — des instituteurs de rois comme Nicolas Oresme (de Charles le Sage (*)), auteur d'un *de Antechristo* sublime, et prophétique, — des encyclopédistes admirés de tout leur siècle, comme Guillaume Postel et Loys le Roi (réhabilité par Charles Nodier) ; — un Bretigny, simple homme du monde, se faisant, dans les deux mondes, le propagateur des Carmélites, comme sainte Thérèse en était le fondateur ; — des Lamothe Lambert frères, les plus illustres peut-être des Missionnaires apostoliques et des Évêques dans les Grandes Indes ; — des cardinaux, comme du Perron, évêque d'Evreux ; des apologistes comme Huet, évêque d'Avranches ; — des historiens ecclésiastiques comme Fleury, et civils comme Mézerai et Vertot ; — des missionnaires comme les frères Neuville ; — des savants du premier ordre comme Descartes, Fontenelle, et Boulainvilliers, le P. André (édité de nos jours par Cousin), qui fut appelé et refusa d'entrer à l'Académie des Sciences (**) ; — des spiritualistes comme Ber-

ennoblie, agrandie par Corneille, et perfectionnée par le génie de Racine. Il suffit, pour se convaincre de cette vérité, de jeter un coup-d'œil (pag. 329) sur les vers de Robert Wace, poète normand du XII° siècle, auteur du roman du *Rou*, et sur ceux des troubadours ressuscités par M. Raynouard. On comprendra le trouvère normand sans lexique, pour peu que l'on sache la langue de Marot, et l'on n'entendra rien aux vers des troubadours, à moins qu'on ne sache les dialectes des provinces méridionales. Ainsi la France doit sa langue aux trouvères et aux écrivains normands.

« On a vu, dans le précis de l'histoire des Ducs, avec quelle sollicitude ils protégèrent la poésie et les lettres. C'est à leurs encouragements que la Normandie fut redevable de l'institution des *Gieux sous l'ormel* et des *Puys d'amour*. Le *Puy de la Conception* fut fondé en l'honneur de la Vierge, sous le règne d'un des fils du Conquérant. Les *Gieux sous l'ormel* et les *Puys d'amour*, où le vainqueur était paré du *chapel de roses*, devinrent célèbres sous le nom de Palinods, à Rouen, à Caen et à Dieppe. On y couronnait les poètes bien avant que la Provence eût ses Cours d'Amour et ses Jeux Floraux. Le *Puy de la Conception* fut fondé à Caen, en l'honneur de la Vierge, plusieurs siècles avant l'institution des Jeux Floraux à Toulouse.

« Le plus ancien monument qui existe en langue vulgaire des Français, c'est le corps des lois et coutumes données à l'Angleterre par Guillaume le Conquérant, et la traduction que ce prince fit faire des psaumes et des prières.

Voici la traduction du *Pater* :

« Li nostre père, qui iès ès ciels, sainteficz seit li tuens nums, avienget li « tuns regnes, seit feite la tue voluntet si cum en ciel et en la terre, et nostre « pain cotidian dun à nus oï, et pardune à nus les nos detes, essi cum nus « pardununs à nos détors ; ne nus meine em temtatum, mais delivre nus de « mal. Amen.»

(*) Un autre *Nicolas* Vauquelin, ancêtre du grand chimiste, fut le précepteur de Louis-le-Juste.

(**) ...Lagrange et Cauchy, les plus grands géomètres de notre siècle, sont originaires des mêmes lieux.

c'est-à-dire en cérémonie, dans une voiture de gala, précédé de coureurs et de torches, et il demande à voir le Pape. Il est introduit dans le cabinet pontifical, dont la porte se referme aussitôt. Le Saint Père, sans perdre de temps, avec l'aide de l'ambassadeur, change de costume, prend un habit moitié ecclésiastique et moitié civil, se couvre la tête d'un bonnet de soie noire et d'un chapeau à larges bords; puis il sort par une petite porte dérobée, et, une lumière à la main, il parcourt un long corridor conduisant à ses appartements intérieurs.

« Quelques instants après, M. d'Harcourt entend du bruit dans ce corridor, et s'émeut; peut-être le projet est-il découvert et la fuite entravée!... L'entrée du Saint Père, qui ne tarda pas à reparaître, et qui était revenu sur ses pas *pour prendre sa tabatière qu'il avait oubliée* (il oubliait bien autre chose!) rassure l'ambassadeur, qui, resté seul enfin, demeure dans le cabinet du Pape pour gagner du temps.

« A sept heures, il sort, dit aux gens de l'antichambre que le Saint Père, fatigué, s'est retiré pour se mettre au lit ; puis, rentré à l'ambassade, il monte en voiture pour Civita-Vecchia et y arrive à deux heures du matin pour s'embarquer sur le *Ténare*, qui l'a amené à Gaëte le jour même de l'arrivée du Pape.

« Le Pape, de son côté, était descendu par un escalier de service dans une petite cour sur laquelle donnait le logement de son majordome, et où, depuis trois soirées, une voiture envoyée par M. d'Harcourt venait stationner pendant une heure, et repartait emmenant une personne quelconque de la maison. S. S. monta dans cette voiture, sortit sans exciter les soupçons, rejoignit bientôt à Saint-Jean-de-Latran le comte de Spaur, ministre de Bavière, une demi-heure après s'être séparé de M. d'Harcourt, il avait quitté Rome. »

Sous le rapport religieux, la *Normandie* ancienne, dans laquelle se confondent la Bretagne et l'Anjou, peut compter dans ses premiers maîtres les deux plus grands hommes du siècle de saint Jérôme et de saint Augustin (le premier, de la Terre-Sainte, venait en France les voir, ou recueillir et copier de sa main leurs manuscrits) : saint Hilaire et saint Martin.

Elle était la terre de France où il y avait le plus de foi, d'abbayes et de monuments chrétiens grandioses. Elle en avait une, plus célèbre, parce qu'elle était unique en France, consacrée au défenseur de la France et de Dieu (*). SAINT MICHEL. Selon toutes les Chroniques de France du temps, saint Michel apparut à Aubert, évêque d'Avranches, sur le haut d'un rocher nommé Tombe-sur-Mer, dans le golfe

---

(*) La Normandie a plus d'églises consacrées à *Saint Michel* qu'aucune autre province de France. Il y en a une à Caen, en particulier, près de la *Notre-Dame* du premier *Cénacle* de l'*Œuvre de la Miséricorde*.

entre la Normandie et la Bretagne, et lui ordonna de bâtir une église. Richard I*er*, duc de Normandie, y mit douze chanoines de Saint-Benoît, et les rois y venaient en pelerinage : saint Louis, plus particulièrement ; et d'abord, l'an 1233 : « Commençant par la Normandie, disent les historiens, il visita entre autres, à l'exemple de son aïeul et de son père, la sainte montagne dominée par l'abbaye de Saint-Michel. Ce pèlerinage lui était peut-être inspiré par la vieille prophétie de l'abbé Richard Toustain. Elle annonçait les plus grands malheurs sur le Roi de France et sur sa postérité, jusqu'à la troisième génération, s'il n'allait prier et honorer en son tabernacle le « Vainqueur des Fées Gauloises, le bienheureux « Archange, second Patron du Royaume des Lys. »

Une foi plus grande encore et de plus de portée, celle de la très-sainte Vierge, est encore mieux le propre et le cachet de la Normandie.

C'est à Caen même que fut fondée l'institution civile la plus mémorable qui se soit vue dans la chrétienté, en l'honneur de la sainte Vierge.

« Le *Palinod* (*) se réunissait tous les ans le jour de l'Assomption. Ce ne fut qu'en 1527 que cette fête fut célébrée par

---

(*) On trouve, dans l'histoire, et dans les préjugés même, d'une province comme d'un peuple, des traits seuls concluants. « Louis XI, dit le président Hénault, ne voulait pas prêter serment sur la *Croix de Saint-Lô* (car l'usage de jurer sur les reliques subsistait encore), cette *Croix de Saint-Lô* (elle est l'effet ou la cause et la source de la *Croix de Saint-Louis*), l'emportait alors sur toutes les reliques, même sur celles de saint Martin, si révérées et si redoutables sous la première race. Ceux qui se parjuraient en jurant sur cette relique mouraient, croyait on alors, misérablement dans l'année. »

Autres usages de la Basse-Normandie de Caen : « Le jour des Rois, pendant que dans chaque famille on tire le roi de la fève, les pauvres se répandent dans les villes et dans les campagnes pour demander la Part au bon Dieu. Voici la curieuse requête qu'ils adressent, au son de la musique, au roi éphémère de chaque famille, pour laquelle jadis prélever une part sur le gâteau était un devoir sacré :

> Bonsoir toute la compagnie d' cette maison :
> Dieu vous envoie bonne année et des biens à foison !
> Nous sommes de pays étrange venus en ce lieu
> Pour vous faire la demande de la part à Dieu.

« Le *Samedi saint*, dans l'après-midi, et le jour de Pâques au matin, la ville de Caen et les environs présentent l'aspect le plus curieux. De tous côtés retentissent la musique et les chants. De nombreuses sociétés, munies d'instruments, vont de porte en porte chanter un cantique, imitation burlesque de l'hymne *O Filii et Filiæ* : voici quelques couplets :

Séchez les larmes de vos yeux :   Donnez quelqu' chose à ce chanteur
Le Roi de la terre et des cieux   Qui chante les louanges du Seigneur :
Est ressuscité glorieux :   *Un jour viendra*, Dieu vous l' rendra
   Alleluia !   Alleluia !

Autre singularité fatale ! La Normandie et Rouen possédaient la plus grosse cloche de France, et même du monde (son poids était de 33,000 livres). Elle cassa le 28 Juin 1786, le jour même de l'entrée de Louis XVI dans la ville.

nières de Louvigny; Jean Hamon (*), l'âme, on peut le dire, de tous les Solitaires de Port-Royal; et Boudon, Archidiacre d'Evreux; — des moralistes, comme La Bruyère; — des hellénistes, comme les Dacier et Turnèbe; — des économistes, comme de Boisguilbert, le conseiller et le maître de Vauban; et l'abbé de Saint-Pierre, le maître de J.-J.-Rousseau; — des poëtes, chacun le premier de son siècle, ou de son genre, comme Jean Marot, Malherbe, Corneille, Hamilton, Malfilâtre, etc; — et depuis, Beauvais, évêque de Sénez, le plus grand prophète de la première (**) révolution; le célèbre auteur de l'*Histoire véritable des temps fabuleux*, Guérin du Rocher, son martyre; — et de nos jours encore, le cardinal de la Luzerne, le dernier des grands théologiens exclusifs des Papes-Rois; l'abbé de Latouche, le plus savant des hébraïsants; Alexis Dumesnil, le plus incorruptible des moralistes; Armand Carrel, le héros et le martyr de la Presse; d'Estigny, le vainqueur de Barthélemy; et même les Malouins Chateaubriand et Lamennais (de la Bretagne dite Normande (***)), les derniers des écrivains éloquents.

Et, supérieur assurément à tous ses autres compatriotes, et l'égal des plus grands hommes de toute la France, et en cette qualité même calomnié, avili, lorsqu'il n'est pas oublié dans toutes les histoires et même dans les biographies universelles de France, Simon Morin, de *Richemont* (****), dont Bayle lui-même, et de nos jours le savant abbé Lécuy, n'ont pas craint de se faire les historiens. Né pauvre, lui aussi, et, pour cela même aimé de Dieu; studieux de l'Ecriture sainte; et, *de fil* divin *en aiguille* divine, maître dans la science spi-

(*) La seule *Elévation* d'Hamon sur *la Pauvreté* est aussi capable de faire renoncer a la fortune, que les *Œuvres de Bourdaloue*, de la laisser rechercher.

(**) Il y a en Normandie des savants inconnus, égaux, et peut être supérieurs aux illustres: l'abbé d'Ettemare, par exemple, mort presque centenaire en 1770, auteur de *Parallèles du peuple d'Israël et du peuple chrétien* et *des Temps de Jésus-Christ et des nôtres*, du premier ordre.

Un Normand inconnu, encore plus prophète qu'original, afficha, le 20 Janvier 1772 à la porte du Conseil supérieur de Rouen, le placard suivant, qui vient d'être retrouvé:

Imperatore Ludovico vegetante,
Principes in Exilio,
Magnates in Opprobrio,
Justitia in Oblivio;
Publicæ privatæque res in Arcto,
Latrocinium in Ærario,
Lenocinium in Laticlavio,
Anno Vindictæ Domini 1772.

(***) Elles reçurent aussi le jour en ces parages, les femmes fortes et inspirées, comme la pauvre villageoise (son pere se nommait *Néant!*) Armelle; — la Sœur de la Nativité, de Fougères; la Carmélite morte à Tours; et la Religieuse de Nantes. — Et même cette Catherine Théos (inconnue encore, dont le célèbre *Philosophe inconnu*, Saint-Martin lui-même, fut le disciple); — et cette Demoiselle Lenormand, qui frappait Bonaparte.

(****) Le Bourg même dont le Prétendant du second ordre, *Richemont*, a pris son nom de guerre...

rituelle; fondateur de la secte appelée par ses ennemis même les *Divinisés;* auteur de *Pensées* que nous avons sous les yeux, aussi élevées que sont superficielles celles de Pascal, où il dit aux Prélats de son temps : « Vous crucifiez Jésus-Christ, plutôt que vous ne le *Sacrifiez,* en ne vous sacrifiant pas vous-mêmes; » — « Dieu pratiquera lui-même ce qu'il a tant recommandé aux hommes, le Pardon des offenses... » — Longtemps enfermé, d'abord à la Bastille, puis à la Conciergerie; et à la fin jugé à huis-clos : « convaincu du crime de Lèze-majesté divine et humaine,... et d'avoir pris la qualité de *Fils de l'homme, entendu Fils de Dieu;* » conduit en la place de Grève pour être attaché à un poteau et Brûlé Vif avec son livre intitulé : *Pensées,* ensemble tous ses écrits ET SON PROCÈS *(Deus in medio inimicorum suorum.* PS.); tous ses biens confisqués; la dame de Malherbe (parente du grand poëte de Caen) fustigée nue de verges par l'Exécuteur de la Haute Justice, et Marin Thouret (autre nom de Normandie), prêtre de Saint-Marcel : et tous attachés à la chaîne pour servir le Roi comme forçats en ses galères à perpétuité, etc. Fait en Parlement le 13 mars 1663, et exécuté le lendemain. »

Le Président de ce criminel arrêt de la chambre criminelle du parlement, était Lamoignon lui-même . « Ayant, dit Ladvocat, demandé, en raillant, à Simon Morin, s'il était écrit quelque part que le nouveau Messie dût être brûlé, Morin lui répliqua par ces paroles du Psaume 16 (qui, seules, durent faire trembler d'abord Lamoignon, et puis Fléchier dans *l'Oraison funèbre de Lamoignon*): *Igne me examinasti, et non est inventa in me iniquitas.* »

Il est rapporté même, dans les Collections historiques de France de M. de Cangé, que Simon Morin était à peine âgé de 40 ans; qu'il était d'ailleurs honnête; et qu'il mourut courageusement, en s'écriant : « *Jesus, Maria,* mon Dieu, faites-moi, et faites-leur MISERICORDE. »

La politique elle-même de la Normandie, respire la miséricorde, comme ses rejouissances vulgaires. « Lorsque presque toute la France se laissa inonder du sang de la Saint-Barthédemi, dit M. Dumesnil, le diocèse de Lisieux fut préservé *de ces massacres par Jean Hennuyer,* son évêque (comme pour expier, à un siècle et demi de distance, l'angélicide évêque Cauchon..), et par Gui du Lonchamp, Lieutenant de Roi. Tannegui le Veneur, gouverneur de Rouen, s'opposa à l'exécution des ordres de la cour. Le brave et vertueux Sigogne, gouverneur de Dieppe, garantit sa ville du poignard des assassins; et Jacques de Matignon arracha à la mort les protestants d'Alençon et de Saint-Lô. »

En droit canonique, les Tancrède de Normandie n'étaient pas moins bien inspirés qu'en politique morale. Nous avons vu le sixième fils de Hauteville ne pas reculer devant le siége même de Rome temporelle.

Unique encore entre les provinces, la Normandie vit ses

150 Villes présenter des pétitions à la Convention et à la Ville de Paris, pour sauver Louis XVI,

Le seul Roi dont le Peuple ait béni la mémoire.

Et ce fut son esprit, apparemment, qui donna à sa *Jeanne d'Arc* d'un ordre nouveau (*Charlotte Corday d'Armans...*) la mission de venger le crime innocent du 21 *Janvier* 1793, par le crime, plus innocent encore, du 13 *Juillet* de la même année.

Cependant, l'illustre Comte *Louis* de Frotté, Normand partout et toujours fidèle(*), dont la présence réelle semblait partout à cette époque où tout le monde semblait se cacher, combinait, à tout prix, et voyait réussir la dernière conjuration qui avait pour objet les grands et derniers saluts du Temple. Et, après de nouveaux et intrépides combats glorieux du Seigneur, le plus grand de tous les Généraux Vendéens, le *dernier Romain* de la France, réservé à sa dernière gloire, fut la première grande victime de Bonaparte, qui commanda, on peut le dire, sa trahison, son arrestation, avec celle de ses six principaux officiers, malgré les traités ; et enfin son exécution à Verneuil (là précisément où Charles VII reprit la Normandie à l'Angleterre), comme pour préluder à celle de Vincennes,... précisément la première année du nouveau siècle, et le mois vraiment royal de *Janvier!*

En reconnaissance, ou en pressentiment de tant de gloires, et de tant de fidélités extraordinaires, Louis XVI et Marie-Antoinette donnèrent à leur cher Dauphin de France le titre de *Duc de Normandie..* . . . .

(Page du premier ordre, et qui, sans une erreur typographique, serait la 182° du livre.)

« Louis XVI, dit le républicain La Fayette dans ses importants *Mémoires*, était né pour être le Père d'un Peuple soumis. Le Ciel, qui le destinait à un *Grand Exemple*, lui avait donné la constance des Martyrs, et la confiante pureté des Anges. «...

En sorte qu'il est rigoureusement vrai de dire que jamais Paris et la France ne furent plus royalistes que le lendemain du 21 Janvier 1793.

L'héritier hypocrite, perfide, et criminel, disons-le, le trop fameux duc de Provence, lui-même, proclama mille fois Louis XVII en disant : *Louis XVIII.*

« *Proclamation aux Réfugiés français.* »

« C'est avec les sentiments de LA PLUS VIVE DOULEUR que je vous fais part de la nouvelle perte que nous venons

---

(*) Par la plus petite des Providences, des Prédestinations, il est arrivé que l'un des plus fidèles et des plus avisés des amis du Roi (il porta jusqu'à sa dernière dépêche à Rome), et des Sauveurs du Dauphin du Temple, qui se fit tout, et même, et surtout *maçon*, pour arriver *incognito* jusqu'à eux, fut précisément un Rouennais, nommé *Paulin*, et prénommé *Joseph !*

de faire du Roi mon frère, que les *tyrans* (les plus *tyrans* de tous ne sont pas ceux qu'on pense) qui depuis longtemps désolent la France, viennent d'immoler à LEUR RAGE IMPIE. Cet horrible événement m'impose de nouveaux *devoirs* : je vais les remplir. J'ai pris le titre de Régent du Royaume, que le droit de ma naissance me donne pendant la minorité du Roi Louis XVII mon Neveu.

« Votre attachement à la religion de nos pères et au souverain que *nous pleurons aujourd'hui* me dispense de vous exhorter à redoubler de zèle et de fidélité envers notre jeune et malheureux monarque, et d'ardeur pour *venger le sang* de son auguste père. (Le testament de celui-ci venait de désavouer cette *vengeance*.) Si, dans un tel malheur, il nous est possible de recevoir quelque consolation, elle nous est offerte pour *venger notre Roi* et *Replacer son Fils sur le Trône*.

« Nos titres sont changés, mais notre union est et sera toujours la même, et nous allons travailler avec plus d'ardeur que jamais à remplir ce que nous devons à DIEU, à l'honneur, au Roi et à vous.

« 28 janvier 1793. « LOUIS-STANISLAS-XAVIER. »

Et puis le faux Louis, aussi *romain* (*) qu'il était peu français, eut l'audace de se charger à la fois des épitaphes et de la critique des épitaphes de ses victimes!!!

(*) Il y a quasi autant de *Prophétie* involontaire que d'hypocrisie audacieuse dans le latin ou français du pire peut-être des rois : « In inscriptionem Ludovico XVII dicatam. *Parentibus sanctissimis*. Quis verè sanctissimos eo sensu quo hoc appositum à Christianis usurpatur, non cognoscit et prædicat? Atqui sanctitatem de Principum dignitate veteres accepisse constat. Julius Cæsar de Gente sua sic loquitur apud Suetonium. Est ergo in genere et *sanctitas Regum* qui plurimum inter homines in potestate sunt Reges.

« In ipso vitæ limine. Vide hymnum prisco lepore et aurea omnino elegantia distinctum, quem *de pueris infantibus ab Herode necatis* canit Ecclesia :

| Salvete Flores Martyrum | Quos sævus ensis messuit |
| In lucis ipso limine | Ceu turbo nascentes rosas, |

Quoi qu'il en soit, voici l'épitaphe du jeune martyr par le vieux bourreau :
« A la mémoire de Louis XVII, lequel, après avoir vu périr ses plus saints parents, est mort après avoir épuisé *jusqu'à la lie* la coupe de l'adversité. Louis XVIII a fait élever ce tombeau au digne fils de son frère, *enfant chéri*, et d'une piété au-dessus de son âge. Salut, âme innocente et pure, qui semblable à un *astre radieux parcourt les célestes demeures !* Daigne jeter un regard d'amour sur la France et sur les Bourbons.... Lvdovicvs. XVIII. fecit. fratris. filio. dvlcissimo. ac. svpra. ætatis. modvm. pientissimo. Salve. anima. innocens. qvæ. cev. *avrevm. Galliæ. sidvs. beato. spatiaris. polo.* Volens. hanc. patriam. domvmque. Borbonidvm. placido. lvmine. intvetor. »

Mais la plume de ces lignes coupables n'effacera jamais le bronze de la Médaille fameuse et indélébile, frappée un jour d'oubli ou de désespoir, par le comte de Provence, en l'honneur du *Dauphin*, et dont M. Sauquaire de Souligné a fait sa philippique contre la royauté des derniers Louis et des derniers Philippe : « REDEVENU LIBRE LE 8 JUIN 1795. »

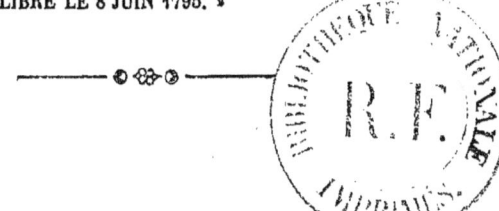

www.ingramcontent.com/pod-product-compliance
Lightning Source LLC
Chambersburg PA
CBHW071929160426
43198CB00011B/1325